新加坡教育

神话与现实

Singapore's
Educational System

Myth and Reality

[澳大利亚] 罗德尼·金 著
Rodney King

鲍方越 译

上海教育出版社
SHANGHAI EDUCATIONAL
PUBLISHING HOUSE

Acknowledgments | 致 谢

特别感谢在这本书准备过程中给我帮助的人们。首先是我的妻子易安·科尔(Ian Kerr),她是科廷大学商学院的教授,也是科廷大学在马来西亚的萨拉瓦克校区的前副校长。她认真读了整本书的手稿并提出了一系列有价值的反馈与批评。

除此之外,还有许多人也给这本书的不同部分提供了有用的反馈,他们包括:莫道克大学亚洲研究中心主任、国际关系与政治学教授盖里·罗丹(Garry Rodan),福林德斯大学历史与国际关系副教授迈克·巴尔(Michael Barr)以及耶鲁大学的政治学讲师吉姆·斯利普(Jim Sleeper)。

处理这种字数较多的手稿还离不开另一位我的好搭档,一位有经验的编辑斯蒂芬·贝克(Stephen Beck)。他作为编辑的数十年工作经验增强了这本书的可读性。

Centurian Computers 公司的西蒙·维乐尔(Simon Wheeler)及他的团队与 Cartridge World 公司的罗伊·艾略特(Roy Elliot)提供了关键的 IT 技术支持。他们帮助我将手稿从原始的 1988 Professional Write 文件转化为 word 格式。他们还建议我用更现代化的软件写作。

　　最后,必须感谢来自 Type Tamer 公司的排版员简(Jane)和马克·威廉姆斯(Mark Williams),他们十分耐心地配合我无数次改动稿件直到最后。

罗德尼·金

佩斯,2016 年 4 月

Contents | 目录

新加坡教育

神 话 与 现 实

第三部分　世界一流的教育体系?

新加坡教育

神 话 与 现 实

第五部分　成为全球教育枢纽的夙愿

导　言

人们常常用"世界一流"来形容新加坡教育,仿佛这已成为共识。许多西方教育学家与政界领袖都说,新加坡教育的成就在世界范围内少有对手,只有部分东亚地区国家,如韩国、中国香港、中国台湾等国家和地区才能与新加坡的教育水平媲美。

麦肯锡,一家美国的国际管理咨询公司,是新加坡式学校教育的重要拥护者。[1]在过去多年内,麦肯锡追踪了世界各国的教育现状,基于各国在教育成就测试中的表现,将其教育现状按照"不足"(poor)、"尚可"(fair)、"良好"(good)和"优秀"(great)进行分类。自2000年起,麦肯锡持续将新加坡与韩国、中国香港一起,置于"优秀"这一档。[2]

除了麦肯锡,盛赞新加坡教育的跨国组织与机构中,还包括经济合作与发展组织(Organization for Economic Cooperation and Development,简称OECD)、澳大利亚的智库格拉坦研究所(the Grattan Institute,GI)与美国的亚洲协会(Asia Society,AS)。OECD详尽描述了新加坡的教育质量是如何"达到OECD最高水准",高度认可了新加坡学生的优秀。[3]格拉坦研究所也认为,新加坡的教育系统和中国香港、韩国、中国上海一样,达到了国际上的"最高水平"。[4]亚洲协会同样支持这些观点并指出,新加坡的学校"在世界最佳学校名单中名列前茅"。[5]西方政界领袖也纷纷加入了对新加坡教育大力称赞的"合唱"之中。美国前总统比尔·克林顿呼吁,美国学校应当努力追赶至新加坡水平。[6]与此同时,时任美国总统的贝拉克·奥巴马也对新加坡和中国教育的优越性给予了高度认可。他声称,"他们(新加坡和中国)将更多时间花在重要事务的教学上,不

在不重要的事情上浪费时间。"[7]他们不只让学生准备好升入高中、大学，还让他们为就业做好了准备。

　　上述这些观点往往伴随着潜在的忧虑，即这些在教育上拥有高表现的亚洲国家将在教育领域超越西方。澳大利亚前总理茱莉亚·吉拉德（Julia Gillard）曾警示道，"澳大利亚若不持续进行教育改革，将会有在'教育竞赛'上输给亚洲竞争国的风险。"[8]这些警示性的言论通常都因近期国际教育测评结果而起，如国际数学与科学趋势研究（Trends in the International Mathematics and Science Study，TIMSS），国际学生测评项目（Programme for International Student Assessment，PISA）和国际阅读素养进展研究（Progress in International Reading Literacy Study，PIRLS）。自 20 世纪 90 年代起，新加坡就在国际教育界享有盛名，原因也是其在国际教育测评中获得了优异表现。其他东亚国家与地区，包括韩国、中国台湾、中国香港、日本等也都在这些测试中获得比西方国家更好的成绩。

　　不论西方政治领袖对待上述测评结果的态度如何，各国的教育部部长与教育者都表现出了对西方"落后"的担忧。紧随其后，教育界呼吁西方教育系统应当尽快"再次启动"，重新出发，而这些建议中往往就包括"模仿新加坡或东亚教育模式"的呼吁。受到新加坡较高 PISA 与 TIMSS 成绩的启发，时任英国教育大臣的迈克尔·戈夫（Michael Gove）于 2012 年在英国学校内重新引入分流教育制度。然而他却并没有认识到，新加坡自 2004 年就已经逐步废止了分流制度，因为过早分流已不利于优质教育的发展。第十三章将进一步探讨这些矛盾之处。然而，西方世界对新加坡与其他东亚国家教育制度的偏爱是可以理解的。除了较高的 PISA、TIMSS 测评排名之外，东亚教育体系对于西方人来说还表现出了其他有吸引力的优势。包括美国、英国、澳大利亚在内，西方教育制度的常见问题有：学生行为问题、城市学校的管理问题、较差的课堂纪律、帮派暴力问题、教师过重的负担和大量的半文盲边缘化学生等。而与之形成对比的是，新加坡与其他东亚国家的学校里几乎从没有这些问题。他们的学生看起来都更勤奋刻苦、举止良好。对许多西方人来说，这些学生在 PISA 和 TIMSS 上分数更高并不令人惊讶。

不过，新加坡和其他东亚教育体系收获了大量称赞，究竟在多大程度上是名副其实的？这是本书主要探讨的问题。本书首先介绍了新加坡和其他东亚国家在国际测评上的优秀表现，随后探讨这些测评作为学生成就评价标准的可信度，以及教育排名与本国的国家能力之间是否存在相关性等问题。

紧接着，这本书阐述了新加坡教育政策的起源与其背后驱动政策的意识形态，揭示了新加坡任人唯贤、机会平等的理念也受到现代新加坡创始人李光耀的种族主义、精英主义思想的影响。

本书的第三部分探讨了新加坡教育政策的结果，评估了"学生质量与教师质量"是否名副其实，阐述了"高压锅式"的学校管理对学生、教师和家长造成的心理压力，说明新加坡教育政策造成了人才流失等代价，使新加坡在社会与经济领域遭受了长期的不平等。

这些分析呈现出的教育系统与当前世界通常展现的图景并不相同。这本书展示的教育体制有严重问题，培养出来的是应试运动员而不是有准备的、社会所需的劳动力。这一现象的证据之一是每年新加坡政府需要雇佣大量的"外国人才"来弥补其人才上的缺口。

面对其教育制度的不足，新加坡执政者严肃以对。正如第十三章所述，虽然新加坡教育在国际上享有盛誉，但自 20 世纪 90 年代末期起，新加坡领导者就始终活跃地致力于教育改革，修正新加坡教育的问题。

随后，本书比较了新加坡和芬兰的教育。这两国的教育体系被看作是不同教育理念下的佼佼者，也是竞争对手。新加坡教育的优质成果被新自由主义教学派的拥护者引用，他们支持应试教育，相信教师绩效考核可以提升教学表现，认同学校的私有制和大班额。芬兰则被反对新自由主义政策的教育者当作另一种榜样。在世界范围内新自由主义，即芬兰教育家帕斯·萨尔伯格将其称作"全球教育改革运动"（Global Education Reform Movement，GERM）与其反对者的冲突中，新加坡与芬兰这两个国家常常成为案例参与其中。

　　本书的最后部分审视了新加坡试图成为"东方波士顿"、建立世界知名教育高地的策略能否实现。新加坡严重依赖外国学者、科学家与学生,所谓教育中心,是否能够获得真正意义上的成功,是值得质疑的。

　　自20世纪60年代以来,新加坡的存亡很大程度上依赖于国际社会。吸引外汇、技术与人才来到新加坡被看作是这一城市型国家重要且迫切的需求。这一战略的关键是,使世界相信新加坡已获得了重要的国家建设成就。因此,在外汇投资方面,新加坡建立了安全、可靠、利润丰厚的品牌形象。所有对新加坡国家建设成就进行评判的人都应当充分意识到上述观点。也就是说,不论是在教育还是在其他领域,新加坡都需要建立品牌形象、推广自己,这样的需求也会使其夸大自身的国家建设成就。

　　在《新加坡奇迹》一书中也介绍过,新加坡在推广自身成就方面的做法使许多国家也想模仿。发展中国家对新加坡的显性成就尤为赞赏,进而在住房、健康、犯罪管理、教育等多个方面模仿新加坡的国家建设政策。这加大了新加坡在国际事务上的影响力,也促使人们更严格和谨慎地对待新加坡所宣称的成就。

参考文献

1. Mourshed, Mona; Chinezi Chijioki and Michael Barber. *How the world's most improved school systems keep getting better*, McKinsey & Company, November 2010.

2. Ibid, p. 19.

3. OECD. *Singapore: Rapid Improvement Followed by Strong Performance in Strong Performers and Successful Reformers in Education*, *Lessons from PISA for the United States*, OECD Publishing, 2010, p. 165.

4. Jensen B., A. Hunter, J. Sonnemann and T. Burns. *Catching up: learning from the best school systems in Asia*, Grattan Institute, Melbourne 2012, p. 2.

5. Stewart, Vivian. *How Singapore Developed A High Quality Teacher Workforce*, Asia Society, New York, April 2010.

6. Mutalib, Hussin. *Parties and Politics*, *A Study of Opposition Parties and the PAP in Singapore*, Marshall Cavendish Academic, Singapore, 2003, p. 268, and *The Sunday Review* (*Straits Times*), March 9, 1997.

7. Nussbaum, Martha. "The Ugly Models", *The New Republic*, July 1, 2010.

8. *The Australian*, January 26, 2012.

Singapore

第一部分

新加坡的教育排名

自 20 世纪 50 年代起，许多全球性的学生教育成就调查开始实施。这些调查结果总是引发强烈的、具有争议性的反响，也往往会引发人们对现行教育制度的警醒与担忧、批评和质疑。这一现象在国际学生评估项目（PISA）和国际数学与科学趋势研究（TIMSS）发布结果时尤为明显。一方面，国际测评在西方社会激起了热烈的社会反响与具有爱国精神的反思，尤其是对测评客观性较为信任的政要首脑、智库研究员和相关的媒体评论员。另一方面，许多教育者也谴责使用 PISA 或 TIMSS 作为衡量标准来评价教育成就，因其测量标准往往是有缺陷的，且也只展现了教育成就中非常有限的部分。此外，PISA 或 TIMSS 测评的排名结果与国家的实际国力之间也并没有明显的数据相关性。

这一部分首先介绍了新加坡在 PISA 和 TIMSS 上的高排名表现，随后检视了高排名在方法论和信效度方面的问题，之后说明了新自由主义意识驱动下这一高排名的价值，最后研究了教育成就排名与国家的实际竞争力之间的相关性。

第一章　应试冠军

近年来,新加坡与其他东亚国家学生在教育上获得的成绩让世界震惊,尤其在国际学生评估项目(PISA)与国际数学与科学趋势研究(TIMSS)公布了测评结果以后。

TIMSS 由国际教育成就评估协会(International Association for the Evaluation of Educational Achievement, IEA)设计,旨在比较不同国家四年级与八年级学生在数学与科学方面的学业水平。[1] TIMSS 的目标是评估学生对学校已经教过的数学和科学概念的掌握程度,因此 TIMSS 关注学生的校内课程学业水平,测试的内容与校内课程难度相匹配。[2]学生需要参与三个方面的测试:对客观事实、过程与概念性知识的掌握程度,学生理解并应用所学知识的能力以及他们在问题解决情境下的逻辑推理能力。

第一次 TIMSS 测试在 1995 年施行,随后每四年测试一次。[3] 2011 年,来自52 个国家与地区的四年级学生与来自 45 个国家与地区的八年级学生参与了测试。

PISA 则由经济合作与发展组织负责,在其成员国内外施测。PISA 组织 15 岁学生并测试其在数学、科学和阅读三方面的能力,并不局限于具体的课程而是旨在测试学生在知识应用、问题解决上的能力,在测试学生知识掌握的同时,也考查了学生现实生活所需的知识与技能。[4]第一次 PISA 测试在 2000 年施测,自此之后每三年举行一次。来自 65 个国家与地区的约 51 万学生参与了2012 年的 PISA 测试。[5]

PIRLS 是另一项同样由 IEA 负责实施的全球调研项目,用以研究四年级学

生的阅读理解能力。[6] PIRLS 也用来收集学生在家庭与学校的阅读表现数据,从而为未来的阅读教学提供数据基准。首次 PIRLS 测评在 2001 年举行,每四年举行一次。2011 年的 PIRLS 有 49 个国家和地区参与。[7]

在现实中,PISA 排名在近年来获得的关注最多。德国教育家、PISA 评论员约阿希姆·伍特克(Joachim Wuttke)解释了这一趋势发生的过程。[8] 20 世纪 90 年代,OECD 扩大了影响力范围至教育监测领域,这后来成为了创立 PISA 测试的基础。伍特克说,"OECD 雇用了参与过 TIMSS 的心理计量学家,复制了其研究方法,使用了同样的软件,并迅速席卷了各个国家。例如德国就很快停止使用 TIMSS 而倾向于使用 PISA 测试。"他补充道:"这种取代某种意义上颇有对抗性。"[9] 自此,在 PISA 测试上获得了高分的国家,如新加坡,被视为拥有较高水平的教育系统,超过了西方各国。

PISA 和 TIMSS 排名

在过去数十年中,TIMSS 和 PISA 都在科学、数学和阅读三方面给新加坡和其他亚洲国家非常高的排名,如表 1-1、1-2、1-3 所示。

表 1-1 PISA 2012 数学、科学和阅读能力前十名[10]的国家和地区

国家和地区	数学排名	国家和地区	阅读排名	国家和地区	科学排名
中国上海	1	中国上海	1	中国上海	1
新加坡	2	中国香港	2	中国香港	2
中国香港	3	新加坡	3	新加坡	3
中国台湾	4	日 本	4	日 本	4
韩 国	5	芬 兰	5	韩 国	5

（续表）

国家和地区	数学排名	国家和地区	阅读排名	国家和地区	科学排名
中国澳门	6	爱沙尼亚	6	芬　兰	6
日　本	7	韩　国	7	中国台湾	7
列支敦士登	8	越　南	8	加拿大	8
瑞　士	9	波　兰	9	爱尔兰	9
荷　兰	10	列支敦士登	10	波　兰	10

表 1-2　TIMSS 2011 数学、科学前十名[11] 的国家和地区

国家和地区	数学排名	国家和地区	科学排名
韩　国	1	新加坡	1
新加坡	2	中国台湾	2
中国台湾	3	韩　国	3
中国香港	4	日　本	4
日　本	5	芬　兰	5
俄罗斯	6	斯洛文尼亚	6
以色列	7	俄罗斯	7
芬　兰	8	中国香港	8
美　国	9	英格兰/威尔士	9
英格兰/威尔士	10	美　国	10

表 1-3　PIRLS 2011 前十名的国家和地区

国 家 和 地 区	排　　名	分　　数
中国香港	1	（571）
俄罗斯	2	（568）
芬　兰	2	（568）
新加坡	3	（567）
北爱尔兰	4	（558）
美　国	5	（556）
丹　麦	6	（554）
克罗地亚	7	（553）
中国台湾	7	（553）
爱尔兰	8	（552）
英格兰	8	（552）
加拿大	9	（548）
荷　兰	10	（546）[12]

　　英国、澳大利亚、美国的学生在 TIMSS、PISA 和 PIRLS 测试中的表现都被亚洲学生超越。在西方国家中,芬兰的综合表现最好,但也在 2012 年的 PISA 数学测试中掉出前十(其在 PISA 2009 数学排名第六)。芬兰的表现呈现下滑趋势,新加坡则在进步,表 1-4 可以比对两次测试的排名。

表 1-4　PISA 2009 数学、科学和阅读能力前十名[13] 的国家和地区

国家和地区	数学	国家和地区	科学	国家和地区	阅读
中国上海	1	中国上海	1	中国上海	1
新加坡	2	芬　兰	2	韩　国	2
中国香港	3	中国香港	3	芬　兰	3
韩　国	4	新加坡	4	中国香港	4
中国台湾	5	日　本	5	新加坡	5
芬　兰	6	韩　国	6	加拿大	6
列支敦士登	7	新西兰	7	新西兰	7
瑞　士	8	加拿大	8	日　本	8
日　本	9	爱沙尼亚	9	澳大利亚	9
加拿大	10	澳大利亚	10	荷　兰	10

自 1995 年以来,新加坡在 TIMSS 上的表现就一直稳定在让人印象深刻的水平。这一年新加坡的数学就是第一名,1999 年和 2003 年也是如此,在 2007 年排第三,2011 年排第二。[14]

新加坡在科学上的排名更高,1999 年是第二,在 2003、2007 和 2011 年均为第一。[15]其他亚洲国家和地区,如中国香港、日本、中国台湾、韩国等也都在 1999 年至 2011 年间的 TIMSS 数学和科学排名中位列前五。

掌声雷动

在新加坡与东亚之外的西方,大量的教育评论家和政治领袖都毫无疑问地

广泛认同新加坡的教育。各式各样的西方智库、教育者、政治家和公众人物都争相表达他们对亚洲式学校教育的称赞。这些称赞很大程度上是因为新加坡与其东亚近邻在 TIMSS 以及之后的 PISA 测评中表现优异。

来自机构的盛赞

麦肯锡,一家总部位于美国的国际管理咨询公司,是新加坡教育狂热的拥护者。[16] 在一项针对全球教育的调查中,被问及"已处于世界领先地位的教育系统多大程度上能够持续进步"时,麦肯锡给新加坡打出了最高分,评价其为"优秀"的教育系统。[17] 在另一份评估全球 20 个国家和地区的学校系统调查中,麦肯锡将其中 5 个评为"优秀"——新加坡、中国香港、韩国、德国萨克森州和加拿大安大略省①。此外,麦肯锡将其中 8 个地区评为"良好",剩余地区为"普通或不足"。

麦肯锡的研究报告致力于研究与评估当地教育主管机构在提升教育质量上的行动及效果,推动该地区的教育水平进步,从不足到普通,从普通到良好,从良好到优秀。在分析新加坡时,该报告宣称,新加坡教育从"勉强及格"跃升至"优秀"水平,变化始于 1979 年的吴庆瑞改革及其对学生的分流制度。"在过去的 30 年间,新加坡一直表现出了持续性的增长。随着时间的推移,新加坡改变策略,已顺应时代的需要与时俱进,绝不后退,也从未松懈,永远向前。"[18] 除了对学生的分流,新加坡还注重提升教师的水平,并帮助有才华的教育者成为校长或担任其他教育体系里的领导岗位。这份报告并未关注新加坡学生分流之后的现实问题,对新加坡政府在教育改革方面的不断努力也缺乏关注。

此外,麦肯锡报告将新加坡与其他地区评价为"优秀",很大程度上是受这些地区在 PISA 和 TIMSS 中的高分结果影响。[19] 在报告的前言部分,多伦多大

---

① 译者注:萨克森州为德国东部一个省份,官方名称为"萨克森自由州";安大略省为加拿大东部省份,人口众多,较为发达,首都渥太华所在地。

学的教育研究者迈克尔·富兰(Michael Fullan)认为这份报告的结果是对 PISA 结果"有利而积极"的回应。[20] PISA 的数据结果被麦肯锡用来研究"数字背后的事实",试图找寻所谓成功教育改革策略"背后的秘诀"。[21]麦肯锡报告将 PISA 和 TMISS 的数据结果用作判断各国教育系统的依据,并借此评判他们教育表现的提升情况。

一份名为《PISA 数据对美国的启示》的 OECD 报告也大力赞扬了新加坡教育。该报告提及,"新加坡宣称要'养育好每个孩子'也并非仅仅是政治口号"。[22]这座城市国家展现了一种"对机会平等与任人唯贤永恒的承诺与追求",[23]从而使天赋与努力成为了成功的决定因素。

OECD 还认为,新加坡教育成就的核心是其教师的质量。"新加坡确保了每所学校都有一定比例的优秀教师,并将优秀的教师分配给需要帮助的学生。"[24]新加坡教育部(The Ministry of Education, MOE)也成功培育教师更好地诊断学生的问题并帮助学生解决。

此外,"新加坡既是'迅捷高效的进步者',又是'持续性的高表现者',说明教育制度上的剧烈变化是有可能实现的。"[25]经过"几十年具有判断力的决策和高效的执行",新加坡已经成功发展出了有效而高质量的学校制度。[26]新加坡拥有小规模、紧密管控的教育制度,其教育政策的许多方面"对于不同规模和治理能力的国家都应具有价值。"[27]事实上,按照 OECD 报告的说法,"新加坡应当成为教育发展中'别人家的孩子'"。[28]此外,总部位于纽约、致力于加深对亚洲理解的组织亚洲协会(Asia Society),是另一个对新加坡教育系统大为赞赏的智库。亚洲协会记者薇薇安·斯图尔特(Vivian Stewart)认为,新加坡的"高质量教师"很大程度上解释了"新加坡位列世界最佳教育体制的行列"。[29]她说,新加坡教育部在中学毕业生前三分之一的学生中"小心地选拔"未来的教师。"新加坡已成功建立了选拔、培训、修正、发展教师和校长的综合系统。"[30]

同样的,墨尔本的智库格拉坦研究所(GI)也对新加坡(及东亚)教育制度

对"在教师培训、研究、合作、指导、反馈与持续性的教师专业发展上的重视和努力"致以敬意。[31]

其他西方专业排名机构,包括管理发展研究所(the Institute for Management Development, IMD)和世界经济论坛(the World Economic Forum, WEF)等,也都对新加坡的教育制度有很高的评价。管理发展研究所在 2014 年的世界竞争力报告中,将新加坡的教育系统列在 60 个调研国家中第三位,认为其"符合高竞争力经济体的所有需求"。[32]世界经济论坛在 2013—2014 年的全球竞争力报告中也将新加坡位列第三,这份报告中一共有 148 个国家参与调研。[33]

顿悟时刻("Aha" Moment)

西方的教育学家们定期访问学习新加坡的教育系统,并总是留下深刻的印象,尤其是对新加坡的教师。其中就包括史蒂芬·派恩(Steven Paine),美国西弗吉尼亚州教育部门的负责人。他认为自己在新加坡访问期间经历了"顿悟时刻"。[34]他意识到,"教师质量"是新加坡学校在"学生成就上世界领先"的原因。[35]"我从中感悟到的是,我们需要在……高质量的教学上投入更多。"[36]

除了传闻中新加坡教师的高水平之外,新加坡教育系统"完整的、以儿童为中心的"特征也广受西方教育家的好评。一位来自美国中部地区、担任校长助理的教师表示,他看到的是"非常传统的课堂,一排排学生,教师站在前面,学生在那里学习,"但这种传统的教育方式结合了许多进步的实践,并体现了"对儿童全人教育的关注,而并非只关注测验成绩。"[37]英国报纸《卫报》(the Guardian)报道说,"或许新加坡成功的秘诀就是少见地将传统的、对纪律的严格要求与全人的、以儿童为中心的教学方法相结合。"[38]

来自西方领袖的赞扬

对新加坡式教育的盛赞起始于 20 世纪 90 年代,出自许多当时有影响力的人物,如时任美国总统比尔·克林顿。1997 年,他质疑美国学校是否可以赶上新加坡。[39]十余年后,时任美国总统奥巴马则对美国学生表示了担忧,因为新加坡的同龄学生在数学和科学方面的学业表现要远超他们的美国同龄人。

另一位同样深受新加坡和东亚教育成就打击的美国名人是美联储主席格林斯潘。2004年,他对美国教育面临的困境深感忧虑,动情地呼吁道:"我们做错了,而新加坡、中国香港、韩国和日本明显做得比我们更好。出于某些原因,这些陌生、奇异地方的教育比我们做得更好。"[40]

同样因新加坡教育模式而受到启发的还有澳大利亚的茱莉亚·吉拉德(Julia Gillard),她曾任教育部部长,后来成为了总理。2008年7月,在一次对新加坡的访问中,时任教育部长的她高度赞扬了新加坡的教育系统并认为本国应当从中学习。[41]她对沟通两国教育动态,了解澳大利亚如何向新加坡学习"非常感兴趣",尤其在数学和科学方面。

时任英国教育大臣迈克尔·戈夫(Michael Gove)也同样深受触动。[42]尽管此前他也对瑞典和纽约的学校表示称赞,新加坡成了他的新榜样。作为教育大臣,他寻求在英国学校中重新引入类似于新加坡的教育分流制度。此外,还有许多美国的教育家和政治家都对新加坡的学校教育成果充满兴趣。

"敲响警钟"与"人造卫星"运动

新加坡与其他东亚国家令人震惊的教育成就被西方广泛认为是一记"警钟"。《新科学家》杂志(New Scientist)的记者麦格雷戈·坎贝尔(MacGregor Campbell)观察道:

> 数学和科学技术之于现代经济,就像煤炭之于工业革命一样重要。因此,当国际测评的结果显示,西方的学龄儿童被他们在新加坡和日本的同龄人甩在后面时,警铃开始鸣响。[49]

PISA和TIMSS结果发布时,我们可以想象,西方政治家与教育家是多么地

悲痛欲绝、咬牙切齿。这样的反应简直可以和 1957 年苏联抢先向太空发射第一颗人造卫星相提并论。其中忧心忡忡的是时任美国教育部长的阿恩·邓肯（Arne Duncan），他哀叹道："许多国家已经在教育上超过我们了……如果我们国家拒绝转变方向的话，那些国家在知识导向的全球经济体中将很快远超我们。"[50]

另一个不想被赶超的是时任澳大利亚总理的茱莉亚·吉拉德。2012 年 1 月，她提醒澳大利亚要小心，要面对可能在"教育竞赛"上输给亚洲竞争对手的风险。她警示道，除非坚持改革，否则澳大利亚可能成为"一窝中最弱小的幼仔"。[51] PISA 2009 结果显示，澳大利亚与新加坡、韩国、日本和中国上海的差距进一步拉大。面对这一结果，吉拉德说道，"世界上表现最优异的前五个教育系统中，四个就在我们亚太地区，他们正在变得越来越优秀。"[52] 她不希望澳大利亚滑坡，在亚太地区高技能与高薪水工作的竞争中落后。

吉拉德的担忧也体现在格拉坦研究所的报告中："东亚如今已成为世界优秀教育的中心。澳大利亚的教育者应当也必须从其成功中借鉴学习。"[53] 在此之前的 2011 年 9 月，吉拉德与时任澳大利亚教育部长的彼得·加勒特（Peter Garrett）参与了由格拉坦研究所举办的圆桌会议，主题为"向最佳实践学习"。[54] 如介绍所言，该圆桌会议旨在"分析东亚教育的成功之处，并找到澳大利亚与其他国家可借鉴的实践经验。"[55]

在圆桌会谈之后，格拉坦的研究员们"访问了东亚四个高表现的教育体系"，并"与当地的教育者、政府官员、学校领导、教师和研究员们会面，从中央、地方和学校层面收集了大量数据"。[56] 研究所通过这些"实地调查"和"圆桌讨论结果"完成了一份名为《迎头赶上：向东亚最好的学校系统学习》的报告。报告研究了新加坡、韩国、中国香港和中国上海的学校。

格拉坦研究所认为，上述国家和地区在教育上的"崛起"并非由于死记硬背或是儒家文化传统，而是因为"对有效教学的关注和强调教师教育、教师合作、互相指导和专业发展的文化"。[57] 澳大利亚"应当学习他们对教学不懈的专注，并准备好接受为达到目标而带来的艰难取舍。"

澳大利亚教育家、教育标准研究所(Australia's Education Standards Institute)的负责人凯文·唐纳利(Kevin Donnelly)也作出了类似的警示。他说,2011 年的 TIMSS 结果说明,国家当前的教育已经走向了"梨形"。[58] 作为《低能化:结果导向和政治正确,文化战争对学校的影响》(*Dumbing Down: Outcomes-Based and Politically Correct, the Impact of the Culture Wars on Our Schools*)一书的作者,唐纳利猛烈抨击了澳大利亚的学校,认为他们与东亚的学校相差甚远。在批评澳大利亚学校课程设置与实践的同时,他赞扬了东亚的学校,因为这些学校"教学的形式方法"让学生"清楚地了解对他们的期望"[59]:(亚洲的)课程设计是学术性的,竞争是被尊重的,学生的成就会被奖励。教师都有清晰、明确、简洁的年度教学大纲,详细说明教学内容。

按照许多西方智库学者、教师和教育评论家的说法,新加坡和其他东亚国家很明显掌握了通往卓越教育的秘诀。但这样的声誉很大程度上依赖他们在 PISA 和 TIMSS 中的排名。下一章将评估这些排名的准确性与有效性。

参考文献

1. TIMSS & PIRLS International Study Centre. *About TIMSS and PIRLS*, Lynch School of Education, Boston College and the International Association for the Evaluation of Educational Achievement, Boston, Massachusetts, 2014.

2. Sahlberg, Pasi. "Education policies for raising student learning: the Finnish approach", *Journal of Education Policy*, Vol. 22, No. 2, March 2007, p. 163.

3. TIMSS & PIRLS International Study Centre. *About TIMSS and PIRLS*.

4. Sahlberg, Pasi. "Education policies for raising student learning", p. 164.

5. *PISA 2012 Results in Focus*. OECD Publishing, Paris, 2014, p. 3.

6. PIRLS International Study centre. *PIRLS 2011 International Results in Reading*, Boston, Massachusetts, 2012.

7. Ibid, p. 36.

8. Wuttke, Joachim. *PISA & Co, A Critical Online Bibliography*, See "Fifty Years of International School Assessments", Vienna and Berlin, 2007, p. 2.

9. Ibid.

10. *PISA 2012 Results in Focus*.

11. *Temasek Emeritus*（Singapore），December 4, 2013.

12. *PIRLS 2011 International Results in Reading*, p. 38.

13. *PISA 2012 Results in Focus*.

14. Trends in International Mathematics and Science Study, *Wikipedia*, 2016.

15. Ibid.

16. www.mckinsey.com.

17. Mourshed, Mona; Chinezi Chijioki and Michael Barber. *How the world's most improved school systems keep getting better*, McKinsey & Company, November 2010.

18. Ibid.

19. Ibid, p. 94.

20. Ibid, pp. 116 – 117.

21. Ibid.

22. Ibid.

23. OECD. *Singapore: Rapid Improvement Followed by Strong Performance in Strong Performers and Successful Reformers in Education*, *Lessons from PISA for the United States*, OECD Publishing, 2011, p. 165.

24. Ibid. p. 167.

25. Ibid. p. 173.

26. Ibid. p. 172.

27. Ibid.

28. Ibid. p. 174.

29. Stewart, Vivian. *How Singapore Developed A High Quality Teacher Workforce*, Asia Society, New York, April 2010.

30. Ibid.

31. Grattan Institute. *Catching up: Learning from the best school systems in East Asia*, Melbourne, 2010, p. 2.

32. *IMD World Competitiveness Yearbook 2014*. Institute for Management Development, Lausanne, p. 465.

33. *The Global Competitiveness Report 2013 – 2014*. World Economic Forum, Geneva. p. 456.

34. *The Christian Science Monitor*, March 24, 2009.

35. Ibid.

36. Ibid.

37. *The Guardian*, February 17, 2009.

38. Ibid.

39. *The Sunday Review*（*Straits Times*）, March 9, 1997.

40. *Straits*（Singapore）, February 18, 2004.

41. *Australian Financial Review*, July 5 – 6, 2008.

42. *The Financial Times*, June 21, 2012.

43. Yong Zhao. *Catching Up or Leading the Way*; *American Education in the Age of Globalization*, ASCD, Alexandria, Virginia, 2009, p. 69.

44. Asia Society. *Education in China*, *Lessons for U.S. Educators*, New York, November 2005.

45. Ibid. p. 7.

46. Ibid. p. 11.

47. Ibid. p. 18.

48. Ibid.

49. MacGregor, Campbell. "West Vs Asia education rankings are misleading", *New Scientist*, January 7, 2013.

50. Ibid.

51. *The Australian*, January 26, 2012.

52. Ibid.

53. Grattan Institute. *Catching up: Learning from the best school systems in East Asia*, p. 2.

54. Ibid. p. 5.

55. Ibid.

56. Ibid.

57. Ibid.

58. *The Australian*, September 7 − 8, 2009.

59. Ibid.

第二章　探讨 PISA 和 TIMSS 测评

最新的 PISA 和 TIMSS 测评结果发布,总是会在西方社会掀起对其教育质量血雨腥风般的拷问。政治家与意见领袖(通常是记者)通常会发表让人恐慌的评论,认为本国学生落后于"亚洲四小龙"经济体的同龄人。然而,与此同时,也有不少教育家认为测评结果不足为虑,因为 PISA 与 TIMSS 的测评结果有严重的缺陷。这些批评主要围绕这两项测评对学生技能认识的有限性与较为严重的方法论缺陷展开。

狭窄的视角

如果将数学与科学(还有阅读能力)技能比作现代经济的炭(和铁!),那么仅评估这些技能的水平,提供的信息相当有限,并不足以评价教育系统的整体质量水平。

挪威教育家斯韦恩·西奥伯格(Svein Sjoberg)在评价 PISA 结果时,认为测评结果仅满足了 PISA 测评的服务方(即 OECD)"新自由主义政治与经济意识形态"的需要:[1]"PISA 的关注点……并不是教育自由度,也不是支持贫困人群,更不是可持续发展……而是那些可以用来提升 OECD 经济目标的技能与竞争力。"[2]这些经济目标包括:推动经济增长、就业、世界贸易、生活水平和保持金融稳定。为了了解这些 OECD 目标的情况,PISA 只研究了学校教育的一小部分内容,也就是阅读、数学和科学这三个方面。PISA 将这三种素养看作能够让学生"有效分析、思考、沟通"的要素,以及能让学生掌握"终身学习"能力的关键。[3]西奥伯格评论道,OECD 暗示"我们未来面临的挑战,将不再依靠历史、地理、社会科学、伦理学、外语、实践技能、艺术和美学来解决。"[4]

他指出,PISA 的教育排名创造了一种印象,仿佛这项测评"完整评价了学校系统的教育质量",包括所有应对未来挑战所需的技能。[5]然而,PISA 真的测评了现代经济"所需的全部技能"吗? 证据显示,并非如此。至少,创造力、求知欲以及我们时代的文学、艺术、道德与学术问题等方面就没有体现,后文将针对这个问题进一步说明。TIMSS 测评也是如此。PISA 测评的是学生"有效分析、思考、沟通"[6]与"终身学习"的能力,而 TIMSS 旨在考查被试国学生"所有课程中常见知识"的掌握情况。[7]但西奥伯格总结道,"应对现代社会生活需要一系列复杂的技能,这些不可能都被 PISA(或 TIMSS)测量"。[8]其中包括按照狭义定义也未被当前教育测评覆盖到的指标,如创新能力。美国教育学家赵勇(Yong Zhao)指出,"标准化测评鼓励学生去找'正确答案',因此阻碍了创造力的发展,因创造力需要质疑与挑战现状。"[9]

不可靠的抽样

对 PISA 和 TIMSS 测评的主要批判还集中在其使用的抽样方法上。选择参加测评的学生有两个阶段(有时三个)。

这两项测评通常使用一种两阶段的选择流程来挑选学生。TIMSS 考核的对象是四年级学生(也就是 9 岁孩子),在一个国家或地区内需要抽样至少 150 所学校,随后从这些学校中基于等概率原则抽取一个或多个班级进行测评。[10]PISA 也是在每个国家或地区中至少抽取 150 所学校,并在每所学校中抽取 35 个 15 岁的学生进行测评。[11]

然而,PISA 和 TIMSS 也用一些理由来排除学生。这两项测评都规定,被排除的人数应当不超过总目标群体的 5%。[12]具体的排除原因如下:

- 在智力或生理上存在残障的学生,如需要特殊教育关怀的对象。

- 刚刚抵达目标国家、具有移民背景而在语言掌握上不足的学生。

- 学校地理位置特别偏远、规模很小。

但是,对于那些极为在意本国 PISA 和 TIMSS 成绩的国家或地区来说,这些标准在统计数据层面提供了很大的操作空间。PISA 允许最多 4.5% 的学生因智力、生理缺陷或语言能力问题不参与测评。[13]但一位知名的 PISA 和 TIMSS 评论家约阿希姆·伍特克(Joachim Wuttke)指出,PISA 允许:"基于学校校长或其他有资质教职员工的专业意见"而被判定有智力缺陷的学生不参与测评——这是一种完全不可控、具有不确定性的信息来源。[14]他补充道,从 PISA 报告的小字里可以发现,部分国家还使用了额外的排除原则,去除了语言困难症和计算困难症的学生。[15]伍特克还用奥地利南提洛尔地区作为案例:该地区在 2000年的 PISA 测评中排除了 2 000 名技校学生参与,引发了对该地区 PISA 测评结果的质疑,认为其优异的测评成绩是因为排除了这些缺乏学术天赋的学生而造成的。[16]

罗格斯大学的教育家克里斯多夫·提恩肯(Christopher Tienkin)也指出了 TIMSS 抽样的偏差。[17]他报告道:

> 俄罗斯只测评土生土长的本地学生,瑞士的测评范围只包括了 26 个行政区中的 15 个,以色列只允许测评希伯来语学校的学生,而西班牙除了卡特卢那地区之外的地区只允许西班牙语学校参与测评。意大利则去除了整个省份,如西西里。相反,美国在 TIMSS 的抽样中包括了 98% 的学生人口。[18]

减少学业水平较低的学生参与 TIMSS 和 PISA 测评,可以大大提升国家教育成就排名。新加坡和其他高分亚洲国家这么做的程度值得仔细检验——尤其在测评组织的纵容下。

PISA 在每个参与国都指派了一名国家项目经理(National Project Manager,

NPM），在全国范围内实施 PISA 的安排。理论上，国家项目经理的职责为确保"国际共识的行政与技术标准流程得到实施"，如 PISA 2009 技术报告所示。[19]

国家项目经理发挥了重要的作用，他们使国际测评工具的公正性得到保证，从而使 PISA 能够高质量地落地实施。他们也参与验证与评估调查的数据结果，分析和生成报告。[20]

TIMSS 也在每个参与国指派了一位国家研究协调员（National Research Coordinator，NRC）。[21]这位国家研究协调员拥有与 PISA 的国家项目经理类似的职责与权力，能够在相关国家负责 TIMSS 测评的实施。

项目经理与研究协调员拥有行政上组织测评的权力，给教育民族主义提供了空间，从而可能有害于 TIMSS 和 PISA 的客观性。美国教育学家威廉和博尔切·霍利迪（William and Berchie Holliday）对 TIMSS 批评道：

我们有理由相信，一些政府官员在本国负责 TIMSS 测评的行政事务，不公正地选择了部分学生参加测评，并没有按照 TIMSS 的学生抽样方法来实施。[22]

对于那些拥有精英学校的国家来说，有偏向性的抽样更有可能发生。[23]在参与 TIMSS 的 21 个国家中，有 16 个国家的学生就读的是特殊的、高表现性、重视数学和科学的精英学校。[24]这些来自精英学校的学生能否公平地与他们在美国和加拿大读普通高中、没有获得特殊照顾的学生相比？霍利迪质疑：

因此，我们必须继续追问，是否所有国家都公平地完成对学生群体的抽样。就是说，公正全面地记录他们的行政执行流程并严格遵循 TIMSS 规范，还是为了国家的利益而"调整"抽样规范和流程？[25]

新加坡这样的国家有很大的可能性会实施上述（不规范）流程，考虑到进行 TIMSS 测评时，这些国家享有相当可观的流程操作空间。例如，TIMSS 允许新加坡有第三阶段抽样（译者注：大部分国家都只有两个阶段）。在一轮抽样中抽

取学校,二轮抽样选择班级之后,新加坡拥有第三个抽样阶段,也就是在班级里进一步抽样。[26]在新加坡,每个被试学校抽取两个班级,每个班级抽取 19 名学生参加测评。[27]新加坡学校每个班级最多有 40 名学生,这也代表着第三次抽样的过程可以让部分学生不参与 TIMSS 测评。2007 年 TIMSS 的技术报告里没有说明新加坡拥有这一特殊抽样流程的原因,而其他 58 个参与国都没有这项流程。这会大大提升新加坡在 TIMSS 中的表现。

新加坡的 PISA 测评实施也存在偏向性抽样的问题。教育部声称,参与PISA 2012 测评的、来自 166 个公立学校的 5 369 名学生和来自 6 个私立学校的177 名学生,"可以代表新加坡 15 岁学生群体。"新加坡教师苏沙撒·约翰·艾尔斯(Sutharsan John Isles),[28]表示并不认同。[29]他认为,教育部并没有说明,参与测评人群中每所公立学校的 32 名学生和每所私立学校的 29 名学生是具体怎样选拔出来的。[30]基于一名新加坡学校教师的经验判断,他认为参加 PISA的学生大量选自最聪明的一群人(也就是选自特优班或明星班)。大部分学生都在普通班,而他们则不太可能被选中。来自普通技术班,也就是水平最差的学生,更有可能并不被允许参与这个测评。苏沙撒补充道,在样本中加入私立学校的学生会进一步加大优秀学生的比例,因为私立学校学生"通常是新加坡最优秀的学生"(正如后几章所言)。

不论是 PISA、TIMSS 还是其他测评,偏向性抽样都会提升该国或学校所在城市的排名。教育家艾瑞克·哈努谢克(Eric Hanushek)和路德嘉·伍斯曼(Ludger Woessmann)发现了"被去除学生数量"与"教育测评结果"之间的数据相关性。[31]按照美国研究者艾丽斯·路特博格(Iris Rotberg)的说法:"越少学生参加测评,测评结果的分数越高。这个分数仅仅能说明,部分国家参与测评的学生比其他国家更精挑细选。"[32]

哈努谢克和伍斯曼认为,"简单的数学计算可以说明,事实上,偏向性抽样有可能很大程度上提高该国测评结果的平均分。"[33]他们在研究了 5 个 1995 年至 2003 年之间、初中阶段的数学和科学国际测评之后得出了上述结论。[34]

数据相关性表明,去除学生的比例和无响应学生数的比例……很大程度上与测评成绩正相关。测评组织者排除了越多学校和学生,或是抽样但未参与测评的学生人数越多,那么该国的测评结果平均分越高。[35]

像美国这样,在 TIMSS 和 PISA 中让所有学生都参与测评而结果不太好的情况,也被标注了出来。美国教育家丹尼尔和劳拉·坦纳(Daniel and Laurel Tanner)发现:许多国家的被测学生都是挑选过的,"而美国学生代表的是全体人口和年龄群体的真实情况"。[36] 同样,提恩肯也用事例说明了偏向性抽样的存在:"许多国家用毕业生来参加 TIMSS 测评,也并不符合测评标准定义的随机性。"[37]

对 PISA 试题的质疑

确保所有学生都回答同样的问题,应当是一项学业水平测评的必要前提。如果并不能做到,那么学生之间的比较也就不再有意义。但是 PISA 测评却并非如此。如《泰晤士报教育副刊》(Times Educational Supplement)的记者威廉·斯特尔特(William Stewart)所说,你们或许觉得,一项公平的比较中,所有文化偏见性问题已经提前被筛除了。应当是所有参与 PISA 的学生都被要求回答同样的问题。但实际上并非如此。[38]

举例来说,PISA 2006 测评中,尽管阅读和数学这两科的结果都有完整的排名,但事实上,所有的阅读都没有向学生提问,也只有一半的学生回答了数学问题。[39] 科学是唯一所有学生都参与测评的学科。

按照哥本哈根大学教授斯文·克赖纳(Svend Kreiner)的观点,PISA 2006 在阅读上的偏差特别明显。他发现,一半的学生并未参与阅读能力测评,还有 40% 的学生只参与了 28 题中的 14 题。[40] 因此只有 10% 的学生完成了完整的 28 题阅读测评。"这一事实本身非常可笑,"他说道,"大部分人都没有意识到,参与 PISA 测评的学生有一半没有回答任何阅读问题。"

即便如此,PISA 仍旧给这些学生在阅读上赋分了。[41]

更有甚者,不仅不同学生的 PISA 的测评问题不同,国家间的测评题也有差异。在 PISA 2006 中,28 题阅读中有 8 题在部分国家被删除,因为 OECD 认为这些题很难用来测评这些国家学生的水平。[42]因此,测评题目之间的巨大差异,也引起人们对测评结果的质疑。

PISA 对此现象的解释却引发了更多质疑。官方说明写道,PISA 调研的方法是"系统性评价"(System-level Assessment),"测评设计"是用来产生"可信数值",而非每个学生的实际结果。[43] PISA 的说法是,"这些都是按照成绩的分布而被赋予的随机数字,代表的是个体成绩的合理数值。"因此这些"随机数值"而非学生的真实数据表现很大程度上决定了 PISA 的排名。

PISA 用来计算"可信数值"的模型是拉希模型(Rasch model)①。通过在模型中填写学生的实际成绩,测评设计方希望可以生成一种可信的模型,从而预测所有被测国家和其学生如果回答了相同问题可能的成绩结果。

但是,PISA 测评对拉希模型的使用引发了新一轮炮火的攻击,其中来自学者克赖纳(Kreiner)的说法尤为可信。克赖纳是发明拉希模型的丹麦统计学家格奥尔格·拉希(Georg Rasch)的学生。[44]克赖纳表示,他非常了解这个模型,且表达了对 PISA 使用这一模型的顾虑。为使这一模型有效,参与 PISA 测评的所有国家必须回答难易度相同的问题。"如果测评问题在不同国家有不同的难易度—也就是差离值(Differential Item Functioning, DIF)——就不应该使用拉希模型,"克赖纳说。证据表明,PISA 测评中差离值非常高,从而使 PISA 的测评结果"没有意义"。[45]

不过,对 TIMSS 测评的一系列差离值研究表明,TIMSS 没有 PISA 中差离值的问题。但 TIMSS 同样存在与 PISA 测评相似的弱点。这些问题起源于部分被测国家民族主义的进程。

①　英语原文说是 Rausch model,但按照下文的说明与译者查找的结果,应该是 Rasch model。https://en.wikipedia.org/wiki/Rasch_model 因此,原文可能有拼写错误? 也可能是丹麦语转英语时造成的拼写差异。

国家发展进程和文化差异

显然,那些想要提高测评成绩的国家有很强的动机将参与 PISA 和 TIMSS 测评的学生限制在好学生中。这一现象在一些国家中更为明显。

国家声望

许多国家的教育权威人士希望向本国政府证明学校教育卓有成效,政府往往也想向世界证明本国教育制度的优越性。西奥伯格观察到,"(国际测评中的)胜者……成为……其他国家的榜样。"[46]他们的学校系统成为许多其他国家模仿的对象。那些想要提升中小学校和大学教育质量从而吸引外籍学生的国家,尤其渴望提升他们在 PISA 和 TIMSS 中的排名,建立本国的教育声誉。

各国教育部部长有时会面临"巨大的政治压力",需要他们确保测评结果"表现超过美国"。霍利迪说。[47]有的国家,特别是新加坡等东亚国家和地区,似乎特别渴望宣扬自身的声望。[48]一名《泰晤士报教育副刊》的记者观察到,在韩国,参与 PISA 和 TIMSS 测评前,学生们也被激发了爱国热情。美国教育家吉拉德·布雷西(Gerald Bracy)发现,每个被叫到名字的学生会站起来,迎接班里其他同学热烈的掌声。[49]"能够代表国家参与测评是很大的荣耀!"

新加坡也是如此,这个国家沉迷于在每个国家能力的排行榜上提升排名。对于新加坡人民行动党来说,国家"成为世界学习的榜样"是合法化进程的重要部分。通过向新加坡人民和世界展示本国拥有最好的教育——而且经济竞争力、经济自由度和透明度等方面世界领先——人民行动党可以合法化其领导与政策。此外,最好的学校可以吸引更多的国际学生,进一步实现新加坡作为世界教育中心的愿景,第五部分将详细说明。

提升 PISA 和 TIMSS 成绩对新加坡和其他东亚国家来说,除了拥有教育和文化的意义之外,也是国家战略规划的一部分。

应试文化

在新加坡,应试技巧是被高度赞扬的。在学校和课后培训中,新加坡学生被训练成善于应试的群体。一位新加坡国立大学的数学教授赫尔默·阿拉克森(Helmer Alaksen)说,"在这个国家,只有一件事重要:也就是应试教学!"[50]

然而,在新加坡学校,不只是应试教学,应试练习也很重要。一名精英学校的学科部门负责人吹嘘道,该校优异的剑桥 A-Level 考试成绩是"每月重复模拟考试练习"训练的结果。[51]自然,这样的训练方法可以创造优异的考试结果。有一年,在剑桥 A-Level 考试中,毕业生中12%的学生(1 364 人)得了4 个 A,另外 2 442 人得了3 个 A。[52]但这一结果主要来源于死记硬背,而不是学术能力。正如一位新加坡国立教育研究所的前负责人所警示的那样,成绩最好的学生进入考场时往往依靠的是记忆而不能反刍和理解这些知识。[53]因此他并不认为这项考试可以真正考查学生的学术水平、智力水平和学习能力。

即便如此,反复参与模拟考试的学生会发展出强大的应试技巧,从而使用在 PISA 和 TIMSS 测评中。如果有研究探索新加坡学生是否也参与"训练"来为 PISA 和 TIMSS 做准备,那会很有意思。霍利迪等曾指出,一些国家的学生存在准备考试、常态化参与模拟训练的可能性。[54]

显然,新加坡和其他东亚国家都是"考试狂"。澳大利亚教育家史蒂芬·丁汉姆(Stephen Dinham)评论道,这些国家"在提升他们 PISA 和 TIMSS 排名上格外重视。"[55]

然而,在 PISA 和 TIMSS 以及其他学业测评上投入时间精力的竞争性价值,在其他国家看来却并不大。包括北欧国家在内的许多国家并不在意能够证明自己最优秀。西奥伯格说,在挪威,"学生对学校教育有截然不同的态度,对测评也不太在意"。[56]许多学生"并不太关心"PISA 测评。此外,北欧学生也觉得这些考试不太有"实用价值"。"测评结果没有后续,考试项目不会被讨论,也没有反馈,结果是保密的,对日常生活和学校成绩也都没有影响。"[57]此外,与东亚国家不同的是,被测学生也没有爱国压力来制约他们随意的态度。

对 PISA 测评结果的随意态度在卢森堡这样的国家也有体现。那里的学生看起来对 PISA 测评也不算很严肃,他们用多余的测评时间来画画而不是做出所有的测评题目。[58]

不过,在新加坡和其他东亚社会里,追求学习成绩也并非只因为国家荣誉。他们的传统价值观总是很看重学业成绩。因此,这也造成了补习文化的盛行,一定程度上提升了这些国家的 TIMSS 和 PISA 成绩。

补习因素

毫无疑问,常态化的私立补习会大大提高学业表现。正如著名的芬兰教育家帕斯·萨尔伯格所说,"……学生成就是校内和校外一系列活动的结果。"[59]在"……韩国与日本(和新加坡),很大比例上学生成绩的优异只因为私立补习。"[60]这样的课外补习会"提升学生考试成绩,不一定会增长他们的学识与理解能力。"[61]

正如亚洲发展银行的报告所示,补习在亚洲社会中是常见现象。[62]在韩国等亚洲国家,很大比例的学生都接受某种形式的私立补习。在韩国,88%的小学生、73%的中学生和 61%的普通学校(九年一贯制)学生进行私人补习。[63]在新加坡,进行补习的小学和中学学生占比高达 97%。[64]OECD 对普遍的数学补习情况也展示了接近的结果。近 80%的日本和韩国 15 岁学生和近 70%的中国上海和新加坡学生接受数学补习。[65]

相反西方只有少部分学生接受补习。例如,在数学学科上,不到 20%的澳大利亚、加拿大、德国与新西兰学生和只有大约 10%的芬兰学生接受课后补习。因而,除了芬兰,其余国家的 PISA 和 TIMSS 成绩都不高(芬兰是例外,其原因将在第十四章和第十五章详细分析。)

按照 OECD 的说明,补习显而易见地大大提升了学生的学业表现,尤其是在 PISA 测评中。[66]OECD 对 PISA 2006 结果的分析说明,中国香港、韩国和中

国台北学生参与课后补习,能够获得更高的成绩。补习达成的学业进步约等于6至12个月的学习效果。

因此,除了对 PISA 和 TIMSS 测评实施有所运作、爱国与文化压力、校内常态化测评训练之外,大量的补习也可以解释为何东亚与新加坡获得高分。

更有甚者,PISA 和 TIMSS"比赛名次表"式的呈现方式会夸大高分段国家的教育成就。事实上,PISA 排名上最高分国家是 572 分,随后的"三名"的分数区间在 560—570 分之间。这么小的分数差距或许在统计学上的差异并不太大,但媒体报道只关注排名,就像体育竞技排名表一样。这些过分简化、有误导性的结果,会在仅获得了中等排名的西方社会中引发大量的社会辩论,甚至是引起人们的恐慌。西奥伯格说,"这和运动比赛有相似之处:赢家通吃。"[67]"如果你是第八名,没人会在乎你距离获胜者有多远。"

显然,尽管 PISA 和 TIMSS 测评在理论上说应当体现了各国的教育质量,但实际上,这些测评的结果也受到许多其他因素的影响。伍特克认为,PISA 这样的测评目标是检测"教育系统的效果",但教育系统的好坏只是造成这些测评中的学生成绩的原因之一。[68]其他的变量如抽样、排除部分学生、应试的习惯、文化和语言等都是"量化上很重要"的因素。[69]此外,还有大量补习的影响。

因此,PISA 和 TIMSS 对一国教育系统的测评结果是片面的,有时甚至是有误导性的。

首先,PISA 和 TIMSS 测评可能因有偏向性抽样结果,而体现除学生学业能力之外的其他因素。测评的实施流程允许国家项目经理或协调员来操控部分测评结果,从而有可能提升本国教育成就的排名。

其次,这些测评尽管测量的是学生的学业表现,但只测评了数学、科学和阅读能力。那些与艺术、人文、社会科学相关的内容都被忽视了。这些学科的知识与理解也是培养公民的重要组成部分之一,而非仅仅是培养人成为技术员或是成为"系统中的螺丝钉"。

尽管 PISA 和 TIMSS 测评有许多上述缺陷,但依靠有力的商业、行政和意识形态习惯的驱动,国际测评的使用范围仍然越来越广。许多力量共同构成了一个综合现象,通过推广这些测评来促进教育改革,使其更符合商业管理的利益。

国际测评产业及其背后的驱动力

尽管 PISA 和 TIMSS 测评明显有缺陷,但他们的参与范围仍然持续扩大,尤其是 PISA。在过去的几十年中,在 OECD 的支持下,PISA 成为了推动"全球教育治理"的重要力量。[70] 在《PISA、力量与政策:全球教育治理崭露头角》(*PISA, Power and Policy: the emergence of global educationnal governance*)一书中,海因兹-迪尔特·迈耶(Heinz-Dieter Meyer)和阿兰·贝那福(Aaran Benavot)认为,"PISA 在制度性的道路上适应良好,成为了全球责任制中的重要力量,通过其对学生的测评、分类和排名,使得不同国家与文化的教育者与学校管理者得以使用同一标准来衡量学生。"[71]

"全球教育治理"和亲 PISA 和 TIMSS 行动的另一个名字是全球改革运动(Global Education Reform Movement, GERM),这是个由芬兰教育家萨尔伯格创造的词汇。[72] 按照萨尔伯格的观点,GERM 的主要目标是:标准化测评、对数学、阅读和科学等主要科目的关注、教育的私有化和企业式管理方法。

GERM 的新自由主义规划融合了产业、商业和行政利益,从而在背后驱动着全球测评产业的发展。不只是 PISA 和 TIMSS 测评,许多国家的其他测评项目也被包含其中,包括美国和澳大利亚对学生表现的国家测评等。在美国,包括"有教无类"法案(No Child Left Behind)和"力争上游"项目(Race to the Top)等,都是国家测评的代表,在随后的章节中也会说明。在澳大利亚,最主要的评价测评是国家阅读与数学评价(National Assessment Program – Litercy and Numeracy, NAPLAN)。

产业、商业与行政利益

最初,有三种不同的利益构成推动着测评产业的发展,其中包括:产业的人

力需求、学校和教育系统的行政需求与测评与推广公司的商业获利需求。多种多样的测评项目中就涵盖了包括 PISA 在内的许多国际与国内测评。

产业的人力需求

产业发展要求学校培养那些具备了基本阅读、数学和科学技能的学生,从而最大化他们的"可雇佣性"。美国教育家米歇尔·莫斯(Michele Moses)和迈克尔·南纳(Michael Nanna)认为,"政治意识形态与标准化测评的使用与商业社会的需求有关。"[73] OECD 与其成员国认同上述观点。他们也希望可以检测教育系统是否具备培养雇员与工人的基本能力。因而,OECD 设计了 PISA 测评来达到上述目标。例如,西奥伯格此前认为,OECD 设计的 PISA 测评体现了其新自由主义的思想与规划。OECD 希望学校培养学生的技能,提升学生的竞争力,从而能够更好地服务于产业社会的需要。

"跟着钱走"

学力测评的全球性崛起培养了标准化测评的产业。如莫斯与南纳对美国的观察所言,……对于测评行业来说,维系、普及和扩张测评是最主要的任务。事实上,在美国,测评成为了大型商业形态,而就像其他的许多行业一样,测评行业是一项基于盈亏底线的利润驱动型产业,并从大规模的私有化中受益。[74]

尽管对于常规测评与高风险测评的收益有"不一致的研究结果",但"测评产业通过大规模的实践,在财务与政治上有巨大收益"是肯定的。[75] 如德国教育家福特纳(E. Filtner)提醒的,"如果人们想了解在美国推广标准化测评背后的驱动力是什么,那么就应当如那句老话所说:跟着钱走。"[76]

德国也有类似的情况。正如洛曼在伍特克对 PISA 的学术批评文章中所言,教育政策由贝塔斯曼基金会(Bertelsmann Foundation)主导,一个据称是非营利的机构,控制着贝塔斯曼集团这家跨国媒体与出版的大型公司。基金会推动着政客支持教育私有化,创造了私立服务的市场,给贝塔斯曼的其他子业务创造盈利空间。[77]基金会支持各种形式的测评与评估项目,并对所有接纳其建议的个人与组织所获得的成功进行评判。

福特纳说,PISA 同样也是"由大型公司运行,服务于(或是创造了)全球对考试的需求。"[78]此外,伍特克指出,"PISA 的商业化基因也体现在其对批评的反应上。PISA 的发起者对批评的态度不像是科学家,反而像是保护业务的经理人。"[79]他说,"从 PISA 中获利的投机者认为,批评都来自于嫉妒。"[80]

PISA 的评论家也发现,官方对批评的反馈不足。如克赖纳所说,PISA 并不"希望人们对测评结果提问或有所怀疑。他们完全不希望和我对话。我很确定这是因为他们无法为自己辩护。"[81]

理解了 PISA 背后的商业利益,那么我们就或许可以理解 PISA 为何无法很好回应批评。一系列商业体围绕在 PISA 周围,组成一个联合集团,由 PISA 指定在全球范围内实施测评活动。[82]这些企业通常都是国际性,一般是提供测评和评估服务的运营商,负责设计与实施调查研究。[83]PISA 联合集团由澳大利亚教育研究委员会(Australian Council for Educational Research, ACER)负责管理,ACER 本身也拥有最主要的合约。此外,ACER 还负责管理其他 10 个实施测评的机构,这些机构来自欧洲、日本、美国等多个地区,要么是州立或大学下属的机构,要么是私营企业。[84]

澳大利亚教育家凯文·唐纳利注意到,在澳大利亚同样的现象(即"跟着钱走")也很明显。ACER 的总部代表着"测评[也]是一项百万美元的生意":"例如[ACER]这样的主体、澳大利亚课程设计、评价与分析报告的权威机构和OECD,都为 PISA 的结果负责,也因此在推广标准化测评上享有既定利益,而将标准化测评作为衡量表现和提升效果的最佳途径。"[85]

这一情况不仅在 ACER 的主场澳大利亚发生,还发生在其他进行 PISA 测评的国家。在那里,由 ACER 主导的联合集团对测评大力推广,从而让 ACER通过在澳大利亚和国际上的运营获得可观的财务收益。2011—2012 年,ACER"来自客户的收益"达到了 7 380 万澳元,在 2010—2011 年则是 7 860 万澳元。

ACER 标榜自己是非营利组织,并不收取政府资助,其全部收入来自于签约负责的教育领域研究与发展项目。[86]由 ACER 领衔的联合集团从 PISA 与其他教育测评中获得了大量商业收益。例如,OECD 和 PISA 的附属机构等新自由主义组织中推广测评的必要性,是这些公司推广 ACER 测评的重要商业策略。

快速便捷

除了产业的人力需求与国际测评行业的商业利益,行政便利性也解释了标准化测评的流行与普及。如莫斯与南纳所言,标准化测评并不只是"看起来是评估学习的有效方式,(还)在处理大量信息时有巨大的行政诉求与高性价比。"[87]

标准化测评提供了一种快速、简单、看起来很有道理的方法来评估大学的候选人。同样的,全球化的 PISA 和 TIMSS 测评提供了一种看起来简单、容易、可靠的方式来给各国的教育情况进行排名。不过,这些"和实际教育质量几乎没有关系"的测评结果却常常会让人对各国教育质量产生错误的印象。[88]

除了商业、财务和行政利益之外,意识形态也影响着测评行业的持续发展。

新自由主义意识形态的影响

自 20 世纪 70 年代起,新自由主义浪潮出现以来,尤其在西方世界,人们呼吁从国营经济转型为私营经济。新自由主义者认为,这一转变将使政府更高效,使国家的经济健康运行。

市场经济政策与公共部门私有化是分配资源最有效的方式,教育也是如此。然而,这样的新自由主义观念通常与金钱导向的企业家利益混淆在一起。这些企业家计划从教育的私有化中获利,在后续的章节也会进一步说明。

在美国这样的国家中,新自由主义的影响力逐渐增长,在影响教育系统的领域,私有企业发挥着越来越大的作用,有了更大的话语权。著名教育家、美国教育部前副部长戴安·拉维奇(Diane Ravitch)注意到,这些"学校改革中的新力量主要由华尔街的基金经理人、基金会管理人员、企业的高管和企业家（如时任微软 CEO 比尔·盖茨）和政策制定者组成，他们中几乎没有有经验的教育者。"[89]

　　这些改革人士距离现实的学校很远，他们对学校现实的漠视使他们忽略了家庭与贫困造成的影响。这些改革者坚持认为，通过竞争、倡导自由化与数据化管理，学校就可以创造奇迹——和导致 2008 年金融危机所用的逻辑一样。由于他们对上述策略的倾向性，教育者通常称他们为"企业改革人士"，从而将他们区别于那些真正了解学校进步复杂性的教育家。[90]

　　拉维奇并不认为来自企业的管理者会成为真正的教育改革家。"'改革'这个词用得并不恰当，因为声援上述改变的支持者并不追求改革公立教育，而是试图将教育改变成经济板块中的企业。构成今日的（教育）改革的人群与个体之所以青睐'改革'这个词，是因为这个词与美国政治与历史联系在一起，有非常积极的含义。"[91]

　　推动教育私有化是这些企业改革人士的主要目标。拉维奇说，在美国，这一现象最为显著。过去 20 年，美国有越来越多的声音认为公立教育已经逐渐滑向了平庸的深渊。[92]比尔·盖茨作为主要的企业改革人士与 IT 界的亿万富翁，在 2005 年对美国的州长们说，美国的学校都是"衰弱的"和"过时的"。[93]2010 年，比尔和梅琳达盖茨基金会资助了一项花费铺张、组织良好的媒体声援行动，用以宣传美国学校每况愈下并展示了美国学生在测评中的低分数——包括 PISA 和 TIMSS 测评的成绩。解决这一问题的最佳方式是推动建立私营的特许学校（charter school），解雇表现不佳的教师并削弱保护他们的工会。[94]拉维奇注意到，盖茨基金会的教育项目避免使用"私有化"这样的词汇，"尽管事实上，是私有力量在背后驱动着运动的发生。"与之相对的，他们运用了"选择"这个词汇，"暗示家长应当像消费者一样，行使自由选择的权利来退学或入学。"[95]避免使用"私有化"避开了引起私立学校会取代公立学校、将学校转变为营利企业的顾虑。这一手法与败坏公立学校名声一起，成为了包括盖茨基金

会在内的 GERM 执行者推动教育私有化进程的武器。

在这项战略中,PISA 和 TIMSS 成绩也是重要的组成部分。美国路易斯安那州的教育家迈克尔·迪什特斯(Michael Deshotels)说,盖茨和他新自由主义的同盟一起,"计划用所谓灾难性的 PISA 成绩来推动更大程度的私有化,让企业管理一部分公立教育"。[96]"如今,改革者们认为,唯一可以提高我们(公立)教育的方法是引入'市场化改革',用数据(也就是标准化考试结果)来驱动进步。"这也确实符合那些希望通过将学校私有化来赚钱的人们的计划。另外,这也大大提升了测评行业的商业前景。

既有的商业化意识形态与其他利益一起,共同确保了 PISA 和 TIMSS 测评的存续。人们对这些测评的信赖程度很高,尽管测评的结果与国家国力的数据相关性并不强,下一章将详细介绍。

参考文献

1. Sjoberg, Svein. "PISA and 'Real Life Challenges': Mission Impossible?", *PISA According to PISA*, Eds. Stefan Hopman, Gertrude Brinen and Martin Retzl, Lit Verlag, Vienna and Berlin, 2007. p. 210.
2. Ibid. p. 210.
3. Ibid.
4. Ibid.
5. Ibid.
6. Ibid.
7. Ibid. p. 211.
8. Ibid. p. 213.
9. Yong Zhao. "Doublethink. The Creativity-Testing Conflict", *Education Week* (online), July 17, 2012.
10. *TIMSS 2007 Technical Report*. Eds. Olson J. F., M. O. Martin and I. V. S. Mullis; TIMSS and PIRLS International Study Centre, Boston College. Boston, 2008.
11. *PISA 2009 Technical Report*. OECD Publishing, 2012.
12. *TIMSS 2007 and PISA 2009 Technical Reports*.
13. Wuttke, Joachim. *Uncertainties and Bias in PISA*, Copyright Joachim Wuttke, 2007, online, 2007. p. 6.
14. Ibid.
15. Ibid.
16. Ibid, p. 8.
17. Tienkin, Christopher H. "Rankings of International Achievement Test Performance and Economic Strength: Correlation of Conjecture?", *International Journal of Education Policy and Leadership*, April 25, 2008, Vol. 3, No. 4, p. 6.

18. Ibid.

19. *PISA 2009 Technical Report.* p. 25.

20. Ibid.

21. *TIMSS Advanced 2008 Technical Report.* TIMSS and PIRLS International Study Centre, Boston, USA. p. 93.

22. Holliday, William and Berchie. " Why Using International Comparative Math and Science Achievement Data from TIMSS Is Not Helpful ", *The Education Forum*, Vol. 67, Spring 2003, p. 250.

23. Ibid, p. 254.

24. Ibid.

25. Ibid.

26. Joncas, Mark. *TIMSS 2007 Sample Design*, Pages 83 and 88 in *TIMSS 2007 Technical Report*, Eds. John F. Olson, Michael O. Martin and Ina V. S. Mullis; TIMSS and PIRLS International Study Centre, Boston, 2007.

27. Ibid, p. 88.

28. Sutharson John Isles. Blog comment on " Why is Singapore's school system so successful, and is it the model for the West?" by David Hogan in *The Conversation*, theconversation.com February 12, 2014.

29. Ministry of Education (Singapore). "International OECD Study Shows That Singapore Students Are Ready to Thrive in the 21st Century", press release, December 3, 2013.

30. Ibid.

31. Hanushek, Eric Alan and Ludger Woessmann. "Sample Selectivity and the validity of international student achievement tests in scientific research", Discussion paper series Forschungsinstat zur Zukunft der Arbeit, No 4926, 2010.

32. Ibid, p. 1.

33. Ibid, p. 2.

34. Ibid, p. 3.

35. Ibid, p. 6.

36. Tienkin. Christopher H. " Rankings of International Achievement Test Performance and Economic Strength", p. 6.

37. Ibid.

38. Stewart, William. "Is PISA fundamentally flawed?", *TES Magazine*, July 26, 2013.

39. Ibid.

40. Ibid.

41. Ibid.

42. Ibid.

43. Ibid.

44. Ibid.

45. Ibid.

46. Sjoberg, Svein. " PISA and ' Real Life Challenges'", p. 211.

47. Holliday, William and Berchie. " Why Using International Comparative Math and Science Achievement Data from TIMSS Is Not Helpful", p. 253.

48. Sjoberg, Svein. " PISA and ' Real Life Challenges'", p. 221.

49. Bracy, Gerald. " Europe's Take on the Program of International Student Assessment", *Huff Post*, January 20, 2013.

50. Sjoberg, Svein. " PISA and ' Real Life Challenges'", p. 221.

51. Barr, Michael and Zlatko Skrbis. *Constructing Singapore, Elitism, Ethnicity and the Nation-*

Building Project, NIAS Press, Copenhagen, 2008, p. 184.

52. Ibid.

53. Ibid.

54. Holliday, William and Berchie. "Why Using International Comparative Math and Science Achievement Data from TIMSS Is Not Helpful", p. 254.

55. *The Conversation*. The Conversation Media Group, Melbourne, Australia, September 14, 2012.

56. Sjoberg, Svein. "PISA and 'Real Life Challenges'", p. 221.

57. Ibid, p. 223.

58. Wuttke, Joachim. *PISA & Co, A Critical Online Bibliography*, See "Student Motivation", p. 3.

59. Sahlberg, Pasi. "Education policies for raising student learning: the Finnish approach", *Journal of Education Policy*, Vol. 22, No 2, March 2007, p. 163.

60. Ibid.

61. Ibid.

62. Bray, Mark and Chad Lykins. *Shadow Education, Private Supplementary Tutoring and Its Implications for Policy Makers in Asia*, CERC Monograph Series in Comparative and International Education and Development, Asian Development Bank, 2013.

63. Cobbold, Trevor. "Downsides to East Asian Education Success", www. saveourschools. com.au, August 11, 2012.

64. *The Straits Times*, June 17, 2008.

65. Ibid.

66. OECD. *PISA in focus*, April, 2011.

67. Sjoberg, Svein. "PISA and 'Real Life Challenges'", p. 213.

68. Wuttke, Joachim. *Uncertainties and Bias in PISA*, 2008, www. messen-und-deuten. de/pisa p. 6.

69. Ibid.

70. Stewart, William. "How PISA Came to Rule the World", *TES Magazine*, December 6, 2013.

71. Ibid.

72. Sahlberg, Pasi. "How GERM is Infesting Schools Around the World", *The Washington Post*, June 29, 2012.

73. Moses, Michele and Michael Nanna. "The Testing Culture and the Persistence of High Stakes Testing Reforms", *E&C/ Education and Culture*, 23 (1), 2007, p. 62.

74. Ibid, p. 60.

75. Ibid, p. 61.

76. Wuttke, Joachim. *PISA & Co, A Critical Online Bibliography*, See "The Test Industry" p. 2.

77. Ibid.

78. Ibid, p. 2.

79. Ibid, p. 5.

80. Ibid.

81. Stewart, William. "How PISA Came to Rule the World", p. 4.

82. *OECD Programme for International Student Assessment (PISA)*, FAQ. OECD PISA, 2012 and "PISA 2012 Groups", *MyPISA*, Australian Council for Educational Research (ACER), Australia, 2012.

83. Ibid.

84. Australian Council for Educational Research (ACER). "CORE A Consortium PISA 2009", *MyPISA*, ACER, Australia, 2012.

85. *The Australian*, May 17, 2013.

86. *Australian Council for Educational Research (ACER), Annual Report 2011 - 2012, Financial Summary*, p. 37. www.acer.com.au.

87. Moses, Michele and Michael Nanna. "The Testing Culture and the Persistence of High Stakes Testing Reforms", p. 59.

88. Ibid, p. 60.

89. Ravitch, Diane. "Schools We Can Envy", *The New York Times Review of Books*, March 8, 2012.

90. Ibid.

91. Ravitch, Diane. "Public Education: Who Are the Corporate Reformers?" (an excerpt from Ravitch's book *Reign of Error*), billmoyers.com, March 28, 2014.

92. Kozol, Jonathan. "This Is Only A Test", *Sunday Book Review*, *The New York Times*, September 26, 2013.

93. Ravitch, Diane. "School privatization is a hoax, ' reformers ' aim to destroy public schools", September 15, 2013, www.salon.com.

94. Ibid.

95. Ibid.

96. Kozol, Jonathan. "This Is Only A Test".

第三章　与国家成功的相关性

自 20 世纪 50 年代以来，衡量学生成就的国际测评就在教育界引起了热烈的辩论与探讨，特别是在美国。超过半个世纪以来，美国的媒体与学术界每过一段时间都会批评自身的教育质量，认为本国教育比起竞争对手来说只能算是平庸。20 世纪 50 年代，竞争对手是苏联。1957 年，苏联人造卫星的发射对美国人来说是痛彻心扉，也引起了许多人对自身教育系统钻牛角尖般的审视。

1958 年，《生活》杂志发表题为"教育危机"的报告，认为美国在教育成就方面落后于苏联。[1] 80 年代和 90 年代，竞争对手转变成了日本，有观点认为，其所谓的教育成就削弱了美国与西方国家的竞争力。到了 21 世纪，西方世界经济与政治领先地位受到了挑战。

在美国等西方国家眼中，尽管苏联与后来的日本看起来拥有教育领先性，但两国在经济与政治方面对全球的威胁已告一段落。苏联在 1991 年解体，日本自 20 世纪 90 年代初就陷入停滞，而美国仍然坚挺并维持着繁荣（尽管有 2008—2009 年的金融危机）。但他们担忧的是，同样的威胁是否会发生在新加坡？

那些用 PISA 和 TIMSS 排名来影响美国教育政策制定者的人，会认为上述假设发生的可能性很大。这些教育排名如 PISA 和 TIMSS 测评的结果一般，预示着美国"生病了"，提升其教育质量迫在眉睫。[2] 这些如同"末日预言"一样的警示，督促西方教育研究者探索，PISA 和 TIMSS 这样的教育测评排名与国家成功、经济发展之间，究竟有怎样的关系。

担心的是什么

尽管西方的政治家们绝望地宣称西方的教育正在下滑,但许多证据显示,事实却并非如此。

教育学者克里斯多夫·提恩肯(Christopher Tienkin)和经济学家凯斯·贝克(Keith Baker)是两位研究教育排名与国家能力之间数据关系的美国学者。提恩肯使用的数据是全球经济论坛的全球竞争力指数(Global Competitive Index, GCI),[3]这一指数旨在评价被测国家的经济竞争潜力。

提恩肯发现,PISA 或 TIMSS 成绩与全球竞争力指数排名正相关表现最强的是欠发达的国家,也就是竞争力排名后半段的国家。[4]对于竞争力排名前 50%的国家(较发达)来说,教育成就排名与国家能力之间几乎没有数据关系。[5]

大众整体教育水平的提升(也就是 PISA 或 TIMSS 分数反映的部分)或许对经济低表现的国家(如乍得、喀麦隆、埃塞俄比亚、吉尔吉斯共和国)有较大的影响,因为这些经济表现不佳的国家更缺乏建设高表现经济体的公共人力资本。[6]

不过,经济较强的国家"需要大部分的公民达到更高水平的教育,才能对经济发展有比较明显的影响"。[7]这些国家的分析结果显示"国际数学与科学测评中的结果与 GCI 的经济实力排名之间的数据关系比较弱,缺乏明显的关联性"。[8]这一观点印证了另一项发现,即拥有较高教育水平的国家并没有因为提供更优质的教育而提高 GDP 发展水平。这一观点也质疑了西方政策制定者们的倡议——基于"在教育测评排名获得高位可以造就更强健的经济体"这一假设,他们呼吁重新启动对教育策略的关注。[9]贝克的研究与上述观察一致,他注意到:

……自(苏联)人造卫星发射以来,人们因许多数据开始对美国学校的表现担心了起来。主要的依据就是一系列的国际测评项目,从 1964 年第一次国际数学研究(the First International Mathematics Study, FILMS)开始。[10]

贝克试图了解教育评价排名究竟是否能预测国家的长期实力。他使用了 1964 年 FILMS 的结果,FIMS 的研究对象是 11 个国家的 12 岁学生。美国排在第 10 位,仅仅在瑞典之上。

今天的世界很大程度上由如今大约 55 岁的这群人(2007 年基准)创造和管理。如果测试表现和国家能力之间真的存在相关性,那么 1964 年的 FILMS 成绩应当可以预测国家今天的情况。[11]

使用托马斯·杰斐逊著名的"生命权、自由权和追求幸福权"(life, liberty and the pursuit of happiness)来定义"国家能力",贝克选择了 7 项指标代表国家实力来匹配 FIMS 的成绩。指标是:财富、增长率、生产力、生活质量、存活率、民主与创造力。贝克进行了 61 项对比,[12]贝克总结道,分数最高的"与世界如今的样子并不能产生数据相关性",他补充道,"因而,哪怕是最佳情况下,国际测评分数也是无用的,或许是失败的预兆,但与成功无关。"[13]

然而,贝克对国家成就的批评并不完整。他忽视了一些衡量国家发展的其他指标,如贫穷水平(包括儿童贫困率)和社会不公平情况。美国这两项数据几乎都比其他 OECD 国家高。按照联合国人类发展报告,在美国,17% 的人口在贫困线以下(低于中位数收入的一半)。[14]在 19 个 OECD 国家中,该报告将美国排在第 17 位。

在发达国家中,美国的儿童贫困率也非常高。联合国儿童基金会在《儿童贫困评估》报告中显示,在 35 个经济较为发达的国家中,美国的儿童贫困情况排在第 34 位。[15]报告显示,22.1% 的美国儿童生活在贫困中,仅比罗马尼亚的数据 25.5% 略好一些。与之相对的是,只有 4.7% 的冰岛儿童和 5.3% 的芬兰儿童如此。因此,在这项对于儿童福祉至关重要的衡量基准上,世界上最富有、最强大的国家只比欧洲最穷的国家之一略强一些,这是对美国国家实力的严厉谴责,也是贝克研究中明显的疏漏。

此外,按照基尼系数指标,在所有 OECD 国家中,美国收入不平等情况最严重。按照美国中央情报局《世界概况》的说法,在 139 个被调查国家中,美国的家庭收入基尼系数的排名是 41 位,[16] 比其他 OECD 国家的基尼排名都高。

新加坡也有这样的情况。

尽管新加坡在经济增长上获得了显著的成就,成功跻身世界一流经济体的行列,但新加坡也存在严重的财富分配不均等问题和很高的贫困率。2011 年,新加坡的基尼系数是 47.3,而 OECD 国家中分数高的是 45 的美国(2007),分数低的是 23 的瑞典(2005)。[17] 只有非常少的亚洲国家有更高的基尼系数。[18] 其他的亚洲发达经济体中,日本的基尼系数为 37.6(2008),韩国为 31(2010),马来西亚是 46.2(2009)。

不过,在其他方面,新加坡是否有可能像美国一样,获得经济和国力两方面的成功?的确,新加坡过去几年中在竞争力排名上始终名列前茅。在 2011—2012 年和 2012—2013 年,世界经济论坛调研的 142 个国家中,新加坡位列第二,在 2010—2011 和 2009—2010 则是第三名。[19] 但是,新加坡不寻常的全球竞争力排名仍需更多解释。《新加坡奇迹》一书揭示了世界经济论坛和管理发展研究所竞争力排名对部分国家的优惠,尤其是新加坡。书中说明,管理发展研究所和世界经济论坛用来进行国家竞争力排名的许多指标(就像是 PISA 和 TIMSS 里使用的指标一样)存在被操作数据的空间,尤其是新加坡这类有控制倾向的国家。因此,应当对新加坡的竞争力水平采取更真实准确的评估,而其所谓的国家成就或许就并不如表面那么亮眼。《新加坡奇迹》一书说明,新加坡事实上是不够发达的经济体,很大程度上依赖外国资金和专业技能,而并非是成熟领先的第一世界发达国家。

因此,新加坡在 PISA 或 TIMSS 上的高排名也并不一定与事实相符,就像其

同样名不副实的经济竞争力排名一样。不过,对于那些不会为政治目的而操纵数据的国家来说,这些对国家实力和经济水平的排行仍是足够有效的。

创新与创业能力水平

新加坡人民行动党的领导者非常在意新加坡在创新与创业能力的水平不高,新加坡至今仍然在研发水平上表现得很一般。

国家的创新水平是国家可以发明市场化产品和必要服务的主要因素。国家拥有专利的数量和质量,尤其是本土专利的数量,是衡量其创新水平的重要标准。在实现科学突破与初期研究之后,仍需经过一系列开发流程,才能达到可以申请专利的阶段,接着才能发展成社会所需的可规模化、市场化的物资与服务。

创业活动承担了两项重要的任务。首先,创业将资本用以赞助开发活动,从而使产品得以开发。其次,创业将开发的突破性产品进行推广,使其在商业和社会性上都达到利润最大化。最好的创业者总是能用最高效的方式来完成上述任务,他们可以轻易地感知市场趋势、消费者需求,并拥有超人的风险管理能力和非凡的商业触觉(也就是"街头智慧")。

创新能力

一系列研究显示,新加坡在国家创新创业能力(Innovative and Entrepreneurial Capacities,IECS)上的能力欠缺。

截至 1990 年,新加坡从未生成任何本土专利。那一年,99%由新加坡认证的专利都被授予了外国公司和发明者。[21]甚至,外国专利的质量,直至今日仍然非常低。新加坡国立大学的教授、研发专家黄宝金(Wong Poh Kam)教授发现,许多新加坡的专利由在新加坡的大型跨国公司生成,仅是现存产品基于本地情况的微小改动,而非领先性的发明。[22]基于伦敦大学的教授和英国竞争力研究方面的专家安迪·格林教授(Andy Green)的研究,跨国公司"倾向于将发明与专利留在本国,新加坡的研发中心只能用来进行基于当地需要的本地化改动。"[23]他补充道,跨国企业将其研发精力聚集在本国。其他地区,包括新加坡,只是将其产品修改以满足本地市场需要。他们并不愿意将其核心技术与其他国家分享。

新加坡人民行动党意识到,新加坡必须发展本土研发能力。从 20 世纪 90 年代初期起,新加坡政府花费了几百亿美元在研发上。自此之后,其本地(居民)与外国(非居民)的专利数量激增。

2001 年到 2005 年,按照美国专利局(US Patents Office, USPO)的记录,新加坡获得的专利总数为 2 542 个,其中 1 303 个(占比 51.2%)为本地的,1 239 个为外国的。[24]随后自 2006 年到 2010 年,新加坡的 USPO 专利总数是 3 151 个,其中 1 443 个(45.7%)是本地的,1 708 个是外国的。因此,从 2001 年到 2010 年之间,新加坡外国专利的比例提升了近一半。

但是,这些让人印象深刻的数据并不意味着新加坡已经成了世界性的研发中心,许多跨国创新指数的全球研究也发现了这一点,其中一项是世界银行的知识经济指标(Knowledge Economy Index, KEI),[25]另一项是康奈尔大学、欧洲工商管理学院和世界知识产权组织(the World Intellectual Property Organization, WIPO)主持的全球创新指数(Global Innovation Index, GII)。[26]

KEI 评估了该国对知识型经济的准备程度与适应程度,主要包括以下四个方面的指标:

- 经济激励制度:法制、税务政策和其他制度框架在多大程度上可以提升知识与创业行为的效率?
- 创新:可以创造、分析和使用知识的受教育、有技能的人口情况。
- 教育:其公司、研究中心、大学、智库、咨询公司和其他组织的网络发达程度,可以评估和适应全球经济的需要,可以满足当地需要并创造新科技。

● 信息与通信技术（ICT）：该国支持通信、信息传播的程度。

在 2012 年 KEI 的 146 个被调研国家中，获得前三名的分别是丹麦、瑞典和芬兰，而新加坡位于第 25 位。尽管新加坡在"经济激励制度"这个指标上登顶，但在其他三个方面都没有排进前十名。[27]

新加坡的确在随后的 2014 年 GII 排名上有进步，达到了第 17 位，然而，其创新指数排名却揭示了一些有趣的不寻常之处。GII 对 143 个国家就其创新能力进行了排名。该指数由七个方面的数据构成，包含了国家的制度机构建设，人力资本与研究，基础建设情况，市场和商业成熟度，知识与技术成果以及创造性生产等各个领域。[28]在前五项中，新加坡的分数都相当不错：商业成熟度（第一），人力资本与研究（第二），基础建设情况（第二），市场成熟度（第四）以及制度机构建设（第六）。不过，新加坡在知识与技术成果方面只有第 13 名，创造性生产方面更是仅获得了第 33 名。在评估本地居民与本土专利申请、科学与技术论文数量、出版、创意物品出口、民族特色电影和维基百科贡献度这些维度上，新加坡的排名在 34 到 82 之间不等。[29]

KEI 和 GII 研究反映了新加坡在创新能力上的水平较低。尽管新加坡在研发上投入大量资金，但国家仍旧缺乏有竞争力的发明，而创新正是 21 世纪经济体所需的。

尽管在研发上投入了巨额资金，新加坡在重要研究的突破上乏善可陈，其中包括生物医药研究，这是新加坡在科研投入上最重视的领域之一。艾利克斯·马特（Alex Matter）是政府科技研究部门（A＊STAR）的下属单位治疗实验中心的执行总裁，他在 2010 年 10 月时认为，"到目前为止，新加坡的研发成果并没有为经济做很大贡献。"[30]

显然，数亿美元的资金投入并没能带来可以激发经济增长的创造性成果。新加坡在研发上平庸的表现将在本书的第十五章和第二十章进一步讨论。

新加坡研发能力上的薄弱也深深困扰着该国领导者。他们将教育视作这个问题的核心解决方案。自 20 世纪 90 年代起,新加坡就开始了行动。1995 年,时任新加坡总理吴作栋曾公开承认,比起更发达的国家,新加坡在生成新观点、新技术上所需的技能和能力上的教育是不足的。[31]之后,人民行动党的领导人更是进一步表达了类似的担忧,并督促学校加强培养学生的创新能力。[32] 2012 年,时任新加坡教育部部长王瑞杰(Heng Swee Keat)曾说,如今的教育"不再是关于内容性的知识",而"更是关于教育的过程",从而在"不真实中洞察真相,将看似分散的点连在一起"。[33]教育的目标是培养学生具有创造力和问题解决的能力,这也将在后面的章节中说明。

创业能力

全球学生成就测评不只无法预测各国的研发能力,也无法预测各国的创业能力。赵勇教授的研究发现,创业能力的指标与 PISA 成绩之间存在很强的负相关性。他将 PISA 的数据结果与全球创业检测值(Global Entrepreneurship Monitor, GEM)相关联。GEM 每年评估超过 50 个国家的创新行为、个体的创业欲望与态度等指标。[34]他发现,2011 年 GEM 评估的 54 个国家中,39 个国家和地区参与了 PISA 2009 测评。[35]比较这两组数据会清晰地发现,有的国家 PISA 成绩较高但 GEM 分数却偏低。这一规律在 GEM 的两项指标上格外显著:"预期创业能力"和"害怕失败",这两项都是检测个体对白手起家是否有信心的核心指标。

一项对新加坡在上述两项创业指标的研究或许也可以佐证赵勇教授的发现。尽管新加坡取得很高的 PISA 与 TIMSS 成绩,但在这两项创业指标上都表现平平甚至很低,尤其是与美国对比时。

如表 3-1 所示,新加坡的"预期创业能力"排名在 54 个国家中非常低,为 51 位。新加坡人对开始新事业的信心几乎没有。与之相对的是,美国在创业能力上的信心非常高。他们该指标的排名是第 9 位,使他们位于排行榜前 1/6 的位置。

表 3-1　GEM 两项指标的部分国家排名

	新加坡	美　国	澳大利亚	芬　兰
预期创业能力	51	9	24	43
害怕失败	18	54	10	35

(数据来源于 2011 GEM 对 54 个国家的全球报告)

在"害怕失败"这一指标上,新加坡排在第 18 位,使其位于这一指标前 1/3 的位置,也就是非常害怕创业失败。美国则有最低的"害怕失败"分数,排在第 54 名,也说明该国创业者最无畏。

其他发达国家,如澳大利亚和芬兰,在某种程度上也具有比较意义。在"预期创业能力"上,澳大利亚位于第 24 名,说明其潜在创业者对创业能力有平均线以上的信心。但澳大利亚在"害怕失败"上排名第 10,比新加坡排名更高。芬兰情况则相反:在"害怕失败"上排名第 35,但"预期创业能力"也只有第 43 名。因此,芬兰潜在的创业者对失败并不畏惧,但对自身的创业能力不太有信心,是一个矛盾的案例。

尽管还不够完整,但上述数据足以显示,像 PISA 或 TIMSS 这样的教育成就排名并不能预测创业能力与信心。

此外,世界经济论坛 2013—2014 的全球竞争力报告能更清晰地展示 PISA 或 TIMSS 成绩和创新与创业能力之间的负相关性。[36] 世界经济论坛使用的衡量各国竞争力的指标之一是创新的能力。在 148 个世界经济论坛 2013—2014 年报告中包含的国家中,新加坡是表现最糟糕的国家之一,其分数是 14.3,比大部分国家都高(分数越高,创新能力越低)。这些国家中包括 OECD 和其他发达国家,如美国(4.3),澳大利亚(5.1),德国(5.2),芬兰(10.6)。但中国香港比新加坡分数更高(16.9),而中国台湾的分数则低得多(10.3)。在分数最低的国家中,以色列是 1.0,按照世界经济论坛的说法,代表着这个国家的创新能力非常高。[37]

　　世界经济论坛的报告结果和赵勇教授的研究发现揭示了相似的规律。那些重视应试教育、培育规避风险型思维方式的国家，不太鼓励原创思维和创新能力，而这些能力对国家发展来说至关重要。PISA 或 TIMSS 的结果与这些国家发展的特征具有反向相关性。在 PISA 这类测试上分数更高的国家，往往创新与创业能力较低。

对低相关性的解释

　　国际测评的排名与国家成功之间的低相关性，首先可能是由数据错漏造成的。正如前述，由于偏向性抽样和人为操纵被测学生群体的成绩，PISA 和 TIMSS 测评可能会产生有误导性的结果。

　　但更通俗的解释或许是，PISA 或 TIMSS 测评只考查了学生能力的一小部分。这些测评忽视了那些与创新、创造和发展有关的天赋和能力，而这些能力对于现代知识经济恰恰至关重要。与这些创新能力密切相关的是求知欲、学术热忱和对自身能力的信心。

　　创新包含了将现有要素转变成新形态的能力，或觉察与运用未被发现的机会并满足人们需要与欲望的能力。那些能够利用新产品与新服务来满足市场需要的企业家们就具备这样的创新能力。创新在与其他特质发生联系时，会激发出更大的作用，如求知欲、对学习的热爱和自信。

　　理解事物规律的欲望通常会带来灵光一现的偶然发现。好奇心是驱动人类发展的核心，具有很强的适应性，发现环境的新真相会对个人与社会大有裨益。相反，缺乏好奇心则会限制人们的知识与见识，从而降低人们生存与生活的概率，甚至在生存面前产生畏惧的情绪。爱因斯坦研究宇宙时，对好奇这样定义：

"重要的是不要停止发问。好奇自身有存在的意义。当一个人思考永恒这一秘密时,会忍不住感到畏惧……永远不要失去这份神圣的好奇。"[38]

不过,一般来说,对学习的热爱(即学习兴趣)是好奇心的一种,我们通常将它与获取知识联系在一起。学习兴趣包含对现存累积信息与智慧的接近,无论是与有知识的人接触,还是通过编码的方式,如书籍、电影或其他数据等。对这些前人收集的信息与经验知识的学习,可以对社会发展有适应性优势。相反,对新知识无动于衷,只学习考试要求的内容,对个人和社会来说都是不利于适应和发展的。这种情况下,人们会对理解和应对现存挑战不具备足够的能力。

评估求知欲与学习兴趣一种方式是研究愉悦阅读(read for pleasure)的欲望。正如 PIRLS 对学生阅读习惯的研究所显示的,各国情况大有不同。[39] PIRLS 研究了 9 个国家,包括新加坡在内,了解多少孩子因为喜欢而阅读。新加坡在所有国家中排名最低,只有 26% 的学龄儿童表示他们每天因为喜欢而读书。这个比例在冰岛是 51%,在美国是 36%,在新西兰是 44%,瑞典是 46%,希腊是 37%。

对比新加坡在 PISA 和 PIRLS"阅读理解"测试中获得的高分数,上述研究结果显得有些矛盾。新加坡在 2011 年的 TIMSS 和 PIRLS 的阅读部分排名世界第三,而在 PISA 2009 的阅读理解部分排名世界第五。考虑到有 59 个国家参与了 PIRLS 测试,有 65 个国家和地区参加了 PISA,这一结果非常了不起。上述矛盾的结果或许可以用新加坡的应试教育风格和大量的课外补习来解释。学生只能尽力应对学业压力,而没有时间进行"愉悦阅读"。然而,因为学生缺乏阅读兴趣,甚至缺乏对周遭世界的理解,新加坡也付出了高昂的代价。一个受过良好教育的人,不论是从事科学、文化、艺术还是商业,都应当具备发现新观点、新视角、新可能性的能力。而求知欲正是这些能力的核心。

与对发现和探索感到好奇一样,企业家(事实上所有从事有风险工作的人,不论开创新公司还是站在议会里,或是决定追求艺术文化事业都是一样)至关重要的特质还有自信。勇于出击需要具有很强的自我信念感。害怕和恐惧则会大大阻碍尝试,将人引入规避风险这一相反的道路上。

包括新加坡在内的东亚社会通常都缺乏这四种特质——创新、求知欲、学习兴趣和自信,这一点在许多对亚洲教育的研究中也有提及。赵勇发现,在这些应试教育的国家,巨大代价就是创造性的缺失。[40]

> 标准化测试激励的是人们拥有找到"正确答案"的能力,因而不鼓励创造性,因为创新创造背后,代表的往往是对现状的质疑与挑战。狭隘的、统一的课程剥夺了学生探索与试错的机会……而这恰恰是创业精神的基石。[41]

对成绩的沉迷也会杀死求知欲与学习的欲望。正如加拿大教师、教育学家乔·鲍尔(Joe Bower)所说,"许多研究显示,学生越是被要求重视成绩,就越不能专注于学习本身。"[42]东亚其他国家与新加坡教育中对成绩与分数的过度强调也说明了这一点。正如一名日本家长告诉鲍尔的那样,

> 我来自日本,这里考试成了学生学习的主要原因。因而我看到了一个可怕的现象:年轻人逐渐僵化,失去求知欲。我的女儿13岁,刚刚进入中学,在学校参加了两周的每日拼写测试,就已经失去了学习的动力。[43]

对新加坡教育也有同样的观察,如一个对新加坡教育的报告所写,

> 当前的教育体系压制了学生学习与探索的愿望。学生开始对书籍产生了敌视的心态,因为读书总是和考试联系在一起。他们的负面情绪主要来自要考高分的压力,教育关心的是学生必须要进入好学校与好班级,而并不培养真正的求学文化。[44]

在美国也有类似的情况。自联邦政府2001年引入"有教无类"法案和2009年引入"力争上游"项目以来,美国社会也产生了越来越重视考试的趋势。

"有教无类"法案的目标是通过基于标准的教育改革,评估学生在阅读、写

作和数学等方面的基础能力情况。[45]在"有教无类"法案的框架下,各州被要求实施标准化测试,也就是"年度进步测试",以检测学生在每学年中进步的程度。在考试中成绩不佳的学校可能会被要求执行针对性的学习进步计划,也有可能会被惩罚。惩罚的内容不一而足,从减少预算到教职工整体调整甚至关闭学校等,皆有可能。[46]

按照"有教无类"法案的批评家所言,学校需要在"年度进步测试"中有良好表现的压力,鼓励教师应试教学,"只教老师认为会提升考试表现的有限知识,而不教完整全面、对学科有深度理解的知识。"[47]"有教无类"法案主要关注阅读、写作和数学的技能,也就是与经济发展更相关的部分。

2009年7月,时任美国总统奥巴马的行政班底为达成类似的结果引入了"力争上游"项目。作为美国抗击经济大萧条策略的一部分,联邦基金通过一系列全国性的复苏与再投资项目来振兴经济,要求各州达到表现标准,根据一系列标准评估各州情况,再根据评估结果来决定财政预算。这些评估标准包括教师和校长的表现、教育改革的情况和低表现学校的进步情况。但这些评估教师和学校的指标都基于学生的学业考试结果。如美国教育家戴安·拉维奇所言,

> 考试对学生、教师和学校来说过于重要,就会产生背离初衷的不良后果,如只教应试的课程,或降低标准以抬高成绩等。为了应对联邦和各州要求提升考试成绩的压力,全国各地的学校会降低在艺术、体育、历史、文化等其他非考试科目上的教学时间。这显然并不能提升教育水平,反而会降低教育质量。[48]

自"有教无类"法案实施以来,美国学校就开始减少非考试科目的时间与资源。这一趋势到了"力争上游"时期进一步扩大。自2007年以来,71%的学校都减少了在历史、艺术、语言、音乐这类科目上的教学时长,将时间与资源转给数学和英语。[49]而在"力争上游"实施之前,因"有教无类"而造成的应试教育已经显现出了危害。"考试损害了师生关系,限制了教学内容,降低了教师的教学

意愿,也让学生厌倦学习。"两位在应试教育影响上进行大量研究的美国教育学家莎伦·尼克勒斯(Sharon Nicholas)和大卫·柏林那(David Berliner)[50]说。他们声称,学校"比过去让人不快乐,对于那些勉强学习的学生来说,学校变得比任何时候更糟糕了。"[51]他们指出,

> 基于对学校动力的研究,我们知道,当学习行为有意义、有趣或好玩时,学生更有可能享受学习。但是,一次又一次,标准化测试消减了学习的趣味性和意义感。在被要求在数学、阅读上……表现良好的压力下,教师实施重复性的教学,削减了教学内容,很少有时间进行创造性的跨学科教学或是项目化学习。[52]

甚至,许多学生将学习看作是惩罚性的、无趣的。学生的能力被狭隘地局限在考试上时,会造成不可逆的有害后果。对于那些学习困难的学生来说,高利害的标准化测试会降低学生的自我价值感,使他们逐渐失去在学校认真学习的动力。而对于那些将测试视作简单必经之路的学生来说,围绕着应试产生的学校文化会让人觉得无趣且缺乏归属感。因此,高利害测试的文化是牺牲那些学业勉强的学生来成就学业上有天赋的学生。[53]

就像赵勇教授所说,"持续性地让学生参加考试并告诉学生他们不够好,这会耗尽他们的自信,而自信恰是创新的燃料。"[54]

比起统一考试评估的能力,社会所需的人力资源能力显然更复杂、更广泛。这些统一考试并不能评估创造性等其他建设繁荣经济和活力社会所需的特性。再次引用爱因斯坦的话:"不是所有有价值的都能被计算,不是所有能计算的都有价值。"[55]

测量更广泛的教育成就

教育成就上的高分数既能揭示教育系统的真相,也可能会混淆视听。尽管

新加坡与其他东亚国家在 PISA 或 TIMSS 上登顶,但这些测试的准确性与价值仍然存疑。此外,测评究竟在多大程度上可以体现学生除应试能力之外的学术能力,这一点也仍旧存疑。

社会福祉、经济发展与政治健康需要更多元的能力,这些是 PISA 或 TIMSS 测评无法评估的。这些能力中包括创造力、求知欲、学习兴趣等,都是经济增长与社会政治发展所需的能力。

首先,它们决定了创新与创业能力,这也是现代经济能够繁荣的核心。它们驱动经济,使其有能力发现新产品,开发并推广市场所需的新产品和产品,同样也能有效培育艺术与文化事业。

PISA 或 TIMSS 测评还忽视了艺术和社会科学方面的知识。这两者对社会文化和政治的发展也极为重要。无视文学、艺术和社会,将培养出缺乏社会政治认识和自我意识的人民。要培养文化认同与健康民主的社会需要其人民受过良好教育,也只有这样的社会才能包容多元文明,能尊重所有人,保护所有人的利益。

另一种评估现代社会进步的方式是判断机会平等与任人唯贤的普及程度,包括在教育体制里也是如此。许多其他教育学者对现代教育的评估包含了对平等的考量。学校是否实践平等的价值观能够很大程度上影响社会领导力的质量,机会平等会增加受教育人群的雇佣机会,无论是在行政部门、政治职位或是其他社会所需的领导位置。

对新加坡来说,培养合格的未来领导一直具有战略意义。新加坡人民行动党试图通过教育体制来寻找和培养优秀的未来领袖。人民行动党精英论者宣称,新加坡的美好未来必须通过培养一流的领导班底来实现。

最后,教育系统对学生和教师产生的心理压力,也应当被纳入评估范围,但却没有被 PISA 或 TIMSS 考虑。在不同教育体制里,教与学的压力大不相同。有的国家学校就像是高压锅一样,而在另一些国家,教育的压力小,学习愉悦得多。评估学生上学的心理品质也很有价值。

教育系统的质量应基于如下因素：

- 传授阅读、计算和基本技能；
- 培养学生的创造力、求知欲、学习兴趣等能力,从而提升社会的创新创业能力,发展艺术文化事业；
- 实践机会平等与任人唯贤的原则；
- 营造对学生、教师与其他教职人员具有活力的、压力较低的良好教育氛围。

除了第一点,其余因素都没有被 PISA 或 TIMSS 测评考量。只有包含了上述所有因素,才能准确完整地评估教育系统的质量——对新加坡教育的评估也不例外。

现存的 PISA 或 TIMSS 等学生测评明显是狭隘且有缺陷的。它们并不能如其所宣称的那样,清晰描绘教育系统的质量,尤其对新加坡和其他高分的东亚国家。

即使 PISA 和 TIMSS 能进行准确的测评,它们显然也只能评价教育质量的一小部分——数学与阅读的基本技巧和科学基本概念的掌握情况。它们忽略了其他对国家发展来说非常重要的技能与特性。

这些忽视之处也有助于说明为什么国际学生测评,如 PISA 和 TIMSS,并不能也不曾预测国家的发展与成就。国家发展的成就与此前的国际测评(如 1964 年的 FIMS)并没有发现相关性。哪怕是在欠发达国家,PISA 和 TIMSS 成绩与国家经济发展之间也只有微弱的数据相关性,且这一规律并不存在于发达国家之中。

对处于发展早期的经济体来说,其人口对基本阅读、数学和科学技术的掌握能力是必要的。因而,PISA 或 TIMSS 测评的技能只在国家经济发展的前期才至关重要。对于较为发达的国家来说,培养创造力、求知欲和学习兴趣这些不被 PISA 和 TIMSS 测评的能力,才是提升社会福祉和经济健康的基础。因此,教育应当为学生培养这些能力,并践行以贤取士、公平公正的原则。此外,学校减少对学生、教师和家长的学业压力也很重要。高压教育或许只能起反作用,正如第八章所展示的那样。

接下来的章节将按照上述标准对新加坡教育进行评估，从其塑造的对考试的信念与价值观说起。

参考文献

1. Yong Zhao. "Numbers Can Lie: What TIMSS and PISA Truly Tell Us, if Anything", www.zhaolearning.com, December 11, 2012.

2. Tienkin, Christopher H. "Rankings of International Achievement Test Performance and Economic Strength: Correlation or Conjecture?", *International Journal of Education Policy and Leadership*, April 25, 2008, Volume 3, No. 4, p. 2.

3. Ibid.

4. Ibid, p. 7.

5. Ibid.

6. Ibid, p. 2.

7. Ibid.

8. Ibid, p. 9.

9. Ibid.

10. Baker, Keith. "Are International Tests Worth Anything?" *Phi Delta Kappan*, Vol. 89, No. 02, October 2007, pp. 101 – 104.

11. Ibid, p. 102.

12. Ibid, p. 103.

13. Ibid.

14. *Human Development Report 2007 – 2008*, UN Development Program, New York, 2008, Table 4, p. 241.

15. UNICEF. *Measuring child poverty*, UNICEF Innocenti Research Centre, Florence, Italy, May 2012. p. 3.

16. Central Intelligence Agency. "Distribution of Family Income — Gini Index", "*The World Factbook*", CIA, Washington DC, 2014.

17. Central Intelligence Agency. *The World Factbook*, Country Comparison — Gini Index, CIA, Washington DC, 2012.

18. Ibid.

19. World Economic Forum, *The Global Competitiveness Reports 2009 – 2010 and 2010 – 2011*, WEF, Geneva.

20. Ibid.

21. King, Rodney. *The Singapore Miracle*, Insight Press, Inglewood, Australia, p. 28.

22. Ibid, p. 30.

23. Ibid.

24. Wong Poh Kam and Annette Singh. "OECD Review of Innovation in South-East Asia, Country Profile: Singapore", Entrepreneurship Centre, National University of Singapore, April 2011, p. 40.

25. The World Bank Institute. *Knowledge Economy Index (KEI) 2012 Rankings*, World Bank Group, Washington, DC, 2013.

26. Cornell University, INSEAD and WIPO. *The Global Innovation Index 2014: the Human Factor in Innovation*, Fountainebleu,

Ithaca and Geneva, 2014.

27. The World Bank Group. *Knowledge Economy Index（KEI）2012*, p. 5.

28. Cornell University, INSEAD and WIPO. *The Global Innovation Index 2014*, p. 21.

29. Ibid, p. 253.

30. *Bloomberg*, October 1, 2010.

31. King, Rodney. *The Singapore Miracle*, p. 23.

32. *BBC NEWS*, May 22, 2012.

33. Ibid.

34. Yong Zhao. "Numbers Can Lie: What TIMSS and PISA Truly Tell Us, if Anything?"

35. *Global Entrepreneurship Monitor. 2011 Global Report*, Babson College, Massachusetts, 2012.

36. World Economic Forum. *The Global Competitiveness Reports 2013 – 2014*, WEF, Geneva, 2014.

37. Ibid（Data for "insufficient capacity for innovation" was compiled from the scores for this criterion in the Country/Economy profiles for each country contained in the WEF report）.

38. Classic Quotes. *The Quotation Page*, Quotation #9316. www.quotationspage.com 1994 – 2013.

39. International Association for the Evaluation of Educational Achievement. *Trends in children's reading literacy achievement 1991 – 2001*, Progress in International Reading Literacy Study, 2002.

40. Yong Zhao. "Why China Isn't A Threat Yet: The Costs of High Scores", p. 91.

41. Yong Zhao. "Doublethink: The Creativity-Testing Conflict", *Education Week*, July 18, 2012.

42. Bower, Joe. "Why do we give exams?", February 5, 2011, www.joebower.org.

43. Ibid.

44. Singapore Democratic Party. *Educating for Creativity and Equality: An Agenda for Transformation*, SDP, Singapore, 2014.

45. Federal Education Board Project. *No Child Left Behind — Overview*, New America Foundation, Washington, April 24, 2014.

46. Ibid.

47. Ibid.

48. Ravitch, Diane. "Schools We Can Envy", *The New York Times Review of Books*, March 8, 2012.

49. Grey, A. "No Child Left Behind in Education Policy: A Review of Key Recommendations for Arts Language Revisions", *Arts Education Policy Review*, 111(1), 2010, pp. 8 – 15.

50. Nichols, Sharon and David Berliner. "Testing the Joy Out of Learning", *ASCD*, Volume 65, No. 6. March 2008, www.ascd.org.

51. Ibid.

52. Ibid.

53. Ibid.

54. Yong Zhao. "Doublethink: The Creativity-Testing Conflict", *Education Week*, July 18, 2012.

55. *The Quotations Page*, www.quotationspage.com.

Singapore

第二部分

政策议程、结果和程序

与养育子女一样，教育在现代社会是具有争议的话题。怎样教导年轻一代，使其满足国家发展的需要，通常会引发激烈的社会讨论。为了最大化地满足社会发展需要，设计与制度化教育政策时，往往会牵涉大量与国家建设整体相关的其他政令和一整套社会、政治和经济联动的政策议程。新加坡也不例外，1979年人民行动党引入了颠覆性的教育改革时尤其如此。教育改革的背后是"任人唯贤""机会公平"的理想和精英主义的意识形态，以此满足本国国家生存的需要。这些理念与需求联合起来，共同产生了相关政策，成就了新加坡这一城邦之国备受赞誉但受威权命令严格管制的教育系统。

　　想要理解新加坡的教育系统，首先就需要理解和思考其政策的源头，也就是这些政策是在怎样的背景下设计与实行的。

第四章 理念、意识形态和国家律令

理念、意识形态、国家进步的信念，支配了新加坡人民行动党执政下的教育政策。高尚的理想主义、对生存现实的担忧、潜在的种族主义、精英主义的教条、新自由主义的影响和提供"全人教育"的愿景共同决定了新加坡的教育制度。

机会平等、任人唯贤、多种族共存的理念

在令人振奋的 20 世纪 50 年代和 60 年代，新加坡人民行动党提出"社会和种族平等"的理念，就像一阵新风吹来。他们的理念结合了民主思想和从英国殖民地中独立的自由呼吁，激励着新加坡和马来西亚人艰难地赢得独立。

在 20 世纪 50 年代，种族平等是李光耀与人民行动党的核心战斗口号。1950 年，作为一名英国大学生的李光耀，在马来亚论坛(Malayan Forum)发表讲话，呼吁成立一个以独立为目标的马来人团体："不是马来人，不是马来西亚华裔，不是马来西亚印度人，不是马来西亚欧洲人，而是马来人，一个拥抱多民族的国家。"[1] 1959 年李光耀和人民行动党掌权时，他们致力于将新加坡转变为种族平等、机会公平的社会。1950 年他对于种族平等的愿景曾是——至今官方上仍是——人民行动党宣言的重要一条，正如新加坡宪法与许多其他宣言所显示的那样。新加坡宪法的第 12 条(2)是：

除非经过本宪法明文授权,不得因宗教、种族、血统或出生地对新加坡公民在下列事项上加以歧视:法律上或在公务机构或机关职位的委任和雇佣,有关财产的征收、持有和处分的法律实施,以及从事所有贸易、商业、专业技术、一般职业和就业的过程。

1965 年 9 月,也就是刚刚从马来西亚独立以后,李光耀发表了一次讲话,被许多人看作是新加坡多民族平等战斗的标志性演讲。

但我告诉你,在这里,我们将建立一个多民族社会的典范。这个社会并不属于任何一个单一民族,它属于我们所有人。[2]

此外,1966 年,在信奉文化多元主义的同时,李光耀强调了其平等主义的理念:

(新加坡)是一个多文化多民族国家。在这里,我们所有人应当公平地享有美好生活。在这里,我们应当互相帮助。在这里,我们中更富裕、更优越的人应当有义务帮助那些不那么富裕、不那么优越的人迎头赶上,从而创造更公平、更平等的社会。[3]

同年,《新加坡国民信约》正式生效:

我们是新加坡公民,

誓愿不分种族、言语、宗教,

团结一致,建设公正平等的民主社会,

并为实现国家之幸福、繁荣与进步,共同努力。

2000 年,李光耀谈及这一点也说道:

新加坡创立了一个多民族的平等国家。在这里机会是平等的,一个人按照贡献和能力被奖赏,不论来自什么种族,说哪种语言,属于哪种文化或是信仰哪种宗教。尽管我们的自然资源非常贫乏,我们成功了。我们的政策让所有的公民受益,包括我们的马来人。[4]

李光耀与人民行动党对多文化平等理念的拥护，使其自然地在机会平等与纳贤取士上投入大量精力。任人唯贤的社会遵循尚贤制——即只按照一个人的能力与品行选拔人才，而不考虑包括人种、民族、宗教、阶层和亲疏关系在内的任何其他因素。人民行动党将任人唯贤的理念与其谋求生存的需要精准契合。尤其在 1965 年更是如此，脱离马来西亚就代表着，新加坡将需要作为一个独立国家自谋生路。

国家存亡的关键

总是挣扎在生存边缘的幸存者常常认为自己"没有犯错的余地"，而这种想法也始终在精神上驱动着新加坡人民行动党的领袖。新加坡的领袖们总是将这个城市国家描绘成渺小脆弱的岛屿，一个必须在世界上找到生存法则的孤儿。按照这个岛国建国的神话故事，新加坡必须靠自身的智慧生存，必须精通每件事，才能生存与繁衍。对这个脆弱的小国来说，失败会带来灾难性的后果。正如巴尔（Barr）和思科比斯（Skrbis）观察所示：

> 新加坡必须提供区域内最好的机场、最好的港口、最好的生物医学研究和服务、最好的教育服务、最好的总部服务和信息通信服务。这个清单没有尽头……[5]

在所有方面都永远追求卓越是人民行动党的建国信条。这项追求的核心是通过尚贤的手段最大化开发其人力资本——也就是它的人民，从而确保所有的岗位和职务都有最佳能力的人。

20 世纪 60 年代，李光耀多次强调多元文化的重要性、平等主义的理念与任人唯贤的原则，但藏在表面之下，他却是精英主义与种族主义的。他精英主义与种族主义的思想开始缓慢地出现，在许多方面改变着新加坡社会，使其与他们最初拥护的多文化平等的愿景渐行渐远。

精英主义的信念

1969 年 9 月,在详细说明他的精英主义观点时,李光耀宣称:"考虑到既定人群的人力资本属性以及人们受训的技能、知识、教育和纪律等,只有人口 1%—2% 的人担任领导位置才是最好的结果。[6]"

李光耀相信,总人口中,只有非常小的比例有成为领导人的天赋。他认为,在每一千人中只有一个人有"一流的头脑",且并不是所有"拥有聪明头脑的人都有良好的性格、良好的气质和匹配他们高智商的强大自驱力。"[7] 在 1983 年,他断言:

> 通过研究过去 15 年新加坡公共服务奖学金(Public Service Commission Singapore)的获奖情况,阅读他们在公共服务与军队(Singapore Armed Force)表现的秘密资料,我发现,拥有良好品质与性格的人,在 3 000 人中只有一个。20 世纪 70 年代,我们每年的出生人数降低到 40 000 人左右。因此,按照 3 000 分之一计算,也就是每年有 12—14 个具有天赋、德才兼备的新加坡人出生。[8]

他说,只有极少一部分人"生而为领袖"。有一回他曾半开玩笑地说,要把新加坡弄垮,侵略者只需要清除最优秀的 150 人,因为国家进步最依赖这批人。"[9] 李光耀用他的"喷气式客机"比喻来做同样观点的阐述时,这个数字上升到了 300:

> 如果全部 300 名(领袖)都在同一架喷气式客机中失事了,那么新加坡将分崩离析。这说明了在政治、经济和安全方面,我们领导层的基础是多么薄弱。[10]

李光耀还使用了金字塔模型来类比他的精英主义观点。在最顶端是"上层领导"，有"良好执行力"的在中间，"高度文明意识的广大人民"在底层。[11]每个阶层的角色都与众不同，李光耀用军队作比喻来说明他的看法。他将上层比作将军；中间层则是军队官员，帮助将军传递思想、执行计划；最后是士兵，必须用"社会纪律"来灌输管理——这些人大概率服从前两者的指示。在打造一个新的新加坡时，李光耀需要200人处于上层，2 000名来自草根的人组成"对国家利益敏感的中坚力量"。[12]他认为，由于只有"1%—2%"的人拥有领导能力，其他人都只是高、中、低的数字而已。[13]精英主义者如李光耀认为，人就像木块一样，被放置进一个由他这样的人设计的系统。李光耀还相信，精英需要在他的人群中创设一种"计算出的重要感"，并作为"社会中最高级的存在，[拥有]领导应具备的所有品质"。[14]社会中只有非常少的人有领导的能力。任何其他企图代表群众的人都应该被坚决放在自己应当属于的位置。这也是反对党候选人詹时中在李光耀时期的待遇。

就在1984年选举之前，李光耀认为，需要比较詹时中与人民行动党候选人马宝山的考试成绩。两位候选人同时竞选波东巴西区（Potong Pasir）议员的位置。李光耀说，他查过詹时中的背景："我看过他的档案，想了解在对抗马宝山的过程中，什么样的明日之星会坠落星空。"[15]

李光耀发现，

> 马宝山在16岁就参加了O-Level考试①——获得6个学科优秀，最终2分（也就是A级）。詹先生，18岁——我记得是1953年——参加，获得6分（也就是C级），1个通过。他通过的是英语语言学科。后一年他更认真学习，在英语上获得了1分。因此你看到，不是因为他不会英语，对表达自己观点有困难，而是这里的问题[点额头]。所以你也最好在投票

---

① 新加坡剑桥O-Level考试（Singapore-Cambridge General Certificate of Education Ordinary Level Examinations，简称GCE 'O' Level），是由新加坡教育部和英国剑桥大学考试局共同主办的统一考试，也是新加坡的中学生在4年中学教育结束后参加的考试。成绩评定标准为：A级1—2分（优秀），B级3—4分（良好），C级5—6分（普通），D级7分（及格），F级8—9分（不及格）。

前动动这里。[16]

尽管李光耀尽力贬低詹时中的学业纪录,詹时中还是获得了胜利。李光耀笨拙地诋毁或许帮了他。许多新加坡选民都是与詹时中一样成绩的普通人,他们或许并不欣赏李光耀傲慢的精英主义态度。当言及他绝不会属于一个"像那样管理人们的政党"时,[17]詹时中说,"这正是人民行动党的思维方式":

> 最重要的是,你必须尊重每一个人——不论他得了 6 个 C 还是 6 个 A,不论他是脑外科权威还是清洁工,我认为我们都应当给予他们同样的尊重。如果你不尊重你自己的公民,我想你会永远指责他们。[18]

直言不讳的种族主义

与人民行动党的精英主义一样,他们种族主义理念的形成要追溯到李光耀强迫性的思维方式中。

自 20 世纪 60 年代以来,李光耀坚持认为,华裔具有种族优越性。巴尔发现,1967 年 12 月,在一次新加坡大学的演讲中,李光耀描绘了亚洲人的种族等级制度,华裔与其他东亚人位于顶端,马来人和东南亚人在底部,印度人和其他南亚人在中间。[19]明钦(Minchin)也注意到,李光耀认为世界上所有人可以分成两类,其他如澳大利亚人和美国人则在中间。按照明钦的整理,李光耀认为:"两类人中,一种是柔软的、直觉性的、享乐驱动的、随和的,除了在宗教和习俗事务上。他们可以安于自给自足的小小乡野环境,栖息在热带低纬度地区。"另一方面,"明钦点出,李光耀认为,"另一种人深入细致、精于计算、纪律严明、成就驱动并且具有怀疑精神。他们的基因经历了更极端气候的考验,所以他们能够很好地适应长时间的现代商业,用出色的、严谨的态度对待组织性强的现代社会商业体。"[20]

T.J.S.乔治是一名新加坡的资深观察者,他也写过,李光耀"相信蒙古人种要优于印度马来人种”。[21]李光耀说过,天生的民族特质,加上气候和饮食习惯,给予包括华人、日本人、韩国人在内的东亚人一种特殊的文化,使他们优于南亚与东南亚人。

李光耀同样相信,如果新加坡都是华裔,一定会发展得更好。“我曾公开说过,如果100%是华裔,那么我们会做得更好。但我们并不是,也永远不会如此,所以我们必须按我们的现状继续。”[22]

李光耀声称,拥有更努力、更实力至上主义的文化,如华人文化,会赶超那些不那么强调勤奋努力的文化,如马来文化。后者或许会最终生活在贫民区,产生动荡的种族问题,尤其最终财富的分配方式与人种一致时。

同样地,李光耀认为,因为华人在基因上比马来人和印度人优越,他们也会对国家发展和增长进步产生更大的价值。他说,马来人“并没有准备好与华人、印度人和欧洲人竞争”,因为“他们有不同的基因形态,并没有参与同样比赛的基因。”[23]

因为新加坡并不全是华人,华人只占75%—80%的人口。显然,那剩下约23%的非华人成为了勤劳华人的累赘。李光耀认为马来人因不够好的基因而“并没有准备好竞争”,然而或许他们重视社群、非功利价值说明他们对竞争的抵制。

不过,李光耀坚持认为,基因传承可以80%解释种族优越性。马来人在数学方面永远不能像华人一样好。[24]此外,他还说过,在学习能力方面,种族之间还有天生的基因差异。

但是,科学性的共识是,不论是人种还是社会阶层,一系列复杂的基因与环境因素共同决定了智力。对于“IQ多大程度上是遗传”这个问题,综合报告分析了大量的研究,发现基因不同大约可以解释IQ评测差异的50%。[25]这些种族智力上的差异,特别是归因于基因论的状况,被诸如李光耀的政治领袖利用,从而使他们优待“高等”人种的政策得以正当化、合法化。在美国,钟形曲线理论被保守主义者用来抨击帮助非裔与拉美裔美国人的干预政策。赫恩斯坦和默里认为,由于智力很大程度上由基因决定,环境变化等因素,如给黑人孩子提供更好的教育,并不会对IQ造成很大的影响。[26]

新自由主义 vs. "全人教育"理念

不论是政治、经济管理还是其他方面,人民行动党的领袖一直以来乐于接受西方理念和观点。在 20 世纪 50 年代和 60 年代早期,社会民主信条(尤其是英国费边社会主义思想)和种族平等理念很大程度上影响着人民行动党的政策。但自 80 年代起,新自由主义的思潮兴起,严重影响了人民行动党教育政策的制定。

对于新自由主义者来说,竞争是提升表现的核心,不论在经济还是组织领域都是如此。在经济领域,私有化是经济目标达成的最好途径;在组织层面,则是提升员工竞争性的管理手段。这种基于竞争的新自由主义实践试图促进生产力的增长,从组织与个体身上最大化获利。

但是,这种观点与"全人教育"的目标思想背道而驰——这是新加坡领导人从西方引入的又一种主张。这种 20 世纪 60 年代与 70 年代在西方盛行的观点认为,应该提供"完整的儿童"教育。按照全人教育群体的说法,全人教育关注学生在"智力、情绪、社交、身体、艺术、创造力和精神潜能"上的发展。[27]全人教育的观点与实用的新自由主义思想发生了冲突,后者认为教育的作用是训练学生成为经济增长的一部分,如雇员、经理或企业责任人。但在新加坡的情境下,人民行动党挥之不去的生存顾虑更倾向于教育部对功能全面的学校教育的追求,而非更理想主义的全人教育。

矛盾的观点和意识形态往往决定了新加坡超过半个世纪的教育政策,正如后续章节展示的那样。平等主义、多种族共存统一的理念最终妥协于种族主义、精英主义、新自由主义和生存主义的现实。

参考文献

1. Drysdale, John. *Singapore Struggle for Success*, Times Books International, Singapore, 1996, p. 35.

2. *The Straits Times*, March 17, 2001.

3. Barr, Michael. *Lee Kuan Yew: The Beliefs Behind the Man* Curzon, Surrey, UK, 2000. p. 1.

4. Lee Kuan Yew. *From Third World to First*, Times Media, Singapore, 2000, p. 288.

5. Barr, Michael and Zlatko Skrbis. *Constructing Singapore, Elitism, Ethnicity and the Nation-Building Project*, NIAS Press, Copenhagen, 2008. p. 237.

6. Selvan, T. S. *Singapore: the Ultimate Island*, Freeway Books, Melbourne, 1990. p. 234.

7. Ibid, p. 122.

8. Ibid.

9. Han, Fook Kwang; Warren Fernandez and Sumiko Tan. *Lee Kuan Yew, the Man and His Ideas*, Times Editions, Singapore, 1998, p. 155.

10. Ho Khai Leong. *Shared Responsibilities, Unshared Power*, Times Media Private Ltd, Singapore, 2003, p. 22.

11. Barr, Michael. *Lee Kuan Yew: The Beliefs Behind the Man*, p. 110.

12. Minchin, James. *No Man Is An Island, A Portrait of Singapore's Lee Kuan Yew*, second edition, 1990, p. 236.

13. Selvan, T. S. *Singapore: the Ultimate Island*, p. 234.

14. Barr, Michael and Zlatko Skrbis. *Constructing Singapore*, p. 9.

15. Selvan, T. S. *Singapore: the Ultimate Island*, p. 73.

16. Ibid.

17. *Today* (Singapore), March 29, 2004.

18. Ibid.

19. Barr, Michael. *Lee Kuan Yew: The Beliefs Behind the Man*, p. 187.

20. Minchin, James. *No Man Is An Island*, p. 254.

21. George, T. J. S. *Lee Kuan Yew's Singapore*, Andre Deutsch, London, 1973, p. 176.

22. Ibid, p. 181.

23. Han et al. *Lee Kuan Yew, the Man and His Ideas*, p. 184.

24. Rahim, Lily Zubaidah. *The Singapore Dilemma, the Political and Educational Marginality of the Malay Community*, Oxford University Press, Kuala Lumpur, Malaysia, 1998, p. 175.

25. Petrill, Stephen et al. "Genetic and Environmental Contributions to General Cognitive Ability Through the First 16 Years of Life", *Developmental Psychology*, 2004, 40: p. 805.

26. Herrnstein, Richard and Charles Murray. *The Bell Curve: Intelligence and Class Structure in America*, Free Press, New York, 1994.

27. Holistic Education Network of Tasmania. "What is Holistic Education", Tasmania, Australia, 2011.

69

第五章　1959 年以来,新加坡人民行动党的教育政策

人民行动党自 1959 年执政以来,理念与意识形态数度决定了新加坡的教育制度。起初,机会平等与任人唯贤的思想驱动教育政策的制定。但很快,迫在眉睫的生存忧虑又占据了上风,尤其 1965 年新加坡正式脱离马来西亚之后,这个国家必须自谋出路了。

然而,1979 年教育改革广泛开展之后,新加坡教育政策很大程度上受李光耀的种族主义与精英主义思想影响。时至今日,这些理念仍然深深控制着教育制度。不过,在 20 世纪 90 年代和 21 世纪初 10 年,新加坡的李氏政策思路又受两项额外的政策潮流影响。一项是新自由主义启发下的政策,旨在通过加强校际与教师间的竞争来提升绩效表现。另一项则是提升学生创造力和自主思考能力的政策,旨在将学生从传统教学方式下被动的信息吸收者转变为主动的思考者。

按照新加坡教育部的说法,基于时间顺序,新加坡的教育史分为三个阶段[1]:"生存驱动"期(1958—1978),"效率驱动"期(1979—1997),"能力驱动"期(1997—至今)。这种命名法则或许有助于理解新加坡的教育历史。分析那些自 20 世纪 50 年代以来,在背后驱动和决定教育政策制定的理念、价值观和意识形态,能够帮助我们更好地理解新加坡教育。

全民教育

现代社会的民主平等主义,核心是为所有人提供平等的机会,是人们可以

按照他们的意愿来发展他们的能力,选择自身的生活方式,不论是职业选择还是其他方面。这种观念对人民行动党来说一直如此,从20世纪50年代到60年代,直到今天的进步主义社会仍旧如此。全民教育的普及,尤其是对较贫困的社会阶层,是人民行动党的重要施政目标。在英国殖民统治下的新加坡穷人并不能接受教育,只能接受低工资、无技能的工作。为了解决这个问题,人民行动党制定了"为所有阶层提供教育"的政策。

上述政策与人民行动党的国家治理方针完美契合,全民教育很快就推广实施了。识字的劳动力才能确保人民行动党快速实现"出口带动工业化"的目标。1965年独立之后,这一目标变得更为紧迫。作为资源匮乏的国家,人民行动党相信,新加坡必须快速实现工业化,才能作为一个独立国家存活。新加坡仍是马来西亚的一部分时,因其处于马来半岛底部的优越位置,曾是马来西亚内地和整个地区的转运口岸。但对于国家的长期生存与繁荣来说,仅依靠口岸经济还远远不够。

为了尽快提升新加坡的识字率,使教育水平匹配国家发展的需要,教育政策很快被实施。在1959—1968年间,新加坡平均每个月新建一所学校,教师数量从10 620人增长到19 216人,几乎翻了一番。[2] 1966年以来,双语教学成为强制要求,所有学生必须将英语视作母语学习。到了20世纪70年代末期,新加坡几乎普及了全民小学教育,1978年识字率达到了77.6%。[3]尽管从总量的角度来看,这的确是了不起的成就,但培养出来的学生质量堪忧。

吴庆瑞改革

在"生存驱动"期,新加坡学校致力于为实现快速工业化的经济培养合格的劳动力,[4]但此时学生的学业标准水平比较低,学校有较高的辍学率和复读率,社会上也有许多失业的毕业生。[5]政府相信,彻底的根本性改革迫在眉睫。

警惕"损耗"

政府对新加坡学校毕业生平庸的质量越发担忧,促使他们成立了以教育为主题的研究项目组。1978 年,在时任副总理、后来的教育部部长吴庆瑞的带领下,研究团队成立了。[6] 该团队的报告直指教育系统产生"损耗"的问题,指出"教育无法达到预期的标准,过早离开学校、较多的复读情况、无法就业的学校毕业生"等问题。[7] 报告最关注的是教育资源的浪费和学生水平的低下。

报告指出,新加坡学校的退学率——小学阶段 29%,中学阶段 36%——比中国台湾、日本、英国和法国都高得多。[8] 此外,按照 1978 年的数据,每 1 000 名进入小学一年级的学生,只有 440 人在 10 年后进入中学四年级。[9] 在这个数字中,106 人中只有 3—4 个通过了新加坡 O-Level 考试。

学生低下的语言水平尤其让人担忧。只有 40% 的新加坡学生通过了英语或母语学科测试[10](对新加坡华人来说是中文,对马来人来说是马来语,对印度人来说是泰米尔语)。

教育标准过低还体现在学生的语言能力方面。新加坡国防部(Ministry of Defence,MINDEF)的一项调查显示,在受过英语教育的服役人员中,只有 11% 能够良好应对需要英语的情况。[11] 说方言的华人入伍新兵则为新加坡武装部队(SAF)带来了挑战。部队里有一整个排被称作"福建排",他们听不懂新加坡本国的任何一种官方语言。[12] 他们的英语和中文水平都无法达标,只能用闽南话沟通(闽南话是新加坡最常见的华人方言,其他常见的方言还包括广东话、客家话、潮州话、海南话等)。另外,许多青年服役人员的受教育水平不同,有的没接受过正规教育,但也有的完成了高三学业。尽管理论上,新加坡在 1978 年就到达了 77.6% 的识字率。[13]

新加坡在 1966 年引入的双语教学政策是造成学生平庸学业水平的原因之一。[14] 不论学生的民族母语是什么,学生都被用英语教学。根据巴尔和思科比斯的研究，吴庆瑞的报告关注到，对许多华裔学生来说，普通话并不是"他们母亲或任何家庭成员"使用的语言。[15]报告说，这就像是对英国的学生用俄语或中文教学一样，他们学习得非常困难。[16]

普通话对华裔学生来说像是外语，因此许多学生（尤其是华裔）母语考试是过重的学业负担。相对地，马来学生的母语要求对他们来说要容易得多，因为这是他们在家也会说的语言。对印度学生也是一样，他们来自于说泰米尔语的家庭环境。

报告总结道，教育系统的"主要短板"就是"对有效双语教学的低完成度"。[17]这对李光耀和吴庆瑞来说是挑战。首先，英语是商业、贸易和技术训练的语言。英语能力不足会被视为国家发展的阻碍。但他们也同样担忧华裔学生无法学好普通话。对李光耀来说尤其如此，因他在 20 世纪 70 年代末期决策将新加坡打造为华人社会，用普通话流畅地沟通与运行。拥有都说普通话的华人群体，而不是说不同方言的集合体，对国家建设来说尤为重要。

此外，新加坡另一项研究发现，除了双语教学产生的重压之外，现存的教育系统还有其他不足。首先，它很严格：所有的学校必须遵守统一的课程要求完成教学，哪怕学生有能力的差异。另外，剑桥的 O-Level 测试被设计用来检测英国中学五年的教育水平，但在新加坡，学生只有四年来完成中学。其次，不论在小学和中学，新加坡学生都自动升入高年级，不论他们的能力是否满足更高的学业要求。[18]吴庆瑞的报告指出了那时新加坡教育的主要问题及形成原因，并提出了不少关键的解决建议，这些建议也随后在新加坡施行。他们搭建了基于能力的分流教育体系，学生根据能力被分流到不同的课程班级。正如该报告所说，该项目的目标是"给能力不足的学生慢慢成长的机会"。[19]

分流成了新加坡教育缺陷的解决方案。除了能够保证高效的教育资源分配，分流还解决了新加坡学生的语言学习问题。

分流的教育制度

在此之前,新加坡只有中学阶段才进行分班分流。但在吴庆瑞的新型教育制度(New Education System, NES)施行以后,分班分流提前到了小学。在小学三年级,也就是学生 9 岁时,新加坡学校开始进行分班。[20]这一举措旨在尽快找到能力不足的学生,为他们提供相对优秀学生来说"更便宜"的教育,从而避免教育资源的浪费。[21]双语教育制度重视英语与母语的教学,是新分班制度的核心。学生在这两个学科上的表现会很大程度影响他们分班的结果,决定他们在小学后三年和中学要上的课程。

1980 年,新型教育制度在新加坡小学阶段实行,[22]在小学设置了三个级别的班级——普通双语班(Normal Bilingual),延长双语班(Extended Bilingual)和单语课程班(Monolingual)。[23]

- 普通双语班的学生(约60%)会学两种语言(英语和母语),并在六年级结束时参加小学毕业会考(Primary School Leaving Exam, PSLE)。
- 延长双语班的学生(约 20%)在八年级结束时参加小学毕业会考,为他们提供慢速学习双语的机会。
- 在单语课程班,学生(约20%)会在八年级期末参与不同的测试,也就是小学语言能力测试(Primary School Proficiency Examination, PSPE)。这些学习能力不足的学生被判定并不具备学习两种语言的能力。因此,他们会只专心学一种语言,具备基本算术能力以应对职业训练的需要,但不会上高中。

这种分班系统也被称作 EM1, EM2 和 EM3。

按照小学毕业会考的成绩,中学阶段也同样有三种难度的分班:

- 特优班(Gifted Stream)的学生是有天赋的前 10% 学生。学生学习英语、中文并达到母语水平,在中学四年级末参加 O-Level 考试。

74

- 快捷班(Express Stream)的学生,也就是中间的40%,会学习英语至母语水平,也在中学四年级末参加O-Level考试。
- 普通班(Normal Stream)的学生,也就是后50%,会在四年级末参加一个难度稍小的O-Level考试。如果他们考得不错,那么会在五年级末参加正式的O-Level考试。[24]①

分班的逻辑是能够使学生按照自己能力允许的速度成长。但在《新加坡困境:马来族群的政治与教育的边缘性》一书的作者莉莉·拉希姆(Lily Rahim)看来,

> 那些被打上"能力不足"标签的学生被分入非学术班级,在教育资源、课程学习和毕业证书上与他人不同,比其他主流学生所拥有的低一等。最多有40%的学生被限制在这个类别,但他们的教师并没有获得教育"慢学生"的相关专业训练。[25]

这种对待"能力不足"学生的方式,体现了政府在分配教育资源时具有精英主义偏见。

精英主义教育体系的出现

分班分流代表着一种不言自明的等级制思想,尤其吴庆瑞改革使分流制度全面完整地实施。在校内的分班(或表现追踪)情况多种多样,包括了因学科能力将学生分成不同小组的情况,从所有学科都分班,到只在部分学科和班级区分的不同分班模式都有。[26]在有的国家,很小的学生就在所有学科上都进行了分班。但在李光耀全力支持的吴庆瑞改革中,教育系统成了政府精英主义理念

---

① 新加坡中学阶段的教育被分为两个阶段。第一个阶段是常见的四年高中,高中毕业后学生参加剑桥O-Level考试。按照他们O-Level的考试结果,学生可以进入初级学院(junior college)就读。两年之后,学生18岁时会参加高等资格考试,也就是通常所说的A-Level。

的主要实施工具。

在新加坡新型教育制度中,"能力不足"的单语言学习者与普通班(约40%的学生)只被提供了基本的教育与职业技术技能培训,来填充半熟练工种的岗位。[27]其余50%的学生则被期许完成高中学业,进入理工院校和其他学院。顶尖的10%学生会进入精英主义的大学预科学习,而只有更少的精英才能进入大学。

如拉希姆所注意到的,"分流系统希望能够让教育系统内的'浪费'"最小化。[28]教育资源被"不成比例地分配到了精英项目上来教导'有天赋'的孩子",也就是那些未来对经济发展更重要的人,而不是允许大部分学生都参与中学阶段的考试。

在改革之后的几年内,许多举措使新加坡教育更加精英化,包括资优班项目与成立精英学校。精英主义的态度也鼓励了学生进入这类学校。

天才学生计划

1984年,资优班项目(Gifted Education Programme,GEP,也译作高才班)启动。该项目致力于为新加坡前0.5%的顶尖小学生(随后提升到1%)提供最好的教育。对于这个项目,拉希姆说,

> 与其他精英教育项目一起,资优班项目的公共财政支出能够被合理化,是因为新加坡的自然资源极为有限,因此要求社会必须用小心的态度来培养智力上有天赋的人。这个培养"天骄"的项目被认为是国家长期利益的体现,因智力优越的人会成为未来的政治与社会领域"具有号召力的领袖"。[29]

资优班学生最初选拔来自小学三年级和六年级的前0.5%学生(六年级学生参与测试,来补足那些自小学三年级以后掉队的情况)。选拔标准是一系列的智商测试。[30]资优班学生的教师也经历过层层筛选,接受过特殊训练。为了

确保每个孩子都受到足够的个体关注,每个班最多 25 名学生,几乎只是隔壁社区公立学校班级人数的一半。此外,资优班的课程也强调批判性思维、问题解决、创造力、思维延展性等,也不像主流学校课程那么严格与僵化。

为了让资优班学生发展社交与领导技能,课程中还包括举办营会活动。项目还常态化地组织各个领域的专家讲座。中学三年级和四年级学生的课程覆盖从人工智能、癌症研究到天文学和法医鉴定等领域。如果有学生感到压力过大,他们可以向教育部直属的心理咨询师咨询。如果他们住得太远,有专门的校车会把他们送到学校。

1984 年项目启动初期,新加坡总共只有四所"精英"学校——两所小学和两所中学——被选来承载资优班。[31]截至 2005 年,资优班扩大到了 9 所小学和6 所中学。[32]但在 2004—2008 年期间,资优班项目取消了中学阶段,取而代之的是整校的资优教育项目(School-Based Gifted Education, SBGE)。整校资优教育项目用以满足过去资优班的学生们的教育需求。[33]他们也会在提供"直通车课程"的高中就读。

多元课程(Integrated Programme, IP)是新加坡教育部另一种精英主义教育项目。2004 年引入之初,这个项目也被称作"直通车项目",[34]旨在服务那些在小学毕业会考中获得前 10% 成绩,注定要上大学的学生。项目的理念是为这些学生提供无缝衔接的中学六年教育与两年的初级学院教育,从而跳过 O-Level考试,在上大学之前直接参加 A-Level 考试或 IB 考试。直通车项目的学生不会因为在六年里准备两次大型考试而扼杀学习兴趣、浪费学习时间,帮助学生激发他们的求知欲和领导力。作为注定要上大学的人才,学生的时间最好花在多样丰富的课程上,接受更广博的教育。[35]同样地,对于一些参与 IB 项目的学校,提供的课程自然与基于剑桥要求的普通学校考试不同。[36]

此外,满足 IP、IB 或 SBGE 要求的学生一般会进入精英学校,新加坡早在20 世纪 80 年代就创造了精英教育体系的传统。

有特权的学校

1986 年,时任新加坡教育部部长陈庆炎(Tony Tan)带领了一队新加坡学校校长,拜访学习了英国和美国的精英私立学校。[37]拉希姆指出,拜访的目的是在新加坡应用西方保守精英式的教育创新。[38]他们返程后,研究团队汇编了一份题为《通向卓越学校》的报告,并于次年发表。报告建议,学校应拥有更多自主权,政府应选拔部分学校获得独立或私立学校的资格,这些学校的校长被允许拥有更大的权利,包括更大的政策制定参与权和行政管理权。[39]

1988 年,大部分的新加坡政府官员和国立中学都认为,需要创新设立私立学校体系,来服务那些学术上"卓越不凡"的学生。[40]如巴尔和思科比斯所言,"将分流推行至下一个阶段,就是物理空间上将最好的学生与其他人区分开,从而给这些优秀学生更多的优待和资源倾斜。"[41]

除了像公立学校一样接受政府补助,私立学校还通过更高的学费、校友和学生家长捐款等途径,获得更多的经费。这也吸引了更优质的教师、提供了更多的课程、降低了师生人数比,进而提升了学校的整体水平。例如,私立学校的师生比是 1∶20,而公立学校是 1∶40。此外,私立学校通常有多样的学校设施,如戏剧、艺术和手工教室,体操房,环绕式剧场,计算机和音乐实验室,和其他多种多样的体育运动设施。很少有公立学校可以拥有这些条件。[42]因此,在教育上追求"卓越"的运动造成了公共资源不成比例地分配在少部分精英学校上,只服务学生群体中的少数精英。[43]

到了 20 世纪 90 年代初期,新加坡社会渐渐开始掀起了反对的声浪,认为公立学校与私立学校之间的差异越来越大。许多家长表达了担忧,认为私立学校设施过于豪华,学费过高,呼吁政府加大对公立学校的支出。[44]新加坡政府在 1994 年做出了回应,开始建立半私立学校或"自主"学校。这类学校提供良好的教育,但只需更低廉的学费。

即便如此,新加坡的教育者仍然忧心忡忡,认为所谓的自主学校仍会像私立学校一样,吸引最好的教师和学生,而那些能力不那么强的学生则被剩下,留在社区的公立学校里。[45]"有知情人士"告诉新西兰教育家罗斯·帕特森(Rose Patterson):"一些最优秀的教师被战略部署在了最好的学校里。"[46]正如一名新加坡教师所说,"一般来说,好教师都被安排在好的班级,因为相信这些教师可以将学生'推'得更远更好,获得更多的 A 和 A*"。[47]这位教师补充道:

> 事实上,我觉得好的教师应该被安排在学生水平更普通的班级,因为教师需要具备更多的技巧和能力来激励和帮助这些学生。(我同时教资优班和普通班,因此我知道其中的区别。)不是现在这样。[48]

由于新加坡学校之间在成绩方面的竞争非常激烈,上述安排是很常见的。水平不足的教师被排在不太好的班级,教授不够好的学生。按照人民行动党精英主义的理性分析,在不足的学生身上"浪费"好教师是不符合逻辑的。

总体来说,在引入这些有自主权的学校之后,精英学校的网络进一步扩大了,网络内还包括那些承接直通车项目的私立学校。按照巴尔和思科比斯的观点,通过将这些未来精英纳入少数学校:这个系统导致"有特权的学校成了未来精英的摇篮"。[49]政府可以将他们掌握在手中,培养他们拥有政府希望的"品德"和性格特点。这无异于,将教育制度转变为一个精英选拔和精英生成的提纯机制。[50]

直通车项目的引入进一步稳固了精英学校体系。那些在学业上有天赋的学生被分流进精英学校,获得更多的资源、更小的班级规模和更好的教师。

培养精英主义的思维方式

进入少部分精英学校的学生,在学校受到最好的教育,觉得自己是精英的一部分,从而确保了他们生成精英主义的态度。这些学生把自己看作"特别"的。一名出生于 1980 年的前资优班学生说,他得到了"一个小册子,上面说明了我们与他人的不同之处,并介绍说,资优班项目会满足我们的所有需求"。[51]教师也会为资优班学生的家长提供咨询,告诉他们,孩子可能会产生更"不耐烦、

挑剔、好争辩、竞争性强、缺乏社会性"等特点,这是正常的,是他们成为资优班成员的典型行为表现。[52]海峡时报的记者蔡梅红(Chua Mui Hoong)也是精英学校莱佛士女子学校(Raffles)的毕业生,她这样形容新加坡精英学生的特殊优越感:[53]

> (莱佛士女子学校)教育我,只要我勇于尝试、足够聪明,我就无所不能……必须有所成就的念头在我们许多人心中根深蒂固……天性上,我们就充满竞争性。几乎是无意识的,我们习惯用智力来评判一个人……莱佛士女孩充满主见、自信果断。[54]

莱佛士学子的思维方式中也有许多让人讨厌的部分。网络博客记录了一名莱佛士女孩和一名社区内公立学校男孩约会的故事。[55]精英女校学生与智力一般的普通男孩约会这一古怪的事件,很快引起了网上超过一千条评论。其中一条评论讥讽道:"我不认为这些来自社区学校的家伙们能有机会站在顶尖学校学生的旁边,现在或十年后都一样……你就是二流学校的产物。"

对青少年精英主义式的傲慢,黄淑敏(Wee Shu Min)的故事是更有趣的例子。她是一名莱佛士初级学院的 18 岁女生。有一次,一名 40 岁新加坡男性"Derek"发布博客,表达了他对工作前景的悲观情绪和对年龄歧视的担忧。在该博客的回复中,黄淑敏称发博客的网友为"可怜虫""傻瓜""水蛭"并属于"失败者阶层"。[56]在她的指责文字中,她认为 Derek 们属于"其他人",认为"新加坡是聪明有能力的人对其他人的暴政统治"。她说,尽管她的未来仍不明确,但一定"比大部分人更光明。"在她文章的最后,她请 Derek 们"从她这个精英面前消失"。[57]随后,她的父亲人民行动党议员黄守金(Wee Siew Kim)声称自己"原则上"支持女儿的观点,补充认为"人们不能接受这一残酷的事实"。[58]这使得黄淑敏的言论获得更多讨论与关注。不过黄守金随后也为他的观点致歉了。

一位之前在新加坡①读书的学生在《淡马锡评论》(*Temasek Emeritus*)中发

---

① 这里的新加坡用的是"Sinkapore",一个新加坡的谐音梗,是 ins 上的标签,一般是新加坡人自嘲新加坡成了"陷下去的池子"。

表《我为何憎恶新加坡学校》一文，讲述自己对新加坡学校的精英主义教育的看法。[58a]他说，精英主义理念在他就读的学校中盛行。"我们按学业能力排名进行分班……'更聪明'的孩子讨厌我们这些'较弱的'人。"老师对那些 A 和 B 班级的学生会公开表扬，而对 C 和 D 班的同学则相当傲慢。"一次，一名 A 班的老师说，她觉得她 A 班的学生都会成为医生、律师等，而 C 和 D 班学生都命中注定会成为扫大街的。全班同学哈哈大笑。"而当时孩子们才 9 岁。任何在班上有不良表现的孩子都会被当作是来自 C 或 D 班，也就是那些"坏孩子、懒学生、捣蛋鬼"，因为他们的成绩不好。当 A 或 B 班学生产生不良行为吓到老师时，老师会问："但你在 A 或 B 班，怎么可以这么做？"

对新加坡学生来说，除非进入快捷班，否则在中学情况也不会得到改善。即便是到今天，精英学校的学生也会有这样的念头："我并不享受歧视普通班的同学，他们中的许多人事实上也是非常可爱的朋友。"

在精英学生和普通学生之间存在的鄙视链在学校发型要求上特别明显。学生会按照他们的排名，以递减的顺序在操场上列队。普通班的同学会常常无法逃脱女校长的魔爪，"碰到任何不想要的发型会毫不犹豫地剪掉"，但她却不会理会那些快捷班的学生。

学校的精英主义意识造成了"学生讨厌学生，班级对抗班级"的后果。教师会优待快捷班学生，比起普通班学生，教师会给好班学生们更多的支持。

那些被新加坡教育部认定的精英学生享受着五星待遇时，被分流到低一等班级的学生则倍感痛苦。

基于种族的教育

前文已经介绍了李光耀"华人具有种族优势"的观念。对他来说，新加坡由最优秀、最聪明的人运行，不仅意味着应当在精英身上花费更多资源，也代表着这一群体应当大部分是华人，他们最有可能从特权教育中受益。因此，最有效

率的正确答案,就是建立为最聪明的华裔服务的中学。1979 年,政府启动了新加坡的华语学校复原计划。那些历史上的华语中学被重新命名为特别辅助计划学校(Special Assistance Plan Schools,SAP,也可以被称作特许学校)。

特许学校

20 世纪 60 年代起,用华语教学的学校入学率逐渐下降;70 年代起,越来越多的新加坡民众意识到英语教育在就业市场与职业发展上的优势。[59]马来语和印度语学校早前就经历了同样的命运。在这些少数人种语言学校逐渐失去生机时,李光耀"坚持认为华语教育传递了可取的集体主义价值观,如社会团结的愿望和为了集体而牺牲的精神"。[60]华裔对权威和等级制的服从满足了李光耀专制的统治直觉。此外,这些特许学校可以成为改革的先锋,有助于实现李光耀"华裔领导的新加坡社会"愿景。这些学校的成立与人民行动党"说华语"的运动一起,旨在提升新加坡社会的华语普及程度。人民行动党同样将华语视作有效传递华人价值观的途径。正如李光耀在吴庆瑞报告中所说,"华裔教学中最好的一点,是传递社会与道德言行规范,特别是儒家文化对'人'的看法和观点。"[61]

1979 年,新加坡政府授权 9 所华语中学成为特许学校,[62]并开始积极推广这些学校。为了保证特许学校在种族和学业表现上的排他性,只有在小学毕业会考中表现最好的华裔学生(获得满分 380 分的学生)才有资格入学特许学校。学校将英语和中文作为第一语言教授。[63]

尽管政府积极推广,为入学学生提供奖励等,但在 1979 年,前 8% 的学生中只有一半入学了特许学校,到了 1983 年,这个数字降到了 40%。[64]但在随后的几年,在政府的持续引导下,越来越多的学生入学了特许学校,这些激励手段包括测试成绩加分,初中名校的录取名额,大学预科奖学金的特殊考虑等。此外,在特许学校头几年的运营中,英语教师缺口很大。[65]但教育部介入并确保了足够的英语教师被分配到特许学校,目的是"帮助华语学生提升英语水平,使他们更容易进大学"。[66]

　　总体来说,比起普通学校,特许学校拥有许多优势。而最能体现对特许学校中华裔学生优待的,就是对比马来学生与印度学生的遭遇,尤其在母语学习方面。正如巴尔和思科比斯所说,"与之相反,不论是印度学生还是马来学生都没有获得任何特殊帮助,或是拥有自己民族的学校来满足他们的需要。他们被留下自生自灭,有时还成了忽视的对象。"[67]

　　不出意外,对华人学生明显的偏好引起了马来人和印度人的批评。为了回应他们对种族区分式教育的不满,新加坡政府于1986年允许马来裔和印度裔学生学习马来语或泰米尔语和英语作为第一语言。但这和华裔在特许学校的待遇没法比。[71]以华语、马来语还是泰米尔语中的任一语言为母语的母语考试既是小学会考、O-Level和A-Level的必考科目,[72]也是大学入学的硬性要求。母语掌握程度决定了学生未来上初中、高中、大学的情况,由此带来的问题将在第八章和第十二章详细介绍。

　　华裔学生可以在拥有良好设施与教学水平的特许学校学习英语和普通话,马来和印度学生只能到教育部开设的语言中心上母语课。这些课程一般都在课后时间开设,特许学校的学生就避免了这种麻烦。[73]拉希姆评价道,这种不公平的待遇与"教育机会公平、任人唯贤、多种族主义的原则并不相符"。[74]华语学校的语言教育水平因特许学校的兴起而恢复了水准,但马来和印度学生的母语课却没有这样的资源。在之后的许多年里,社会各方也始终努力提升语言中心母语课的水平,但马来和印度学生的母语课资源始终落后于华裔学生。

　　少数种族的人们也意识到,特许学校并没有给他们留位置,这些学校只收华裔。在一次与选民对话的活动中,一名马来裔的居民询问教育部部长,非华裔学生能否入学特许学校。教育部部长答复道,"这些学校需要保持华裔群体为主体,这是与中国互动交流的优势。"他坚持道。[75]不过他随后补充,只要学生愿意用中文学习,特许学校也可以招收非华裔学生。早先,李光耀也曾说过,政府"或许可以"向少数族裔群体开放特许学校,"但他们必须准备好接受特定

的管理方式。"[76]李光耀认为,上特许学校的马来裔或印度裔学生必须接受华裔强调勤奋的思维习惯与行为模式。

偏爱有天赋的华裔

吴庆瑞改革不仅引入了精英主义的教育系统,还明显偏爱有天赋的华裔学生。比起同样聪颖的马来与印度学生,通过引入资优班项目和特许学校,新加坡教育变得更倾向于有天赋的华裔学生。

拉希姆特别指出了资优班项目的华裔优待倾向。她发现,"少数族裔"的代表不足,而"华裔"的代表则超出比例。[77]通过访谈资优班项目中的马来学生和回教社会发展理事会的工作人员[回教社会发展理事会(Mendaki)是马来人自助组织],她发现,同一批资优班录取学生中,只有 5 个马来裔学生。

拉希姆批判道,不公平的智商测试与文化上的不利条件可能是造成这一情况的原因:"智商测试一直有臭名昭著的文化偏见问题……很有可能,资优生项目的智商测试包含了对社会阶层、民族和文化的偏见。"[78]

资优班内很少的马来裔学生和印度裔学生数量,亲华裔的文化偏见只能提供部分解释。更广泛的社会经济因素也同样影响学生的智商测试结果。正如之前的章节所述,环境因素也产生了巨大的影响。这些因素会降低底层学生的智商测试分数以及他们的学业表现。

除了智商测试,阶层背景也决定了学生的学业表现,在后文第九章会说明。来自富裕家庭的孩子更有可能拥有受到良好教育的父母,接触优质私立教育,拥有其他能够提升他们成绩的因素。但这些优越的条件对来自贫困阶层的孩子们来说则遥不可及。

正如拉希姆注意到的:"……不利处境的阶层并没有社会与物质资本来达到与特权阶层同样的条件。特权阶层从一开始就赢在教育竞技的起跑线上。"[79]因家庭环境的不足和父母资源的有限,来自更贫困社会经济阶层的学生在实现自身教育潜能方面就像是有缺陷一样。这一点对新加坡的印度裔和马来裔来说正是如此，因为他们一般来说比华裔收入更低、拥有的教育资源更有限。

因此，隐含文化偏见的智商测试和不利的社会经济因素一起，削弱了新加坡马来裔与印度裔学生的学业表现。这两者共同造成了马来裔与印度裔学生比较少进入资优生或是其他的天才学生项目。

特许学校同样如此，不仅倾向华裔种族，更是对有天赋华裔的优待。资优生项目只关注新加坡学生群体的前1%，而特许学校则服务了前10%的华裔学生。[80]但特许学校的录取标准是小学毕业会考成绩，而不是资优生项目的智商测试或数学和英语成绩。

特许学校的录取更明显地偏好华裔学生。任何满足特许学校录取条件的马来裔和印度裔学生都不被鼓励入学。这类学校几乎只接受前10%的华裔学生。而这些学生享有良好资源学校的所有有利条件，和精英学校资优班里的华裔学生一样。

特许学校也开设资优班或是直通车课程之后，对华裔学生的优待情况变得更明显。2014年，在18个开设资优班或是直通车课程的学校中，有7个是特许学校（4个小学和3个中学）。[81]

最聪明的马来裔和印度裔学生只有很少的机会进入非特许学校的资优班。作为非华裔，他们也几乎不可能进入特许学校的资优班。华裔学生则几乎垄断18所资优项目学校中的7所。

给马来裔的帮助有限

新加坡1965年从马来西亚独立以来的许多年，人民行动党政府声称马来裔享有同样的教育权利。新加坡宪法明文规定了所有马来裔都享有免费的高等教育①。[82]这是英国执政留下的馈赠，其本地殖民地居民拥有特殊的教育权益。但在1991年，人民行动党政府摆脱了这一遗产，将给马来裔提供高等教育

---

① 中学毕业后，类似于我们的高中阶段，包括理工院校、初级学院或职业技术学校。

的责任转嫁给了同年成立的回教社会发展理事会(Mendaki)。[83]

1991年,政府给了回教社会发展理事会第一笔1 000万新加坡元的资金,随后追加了700万,用以组织"高等教育学费资助项目"(Teritiary Tuition Free Subsidy,TTFS)。[84]但之后,这个项目以发展理事会的名义征收马来员工资金,政府不再资助马来人教育。

按照上述方针,资助项目只提供给低收入马来家庭。学生来自月收入低于1 000新加坡元的家庭会得到100%的学费补助,月收入1 000—1 200元和1 200—1 500元的家庭,学生会分别得到70%和50%的学费补助。[85]

然而,很少有马来裔学生从这个项目中受益。2014年8月,《海峡时报》线上版报道,本年度只有15名马来裔学生收到了资助项目的任何数目的帮助。[86]但这个信息随后在报纸的印发版中删去了,且没有说明删去的原因。国家管控的报纸似乎并不希望揭露"只发放了极为有限的高等教育补助给马来学生"这一事实。

绩效提升政策

对沉迷于提升效率的新加坡人民行动党来说,最大化地利用资源是重要的关注点。没有哪个行业可以摆脱这种思维模式,教育也不例外。如前文所述,新加坡政府1979年的分班分流政策旨在减少"损耗",将有限的教育资源更好地分配,以获得更好的回报。

不过,除了提升资源的利用效率,通过给人和组织施压形成的竞争是另一种提升效能的方法。诚然,这种观点在当今商业社会已经非常普遍,尤其自20世纪80年代新自由主义观念盛行时,人们认为,增长与繁荣的秘诀是推广竞争与私有化。

在新自由主义激励的商业逻辑里,问责制是另一个热点词汇,也可以看作是个人与组织效率的关键。在教育领域,问责制被视作提升学校绩效表现的方式,借此使学校与教师对社会更负责任。[87]审计是问责制施行的主要方法,在学校里,一般是用来决定学校(以及其教职员工)与彼此之间的关系,从而对他们行为进行解释,承担他们的绩效责任。这种基于问责制的审计模式自20世纪90年代以来逐渐成了西方企业的管理潮流。最能够展示他们进步情况,或有能力解释他们表现为何不足的员工能够获得最高的绩效表现分,从而得到最高的薪资或奖金。这种方案意图提升员工的生产力,自20世纪90年代以来在许多国家广泛使用,来提升教师的表现。这种方针下生成的教师间竞争("内卷")造成了对教师表现预期的提升。

新加坡人民行动党总是对西方企业与管理信条吸收良好,尤其是那些意图提升生产力的策略。新加坡教育家高皮纳森(Gopinathan)和迈克尔·李(Michael Lee)指出,新加坡和中国香港一样,"渴望从外国的教育政策与改革中学习经验,尤其是盎格鲁国家,如澳大利亚、英国以及越来越重要的美国。"[88]

自20世纪80年代以来,新加坡的领导们就很好地吸收了新自由主义市场导向的观念。作为世界上对外资最开放的国家之一,新加坡迅速接纳西方的企业管理思想。除了声称践行第一世界的治理标准和透明度要求之外,人民行动党政府还支持问责制,推行由竞争带来的效率提升,在教育领域也是如此。这项方针最初通过学校排名实现,随后是面向教师的绩效提升管理方案(Enhanced Performance Management Scheme, EPMS)。

竞争性的学校排名

1992年,新加坡教育部发布了学校排名方案,从而使学校对学生成绩负责。方案的目标是强化校际竞争,从而"帮助"家长为孩子选择最好的学校。迈克尔·李和高皮纳森指出,这种竞争"应当给学生和家长提供多样的选择,提升学校的责任心"。[90]

在这项方案要求下,每所学校都被基于学生在教育综合考试O-Level中的成绩进行公开打分。学校的排名由学生的平均分决定,分别按快捷班和普通班进行排名。[91]快捷班和普通班的前50名学校会公开列成"比赛名次表"。一个

十位数小数点的差异会大大影响学校的排名。

对学校的教师、校长和董事会来说,成为"最好的中学"是最重要的事。[92]对学校来说,用最快的速度获得最高的名次是很重要的。学校在学业上的声誉依赖于学生的成绩,后者也决定了校长与教师的职业发展。另外,排名较高的学校可以吸引更好的学生,获得更多政府资源,从富裕的学生家长那里获得更多捐款等。

2004 年,新加坡教育部取消了学校的单独排名系统,取而代之的是分级体系,将学校按 9 个不同的学业表现进行评级。2008 年,新加坡教育部再次中止了这项排名系统,之后的章节会说明原因。

绩效提升管理方案

绩效提升管理方案(EPMS)在 2005 年启动,用以提升学校与教师的工作效率。旨在对教师的绩效量化评分并进行奖惩,教师绩效提升管理方案由三部分组成:职业路径、现金奖励和绩效评估。[93]职业路径的分配由教师所展示的能力决定。教师可以选择教学或在学校中担任管理岗位,或在教育部总部担任专家职务。教师绩效表现的分数决定了他们每年的绩效奖金,以及额外的"差异化绩效奖金",金额在 1—3 个月工资区间内。

对教师绩效的评估和提拔都由更高级的专家完成,他们与被评分教师一同工作,对教师当前的预测潜能(Current Estimated Potential, CEP)进行打分。他们的评估主要由"日常观察、教师讨论、成果评分、对学校和集体做出的贡献"组成。[95]

尽管绩效提升管理方案应该运营良好,但实际并非如此,在第八章中会进一步介绍。这项方案造成新加坡教师们产生了极其严重的怨怼情绪——事实上,教育系统内的所有人都是如此。

全人教育的探索

新加坡的生存危机意识对本国领导人影响巨大,是他们脑海中萦绕不去的核心议题,但国家的长期发展受限于创新与创业技能的不足。如果新加坡有朝一日成功成为世界一流的知识型经济体,那么其人民必须具有创造力,且具有独立思考的能力。从学生时代就培养公民的学术求知欲和学习兴趣是创造上述特性的核心。

上述逻辑帮助形成了新加坡教育历史中的"能力驱动"阶段的政策,目标是培养全面发展的学生,课内和课外都是如此。新加坡教育部宣称,"全人教育应当使学生全面发展,拥有具有核心竞争力的性格与品质,确保他们具有 21 世纪所需的技能。"[96]为了实现这一愿景,新加坡教育部启动了两项重要的政策举措:首先是 1997 年开始的"思考型学校,学习型国家"(Thinking Schools, Learning Nation,TSLN)方案,其次是 2005 年启动的"教得更少,学得更多"(Teach Less,Learn More,TLLM)项目。

思考型学校,学习型国家(TSLN)方案

"思考型学校,学习型国家"(TSLN)的目标是发展学生的创造性思维,激发学习的热情。时任新加坡总理吴作栋介绍,方案中"思考型学校"部分展望了全新的学校,可以培养学生的创新与学习能力,将国家的年轻一代转变为具有责任心与忠诚度的公民。[97]而"学习型国家"部分则设想了全新的国家文化,具有终身学习精神,发明创新在国家每个层面都欣欣向荣。[98]

TSLN 方案追求改造教育以配合学生的能力,实现因材施教。"课程计划、测试和大学录取标准都随之而变,以鼓励学生跳出思维定式,学会承担风险",黄博智博士介绍道。[99]学生参与更多的项目化学习,完成要求高阶思维的复杂任务,从而发展创造力、自主性和协作学习能力。[100]

方案愿景使学生成为主动的学习者,拥有创新技能与批判性思维模式。方案内容包括拥有这些技能的教授、学科教学内容的减少、更强调过程而非结果等。学习体验会认为过程比测试结果更重要。

教得更少,学得更多(TLLM)项目

"教得更少,学得更多"项目(TLLM)在 TSLN 之后,于 2005 年启动。时任新加坡总理李显龙于 2004 年 8 月的国庆讲话中说道,"我们应当对我们的孩子教得更少,他们才能学得更多。"[101] TLLM 随后启动。按照时任新加坡教育部部长尚达曼(Tharman Shanmugaratnam)的说法,该项目致力于"提升质量,减少数量"。

> 我们会着力于减少数量……来为课程教学提供更多的"空白空间"……给学校和教师留出空间来引入学校自己的项目,为教学注入更多的质量,更多的反思,给备课更多时间,给学生……空间来主动申报项目自主学习。[102]

从数量到质量的转变代表着从死记硬背、重复测验和统一标准的教学中脱离出来,变为更注重互动的教学与培养创造力的学习环境。[103]新加坡教育家阿布·卡迪尔(Ab Kadir)说,TLLM 被看作是 TSLN 的延伸,在后者已有的基础上持续进步。[104]接下去的章节会评估这两个项目的成果,以及人民行动党的其他教育政策。但在此之前,首先需要考查人民行动党政府制定规划时的决策方式。

参考文献

1. Ministry of Education. *Building a National Education System for the 21st Century: The Singapore Experience*, Ministry of Education, Singapore, July 2010, p. 2.

2. Ibid.

3. Goh Chor Boon and S. Gopinathan. "The Development and Education in Singapore since 1965", a paper for the Asia Educational Study Tour for African policy Makers, June 18－30, 2006, National Technological University, Singapore, p. 20.

4. McKinsey & Company. *How the world's most improved school systems keep getting better*, November 2010, p. 50.

5. Lee, Michael H. and S. Gopinathan. "Convergence or Divergence? Comparing Education Reforms in Hong Kong and Singapore", *Journal of Southeast Asian*

Education, 2003, Vol. 4, No. 1, p. 74.

6. Ibid, p. 79.

7. Barr, Michael and Zlatko Skrbis. *Constructing Singapore*, *Elitism*, *Ethnicity and the Nation-Building Project*, NIAS Press, Copenhagen, 2000, p. 114.

8. Yap Kwang Tan, Hong Kheng Chow and Christine Chuen Meng Goh. "Examinations in Singapore: Change and Continuity (1891 – 2007)", World Scientific Publishing, Singapore, 2008, p. 112.

9. Goh Chor Boon and S. Gopinathan. "The Development and Education in Singapore since 1965", p. 21.

10. Yap Kwang Tan, Hong Kheng Chow and Christine Chuen Meng Goh. "Examinations in Singapore: Change and Continuity (1891 – 2007)", p. 113.

11. Ibid, p. 113.

12. Barr, Michael and Zlatko Skrbis. *Constructing Singapore*, p. 114.

13. Ibid, p. 115.

14. *The Straits Times* (ST), November 9, 2009.

15. Barr, Michael and Zlatko Skrbis. *Constructing Singapore*, p. 114.

16. Ibid, p. 115.

17. Ibid, p. 119.

18. Yap Kwang Tan, Hong Kheng Chow and Christine Chuen Meng Goh. "Examinations in Singapore: Change and Continuity (1891 – 2007)", p. 113.

19. Ibid.

20. Barr, Michael and Zlatko Skrbis. *Constructing Singapore*, p. 115.

21. Rahim, Lily Zubaidah. *The Singapore Dilemma*, *the Political and Educational Marginality of the Malay Community*, Oxford University Press, Kuala Lumpur, Malaysia, 1998, p. 124.

22. Ibid.

23. Ibid.

24. Ibid, p. 123.

25. Ibid, p. 124.

26. Education.com "Tracking in Schools", November 5, 2013.

27. Rahim, Lily Zubaidah. *The Singapore Dilemma*, pp. 124 – 125.

28. Ibid, p. 124.

29. Ibid, p. 131.

30. Ibid, p. 132.

31. Ministry of Education. *Gifted Education Programme: Development and Growth*, Singapore, 2014.

32. Barr, Michael and Zlatko Skrbis. *Constructing Singapore*, p. 94.

33. Ministry of Education. *Frequently Asked Questions: Post Primary GEP Provisions*, MOE, Singapore, 2015.

34. Davie, Sandra. "The runaway IP train", *The Straits Times*, December 14, 2011.

35. Singapore Democratic Party. *Educating for Creativity and Equality: An Agenda for Transformation*, SDP, Singapore, 2014, p. 54.

36. Ibid

37. Rahim, Lily Zubaidah. *The Singapore Dilemma*, p. 134.

38. Ibid.

39. Ibid.

40. Ibid.

41. Barr, Michael and Zlatko Skrbis. *Constructing Singapore*, p. 121.

42. Rahim, Lily Zubaidah. *The Singapore Dilemma*, p. 135.

43. Ibid, p. 136.

44. Ibid.

45. Ibid.

46. Patterson, Rose. "Singapore — the wealth of a nation", *Around the World, the evolution of teaching as a profession*, The New Zealand Initiative, Wellington, 2013, p. 3.

47. Kumar, Hri. "Primary Colours — Dispelling Myths about Primary Education", *Outreach*, September 3, 2012. See blog posting by "A Person".

48. Ibid.

49. Barr, Michael and Zlatko Skrbis. *Constructing Singapore*, p. 120.

50. Ibid, p. 122.

51. Ibid, p. 200.

52. Ibid.

53. Ibid, p. 199.

54. Ibid.

55. Ibid.

56. *The Online Citizen* (Singapore), December 1, 2006.

57. Ibid.

58. *ST*, October 27, 2006.

58a. Sinkapore. "Why I hated schools in Singapore", *Temasek Emeritus* (Originally published on April 15, 2012 in *forums. sgclub.com*).

59. Rahim, Lily Zubaidah. *The Singapore Dilemma*, p. 129.

60. Ibid.

61. Ibid, p. 168.

62. Ibid, p. 129.

63. Ibid, p. 128.

64. Ibid, p. 129.

65. Barr and Skrbis. *Constructing Singapore*, p. 93.

66. Ibid.

67. Ibid, p. 93.

68. Ibid.

69. Ibid.

70. Ibid.

71. Rahim, Lily Zubaidah. *The Singapore Dilemma*, p. 130.

72. Ministry of Education. *Mother Tongue Language Policy*, Singapore, 2014.

73. Rahim, Lily Zubaidah. *The Singapore Dilemma*, p. 130.

74. Ibid.

75. *ST*, November 29, 2004.

76. Ibid, March 28, 1999.

77. Rahim, Lily Zubaidah. *The Singapore Dilemma*, p. 133.

78. Ibid.

79. Ibid.

80. Ministry of Education. *Special Assistance Plan Scholarship*, Singapore, 2014.

81. These figures were compiled from data contained in two of Singapore's Ministry of Education documents. (1) *Enhanced Programmes by Special Assistance Plan Schools to Enrich Students' Learning of Chinese Language and Values*, MOE, Singapore, 2014. (2) *Gifted Education*

Programme: Gifted Education Programme Schools, MOE, Singapore, 2014.

82. Mauzy, Dianne and R.S. Milne. *Singapore Politics Under the People's Action Party*, Routledge, London, 2002, p. 109.

83. *sgforums.com.* "Malays Receive Full Waiver off Their School Fees", January 8 – 15, 2008.

84. Yayasan MENDAKI. "Tertiary Tuition Fee Subsidy", *www. mendaki. org. sg*, August 2013.

85. *leongszehian.com* "15 students deleted from online news and not in print edition", August 27, 2014.

86. Ibid.

87. Lee, Michael H. and S. Gopinathan. "Convergence or Divergence? Comparing Education Reforms in Hong Kong and Singapore", *Journal of Southeast Asian Education*, 2003, Vol. 4, No. 1, p. 74.

88. Ibid, p. 97.

89. Barr, Michael and Zlatko Skrbis. *Constructing Singapore*, p. 183.

90. Lee, Michael H. and S. Gopinathan. "Convergence or Divergence?", p. 83.

91. Ministry of Education, "Performance Indicators for Secondary Schools 1998", MOE press release, July 31, 1998.

92. *ST*, September 27, 2004.

93. Lee, Kim-Eng Christine and Mei Ying Tan. "Rating Teachers and Rewarding Teacher Performance: The context of Singapore". Paper presented at APEC Conference on Replicating Exemplary Practices in Mathematics Education, Koh Samui, Thailand, March 7 – 12, 2010.

94. Ibid.

95. Ibid.

96. Ministry of Education. *Education in Singapore*, MOE, Singapore, 2014, p. 1.

97. Ee Ling Low et al. "Towards Evidence-based Initial Teacher Education in Singapore: A Review of Current Literature", *Australian Journal of Teacher Education*, Vol. 37.5, May 2012, p. 65.

98. Ibid.

99. Ng Pak Tee. "Educational Reform in Singapore: from quantity to quality" published online, October 23, 2007, Springer Business+Science Media, p. 3.

100. Ibid.

101. Ibid, p. 2.

102. Ibid, p. 3.

103. Ee Ling Low et al. "Towards Evidence-based Initial Teacher Education in Singapore: A Review of Current Literature", p. 66.

104. Ab Kadir, M. A. *Rethinking Thinking Schools, Learning Nation: teachers' and student perspectives of critical thinking in Singapore Education*, PhD thesis, Education, University of Melbourne, 2009, p. 27.

第六章 自上而下的决策

一直以来,新加坡人民行动党都以自上而下的技术专家治国论而闻名。在威权的国家领导下,技术高、能力强的人民公仆有施行人民行动党国家建设计划的独断专权。1979 年的吴庆瑞改革说明,教育政策也不例外。

让国防部来做主

从政府的角度来说,采取中央管理的、自上而下的手段来改革新加坡的教育系统无可厚非。1979 年以前,一系列杂乱无章的教育政策出台,以解决公立学校让人不满的学生质量问题。[1] 教育决策的权力被七个不同的部门把持瓜分,甚至曾在 15 个月内换了三任教育部部长。[2]

显然,教育决策必须由中央把控,时任副总理吴庆瑞被指派负责教育事务。不过,在吴庆瑞出任教育部部长时,他还管控着新加坡的国防部(Ministry of Defence, MINDEF)。

在技术治国逻辑的引领下,吴庆瑞带着由七名国防系统工程师[3]组成的专家团队,在新加坡构建了全新的教育分流制度,确保低于平均水平的学生至少可以学会并熟练掌握国家通用语言中的一种,以满足服兵役的需要。如巴尔和思科比斯所说,分流制度在较早的学习阶段就检测出能力不足的学生,提供"相比其他同龄人,强度不太大、学费也不太贵的教育"。[4] 理论上来说,分流制度不仅可以解决学生语言学习的障碍,还可以有效避免教育资源的"损耗"。

这一新型的分流制度由教育学习小队负责整体实施。该团队由国防部的工程专家带领,用"严格遵循投入产出"的逻辑来分析问题。[5]"分流系统具有机械化、效益决定式的特点,只考虑解决资源'损耗',却因缺乏教育专家的参与而暴露了问题。"[6]这七位国防部执行官员在教育部"担任了最敏感的关键角色",其中包括常务秘书处、教育指导委员会、课程发展组织负责人、信息系统负责人等核心岗位。[7]

一位教育部资深官员回忆那个时期说道:"尽管这对[教育部]专业人士来说无疑是响亮的掌掴,但吴庆瑞有来自总理的全权支持。"[8]

领导小队还对国防部进行了一轮调研,认为他们的管理办法对改革新加坡的学校也一样有效。而身处国防部却可以对教育事务指手画脚的情况也似乎加强了他们的自信。此外,由于国防部每年接受许多自学校毕业的半文盲学生,其工作人员认为他们"已经非常了解学校的产出情况,甚至不必亲自去学校调查。"[9]

因此,1980年,新加坡的国防工程师们重塑了其教育系统。不过,这次改革确实给新加坡的教育带来了一些长期收益。在分流系统启动以前,在1980年入学一年级的学生群体中只有58%完成了中学学业。[10]到了2000年,这个数字提升到了93%。学生的学业水平,按测验成绩论,也有了显著提升。1981年入学的群体中只有40%通过三门O-Level考试,[11]但最近十年,这个数字上升到了65%。

然而,令"国防部教育专家"和吴庆瑞都没有想到的是,教育改革实施后,马上引来了新的问题。巴尔和思科比斯报告道:

> 吴庆瑞和工程师们预设的是,在分流政策实施以后,所有人都会完完全全、毫无保留地接受它,不会有任何异议。人们会温顺地把孩子交给他们,任由他们来掌管孩子的命运,认命地接受被向下分流,甚至离开中学。而后,吴庆瑞愤怒地发现,分流制度的引入驱使学校的校长、教师、学生和家长共同提高教学难度和教学强度,从而影响了分流操作的公正性。他严

厉训斥了教育主管部门,要求解雇那些提高学校教学标准的校长。[12]

若是教育指导委员会里还有校长和教师,那么他们或许可以预见这样的结果。他们会知道,新加坡人,尤其是华裔和印度裔,"对于教育范围内的一切变动都极为敏感,因为教育决定了他们的孩子能否拥有公平竞争的机会,未来在社会中能有多少经济收益等关键事宜。"[13]

当吴庆瑞和他的国防部工程师们计算改革的"投入"时,那些家长——以及具有同理心的校长和教师——会不会恭顺地接受安排,并不在他们的考虑范围内。相反,他们默认了人民行动党自上而下的管理思路,这是他们作为技术管理精英最熟悉的模式。任何不同意这项政策的人,包括教育主管人员,也就是那些更了解教育的人,都会被"束之高阁"。

不过,哪怕之后让教育专家们参与的教育政策制定,也仍然是自上而下的风格。只不过,取代国防部工程师的是教育部的部长和官员们。

不顾民众的反对

人民行动党的教育政策遭到了许多新加坡民众的反对。但人民行动党却对他们的声音置之不理,只有错漏过于明显、无法遮掩时,才会调整政策或回应汹涌的民意。在这项分流政策上,这一现象表现最为明显。[14] 即便反对声浪十分广泛,这项政策仍坚决执行,只是在几十年中逐渐停止。也就是几十年后,政府才认识到过早进行分流有害于国家的长期教育发展与经济利益。

1983 年至 1985 年,按照其一贯的自上而下管理模式,新加坡政府取消了孩子被分配到单一语言学校时家长原本拥有的否决权。[15] 但为了应对公众的压力,1992 年分流措施不再强硬。小学三年级的分流变得更宽松了,年龄也提高到了小学四年级(10 岁)。[16] 所有学生也都可以有资格申请入学中学。

即便如此,在之后的十年里,民众对人民行动党分流政策的不满始终存在。

这种不满,加之对增长的政府开支的关注和政策的问题,使得新加坡教育部持续调整政策,并在 2004—2008 年间废止了一部分内容。

最初,在 2004 年,EM1(正常双语班)和 EM2(延长双语班)被合并到了一起。[17] 这意味着 EM2 的学生也与他们的 EM1 同龄人一起上更高难度的"高级母语课程"。随后,EM3(单一语言班)和 EM1/2 的界限变得模糊。[18] EM3 的学生和其他同学一起上其他学科课程,即音乐和艺术等。随后在 2008 年,基于学科的分班取代了过去面向所有学生的分流,结束了 1979 年以来引入的分流机制。在新体系下,学生可以按照他们各科的天赋选择学习难度,如基础等级或标准等级。例如,学生英语或数学比较薄弱,就可以选择对应的基础等级,但仍然选择母语和科学课的标准等级。[19] 不过,即便新加坡的整体分流方案被削弱,但对优等生的待遇依旧,尽管也有许多反对的声音,尤其在 2004 年引入直通车项目以后更是如此。这个方案在 2002 年被提出讨论时,其反对者就认为,这个项目会造成一条"超级快车道",助长精英主义,分化学生。[20] 10% 的学生被允许参与这个项目,就会分化他们与其他学生,拥有精英主义的习性。其余的学生会觉得自己被剩下,不受重视。

新加坡时任教育部部长张志贤(Teo Chee Hean)承认,精英主义文化越强,教育领域内的区别对待就越明显,而其他议员则用了更严厉的措辞。人民行动党议员艾米·豪尔(Amy Khor),也是议会教育委员会的成员,宣称这个项目是"公开制裁的达尔文主义"。[21] 她说道,在天才学生从这个项目中受益的同时,也应该采取措施,让他们与其他学生进一步融合。

提名议员珍妮弗·李(Jennifer Lee)也表达了对精英主义的担忧。[22] 她质疑,政府是否再次将过多的注意力与资源投注在尖子生身上。她认为,这些学生有能力养活自己,但阶梯底部的 40 万工人却没有自保能力。她说:"是谁会认真研究新加坡大部分人的未来教育需求? 谁会不得不在未来的全球化新经济下应对全新的挑战和要求?"

即便遭遇了强烈的反对,议会仍然通过了这一提案,要求在两年内全面实

施。那些资优班学生成为了首批直通车项目的入学者。因此,尽管分流很大程度上停止了,但新加坡教育的精英主义观念仍然延续着,即便有许多批评的声音。许多反对者越来越注意到自 1979 年以来新加坡教育付出的代价,正如下一部分所示。

被隐去的教师反馈

在吴作栋的管理下,新加坡的教育改革由一群非教育专业人士用一种几乎是公开威权的方式开展并实施。随后的政策即便是由教育专家主导,但仍然是自上而下的模式。

最近几年,新加坡教育部为了增进与教师、学校和校长的互动,试图引入更具有协商意味的政策。教育部通过互联网创设了信息化沟通的渠道,其中就包括了教育部的线上论坛和以校为单位的面对面协商。但正如教育部官员负责人珍妮弗·吴(Jennifer Wu)承认的:"很少能从教育部沟通渠道那里直接听到基层教师的不满。"[23]这种沟通上的低效造成了政策实施过程往往带来让人不满意的结果。

一位新加坡的初级学院教师德里克·周(Derrick Hoi)已经参与教育部项目十年了。在给吴的文章进行评论的过程中,他注意到了一个变化,原本的自上而下改变为越来越多的基层教师的声音。[24]但教育部官员调研学校,寻求与教师们进行对话时,校长"安排好了一切",选择"能代表学校运行良好"的教师。[25]有诸多不满的教师们往往不会被选择参与这类对话。

即便有不少可供教师发表意见的平台,这些途径也常常都有人员审核内容是否"过线",防止出现对教育部政策激烈批评的言论。因此教师们对于在教育部的线上论坛上发表观点有所顾忌。许多人"害怕写下他们真正的想法会影响他们的前途——在升迁或[绩效]排名方面。"[26]对于新加坡教师害怕反馈真实声音给教育部的事实,德里克·周并不是唯一一位提及这个问题的教师。一位教师要求确保"负面反馈"肯定不会"反弹到自己身上",才愿意发表观点。[27]这位教师表达了对在绩效评比上被打低分的顾虑,这会造成扣除绩效奖金和年终奖的结果。

这种担忧也阻碍了许多教师提供反馈,阻碍了新加坡教育系统内政策制定和修改的效果,造成许多问题未能解决,没有处理。新加坡前教育者本杰明·刘(Benjamin Liu)注意到,

> ……还没有到达表面的慢性问题应当被及早发现与处理。教育部如果可以发明一种真正360度获取真实反馈的系统,从而使教职员工可以在安全的环境下提供真正的反馈,没有被报复的担忧,政策制定者就可以对基层情况更清楚更了解,这无疑是非常好的。[28]

本章与之前的几章试图展示,新加坡教育制度是许多观念、意识形态、国家建设计划与人民行动党威权决策的结果。多年以来,早期的平等主义信念、生存主义者的紧迫性、种族主义与精英主义的观念(很大程度上来自李光耀)共同作用在教育政策之上。但自20世纪80年代后期开始,新自由主义的信条、生存主义者更深的担忧都被伪装在表面的"全人教育"之下,进一步决定了新加坡的教育政策。

这种自上而下决策与实施政策的方式极大地影响了其他"利益相关方"在教育系统内的投入——教师、校长、家长,更不用说学生们。从国防部人员到教育部官员,他们共同参与的这种威权主义的政策制定,都给这个国家的教育制度留下了印迹,且并不都是正面的影响。本书后续部分会考查诞生于这种政策与系统的教育究竟质量如何,探寻新加坡教育是否真正具有世界级水准。

参考文献

1. Goh Chor Boon and S. Gopinathan. "The Development and Education in Singapore since 1965", a paper for the Asia Educational Study Tour for African policy makers, June 18 - 30, 2006, National Technological University, Singapore, 2006, p. 18.

2. Ibid.

3. Mourshed Mona, Chinezi Chijioke and

Michael Barber. *How the world's most improved school systems keep getting better*, McKinsey & Company, November 2010, p. 99.

4. Barr, Michael and Zlatko Skrbis. *Constructing Singapore, Elitism, Ethnicity and the Nation-Building Project*, NIAS Press, Copenhagen, 2008. pp 114 – 115.

5. Ibid, p. 115.

6. Ibid.

7. Mourshed Mona, Chinezi Chijioke and Michael Barber. *How the world's most improved school systems keep getting better*, p. 100.

8. Barr, Michael and Zlatko Skrbis. *Constructing Singapore*, p. 115.

9. Ibid, p. 115.

10. Yap Kwang Tan, Hong Kheng Chow and Christine Chuen Meng Goh. "Examinations in Singapore: Change and Continuity (1891 – 2007)", World Scientific Publishing, Singapore, 2008, p. 116.

11. Ibid.

12. Barr, Michael and Zlatko Skrbis. *Constructing Singapore*, pp. 115 – 116.

13. Ibid, p. 116.

14. Rahim, Lily Zubaidah. *The Singapore Dilemma, the Political and Educational Marginality of the Malay Community*, Oxford University Press, Kuala Lumpur, Malaysia, 1998, p. 128.

15. Ibid.

16. Barr, Michael and Zlatko Skrbis. *Constructing Singapore*, p. 115.

17. *The Strait Times (ST)*, September 28, 2006.

18. Ibid.

19. Ministry of Education. "Subject-based Banding", Changes to Primary Education, MOE, Singapore, January 2012.

20. *ST*, November 26, 2002.

21. Ibid.

22. Ibid.

23. Wu, Jennifer. "Random Thoughts on Communication between MOE and Schools in Policy Implementation", *Aporia Atheneum*, October 30, 2012.

24. Ibid, April 26, 2013.

25. Ibid.

26. Ibid.

27. Kumar, Hri. "Primary Colours – Dispelling Myths about Primary Education", *Outreach*, September 3, 2012. See blog posting by "A Person".

28. Liu, Benjaman. "What they did not tell you about the Teaching and Learning International Survey (TALIS)", *EduMatters*, Singapore, June 27, 2014.

Singapore

第三部分

世界一流的教育体系？

对于新加坡人民行动党来说,追求卓越自教育开始。优质的教育,可以培养有能力有文化的人民和卓绝出众的领导。通过对任人唯贤和机会公平的勤奋实践,新加坡通过对本国人民能力的提高,最大化满足自身发展的需要。按照许多西方智库、教育家和 PISA 与 TIMSS 的说法,新加坡在很大程度上已经达成了这一目标。

许多外国智库与评论家认为,新加坡之所以能够拥有世界级的教育,最重要的原因是新加坡教师。验证这一看法正确与否,首先需要检验该国教师的质量水平。如前述,新加坡教师面对着沉重的压力,而绩效考核方案进一步增加了他们的极端压力,并引起了对他们所谓非凡能力的质疑。

作为教师,他们的能力还受到其他两个因素的制约。首先是新加坡教育考试驱动型的"高压锅"式环境,如第八章将展示的,压迫着教师们"只教考试的内容",不管他们是否还有其他想教给学生的内容。其次,正如已经提及的,贫富学生间巨大的不平等贯穿着整个教育系统,第九章将进一步展现新加坡老师们对此无能为力。

但新加坡学生究竟水平如何?

第十章将评估新加坡学校毕业生的水平,看看他们多大程度上可以满足新加坡就业市场的需要,为公共服务和管理精英提供可持续的人才。第 12 章研究新加坡的教育政策满足其国家建设需要的程度,是否最大化开发了其人力资源(如其人口的能力与天赋),其教育政策有怎样的不足,是否浪费了现有的人才。

人民行动党的领导也注意到了新加坡教育的不足,自 20 世纪 90 年代末期开始就试图实施改革。第 13 章介绍了这一矛盾的情况,即备受外国追捧的教育系统,却被本国领导者认为需要通过改革来更好满足国家的需要。

第七章　无能为力的教师

正如第一章提及的,新加坡教师获得了国际上的声誉。他们通常被认为是新加坡在 PISA 或 TIMSS 测评上获得高分的重要原因。

按照 OECD 的说法,除了照顾学生之外,新加坡教师的能力还体现在新加坡的教育成就上,其中包括:所有学校共享最优秀的教师,这类优秀教师被指派给最需要的弱势学生,新加坡教育部成功培训他们来发现和解决学生的问题。

同样地,美国的亚洲协会也认为,新加坡高质量的教师解释了为何新加坡教育世界一流。新加坡的政策仔细地选拔、培训、发展并奖励教师们。随后,许多西方来访的教育者也经历了"顿悟"时刻(Aha Moment),他们同样认为,正是教师的卓越,才能让新加坡学生学业成就达到世界领先的水平。

澳大利亚智库格拉坦研究所认为,新加坡教师间的合作、辅导、专业发展的教师培训文化诠释了该国教育的卓越。研究所声称,在教师培训方面,澳大利亚有许多需要向新加坡等国学习的地方。此外,另一个著名的美国智库亚斯本研究所(Aspen Institute)在一份报告中,认为新加坡是教师发展的范本。该报告格外关注安排的教师培训与发展项目,[1] 并多次对新加坡卓越教育进行称赞。然而,上述任何一份报告都没能指出新加坡教师实际面临的极端、非人性的压力,而这也正是本章的主要内容。不过,需要承认的是,在新加坡教师们开启正式的教学工作之前,他们的确接受了全面的培训。

优质的教师培训

我们有理由认为,新加坡教师的选拔与培训确实具有世界水准。

每年,新加坡教育部从中学毕业生的前三分之一中招收潜在的教师。[2]师范生在学习期间能收到约为 60% 教师工资水平的补助,承诺毕业后将至少作为教师工作三年。他们的学费由教育部支付,且全部都在新加坡的专业师范学院学习——新加坡国立师范学院(National Institute of Education,NIE)。

所有的师范学院学生都必须在特定学科获得本科学位,同时学完该学校的师范教育课程项目。按照学生入学时的受教育水平,项目的总时长从二至四年不等。[3]一般来说,只有在特定学科具有高级水平并至少拥有一年高强度教学训练的毕业生才能在新加坡担任教职。在薪资方面,教育部报告,新加坡教师的薪资与其他专业技术人员相当。[4]一名初中教师的工资最多可达到新加坡人均 GPD 的两倍。格外优秀的教师可以每 3—5 年获得 10 000—36 000 新元不等的留任奖金,每年还有最多 30% 的绩效奖金。

新加坡教师还有一系列的专业发展机会。他们每年可以参加不超过 100 小时的专业发展课程,或通过教师网络(Teacher's Network,TN)来继续学习与深造。教师网络由教育部管理,旨在运营教师社群,组织论坛与研讨等活动,为还想继续深造学位项目的教师批准进修假期。[5]

此外,据报告,比起许多其他国家,新加坡教师在开始工作前确实获得了高水平的实践指导。按照 2013 年 OECD 进行的 34 国教师教学国际调查(Teaching and Learning International Survey,TALIS)所示,新加坡几乎所有(98%)的新教师在成为全职教师前都在真实课堂场景内得到充分锻炼。[6]研究显示,这个比例比国际平均值高 9 个百分点。这一研究还记载,新加坡教师在专业发展活动方面有更高的参与度。在参与课程与工作坊方面的参与度是 93%(TALIS 平均是71%),在教育会议和研讨会方面参与度为 61%(TALIS 平均为 44%)[7]。不过,正如许多对新加坡教育的其他国际调查一样（还有其他意图评估国家建设实力的测评），我们也需要用审慎的态度来对待 TALIS 研究，后续章节会进一步说明。

即便如此，人们仍旧有理由认为，新加坡教师并不缺乏合适的培训资源来进一步发展他们的技能。但优质的培训——和作为教师的素质——显然都不足以战胜新加坡教育系统的缺陷，正如后文所示。这一章将说明使新加坡教师无能为力的多重因素——他们过多的工作量与应付绩效管理系统的沉重负担。

超负荷的新加坡教师

对所有教师来说，长时间工作和大班额都是负担。新加坡也不例外。

一天工作 12 小时

按照 TALIS 的报告，新加坡教师每周平均工作 47.8 小时，比各国平均值 38.3 小时高出 9.5 小时。[8] 只有日本以每周工作 53.9 小时略胜一筹。许多其他国家的这一数值包括：澳大利亚 42.7 小时，瑞典 42.4 小时，法国 36.5 小时，芬兰 31.6 小时。① 报告中引述，行政工作和作业批改是新加坡教师工作时间较长的主要原因。

但即便该报告已经在数值上展示了新加坡教师拥有的过高工作量与工作强度，许多教师仍然公开质疑这一表述。《海峡时报》访谈的全部 10 名教师都质疑报告的内容，认为其"没有准确反映他们典型的一天"。[9]他们说，学校工作的一天普遍从早上 6 点就开始，直到 10—12 小时之后结束——因此，他们一周至少工作 50 小时，其中许多是教学时间，但在校的空隙时间都被作业批改和行政工作占据，如组织学校活动等。

长时间以来，教师（与其配偶）对超负荷的工作量都表达了不满。对 TALIS

① 译者注：TALIS 仅调查初中教师。

报告的质疑只是相对较新的一部分。在报告出现之前的许多年中,这个问题就始终是新加坡媒体的争议问题,不论是线上还是线下的主流媒体都是如此。2010 年,一名教师的妻子向《海峡时报》描述了其丈夫的典型工作日程,引发了一场尤为活跃的社会讨论。[10]妻子说,丈夫作为一名本地小学的教师,每个工作日早上 5 点起床,6 点离家,7 点抵达学校完成"执勤任务"。在完成了补习任务、课外活动课程和行政工作之后,他一般晚上 8 点到家,晚饭后还要完成更多的学校工作。

许多新加坡现任与前教师们的博客也记录了他们类似的工作强度。[11]每天工作 12 小时是正常的。他们一般早上 7 点到学校,晚上 6 点半到 8 点半之间到家,还普遍需要再完成几小时工作。一个工作四年的小学教师(阿斯彭)在离开工作岗位 5 个月之后回忆道:

> 我每天 5:30 起床,6 点离家,在上班路上吃早餐,到学校 6:30,而直到晚上 8:30 学校关门才离开。基本上,我每天出门与回家时天都是黑的。我与外面的世界是没有联系的。[12]

另一名教师说,他一般早晨 7:15 到达学校,晚上约 7 点离开学校,到家之后还要花数小时完成工作。[13]"大部分同事……都是一样的。"

新加坡记者扬·丹克(Ion Danker)采访的数名教师也给出了同样的叙述。[14]一名小学教师说,"一个典型的工作日里,我们会批改作业,上补习课,完成许多行政任务,这些通常需要在工作时间之外完成。"一名离职 3 年的教师说,"我丈夫和我都在做老师时,我们每天晚上几乎没有时间一起度过,因为我们都忙着批改作业,为第二天备课,或仅仅只是太累了需要休息。"[15]

在学校放假的日子里,老师们仍旧被要求返回学校来上复习课,或参与校长布置的学校活动。他们还有数不清的其他任务要完成,从接待外部参观者、应对学校检查到指挥高峰时停车等。[16]此外,新加坡教育家杨沙恩(Yeo Sha En)指出,新加坡教师需要持续性地应对学生和家长的要求。[17]新加坡家长对学生的期待很高,因此常常会寻求教师的建议与帮助。除了他们的教学与行政任务外,教师们必须"成为学生的一线咨询师(有时,还包括家长)。"

对于教授人文学科和英语的教师来说,工作量更大,因为这些学科的作业批改量更大。科学和数学等学科都只需要按照"记分制"来批改,因此教师们的负担小一些。[18]一名教师说,"教学之外的工作任务使人抓狂,尤其英语和文科教师的作业批改工作量更是如此。"[19]他们的过劳率居高不下,许多教师被迫辞职。一名前英语和文科教师说,与他同届的 25 名国立师范学院毕业生中,已有 10 名离职。[20]学校管理层也无法理解或回应教师们的不满。新加坡教师的困境在 2005 年引入绩效管理系统之后又进一步加剧。

显然,按照上述举证,TALIS 每周 47.8 小时的工作时间应当是对新加坡教师工作量的严重低估。后文会进一步探讨原因。但首先,本书将进一步展示另一个造成新加坡教师困境的因素:大班额。

班额问题

在 30 个有班额数据的 OECD 国家中,新加坡的班额数量居高不下。按照新加坡教育部的说法,公立学校各年级每班的人数不高于 40 人,而小学一年级和二年级每班人数不超过 30 人。[21]但 OECD 各国的数据显示,公立小学平均每班人数是 21.3 人,初中则是 23.3 人。[22]各国的小学每班平均人数,爱沙尼亚和斯洛伐克是 17.9 人,土耳其是 26.3 人,澳大利亚是 23.2 人,美国是 20.3 人,英国是 25.8 人和芬兰是 19.4 人。初中每班人数从丹麦、爱沙尼亚、芬兰、冰岛、卢森堡、斯洛文尼亚和瑞士的不超过 20 人,到日本则是 32.8 人,韩国 34.9 人,澳大利亚 22.8 人和美国 23.7 人。

针对大班额的现状与其引发的不满,新加坡教育部做出了如下解释:

尽管直觉上来说,每班人数更少听起来非常有吸引力,但我们仍然缺乏小班额优势的实证。研究显示,学生获得更好结果最关键的因素是教师

的质量。因此,教育部的工作重点是提升教师质量,其中甚至包括提高雇佣教师的数量。

新加坡教育部的答复指出了全球教育界的一项辩论,即每班人数 vs 教师质量。新加坡教育部反映了教育商业化运动的观点,而部分传统教育学专家则对优质教师比班级人数更重要的观点表示质疑。

格拉坦研究所的教育负责人本·詹森(Ben Jensen)是"将教育经费投资在提升教师质量而非减少每班人数"这一观点的主要支持者。他说,澳大利亚的研究表明,同一个学生在一名优质教师(教师教学有效性前 75%)的带领下只用四分之三时间,就可以完成该学生在能力不足教师(后 25%)处学习一年的学习任务。[23]此外,前 10% 的教师只需要一半的时间就可以达到最后 10% 的教师一年的工作效果。此外,詹森补充道:"证据显示,减少每班学生人数是一项昂贵的政策,但实际对学生的学习效果影响不大。"[24]他认为,教师教学有效性可以通过以下这些途径提升:提升愿意从事教师职业的人才质量,优化在职教师培训、反馈与评估机制,发现并奖励优秀教师,设立使能力不足教师"离开"的程序。

上述部分举措的确会提升教师水平,在之后的章节将进一步说明。的确,优秀的教师会使学生受益。但是,也有大量研究指出,小班额会使学生受益,尤其在小学 1—4 年级这一阶段。

澳大利亚教育家大卫·齐格勒(David Zyngier)整合了 112 篇写于 1979—2014 年之间的论文,比对结果后发现,"在小学的头四年,减少每班人数对学生的学业成就有重要且长期的影响。"[25]在所有他分析的论文中,"只有 3 篇认为,比起所需要付出的巨大成本,小班额并没有带来更好的效果。"[26]齐格勒说道,在 4—8 年级这一阶段,学生在小班中学习成长的时间更久,成效的影响力就能维持更长时间。小班额的益处包括:教师有更大可能完成完整的教学;进行有深度的讲解;可以更好地管理班级,在管纪律上花的时间更少;学生可以得到更多的个性化关注,检查作业与获得反馈的等待时间更短等。

　　显然,教师质量与小班额都很重要,都对学生有益。因此,似乎问题真正的问法应当是:在教育资金有限的情况下,小班额或优质教师,应该花在哪一项上才能达到最好的结果? 但正如美国的研究显示,这个问题的答案比较复杂。[27]研究发现,如果在小班额上支出更多经费并造成教师培训经费的短缺,则可能并不会直接带来学习结果提升。一旦有限的教育经费被分配到小班额项目上,减少了教师培训预算,会引发教师质量的下滑。许多教师可能因为薪水停滞或减少而选择离开教师岗位,学校和教育部门不得不雇佣更多缺乏经验的新教师来填补空缺。[28]就算现存经费条件允许,班级更多并雇佣更多教师,教师质量也可能会受影响。有能力的教师数量是有限的,那么为了更多的班级,就不得不雇佣能力不足的教师,影响教师群体的整体水平。1996 年,美国在加利福尼亚推行的"消灭大班额"行动就引发了这样的后果,[29]带来了严重的教师短缺,许多行政区不得不雇佣能力不足的教师上岗。[30]随后,由于拆分班级需要更多的教室空间,为了满足该项目的需求,特殊教育的宿舍、学校计算机教室和图书馆等都被征作教室,甚至搭建了一些便携式教室。[31]

　　最后,还有一个问题需要考虑:究竟有多少教师会真正利用好小班额带来的优势呢? 学生教育结果保障(Student Achievement Guarantee in Education, SAGE)是 2002 年在美国威斯康星州发起的研究项目,旨在研究每班人数减少问题。项目发现,仅仅消灭大班额、减少每班人数,并不足以提升学生的学习结果。[32]对于小班来说,教师改变教学方式从而最大化利用小班额的优势,是很有必要的。小班给教师创造了可以尝试新教学方法的机会,从而提升学生学业表现。但实际上,有的教师会如此做,而有的则不会。那些尝试的教师确实帮助学生提升了学业表现。齐格勒评论道,"太多的教师即便在小班也持续使用他们在大班内的旧教学方法。"[33]

　　上述内容简要显示了,削减每班人数的项目并不足以让学生有更好的学习结果。相反,这一项目往往会产生更多课时需求,使有经验有能力的教师进一步缺乏,引发更糟糕的结果。因此,即便小班或许会提升学生表现,但仅靠小班

额项目是不够的。要想提升学生学业表现，还需要更多经费，确保学校可以雇佣更多有能力的教师。而与此同时，倘若教师们都能充分利用好小班的优势，那么学生的学习效果将得到进一步提升。

不过，小班大大提升了学生进步的可能性。即便那些鼓吹教师质量比班额更重要的支持者，也仍然不能否认，不考虑教师水平的话，学生在小班的学习效果普遍比在大班中更好。另外，有意思的是，就算新加坡教育部为大班额辩解，那些资优班项目的学生都在小班中上课。显然，新加坡教育部也相信，小班教育更适合新加坡的精英学生。

对于那些游说人们接受大班额的人来说，新加坡始终被当做案例用以支持其观点。新加坡在 PISA 和 TIMSS 测评上的高分与大班额被当做例证，说明每班人数与学习成果似乎没有很大的关系。他们认为，教师教学有效性应当是关键的因素。新加坡这些在 PISA 或 TIMSS 测评中的明星国家都普遍有较大的班额，因此也被当做例子证明，"削减班额是一种徒劳无用的努力"。[34]

但是，或许这个国家获得的教育成就与大量的课后补习有关，而不一定是大班额的结果。如果没有新加坡那些"影子教育"中的补习教师，考虑到教师们面临的大班额，学生或许很难有这样好的学业表现。普遍存在的课后补习很大程度上削弱了这个国家在大班额这一问题上的公信力。同样的，"新加坡在 PISA 和 TIMSS 测评上获得优秀表现是因为他们教师质量优越"的观点，也同样因严重的课后补习现象而打了折扣。

另外，那些重压之下过度劳累的新加坡教师是否有能力教好大班课，也是一个存疑的问题。而教师绩效系统给教师们带来的负面影响则使这个问题变得更为严峻。

新加坡教师绩效系统（EPMS）

新加坡国立科技大学的教育学者华伦·刘（Warren Liew）注意到，新加坡绩效评价系统的核心理念是认定市场化原则可以提升商业、政府与教育各方面的表现。[35]基于绩效表现来校准奖励或惩罚被认为是一种有效的市场化手段，可以最大化个人与组织的生产力。这也是新加坡教育部热切实施的计划，尽管有许多证据显示绩效系统并不能达到预期。

对国外研究结果置之不理

提升绩效表现的计划旨在通过测量、管理与激励员工来提升雇员绩效表现，提高管理效率。员工的表现决定了他们的薪资、奖金与升迁前景。高绩效意味着高回报，而表现不佳则代表着低收入。这样的"胡萝卜与大棒"式方法也在企业界普遍使用。

然而，许多研究表明，在教育领域，绩效管理系统往往并不能提高教师的表现。美国的研究报告显示，用更高的薪水来奖励高绩效表现的教师，并不能带来学生学业表现的进步，[36]也不能改变教师在课堂上的表现。这份研究报告由美国兰德智库完成，通过对纽约市、纳什维尔市和得克萨斯州的教师进行三组绩效—薪资影响力的比较，从而得出了上述结论。

这份研究评估了金钱激励对个体教师、教师群体和整个学校绩效的影响。[37]兰德机构发现，这份调研揭示了："……在三组实验中，对比实验对照组，给教师更多薪水来提升学生成绩的做法并不能带来学生表现的进步，也不能改变教师在课堂的行为。"[38]

在纽约研究的是整校绩效表现，而事实上，提供金钱激励的手段甚至造成了学校学生表现的下滑。[39]此外，另一份在葡萄牙进行的七年研究也显示，基于绩效支付教师薪资降低了学生的整体学业表现，该实验用不按照绩效来发工资的葡萄牙教师做实验对照组。研究发现，"越是在教师个体的绩效上进行强调，越会导致学生表现（按照国家统一考试成绩计算）一定程度的下降。"[40]研究结果还表明，这种基于绩效的方案因创设的晋升与奖金竞争而打乱了学校的合作性任务。

此外,一份哥伦比亚大学对绩效—薪资系统的研究表明,绩效系统对教师的人才留用并没有什么影响。[41]这份 2007 年的研究写道:

> 大量的研究与教师访谈表明,在决定教师去留的问题上,工作环境要比奖金重要得多。国家教师流动率研究的数据显示,教师因职业不满而离开岗位的原因有许多:低薪资、来自学校行政层的支持不足、无法帮助学生形成学习动力、教师缺乏决策影响力、学生纪律问题等。[42]

研究发现,教师在一起工作是有效教学的关键因素。譬如,在教师高度合作的学校上学的学生,普遍在数学和阅读上的分数更高。[43]学生的成绩与教师集体合作的智慧结晶有关,而并非只因为个别"明星教师"的教学。但当绩效系统推行之后,教师之间、学校之间的合作都受到了影响。在新加坡,也能看到这样做的后果。

由教师绩效系统驱动的竞争

新加坡知名博主乐琪·谭(Lucky Tan)对过度竞争有如下观察:

> 当竞争过于激烈,光靠认真努力是很难成就梦想的——人们……往往会诉诸不正当、不公平的手段,来达到自身的目的。在过度竞争中出现的并不是一个更好、更强、[更]团结的社会[或组织]……而只是一个自私的、闷闷不乐的社会,深陷在其自己创造的各种问题之中。[44]

他的言论尤其适用于因教师绩效系统而深陷过度竞争的新加坡教师们。有一位具有五年教学经验的前教师在他的博客下留言道:"我所经历的与看到的让人非常难过。"[45]他认为,教师绩效系统:

> 在校内创造了一种不良的环境,教师们彼此撒谎、欺骗、篡改、指责、讥讽、分裂、拉帮结派。我被这些教师朋友们吓到了,尝试着不在这样的环境里崩溃。我被告知,要把我的同事当作竞争者看待。每个教师都试图赢过

其他人,办公室政治到处蔓延。我很同情学生受到这么多伤害。教师利用学生来赢得教师间的竞争,从而可以在绩效排名中获得优势。

其他新加坡教师的说法也印证了上述看法。

有人说,教师们对被迫对立感到不满,因其"在学校内部创造了敌对的气氛"。[46]教师绩效系统"使教师们成为敌人"。另一名新加坡教师则注意到,在每年八月进行排名时,这种情况最为显著。[47]这名教师说,"这个制度侵蚀了学校内教师间的同志情谊。"

在教师绩效系统下,教师的工作成果被评为 A 到 D 等几类。被评为 A 的教师在所有方面都超出预期;B 则是在大部分区域内达标;C 是部分领域达标,而 D 则是几乎不能达到预期。[48]一名教师说,绩效等级是按比例分配的,因此每种等级都有固定的数量。[49]这是一个"狗吃狗"的局面,教师们会把其他人拉下来为了获得 A 类名额。"教师之间的办公室政治非常肮脏",他说,"想象一下,在同一所学校内,我们教师并不知道彼此的名字,也不会向对方微笑。"

另一名教师也说了类似的话,教师绩效系统使教师内部彼此对抗,只有"最强的"与"最恶毒的"才能存活。[50]这名教师提及"政治性的、不公平的伎俩,甚至种族主义等,都让教师们形成一个个小团体……来确保他们在阶层金字塔中的地位。"

作为对教师绩效系统的回应,教师们使用游戏技巧来保障自身职业上的生存与进阶。

绩效评比的博弈

"执行或淘汰"是身陷绩效提升系统的人们必须遵守的逻辑。

尽管研究显示,这样的绩效系统并不能提升教师与学生的教学成果,教师们仍然必须参与这个游戏,主动进行博弈,才能保证他们在职场的生存与成功。

在过去的许多年里,教师们在绩效评比制度下的博弈都被记录了下来。一

项 1998 年的西澳大利亚研究发现,绩效评比系统鼓励教师们展示自身进步的"证据"。[51]学校与教师表面上服从这样的系统,但实际并没有深层次的改变与合作。一名教师提及,

> ……教师们并不会在他们需要努力的部分真正花时间,他们不会承认自己真正的错误,而只是找到那些受欢迎的、容易展示的部分来改进。这是策略性的选择。例如,几乎每个人都选择信息技术进行展示,因为你可以在很短时间从"我甚至不会打开电脑"进步到"我现在会上网了",每一次[进步]的证据都很清晰。我猜,他们的确也在这个过程中有所进步,但绩效考核把这变成了一项展示活动。[52]

2012 年,刘的研究显示,在新加坡,教师们也表现出了类似的博弈行为——尽管有能力使用互联网大概不再会被当作教师们进步的证据了。

在教育部绩效系统的压力之下,教师们不得不经历自我评估的流程,即本人与他们的领导(通常是直属上级)沟通,对他们的绩效结果打分。两人在年初共同设定绩效目标与职业发展计划,而领导负责在年终进行监督、审查与评估。在与领导谈话的过程中,教师需要反思自身的目标、长处与需要改进之处。

在评估与谈话之后,领导给教师就绩效结果进行 A、B、C 或 D 的评定。但刘指出,他们的建议性打分"可能会被调整",如果获得同一种打分的教师数量过多的话。[53]而教师的最终分数则决定了他们每年的年终奖,通常是 1—3 个月的工资,还决定了他们未来的升迁与涨薪情况。

绩效评估系统的核心环节是填写工作评估表(Work Review Form,WRF),其中包括了大量的填写内容,从绩效指标到工作情况。在总共七大类内容中,其中一类有六页纸之多,工作评估表要求教师们详细填写自身工作目标的细节、成绩、进步、发展计划和工作动力等。[54]这些内容给教师们提供了大量机会来展示自我,使他们的领导与其他评估者产生深刻的印象。刘与六位中小学教师(其中包括一位前部门负责人和一位校长)针对绩效管理系统的访谈体现了

这一观点。(为了保密,他们都使用了假名,工作评估报告"与身份信息相关的内容都被小心隐藏了"。)如刘所说,"……关键不是提高教师表现,而是提升教师的价值。"[55]一名教师告诉刘:

> 本质上,这就是在向你的上级展示你的付出,来证明你擅长完成本职工作。你是否真的那么优秀无关紧要。如果你满足了工作评估表要求的所有标准,就意味着你是一名好教师了。[56]

刘评论道:"准确记录教师的成就,还不如熟练地展示自我重要。"[57]甚至,如另一位教师所说,大言不惭比谦逊有礼更好,她解释道:"如今,在绩效系统里,你必须展示你每年都有创新。只要你比上一年有所改变,这就是所谓的'创新'。因此,我不得不在我的工作评估表上详细地写上过去一年我所有与前一年做得不同的'创新之处'。"[58]

一名中学教师被他的领导建议,需要"修饰"一下他的工作评估表:"列出所有的工作,让这些事情听起来很重要。例如,比起'批改',应当写'帮助学生纠正作业,并给出有质量的反馈'。"[59]他说,与家长通一次电话可以被形容成"家校合作",而一次介绍两名学生到他朋友的律所实习,在工作评估表上则可以算作是"与外部机构合作"。

被问及工作评估表是否使他们的工作任务"水涨船高",两名教师告诉刘,绩效系统并不是捏造事实,更像是"夸大,将自己的工作用更好的方式表现出来"。[60]一名教师恼怒地说,有的教师把工作的每个部分都事无巨细地写在评估表上,而其他人不那么做。有的写了很多页来展示自我,而有的只写了三页左右。

一名学校部门负责人告诉刘,重要的是"认真玩游戏"。[61]他会告诉部门内的教职工,你们最终获得的成绩评定有赖于你们"怎样在舞台上展示自己"。研究中刘发现,在绩效评价系统的框架下,教师们会选择"优美赞扬的语言来说明自己的工作,从而确保获得上级的认可。""成为一名成功的专业教师……并不

代表着实际学术水平的提高,而是在绩效标准下对自身成就具有表现性的描述、挂钩与辩解。"[62]

更有甚者,绩效评估系统的一项关键要素是对"可量化"数据的使用。如刘所指出的,定量标准被广泛使用,以评估教师定性的工作。[63]一名教师挑战这一做法,问道:"怎么用课后与学生谈话或指导学生,来作为评判是否努力的标准? 怎么才能量化学生的学习与教师的关怀? 凭什么把学生带出去游览就是教师打分表中的一项? 对绩效评估来说,列举你所做的事情是关键,数量比质量更重要。"[64]

对新加坡教师们来说,将自己的工作尽可能地用量化的方式表现出来,是满足绩效评估系统"表演性"要求的一部分,也代表着他们"认真玩游戏"的态度。只有通过这样艺术性的操作,才能确保他们在职场上过得好。

尽管许多类似绩效评估的计划有助于帮助教师反思并改善自身的言行,但新加坡的绩效项目或许给教师与学生带来的伤害大于收获。不论绩效系统推动教师表现进行了怎样的提升,其在其他方面造成了更恶劣的影响。绩效系统造成了一系列竞争,不仅增加了教师的压力,还破坏了校际原有的合作,降低了整体效率并影响学生综合表现。而新加坡的教师们明显对绩效系统怨怼。更糟糕的是,他们的困境进一步加剧,因其教育部既没有能力也没有意愿来回应他们的不满。

沉默的新加坡教育部

新加坡教育部被许多教师认为是冷漠的,因其对教师们过重的工作负担与对绩效系统的不满缺乏反馈。这种显著的、来自教育部的无动于衷,激发了教师们对工作量和绩效评估在网络上长篇恶意的讨论。人文与英语学科的教师们尤其如此,如一名教师(网名"TeacherToo")所观察:"英语和人文教师需要进行大量的作业批改与订正,但教育部的绩效系统里完全没有针对这类工作量的倾向性。"[65]

弱势温顺的教师工会进一步弱化了新加坡教师对抗教育部的能力。就像所有的工会一样,新加坡教师联合会(Singapore Teachers' Union, STU)由政府通过国家商贸联合会(National Trade Union Congress, NTUC)控制。这些联合会应当与政府一起合作,推动新加坡建设,正如人民行动党政府所定义的那样。商贸联合会的领导与官员由政府审查通过,以确保他们支持人民行动党的政策。教师联合会也不例外。正如其宣言所示:"我们坚定相信,要在政府、工会与雇员中建立稳定的三角关系"。[66]教师联合会表示,"面对工作相关的问题时,教师联合会将提供相应帮助"。[67]但事实上,一名新西兰的教育学家罗斯·帕特森(Rose Patterson)访学时发现,"新加坡的教师们之间似乎并不鼓励彼此积极表达观点与问题。"[68]新加坡的各类联合会,不论是服务教师还是其他雇员,都不具有批评人民行动党政策的空间。这类不满通常只能来自反对党议员和政治活动家,而不能来自工会运动。

在民主社会,教师工会通常对政府教育政策进行批评,并要求给教师涨薪和改善工作条件。西方的工会、自由媒体和议会反对党共同提供了保障,以防止政府与其部门滥用权力,教育部也在其中。但是,在新加坡,这些机构都太弱势了,并不足以给教育部与政府施加压力来推动真正剧烈的变革。

一项新加坡的研究显示,在"三十年的重组、改革、合理化和巩固之后",新加坡的教育系统仍旧保持着"高度中心化与管制化。"[69]但这篇文章也指出,"在过去的四五年间,已经有一定程度的行政去中心化的趋势,教学权力正逐步下放到各个学校。"

即便如此,大部分的新加坡公立学校学生由新加坡教育部统一安排,几乎所有的学校校长、教师也都由教育部统一任用,教育部负责支付他们的薪水并进行管理(在指派和升迁方面)。[70]通常来说,教育部将教师指派到学校,学校校长没有权利选择雇员。[71]总体来说,对学校和教职工来说,教育部仍然拥有无处不在的权力。帕特森指出,"尽管官员们宣称,教育不再由中央统治。但现状是,新加坡仍然是一个高度集权的社会。"[72]一名外籍教师(网名"Anon558")曾在教育部学校内任职一年,悲愤地将教育部描绘成满怀恶意、冷漠无情的组织,

绝不承认任何错误。她说,"系统是完美的,犯错的永远是教师。"[73]许多对教育部与教学同样不满的评论紧随其后。

绩效考核系统的压力和不作为的教育部,在新加坡教师长时间的工作和教大班课上雪上加霜。在繁重的工作下劳动,不可避免地让人生出许多不满,产生精神面貌不佳的问题。

不满、沮丧的教师

根据 2013 年 TALIS 调研的结果,新加坡教师相当满意。报告显示,88.4% 的新加坡教师"对工作满意",82.1% 的教师如果有重新选择的机会,还会选择做教师。[74]但现实中教师有这么多不同声音,这项调查结果的准确性如何呢?

网络上焦虑的声音

每过一段时间,新加坡的网站博客上总是会爆发愤怒的新加坡教师的言论,充斥着对职业过劳和压力过大的不满。而面对教育部、校长和学校其他领导的沉默,教师们因绩效系统而带来的委屈不满变得尤其激烈。

代表这些声音的主流线上媒体包括《淡马锡评论》(*Temasek Emeritus*),网站 Yawning Bread,论坛 SG Forums 等(这些素材在上文与之后的章节里也会引用)。[75]在这之中,SG Forum 上的一个讨论版尤其引人关注。这个讨论版是对扬·丹克(Ion Danker)一篇文章的热议,他的文章则是对《海峡时报》读者论坛中洋洋洒洒来信的反馈,这些来信有不少是来自教师群体。一次,一名新加坡教师的妻子记录了丈夫不堪承受的工作量,这个帖子迅速得到了 103 个回复,其中包括另外 17 个来自教师或前教师们的苦涩自述。他们批评了教师繁重的工作任务、因绩效系统带来的压力以及教育部、校领导对这些问题的不作为。

对不满的新加坡教师来说,离开这份职业是很多人的选择。在 SG Forum 的论坛上,许多教师或他们的配偶都表示,他们正在计划或强烈希望离职,还有的则表示已经离职了。

有几人指出,新加坡教育部任用了大量无经验的新教师,占据了相当高的比例。在 2013 年 10 月,一名教师(网名"TheHardTalk")说,从小学到预备大学,"新加坡 40％的教职工"只有四年或不到的教学经验。[76]该教师说,这个数据是由贾班钦女士(Ms Chia Ban Chin)在一次"高级教师研讨会"中透露的,她是教育部西部地区的负责人。此外,她同样在该研讨会上提及,"超过 60％"的新加坡教师只有八年或以下教学经验。

那些离职的教师,有的成了私人补习老师,还对其余在岗的教师说:

> 赶紧来做私人补习老师吧。作为一名私立补习老师,你的收入更高,还不需要经历那些办公室政治,不需要应付绩效考核和排名系统。我终于放弃认为教育部会有所改变。作为一名私人补习老师,我可以专注于教学,而全职教师们不能。学校也需要补习教师,因为学校教师们太忙了、太累了,被太多教学之外的事情分心了。[77]

看起来,来自西方的外籍教师对新加坡教育制度的意见与本地教师相同,正如他们也在线上博客中写的那样。

外籍教师的担忧

新加坡教育部最初从加拿大,随后又从澳大利亚雇佣外籍教师,来确保人文与英语学科的英语教学水平。如前文所述,因职业不满与工作量问题,在新加坡,这些学科的教师离职率更高。而受聘于教育部的外籍教师们也发现,工作并不是他们所期望的那样。

TeacherToo(前文提及的一位外籍教师网友)说,许多新加坡教育部雇佣的加拿大地理教师"都不太开心,因为他们不能用自己批判式思维的方式来教学本学科,而被要求不惜代价完成规定的课程内容。"[78] 2010 年 5 月,一篇《新加坡教师是否工作过度》的线上文章在雅虎发布之后,情况变得更糟了。这篇文

章也是上文提及的《海峡时报》论坛信件的后续报道。在这篇文章发表后,许多加拿大的教师申请者都推迟了来新加坡工作的计划,还意识到,人文学科与英语学科的教师"都是被剥削的人群"。

新加坡教育部在 2012 年和 2013 年也寻求雇佣澳大利亚教师。在澳大利亚教师(AustraliaTeachers)等网站上也刊登了新加坡教育部的广告,写着寻求"中学/艺术、英语/文学,地理和英语教师"。[79]但是,TeacherToo 说道,"许多澳大利亚教师,据我们所知,……完完全全反对新加坡的绩效系统,"尤其本地教师讲述了他们对绩效系统的憎恶以及面临的过劳处境之后。[80]这些外籍教师对绩效系统的不满,使本地教师对绩效评估系统批评声浪更为可信。正如一对外籍教师夫妇激烈地宣称,"我与我丈夫去年从新加坡回来。……我会强烈建议你不要为新加坡教育部工作!我想你应当想正常地与伴侣孩子相处!!但如果为新加坡公立学校工作,这就是不可能的!!!工作时间极长,还不得不在周末加班。"[81]她说,外籍教师应当坚持只在新加坡的国际学校上课。

一名新加坡学生回忆,教育部聘请的外籍教师并不能坚持很久。他说,在他中学上课的澳大利亚教师有一种"与众不同"的教学风格,他"允许我们向他反问,给我们有意义的作业,也很受欢迎……我记得他只教了一年,不能忍受这里糟糕的系统了……"[82]

因为在外教圈子里新加坡教育部不好的名声,在新加坡的大部分澳大利亚教师和一部分其他西方外教都选择在国际学校工作。

即便如此,不论在本地教师还是外国教师中,上述对教师工作不满的陈述都更像是趣闻,并不足以介绍甚至证明在新加坡教师中间普遍存在的不安。仍需要更广泛的证据来详细阐述这个问题的严重性,如教师群体的整体离职水平。

教师离职率

新加坡教育部试图减少或无视新加坡教师的抱怨,将他们反抗的声音限制在本地主流媒体或网络之外。媒体报道的对象大多都离开了教师工作岗位,而作为回应,教育部发布了 2013 年的数据,显示在过去五年,新加坡教师的离职率只有 3%。[83]此外,工作量并不是离职的主要原因,教育部部长说。

即便如此,TALIS 数据展现了更让人困惑的矛盾情况,说明新加坡教师实际的离职率和整体的人事变动应当更高。新加坡在所有 30 个 TALIS 调查国家中,教师平均年龄最轻,仅为 36 岁。[84]而各国平均教师年龄是 42.9 岁,其中年龄最高的是意大利的 48.9 岁。新加坡教师的教龄也最少,平均只有 9.7 年,而 TALIS 的平均教龄是 15.5 年,爱沙尼亚教师的教龄则最长,平均达到 21.6年。[85]员工都相对年轻且缺乏经验的行业,一般来说都有较高的人员流动率。人员变动频繁,还影响了教师团队的整体士气。人们会更容易选择离职,在该行业待的时间更短,说明他们不想持续待在这个行业。看起来,这似乎也是新加坡教师的情况。

美国教育研究者理查·英格索(Richard Ingersoll)的研究显示,对职业的不满、希望找到新工作是 42% 教师离开的原因。[86]工资低、缺乏来自学校的行政支持、无法激发学生学习动力、对决策没有影响力也都是离职教师常常提及的原因。此外,英格索指出,对比职业不满或换更好的工作来说,与退休相关的离职原因占比"相对较小"。[87]然而,行业内年轻的、缺乏经验的员工比例较高,也可能不是因为不满,而是由其他因素造成。可能是因为他们加入的是新兴行业(如新兴的 IT 行业雇用了许多更年轻的人群),也可能是一个现存行业想要提升员工整体人数规模。这也是新加坡教育部解释其年轻教师比例高但流动率低的理由。

2006 年,新加坡教育部官员宣布,教育部已大大增加了教师的数量,从 2000 年的 23 900 人,到 2005 年的 27 600 人,达到了 16% 的增幅。[88]他还说,2010 年,教育部的目标是扩大教师规模至 30 000 名。将有更多教师被雇佣,远高于退休(约 3%)或离职的人员。但实际上,据 TALIS 各国情况汇总,也有其他国家扩大了教师团队规模。如果真如新加坡所说,那么其他国家也应当会有类似的情况,即拥有大量缺乏经验的年轻教师。这也说明教育部给出的理由并不

能解释新加坡这一特殊的情况。

不过,就算包括退休情况,新加坡教师的人员流动率也只有6%。按照现存的数据,比起许多其他国家,这也仍旧是较低的数字。

新加坡较低的教师流动率看似支撑了其教师满意度高的特点,尤其是TALIS调查宣称,88%的教师都对工作很满意。但时任总理李显龙的言论与上述发现不符。在2009年对教育专家的一次演讲中,关于新加坡教师,李显龙说:

> 想做教师的年轻人太少了,而想离开这个行业的人很多……如果你计算每年加入这个行业的人数,再计算每年离开这个行业的人数,再算他们平均待在这个行业的时长并做预测,我们算过了。因此,我们知道,我们正面临着大麻烦。[89]

由此,说明李显龙也注意到了新加坡教师们通过主流媒体与网络评论广泛传播的不满情绪。对过劳、压力过大和竞争的持续抱怨也说明了该国教育者的不满。在许多行业和组织中,这种低落的士气都会带来比6%更高的人员流动率。显然人们并不需要数据统计调研才能认识到这个事实。

另一件很奇怪的事情是,在其他职业与工作岗位上的新加坡人都在职业不快乐指数上排名很高,但偏偏新加坡的教师拥有88%的职业满意度。更奇怪的是,那些从事其他职业的新加坡人在其他访问中也有与新加坡教师们同样的抱怨和不满,工作时间长,缺乏工作-生活平衡,不良的工作环境等原因也都被提及。这些环境性因素强烈暗示,新加坡的教师们应当和其他大多数的新加坡人一样对工作不满意。

因此,问题变成了,TALIS调查为何给新加坡教师很高的职业满意度排名?

想回答上述问题,就不得不同时考虑新加坡政府数据操控背后的政治倾向性(即政府各部门的态度,包括教育部),正如《新加坡奇迹》一书中多次提及的那样。为了否认"众所周知但避而不谈"这类现实问题的存在,官员往往会美化数字,模糊问题本身。这类情况在新加坡等国家中尤其普遍。新加坡教育部有强烈的需要来向外部所有人展示,新加坡教师很好,没有问题。相反,如果承认"许多教师不满且纷纷离职"的问题存在,则会激起公愤,呼吁进行大型教育政策改革的社会压力会迅速增加,其中包括改变现行的绩效评估系统,甚至可能包括重组教育部,对其专制文化的改革等。因而,借助 TALIS 调查这样的工具来隐藏教师团队的士气问题,对教育部来说是上策。

OECD 的 TALIS 调查依靠被调查国家的当地官员来执行,因此给操控数据提供了空间,正如第二章提及的那样。许多类似的排名机构、智库和组织试图在新加坡组织包括教育、国家建设等项目的测评与排名时,也面临这样的困境。OECD 的 PISA 测评,或 TIMSS 测评和 IMD/WEF 等排名机构也是如此。

如果教育部没有机会操控 TALIS 数据的话,那么新加坡教师的职业满意度一定会更低。他们的工作时长则很有可能比 TALIS 调查报告的数据更高。

尽管描述就像小故事一样可能不够严谨,但这些由愤怒的新加坡教师所说的内容证明,他们对工作有很深的不满。除了过高的工作负荷之外,他们对绩效系统可见的不满是可以被理解的,尤其有这么多外国教师也揭发了这个项目的不足之处。有一部分外籍教师不仅分享自身经验,甚至还呼吁其他人不要为新加坡教育部工作,这些叙述的可信度进一步增加。那些充满恶意的反抗论证了,新加坡教师职业存在根深蒂固的问题。

教师们的表现不如预期,但他们精疲力竭、不堪重负,特别是他们不得不教授大班的时候。他们成为过度劳累的、士气低下的工作者,无法按照教育部所宣传的那样,给学生们提供全人教育。

"全人教育"将走向何方

"全人教育"自 20 世纪 90 年代以来,就成了新加坡教育部的"魔法词语"。

这个术语被用来说明,新加坡的教育理念与时俱进,与全世界最新式最潮流的观点并驾齐驱——即新加坡拥有世界领先水平的教育。

新加坡的教师们应当是全人教育的中心环节。但在每天 12 小时的工作强度与因绩效考核系统而低士气的情况下,新加坡的教师们很难给学生提供这样的教育。正如一位恼怒的教师所说,

> 你需要时间才能反思和进步。但你的时间从哪来?[我们]都被课后活动(也就是 Co-Curricular Activities, CCA,包括体育、游戏、艺术团体、学校社团和组织等)、开会、部门工作、活动组织、社区项目(Community Involvement Programs)、体育节、竞赛、委员会会议、教育储蓄项目[第九章会进一步说明]、行政工作、回复邮件、管学生纪律和其他临时工作占满了。……24 小时里……我们哪里来的时间去反思和进步?我们需要先休息……我们想要的是有时间来计划……上课和思考。这与教育部想的不一样。[90]

新加坡教育专家阿布·卡迪尔(Ab Kadir)在他对"思考型学校,学习型国家"项目的研究中,对教师的访谈也显示了类似的情况。[91]他访谈的一位教师指出:"……缺乏'工作—生活平衡'……造成'许多教师如今觉得非常疲惫'"。[92]另一位访谈者表示,"她觉得永远很疲惫的状态,使教师们不能'清醒地思考',这也是为什么教师们拒绝在教学上'创新'的理由之一。"她和另一位被访谈的教师说,给学生们设计具有批判性思维的创新课程,优先级排在常规教学任务、行政工作和课外活动之后。

这类言论与教育部倡导的理念并不相符。2005 年引入的"教得更少,学得更多"项目倡导给学校课程"留白",让教师们有时间来"更多地反思"并"有更多时间备课"。但是,新加坡教师们仍然几乎没有自由和时间来享有这类机会,给学生提供真正的全人教育。

教师们必须在绩效考核制度下博弈,这进一步降低了他们集体合作从而更好给学生按照全人教育模式创设良好课堂的能力。实践全人教育最好的方式

是教师间实现学生信息共享。但这样的合作在绩效考核系统控制下的高度竞争环境中不复存在。

许多新加坡教育的欣赏者认为,绩效考核系统很大程度上解释了新加坡所谓的"卓越教育性"。但在国内,新加坡的绩效考核系统被证明弊大于利,并没能提高教师的表现与学生的学业水平。

＊　　　＊　　　＊

不论新加坡教师接受的培训质量多高,都不能让他们接受过大的工作量和过长的工作时间,还有绩效评估系统带来的伤害。这些无能为力的教师群体并不能提供新加坡对外久负盛名的优质教育。

甚至,就算教师们竭尽全力,他们仍会受到新加坡"高压锅"式的应试教育环境的阻挠,还会面临大环境对低收入家庭学生的不友好。这两种因素使得教师提供全人教育变得格外困难,这在后续章节中会进一步说明。

但在此之前,让我们在下一章先来看看新加坡"高压锅"式教育对学生、家长甚至教师造成的情感创伤。

参考文献

1. Scalfini, Susan and Edmund Lim. "Rethinking Human Capital in Education: Singapore As A Model for Teacher Development", The Aspen Institute, Washington DC, 2008.

2. Centre on International Education Benchmarking. *Singapore*, *Teacher and Principal Quality*, National Center for Educational Excellence, Washington, DC, 2012.

3. Ibid.

4. Ibid.

5. Ibid.

6. *The Straits Times* (*ST*), June 26, 2014.

7. OECD. *Teaching and Learning International Survey 2013*, Country Survey, "Singapore", OECD, Paris, 2014, p. 3.

8. TALIS. *TALIS 2013 Results: An International Perspective on Teaching and Learning*, OECD Publishing, Paris. Table 6. 12, 2014, p. 387.

9. *ST*, June 27, 2014.

10. *ST*, May 15, 2010.

11. *SGCollect.com Forums*. "Are Singaporean teachers overworked?", May 16 – 17. 2010.

12. Ibid, "Aspen".

13. Ibid, "River".

14. Danker, Ion. "Singapore Teachers Overworked", May 16, 2010, *sgforums.com*.

15. Ibid.

16. Yeo, Sha En. "Resilience, Character Strengths and Flourishing: [sic] A Positive Education Workshop for Singapore Teachers", *Scholarly Commons*, University of Pennsylvania, August 1, 2011, p. 15.

17. Ibid.

18. *Temasek Emeritus*. "Ex-Local Teacher Talks about Problems in MOE", October 29, 2012.

19. Ibid.

20. Ibid.

21. Ministry of Education. "Target Class Size in Primary and Secondary Schools", Parliamentary Replies, April 9, 2012.

22. OECD. *Education at a Glance*, *OECD* Publishing, Paris, 2013, Table D2. 1, p. 450.

23. Jenson, Ben. "Investing in our teachers: a new focus for government", *Education Today*, 2014. Vol. 14 (2) Term 2.

24. Ibid.

25. Zyngier, David. "Latest research shows that size DOES make a difference: pay attention Minister", *Eduresearch Matters*, May 25, 2014.

26. Ibid.

27. See: (1) Graue, E; K. Hatch, K. Rao and D. Oen. "The wisdom of class-size reduction". *American Educational Research Journal*, 2007, 44 (3), pp. 670 - 700.

(2) A. B. Krueger, "Economic considerations and class size", *Economic Journal*, 2003, 113 (F34 - 63). (3) L. W. Anderson. "Balancing breadth and depth coverage: Taking advantage of the opportunities provided by smaller classes" in J. D. Finn & M. C. Wang (Eds.), *Taking small classes one step further*, pp. 55 - 61, Greenwich CT: Information Age Publishing, 2002.

28. Graue, E; K. Hatch, K. Rao and D. Oen. *"The wisdom of class-size reduction"*, pp. 670 - 700.

29. Averett, S. and McLennan M. "Exploring the effect of class size on pupil achievement: what have we learned over the past two decades?" in Johnes G. and Johnes, J. (Eds), *International Handbook on the Economics of Education*, Cheltenham, Edward Elgar, 2004, pp. 329 - 368.

30. Ibid, p. 366.

31. Ibid.

32. L. W. Anderson. "Balancing breadth and depth coverage: Taking advantage of the opportunities provided by smaller classes", pp. 55 - 61.

33. Zyngier, David. "Latest research shows that size DOES make a difference", p. 8.

34. Ibid, p. 4.

35. Liew, Warren. "Perform or else: the performative enhancement of teacher professionalism", *Asia Pacific Journal of Education*, Vol. 32, No. 3, September 2012, p. 285.

36. Australian Education Union (Vic). *New

Directions for School Leadership and the Teaching Profession, *An AEU Response*, AEU Victorian Branch, September 2012, p. 21.

37. Ibid, p. 21.
38. Ibid.
39. Ibid, p. 22.
40. Ibid.
41. Ibid, p. 23.
42. Ibid.
43. Ibid.
44. Lucky Tan. "Understanding the Singaporean Dream ..." *Diary of a Singaporean Mind*, April 18, 2010.
45. Ibid.
46. "*TeacherToo*" blog posting. "MOE turning a blind eye to a known problem and unhappiness on the ground", *Temasek Review*, October 29, 2012.
47. "Teacher" blog posting, January 27, 2012. *www.Yawningbread.com* "Education system a high stakes board game".
48. "Wen Shih" blog posting, May 28, 2010, in response to "Singapore Teachers Overworked" by Ion Danker, *sgforums. com*, May 16, 2010.
49. "Dogworld" blog posting in response to "Singapore Teachers Hate MOE's EPMS" by "ExTeacher", *Temasek Emeritus*, March 16, 2011.
50. "Dee" blog posting, January 28, 2012, in response to "Education System a high stakes board game", *www.Yawningbread. com*, January 25, 2012.
51. Hogan, Carol; Barry Down and Rod Chadbourne. "How Are Teachers Managing Performance management?", Edith Cowan University, Paper presented at the AARE Conference, November 30 – December 4, 1998 in Adelaide.
52. Ibid, p. 3.
53. Liew, Warren. "Perform or else: the performative enhancement of teacher professionalism". p. 291.
54. Ibid. p. 290.
55. Ibid, p. 297.
56. Ibid.
57. Ibid.
58. Ibid.
59. Ibid, p. 298.
60. Ibid.
61. Ibid.
62. Ibid, p. 291.
63. Ibid, p. 297.
64. Ibid.
65. "TeacherToo" blog in response to "MOE turning a blind eye to a known problem and unhappiness on the ground".
66. Singapore Teachers' Union, Educare Cooperative Ltd, Singapore, 2009.
67. Ibid.
68. Patterson, Rose. "Singapore — the wealth of a nation, Around the World, the evolution of teaching as a profession", The New Zealand Initiative, Wellington, 2013, p. 2.
69. Hogan, David; Laikwoon Teh and Clive Dimmock. "Educational Knowledge Mobilization and Utilization", Paper prepared for the 2011 Conference of the International

Alliance of Leading Educational Institutes, March 2011, p. 3.

70. Ibid.

71. Patterson, Rose. "Singapore — the wealth of a nation", p. 4.

72. Ibid, p. 14.

73. "anon558" blog response to "Advice for family considering Singapore?", *tesconnect*, July 5, 2010.

74. *TALIS 2013 Results: An International Perspective on Teaching and Learning*, Country Note, Singapore. TALIS, OECD Publishing, Paris, 2014, p. 1.

75. See *Temasek Emeritus*: "Ex-Local Teacher Talks about Problems in MOE" (October 29, 2012); "MOE turning a blind eye to a known problem and unhappiness on the ground" (October 29, 2012); "Singapore Teachers Hate MOE's EPMS" by "Ex-Teacher" (March 16, 2011). Also see *www. Yawningbread. com*: "Education system a high stakes board game", January 25, 2012.

76. *Temasek Emeritus*. "S'poreans think our teachers are overpaid", blog posting by "TheHardTalk", October 6, 2013.

77. "Anonymous" blog in response to "Rethinking Education … the Great Equaliser." by Lucky Tan, *Diary of A Singaporean Mind*, June 20, 2011.

78. Ibid.

79. "Be Different Teach in Singapore",

AustraliaTeachers.com.

80. "TeacherToo" blog in response to "MOE turning a blind eye to a known problem and unhappiness on the ground".

81. "phats" blog response to "Advice for family considering Singapore?", *tesconnect*, December 12, 2012.

82. *Channelasia*, October 29, 2012.

83. *My Paper*, October 22, 2013.

84. TALIS 2013 report, Table 2.1, p. 258.

85. Ibid, Table 2.6, p. 267.

86. Ingersoll, Richard. "Teacher Turnover and Teacher Shortages: An Organizational Analysis", *American Educational Research Journal*, Fall 2001, Vol. 38, No. 3, p. 522.

87. Ibid, p. 524.

88. Ministry of Education. Media Centre, Parliamentary Replies to Questions 409 and 410, April 3, 2006.

89. Singapore Democratic Party. *Educating for Creativity and Equality: An Agenda for Transformation*, SDP, Singapore, 2014.

90. *SGforums*. "Singapore Teachers Overworked", May 26, 2010, blog posting by a Singapore teacher.

91. Ab Kadir, M. A. *Rethinking Thinking Schools, Learning Nation: teachers' and student perspectives of critical thinking in Singapore Education*. PhD thesis, Education, University of Melbourne, 2009.

92. Ibid, p. 248.

本章附录　一个反复出现的问题

许多国际测评有一个基本困境,即他们依赖"国家项目经理"或类似的职位来执行当地的调研,正如第二章对 PISA 测评和 TALIS 调查实施时提及的那样。例如,管理发展研究所(the Institute for Management Development, IMD)和世界经济论坛(the World Economic Forum, WEF)的类似职能人员来自智库、组织、私营企业或有一定独立性的政府部门。这些单位成为了 IMD 和 WEF 的"合作机构"。倘若这类"机构"确实是独立的,那么来自这类"机构"的报告是有信度的。一般来说,上述情况能够在自由民主社会中发生,因为这些"机构"常常会面临公众的检查与批评,也被要求透明化运营。但在新加坡这样的国家,信息与报告通常来自政府控制的主体,信度的问题就要区别看待。

在新加坡,IMD 和 WEF 的数据收集工作由新加坡外贸与经济发展部门下的国家科学与信息委员会负责。[1] 由这类新加坡政府下属单位提供的信息,通常是值得怀疑的。前新加坡国立大学学者、美国人克里斯多夫·林格(Christopher Lingle)指出,新加坡这样的国家发布的信息"通常在严格管理与高度选择的基础上提供",并且"不接受合作机构或独立来源的单独分析与修改"。[2](林格曾在新加坡国立大学任教,1994 年因在《国际先驱论坛报》(*International Herald Tribune*)上撰写关于"服从性的司法"相关内容惹恼了人民行动党政府而被迫离境。)TALIS 选择使用了 IMD/WEF 的操作步骤,在各个国家雇用了国家项目经理,以便在全国范围内准备、协调与实施调查工作开展。[3]这些国家项目经理负责全国的数据或样本,选拔样本经理。而这些样本经理则落实到具体学校,培训学校层面的负责人。[4]学校负责人收集整理所有符合资格的教师来参与调查,信息包括他们的名字、出生年份、性别以及其他调查所需的个人信息。显然,参与 TALIS 的国家在实施调查的过程中都有操作的空间,

与 PISA 和 TIMSS 一样。这已经是 TALIS 拥有一系列严格的规则、条约与操作步骤之后的结果（TALIS 的技术操作手册有 464 页）。参与国家的教育主管单位可以选定他们本地操作的人员，从而对参与调查的教师样本选拔拥有全权控制。

附录参考文献

1. King, Rodney. *The Singapore Miracle, Myth and Reality*, 2nd Edition, Insight Press, Inglewood, p. 295.

2. Ibid. p. 294.

3. *TALIS 2013 Technical Report*, OECD Paris, 2014, pp. 21 and 22.

4. Ibid, p. 23.

第八章 "高压锅"式的教育

茱莉亚·吉拉德还是澳大利亚教育部部长时,她相信,自己的国家一定可以学习新加坡的"志向文化"(culture of aspiration)。[1]但如果她意识到,习得这种文化就意味着孩子们必须从大约2岁的学龄前阶段就开始努力,那么她或许就会改变主意。就像许多其他赞赏新加坡式教育风格的西方人一样,吉拉德对新加坡人因从童年就开始的"高压锅"式教育而受到的心理创伤知之甚少。

之前的几章已经隐约介绍了新加坡让人压力巨大的教育制度。对学生与家长来说,分流创造了充满竞争性的教育环境。学生不得不成为考试的冠军,才能有机会接触并进入顶尖班级和优质学校。此外,就像前文指出的那样,大规模的补习产业兴起,引导学生与家长更绝望地追求升学的好结果。

不仅是学生,教师和学校也在这样的重压下前行。他们也成了不断增长的压力的受害者,与学生和家长一样过着压力巨大的生活。不论学生、教师、家长还是学校管理者,只要是新加坡教育系统的一员,都面临着很大的压力,甚至极端的情况。

学生和家长

新加坡的教育系统对学生和家长来说,都是任务繁重、精疲力竭的。焦虑的家长觉得自己必须要全力将孩子推向优秀,从学龄前就开始了。对家长和孩子来说,上学的经历常常是创伤式的。

学前阶段的压力

从学龄前 3 岁开始,新加坡孩子的生活变得充满压力、担忧和焦虑。他们有三年的学前项目——托班、幼儿园一年级和幼儿园二年级。[2] 1979 年的教育政策改革将分流的影响提前到了学前阶段,而不只是小学四年级。在小学三年级的期末,孩子有可能面临未来不能上大学甚至高中的风险。巴尔和思科比斯(Barr and Skrbis)指出,这也导致了孩子们的压力从学前阶段就开始了,家长们担心将孩子送到"增加不可逆转性"的幼儿园。[3] 按照其中一份报告的说法,截至 1982 年,国营幼儿园的课堂里已经有"真正的学习"且需要完成"考试与测验"。而到了 1985 年,如第四章所说,一名小学教师发现,一年级的学生已经有能力阅读和写作,因为分流的压力逼得孩子们不得不在学前阶段就开始学习。[4] 到 20 世纪 80 年代末期,"标准的制度规范就是制服、考试和课本",而幼儿园文化也变成了"压力化、成绩驱动的系统"。[5] 在 20 世纪 90 年代和 21 世纪前 10 年,这个压力变得更大。每天的课堂时间从 3 小时增加到了 4 小时。[6] 传统的学前项目,诸如游戏、歌唱和画画,都被小学难度的课程取代了。"标准通胀化成为流行"。[7] 大量的课本使得学龄前的孩子们不得不学会阅读句子、写单词、开始学习简单的英语语法、计数和加减。

"更让人抑郁的是对应的托班课本改革"。巴尔和思科比斯说道。[8] 如今,面向幼儿园之前的孩子(也就是小婴儿!)的中文和数字书籍也有了市场,书中的内容包括简单的数字、英语字母和中文字。甚至还有面向托班宝宝的"婴儿普通话"和"多彩普通话"课程。[9] 由于小学毕业会考(PSLE)中母语分数的占比很高,因此在该科目上获得好成绩是至关重要的,将决定分层分流的结果。对于华裔家长来说,早早地开始普通话学习显然是很重要的。

另一种令人不安的潮流是学龄前孩子的补习。一位担忧的母亲告诉巴尔和思科比斯,她几乎是"违背感情地"给自己四岁的上幼儿园的儿子报名了补习班,因为她担心孩子会在"小学第一天就被落在后面"。[10] 这位绝望的妈妈认为："我们如今都在说幼儿园阶段的补习了！[我的孩子]不得不学习字母、数字表、拼写等。他现在在幼儿园已经落后了。"[11]

她的儿子错过了"学了很多东西的"托班，因此在上"托班语文"，为了达到幼儿园一年级的标准。"如果到了幼儿园二年级他还不能赶上的话，就会给他七岁进一年级带来麻烦，"她说。每周，他有两个1.5小时的补习课，"所以我的孩子现在感觉有一点压力"。[12]而巴尔与思科比斯指出，这名母亲的担忧并不夸张。

> ……她的儿子在小学一年级将面临的威胁确实如此。自20世纪90年代起，许多学校开始非官方地在小学一年级期末进行分层，从而使得幼儿园阶段的学业更不可以失败了。如今的现实是，尽管新加坡官方说，分流是从小学一年级（也就是7岁左右）开始，但实际上，竞争从托班的三四岁孩子就开始了。小学一年级的孩子上学第一天就应当已经有一定基础的英语、数学和母语知识。幼儿园和托班因此需要教他们这些内容，设置考试，给出分数。[13]

新加坡教育部也把幼儿园看作"学校"，给3—6岁的孩子提供了正规的3年学前教育课程项目。[14]也就是说，进入教育系统的年龄被提前到了3岁——也就是从上托班开始。

直接结果是，新加坡孩子从3岁开始就有压力巨大的童年。他们的压力不可消除，随着年龄的增长，伴随着整个小学与中学阶段。

小学与中学：更大的压力

小学和中学，和学前阶段一样，有学业上的要求。巴尔和思科比斯表明，"不论是在英语、数学还是母语学科，总是有一系列高标准的课程目标。"[15]考试也自然会变得更难。"我们没有发现确切证据"表明小学毕业会考（PSLE）正变得一年比一年更难。一名自1968年就开始教学的小学六年级教师说，她注

意到,20 世纪 70 年代和 80 年代,小学数学和英语会考的难度有显著提升。[16]
在 20 世纪 90 年代,考试变得更难,尤其是数学。六年级(11 岁)学生面临着复
杂的"大题",要求大量计算,且每一个小问题的答案都需要靠前一题的正确答
案来完成。[17]这类问题往往还要求学生具备较高的英语阅读能力来理解题目。
这种普遍的"大题",对没有学好英语的学生非常不利,不管他们本身的数学水
平如何。

　　甚至,小学毕业会考的数学还难倒了一些成年人。一位拥有数学相关领域
博士学位的家长抱怨道,就算是他,也没能答出 2005 年小学毕业会考数学的部
分题目。[18]他说,"有的题目没有道理,要求特殊的、重复的、一种特别的思维方
式去解题"。[19]这些难题只会给学生带来"恐惧"的后遗症。

　　2007 年的会考情况更糟。有的教师说,他们之前从没看过学生在小学毕业
会考之后哭了。[20]一位教师说,她都需要借助计算器才能解答其中的一道题
(而学生们是不允许带计算器考试的)。卷子太难,一名优等生崩溃了,希望放
弃考试,因此一位教师不得不被召唤到考试教室来处理。

　　对母语要求的焦虑

　　新加坡分流教育制度的压力,因其对母语的要求更高了,对华裔学生来说。
母语考试的成绩占较大的权重,尤其是在小学毕业会考阶段。自 20 世纪 80 年
代起,母语考试与其他三门学科——数学、科学和英语——的权重相同,[21]占
总分 25% 的母语学科的表现至关重要,决定了学生可以去哪种水平的中学。如
果母语考试考不好,学生大概率会进入一所声望和资源都不足的国立中学——
除非该学生在其他三门上的分数出奇地高。

　　此外,李光耀和其政府颁布了政令,规定没有通过高等母语和英语考试的
学生不能进入大学。对于在新加坡长大并接受教育的华裔学生来说,普通话成
了学业和就业的必备。除了需要与中国开展商贸合作之外,人民行动党的华语
政策还有更大的目标——将新加坡通过儒家文化的影响逐渐转变成华裔社会。

巴尔和思科比斯用"严厉"来形容新加坡政府的母语与英语要求,从而迫使华裔学生熟练掌握这两种语言。[22]他们说,"没有比威胁更有效的手段来刺激这些'怕输'的新加坡学生和家长了。"[23]此外,20世纪90年代,需要在母语考试中表现优异的压力持续增加,因为政府提供了新的激励政策,其中包括入初级学院和本地大学考试的加分奖励等。[24]自80年代起,新加坡的华裔家长们就常常抱怨,母语考试要求给他们的学龄孩子造成了很大的压力。许多华裔学生学习普通话很困难,因为对他们很多人来说,这几乎是一门外语。他们许多人都在英语或新加坡英语的环境中长大,有的华裔家庭在家说方言。一名新加坡家长回忆,孩子"小学二年级时有一阵子每天晚上都哭,因为他学不好中文,觉得自己很笨。"[25]这个男孩之后参加了美国国家科学与物理竞赛,还获得了奖学金进入了哈佛大学。像这样的人才流失是新加坡必须为其教育政策付出的代价,在第十二章将详细说明。

由于人们急切地需要获得良好的普通话成绩,产生"婴儿中文"班级的现象就很可以理解了。

而在华裔学生受挫于母语考试的时候,许多印度裔的新加坡学生也面临同样的困境。一名年轻的印度裔新加坡人描述了他在学校怎样艰难地通过这项母语考试,而他在家并不说这门语言。[26]对许多马来裔学生来说母语考试则容易一些,因为他们大部分在家还是说马来语。起码他们在学校学的是与口语相近的母语,因此分担了学习的压力,不像华裔学生和印度裔学生那样。

在新加坡华裔社会多年以来的抱怨之后,2004年,新加坡政府放松了进入本地大学的母语考试要求。巴尔和思科比斯不无挖苦地说,"奇怪的是,这个决策发布前并没有进行任何公开讨论,教育部内部也没有任何研究的证明或讨论的文件。"[27]他们补充道,"外界披露李光耀的孙辈在学校受挫于中文课程,奇妙的是,两者的时机恰好对应。"[28]不过,母语考试在小学会考中的权重没有改变。在2010年4月,政府宣称,对于在家主要说英语的学生,或可考虑放宽小学会考中母语考试的要求,对他们的低母语考试分数不做惩罚。[29]但在5月,仅

仅一个月后,政府就决定保留当前的权重,因来自传统华裔与马来社群的人们都表达了抗议,害怕降低母语标准会进一步损害社群文化。其中一项反对变化的抗议有几乎 2 400 名新加坡华裔的签名。[30]因此,即便母语要求在中学阶段有所放宽,在小学阶段仍旧严格。

惶惶的学生,怕输的家长

困难的考试与"生死攸关"的分流让几代学生与家长产生了"怕输"的心态。怕输(Kiasu)是一个中文词汇,意思为"害怕落后于人"。怕输的性格具有高度竞争性,希望不惜一切代价获得胜利,害怕失败。此外,怕输的特点还包括自私、对他人感受不敏感、多疑、在所有的谈判和友谊中试图利益最大化等。[31]惶恐不安的学生在不顾一切的家长的鞭策下追求更高的分数,这成为了新加坡年轻人的标准特质。但不惜一切代价得到优,他们也付出了巨大的心理代价。《海峡时报》的专栏作家华伦·费南德兹(Warren Fernandez)观察到:

> 每次谈到教育这个话题,我都能收到许多邮件并发现,教育带给新加坡年轻人的压力与限制,成了许多家长急切关心的问题。许多家长说到学校、社会和家长一起施加在孩子身上的压力,都会感到悲痛。[32]

有些尤其怕输的家长用格外严苛的方式让孩子获得好分数,这种方式也在当地的电影中有所呈现。费南德兹叙述了新加坡电影《我不笨》(I Not Stupid)中一个让人心痛的场景,一名普通的青春期男孩被母亲用藤条毒打,因为考试成绩不好:

> 漆黑的电影院里,满座的人群前无声地播放着这个场景,仿佛显示,这种无情地追逐90分的场景感染了许多人。事实上,很多人明白,这种"打出好成绩"的情景并不只存在于虚构的当地电影里。

费南德兹是正确的。每过一段时间,新加坡的媒体上总能看到,家长因为

没能拿高分而打孩子的新闻。一次,一名 9 岁的孩子被妈妈毒打,因为数学考试得了 73 分。[33]《海峡时报》报道:

> 他被罚了一整天,直到凌晨 2:30 做完数学复习作业之后才被允许去睡觉。没有得到 85 分以上就意味着要受到妈妈的惩罚。她还是一名补习教师。[那个男孩]考试时特别紧张,考试时腹泻、气喘,甚至在答题前后突然满身大汗。有时候,症状严重到他完全想不起来一道题该怎么做,即便他前一天刚刚复习过类似的题。[34]

这名男孩来自于新加坡一所顶尖的小学,他说:"我很害怕自己不能在所有学科得到一等(也就是 85%),所以考试的时候我会有胃痛的情况,有时觉得冷。"[35]他妈妈则并不后悔,她说:"小学二年级时,他会盯着数学考试卷子坐半个小时,拒绝开始答题。"她对孩子期望很高,因为"他考试时就是粗心,但他是很聪明的孩子,还没有发挥他最大的潜力。"这名男孩被诊断为注意力分散,需要吃药才能提高表现。这也刺激他妈妈要求他每天花 6 个小时来学习。她希望确保儿子进入莱佛士书院(Raffles Institute)这所著名的男校。

家长的这种愚昧行为有助于我们理解,新加坡孩子们在上学的日子里遭受的地狱般的悲惨生活。这也从侧面解释了由新加坡报业控股集团(Singapore Press Holdings)进行的对新加坡 15 岁及以上青少年的调研结果。这份调查说明,68% 的孩子认为生活充满压力,[36] 93% 的孩子认为压力主要来自要得到好成绩。但 95% 的学生认为,面对压力他们适应"很好"或"良好"。但该集团随后进行的另一项调查则显示,新加坡学龄儿童最大的恐惧来源是在测试中不及格。[37]这是所有恐惧中排名最高的一项,占比 36%,比第二名"父母或监护人去世"的 17% 要高出许多。还有 14% 的儿童认为最大的恐惧是没有在考试中考出好成绩。

与日本、美国和英国等其他国家的孩子进行对比,就可以更清晰地了解新加坡学生调研结果的异常之处。《海峡时报》调研了来自新加坡日本学校和美

国学校的各 20 名学生,发现新加坡学生压力最大,比日本学生压力更大。[38] 面对学校,美国孩子的态度最健康;让人惊讶的是,即使日本孩子和新加坡孩子都有大量的课业要求,日本孩子比新加坡孩子的压力要小。

对于超过一半的新加坡孩子而言,最大的恐惧是考试不及格或没考好。但 20 名日本孩子中,有 18 名担心父母离世;20 名美国孩子中,16 名最大的恐惧是失去朋友,超过了亲人离世或考试没考好;英国孩子最大的恐惧是发生车祸,第二大恐惧则是无法呼吸;[39] 对中国的孩子来说,第一大恐惧是无法呼吸,第二则是地震。

新加坡报业集团的第二次调研显示,在这样的压力下,新加坡小学四至六年级的学生中有不到三分之一的人觉得人生没什么意义,并不让人感到惊讶。[40] 调研发现,"觉得生活没什么意义与害怕考试之间存在直接联系。"[41]

学校课业压力也导致一些新加坡学生有自杀倾向。1997—2001 年间,每年平均每四所小学就有一人自杀,16 500 名学生向心理咨询师咨询。[42] 20 名 13 岁以下的学生在此期间自杀了,而每 5 名孩子中就有两人有学习困难。2010 年的一项调查发现,当年有 19 名 10—19 岁的青少年自杀,比 2008 年的 8 人增加了许多。[43] 这些发现说明,极端的课业压力增加了新加坡学生的自杀人数。

作业压力也让学生们雪上加霜,从 10 岁孩子希尔·罗(Lysher Loh)的悲剧性自杀中可见一斑。因为不堪课业压力,她从家中五层公寓跳楼自杀。[44] 自杀前两周,她告诉家中用人,她转世不希望再做人了,因为她不希望再做作业了。死因调查报告指出,总是要求学生成绩优异的压力让希尔很不快乐。"她的品行优异,学校报告说明了她对学校课业认真严谨。"[45]

新加坡精神健康委员会(Singapore's Institute of Mental Health, IMH)在 2009 年的一项研究发现,新加坡 6—12 岁的儿童中,22% 说自己表现出了自杀倾向。[46] 这项研究还发现,不超过 17.2% 的新加坡小学生有抑郁的症状。

除了具有自残倾向的行为之外,学校课业压力还引发了新加坡孩子更严重的情绪问题。IMH 的报告说,2010 年,超过 10% 的小学生有情绪或行为问题。[47]同年,共有 685 名小学生因注意力分散或焦虑等异常症状被引导至 IMH 接受帮助。心理咨询师说,近两年接受他们辅导的学生数量比前两年增加了 50%。[48]但他们说,家长们分不清学业焦虑和学习无能。他们遇到的大部分学生并不是不会学习,而是无法良好应对学业压力。一位心理咨询师说,

> 有时候我在诊所见到的所谓学习能力缺失,实际并不符合任何定义下的能力缺失。我看到许多孩子,来自好学校,拥有好成绩,总是觉得焦虑,只是因为他们担心无法在考试中取得好成绩。[49]

出于对愈发严重的心理问题的担忧,IMH 发起了"在社区精神健康中心早发现、早干预、早评估"的项目,来帮助有心理问题的孩子们。[50]打给这个项目的咨询电话,从 2007 年 306 个上升至 2012 年的 8 336 个。在此期间,来自学生的电话也急剧上升,从 14 个到 739 个。其中大约 70%的案例,不论是电话咨询还是被引导到 IMH,都是小学生。

面对学生们越来越严重的情绪问题,家长责怪补习,认为其造成了学业上的"通胀"。这些在温室里学过一遍的孩子走进课堂时已经知道所有的答案,迫使教师提高教学难度。

新加坡家长常常抱怨他们学龄孩子面对的压力,认为压力很大程度上来自于分流分班的系统。一位奶奶说,"想象一下,对小学四年级或六年级的孩子说,你接下来的一次考试会决定人生。"[51]不少家长说,尽管这个系统允许孩子转班,但一旦孩子跟不上转出去就很难再转回来。一位家长想知道,"到底需要多少起自杀、自杀未遂和心理崩溃事件,才能让我们的掌权者重新考虑这项政策?"[52]其他家长还责怪严格的学校制度,过度强调成绩与学业表现。一位父亲讲述了他的儿子面对了怎样的奚落和嘲笑,只因为他参加祖母在吉隆坡的葬礼而没去学校。

新加坡的学校也给学生布置了太繁重的课后任务。在每天 6 小时的学校课程之后,10 岁的孩子平均需要做 3—8 小时的作业,包括课后作业、习题册和

参加各类补习班。[53]此外,《海峡时报》说,65%的孩子周末回到学校。[54]一项针对 1 742 名 10—12 岁的学生的调查,描绘了"新加坡孩子悲惨的童年景象"。"在他们所剩无几的放松时间里,孩子们平均需要读报 15 分钟,看电视 2 小时,用电脑 1 小时。"[55]另一位父亲则抱怨孩子究竟错失了多少童年时光:

> 如今,我看着孩子们,包括我自己的孩子,让我沮丧的是他们会错过我童年时拥有的快乐:周末可以和小伙伴们玩弹珠、抓蜘蛛、在朋友家里玩玩具、一起做作业等。[56]

课后补习也减少了孩子们的游乐时间,只为了保证他们能够在高度竞争的教育制度内获得好成绩。

新加坡的教育制度不仅让学生备受折磨,也让家长背负许多压力。例如,在等待考试结果时,许多家长甚至比孩子更焦虑。《海峡时报》记者罗敬发(Loh Keng Fatt,音译)形容等待孩子会考结果的家长:[57]孩子步入学校领取成绩时,焦虑的家长在学校门口等候。他们徘徊着,"出汗的手掌揣在口袋里,手里拿着手机。从祖母到在吉隆坡的岳母,家庭的每个成员都期盼着做第一个听到⋯⋯好消息的人。"罗说,短短 20 分钟的等待就像一小时一般漫长:"我觉得,在我之前的生命里,从没有经历过这样漫长的等待——不论是等公车还是去见牙医——他们根本无法与这 20 分钟的紧张相提并论。"[58]

为了提高测验的总分,许多学生回避了一些特定的学科,因为文学这样的学科比地理等学科更难拿高分。截至 2001 年,只有四分之一的 O 级别学生参加文学考试。而在 1991 年有一半的学生参加。[59]同样,2001 年只有 4%的普通班学生选修文学,而在 1991 年则有四分之一。还有,2001 年只有 88%的学生通过了文学考试,其中 33%获得了优秀。但同年,96%的学生通过了地理考试,其中 44%获得优秀。毫不意外地,过去几年里选修地理的比例从 1992 年的 52%上升至 2001 年的 64%。

一段有力的证词

新加坡学校教育给学生造成的心理创伤,第四章提到过的《淡马锡评论》专栏作家"Sinkapore"提供了一段真切的描述。他不仅抨击了新加坡教育的精英主义,还讲述了他在学校的不幸经历:"在这里长大,我不曾拥有精彩的童年。事实上,我几乎没有童年。在大约6岁的时候,我被丢进了斗兽场一样的环境,无尽的考试、测验和无用的兴趣班,只为了满足我父母向其他家长展示孩子能力的欲望。"[60]尽管"Sinkapore"同时上过国立和私立精英学校,"但没有一所学校允许我真正做个孩子。"此外,哪怕是学业上也必须随大流,循规蹈矩。他说,"我们很少被鼓励发言或提问,如果我们这么做,就有被老师[责骂]笨或是上课不专心听的风险。"

21世纪初期,新加坡教育部试图改变传统的教学方式,帮助学生能够运用自身所学,但这一举措收效甚微。与耐心帮助学生使用新型教学模式不同的是,"我们缺乏耐心的教师往往用语言抨击学生,骂学生没有行动或是蠢笨。"而且,如果学生胆敢在规则外思考或提问,他们的想法也往往会被拒绝。

对"Sinkapore"来说,学校就是那些有能力学生学会精英主义式傲慢的地方。他们还是机械式背诵学习的对象,不被允许有任何个体差异。"学校就是一个恶心的、僵化的、充满歧视的网络结构。"

进入了一所欧洲大学之后,他才开始享受学习的乐趣。

矛盾的官方信息

面对公众对新加坡教育的不满和抱怨,人民行动党领导人给出了矛盾的反馈。有时候,他们驳回了这类顾虑,例如《海峡时报》报道了时任总理吴作栋的回应:"针对家长们对教育为何让人压力这么大的提问,他把问题抛还给了家长。他说,压力常常来自于家长们自己。但家长们……说他们别无选择,因为系统要求他们不得不如此。"[61]

141

吴作栋对家长提问的答复与教育部部长张志贤(Teo Chee Hean)如出一辙。张志贤说,新加坡严格的教育制度有利于帮助学生更好地为高校与就业做好准备。[62]他说,"新加坡孩子们在学校期间通过繁重的课业习得的能力,将成为稳固的基石,伴随他们进入大学和职场。"[63]面对八名议员就新加坡教育给学生家庭带来重大压力的批评时,他给出了这样的答复。

然而,仅在四年前的1997年5月,时任副总理李显龙就曾在一次面向校长与教师的演说中,就全国上下对学业成绩的沉迷、孩子比过去上更多的课程、做更多作业的情况表示哀叹。"我的孩子们已经比我当年做更多作业了……而这些作业我觉得并非必须。"他说道,许多在座的教师也纷纷点头。[64]

然而,2002年,费南德兹指出:"五年以来,情况保持不变。事实上,我认为,如今的学生们做更多的作业、上更多的课,而非更少。他们被家长和教师们推动着,为了在无尽的竞争中保持领先。"[65]

自此之后,作为教育改革项目的一部分,不少举措旨在减少作业量,其中一项就是2005年启动的"教得更少,学得更多"(Teach Less, Learn More, TLLM)项目。这个项目是在李显龙呼吁引入新的教学法后启动的。他认为,或许教得更少,学生可以学得更多。项目的目标是提升教学质量,而不是教学工作量。[66]因此,这个项目应当可以减少学生的作业量。但正如第十三章将展示的,这个项目只能说落地了一部分而已,也没能在减少作业压力方面获得什么成绩。

2012年8月,时任总理李显龙再次呼吁减少学生作业量,希望学龄前儿童玩得更多并在玩中学。[67]他认为,"我们不应该强迫孩子学习,让幼儿园变成小学一年级的预备年级。"[68]他还指出,"没有作业并不是一件糟糕的事情。"[69]李显龙在国庆日演说之后的两天里,还在推特上转发了这些观点,即对孩子拔苗助长只会带来不幸的童年。

然而,正如之后将显示的那样,尽管对上述观点表示赞扬,但家长们"怕输"的文化一次次阻碍了政府试图遏制新加坡"以测验为基础、以作业为阶梯"的学校文化。

学校排名，过去和现在

1992 年引入学校排名以后，新加坡教育系统的竞争天性进一步激发了。新加坡教育部发布该方案，旨在刺激学校之间的竞争，让学校为学生成绩负责。

正如第五章所示，让学校尽可能获得最佳的位置成为了许多教师、校长和学校管理者的主要考量。他们的职业声誉与晋升很大程度上与这项排名相关。排名高的学校会吸引更好的学生，获得更多的政府财政支持。

新加坡的学校开始竭尽所能确保他们的学生获得好成绩。"应试教育"而不是提供全面发展的教育，成为了新的信条。

不过，年复一年校际竞争所造成的毁灭性效果也越发显著，甚至教育部之后也改变了，在 2012 年停止了学校排名。但到了那时候，已经有太多怕输的新加坡家长被排行榜占据了全部心神，无法解脱。他们开始自行组织非官方的排名，在后文中也将提及。

对"竞赛名次表"的沉迷

1992 年的学校排名制度下，按照各校参与新加坡剑桥 O-Level 考试的成绩，每所学校都被公开评分。一所学校的最终排名由该校快捷班和普通班学生各自的平均分决定。[70]快捷班和普通班的前 50 名学校能被列在"竞赛名次表"上，公布它们的具体分数。一个小数点的差异就会造成排名上的不同。

排名表的诞生使得学校过度重视成绩，因为测验成绩是决定该校成功与否的唯一标准。这也造成了校际过度白热化的竞争，带来两个严重的后果。

其一是持续地将学生培养成应试机器。这是自教育部采取分班分流措施以来就一直存在的趋势。一名来自好学校的学生抱怨道，她觉得"自己就像过度工作的机器人，为了不拉低学校的排名而努力得到 A。"[71]巴尔和思科比斯注意到，她被告知，比起学生可能受到的心理伤害，学校对自己的排名更在意。

学校也热衷于为这些祖国的花朵提供"温室"——也就是给需要提高的学生提供额外补习,以提高学校的整体排名。[72]费南德兹说,"如今,这被认为是好行为,那些花费额外精力帮助学生的教师和校长需要被表扬。但我们也需要问一问,如果学校没有追求闪亮的考试结果,这是否是学生自己的意愿,去挑战他们自然能力的极限——就像要求 1 600cc 发动机需要产生 2 000cc 动力那样?"[73]

学校排名系统也使一些家长觉得自己不得不搬家来让孩子进好学校。根据一些学校校长和房产中介的信息,截至 2000 年,越来越多的家长把家搬到了受欢迎的小学周围一公里以内。[74]此外,急切的家长还可能会有这些行为,包括:

——参加学校的校友俱乐部——注册的校友会成员可以比没有注册的具有入学优先权。

——给学校捐款。

——成为学校的家长志愿者(一些家长在孩子入学一年级前,提前四五年就开始进行志愿服务)。

——为了帮助孩子进好学校而给不属实的内容签字。

——让住在好学校附近的亲属成为孩子的监护人。

新加坡教育的高压属性将许多"怕输"新加坡的家长变成了无情的机会主义者。

学校分级体系

2004 年,新加坡教育部废止了原有的单个学校排名系统,取而代之的是学校分级体系。教育部承认,原有的排名制度"或将造成学校过度强调考试成绩,提高了全面施行全人教育的成本。"[75]它勉强承认道,这项制度"可能"阻碍了学校帮助学生发展创造力和其他价值观。[76]在咨询了学校领导、教师、学生和家长之后,教育部发现,90%的家长赞同对学校成就进行更广泛多元的评估。教育部因此试图取消基于应试模式的学校评估制度。

在新方案下,学校按照九大教育成果进行分级,不仅包括他们在O-level考试中获得的成绩,还包括人格发展,健康和审美等方面。新加坡教育部说,"修改后的排名制度鼓励学校进行全人教育,给学生提供更多样的体验"。[77]

然而,新加坡教育部对更"全人"的教育和"少应试"的期望仍然没能得到满足。新加坡的学校仍处于"高压锅"式的环境下。分级系统仍然"造成了学校之间激烈的,甚至恶性的竞争",《海峡时报》2012年报道。[78]

新方向

2012年9月,新加坡教育部废止了学校分级系统,还计划取消一系列学校奖项,包括优秀学校奖、持续保持奖等,这些奖项在过去是优等学校的象征。时任教育部部长王瑞杰(Heng Swee Keat)说,这一举措的目标,是使学校和家长不要只关注成绩,鼓励学校全面发展、强调人格培育、培养公民意识。[79]他希望传递给大众的信息是世上不存在衡量"好学校"的唯一标准。他说,这项举措的目标是帮助每所学校用自身擅长的方式获得成功,"前提是我们持续关注每个学生独特的能力与需求"。[80]

王瑞杰说,对于学校发展非学科领域的特色项目,不论是武术还是国标舞,新加坡教育部都会提供资金支持。这将使学生发展更多兴趣,更全面发展。他说,过去的学校分层项目旨在激发学校达到更高的标准,但如今,分层系统阻碍了教育部"每所学校都是好学校"的目标。[81]

此外,新加坡教育部部长还呼吁学校减轻学生压力,可以通过教师减少作业布置的总量、减少不必要的考试等举措。应该设置难度恰当的问题,而不是那些期望学生通过补习班才能完成的难题。他告诫道,"我们的学校和考试都不应该预设学生们上过补习班"。[82]"有的家长抱怨,我们的教师叫孩子们去找补习班回答问题。如果这是真的,我们必须及时制止这种情况。"[83]

王瑞杰的观点值得赞许,但现实问题是这些方案是否能够落实。2004 年引入学校分级计划时,新加坡教育部宣称,"这一修改后的排名制度将鼓励学校进行全人教育,给学生提供多样体验",[84] 但实际并没有带来什么变化。在之后的 8 年里,新加坡教育仍然维持着应试下的高压环境。教育部"全人"的追求仍旧是不现实的,大部分时候只是纸上空谈。2012 年教育部的改革,尤其是学校排名的变化,究竟是否会面临相同的命运呢?

对抗"怕输"的文化

1979 年的吴庆瑞改革在新加坡学校引入了分流分班机制,这无疑在家长中挑起了纷争。这一改革改变了一代家长,将他们变成"怕输"的特工,关注着自己孩子的一举一动,尽最大力量让孩子进入"好班"成了他们的执念。许多家长的确有意愿这么做,但也有许多家长并非自愿。然而,面对新加坡高度竞争的紧张就业环境,他们都知道,如果没能施加压力让孩子获得好成绩,那么他们无疑是失败的,会使孩子在求职与发展上就像残疾一般有所缺陷。同时,他们也为给孩子施加压力感到痛苦,但他们认为自己别无选择。

在 20 世纪 80 年代和 90 年代,由于孩子面临的压力越来越大,父母与教师的不安也像涨潮一样一浪高过一浪。但正如前文提及,人民行动党领导者似乎并不关心他们的不安。直到 21 世纪早期,他们才表现出一点态度上的转变,在 2004 年结束了学校排名制度。但不论是对改变学校之间因怕输而造成的竞争,或是学生面对的应试压力,这一举措都没有产生什么效果。最终,2012 年,新加坡废止了分级制度,完完全全取消了任何类型的学校评比以及带给学生、教师和学校的相应压力。

但是,新加坡"怕输"的家长们仍然痴迷于学校名次。他们仍旧希望知道哪些学校最好,从而把孩子送进去。对他们来说,把孩子送进最好的学校是最高的优先级。作为考试培养的一代,他们认为,小学会考和 O-Level 成绩最好的学校,就是最好的学校,也是他们想把孩子送进去读书的学校。

在分级系统于 2012 年 9 月废止了之后,许多新加坡家长开始进行他们自己对学校的排名。这个过程的核心环节就是"怕输家长"(kiasuparents),这是用怕输家长作为域名的同名网站。[85]该网站声称,"我们[怕输]家长只是希望我们的孩子拥有最好的。"与域名一样简洁明了的是他们的宣言,

> ……我们的使命是扭转固有的观点,即所谓怕输是不好的。我们认为,与其偷偷摸摸努力,不如光明正大地积极寻求外界资源,帮助我们的孩子在成长过程中获得额外的优势。我们赞赏怕输家长们,因为他们成功地用权威性的方法达成了目标,给了最亲爱的孩子最好的支持。怕输的字面意思是"害怕失败",也可以被理解为"想要赢"。

怕输家长网站的使命可能是扭转怕输的负面形象,但他们对学校名次的狂热与执着却不太相符。自 2004 年个体学校的排名被废止后,怕输家长网站开始自己进行小学排名。[86]而在 2012 年学校分级制度被废止后,自行排名变得更为重要。该网站邀请家长们把孩子的学校成绩结果发过去。这些结果最终被记录,组成了各所小学的排名,公开在了怕输家长及其他网站上。

与怕输家长网站携手合作的还有新加坡的补习行业。

在新加坡,与怕输家长们人数上升齐头并进的,还有爆发式增长、大规模覆盖的补习行业。截至 2012 年,补习行业的每年价值已经超过 82 亿新加坡元。[87]新加坡教育部预测,减少学生之间的评比也会相应影响补习行业的需求。新加坡的补习行业也注意到了这个问题,因此在自己的网站上发布学校排名,尽全力支持怕输的家长们。一个补习网站(schooltutor.com,意为学校家教网)发表了一篇文章,题为"40%参加小学会考的学生将无法进入第一志愿中学"。[88]这篇文章说,只有约 60% 的学生会进入第一志愿中学。"其余的 40% 左右的学生会被分配到他们后五个可选学校中的一所,不过也有可能这 6 所都进不了。"[89]在这篇文章旁,是一个小男孩倒在课桌上的照片,头埋在手臂中,看

起来非常绝望。这传递着一条假设信息,即如果孩子参加了补习,就不会遭遇如此不幸的情况。

尽管官方试图控制,但怕输驱动的学校文化始终存在,且很有影响力。新加坡教育部必须采取更多行动来根除新加坡家长怕输的心理与补习产业的大规模收益,而不只是用全人教育和废止排名的安慰性手段。要消弭因 1979 年分流分班而造成的纷争,需要漫长而艰难的努力。但人民行动党只能自食恶果。这个国家怕输的教育文化是当年教育政策的结果,依靠专制的手段,在种族主义和精英主义理念驱动下,逐渐形成了今天新加坡不平等的社会现状。

参考文献

1. *The Australian Financial Review*, July 5 – 6, 2008.

2. PAP Community Foundation. "Kindergarten Information", Singapore, 2012.

3. Barr, Michael and Zlatko Skrbis. *Constructing Singapore*, *Elitism*, *Ethnicity and the Nation-Building Project*, NIAS Press, Copenhagen, 2008, p. 129.

4. Ibid, p. 130.

5. Ibid, p. 131.

6. Ibid, p. 132.

7. Ibid, p. 135.

8. Ibid, p. 135.

9. Ibid.

10. Ibid, p. 136.

11. Ibid.

12. Ibid.

13. Ibid.

14. Ibid, p. 137.

15. Ibid, p. 153.

16. Ibid, p. 155.

17. Ibid.

18. Ibid, p. 156.

19. Ibid.

20. Singapore Democratic Party. *Educating for Creativity and Equality: An Agenda for Transformation*, SDP, Singapore, 2014, p. 48.

21. National Library Board of Singapore. *Singapore's Education System: Bilingual Education*, NLB, Singapore, 2009.

22. Barr, Michael and Zlatko Skrbis. *Constructing Singapore*, p. 185.

23. Ibid.

24. Ibid.

24. *The Straits Times* (*ST*), August 23, 2001.

25. Ibid.

26. Ibid.

27. Barr, Michael and Zlatko Skrbis. *Constructing Singapore*, p. 185.

28. Ibid.

29. *ST*, May 12, 2010.

30. Ibid.

31. King, Rodney. *The Singapore Miracle, Myth and Reality*, 2nd Edition, Insight, Inglewood, 2008, p. 221.

32. Fernandez, Warren. *Thinking Allowed?: politics, fear and change in Singapore*, SNP Editions, Singapore, 2004, p. 228.

33. *ST*, November 21, 2000.

34. Ibid.

35. Ibid.

36. *ST*, May 26, 1998.

37. Ibid, November 21, 2000.

38. Ibid, February 24, 2001.

39. Ibid, November 21, 2000.

40. Ibid.

41. Ibid.

42. *The West Australian*, October 6, 2003.

43. *ST*, July 27, 2010.

44. Ibid, November 28, 2003.

45. "anon558" blog response to "Advice for a family considering Singapore?", *tesconnect*, July 5, 2010.

46. *ST*, 22 August, 2001.

47. Ibid, August 29, 2001.

48. Ibid.

49. Singapore Democratic Party. *Educating for Creativity and Equality:* p. 50.

50. *ST*, February 9, 2012.

51. Ibid.

52. Ibid.

53. Singapore Democratic Party. *Educating for Creativity and Equality*, p. 50.

54. *ST*, March 3, 2001.

55. Ibid.

56. Ibid, November 28, 2003.

57. Ibid, August 7, 2005.

58. Ibid, November 21, 2000.

59. Ibid, March 10, 2001.

60. Ibid, October 22, 2003.

61. Ibid.

62. Ibid, October 3, 2002.

63. Sinkapore. "Why I hated schools in Singapore", *Temasek Emeritus* (Originally published on April 15, 2012 in *forums.sgclub.com*).

64. *ST*, February 24, 2001.

65. Ibid, March 16, 2001.

66. Ibid.

67. Fernandez, Warren. *Thinking Allowed?*, pp. 231 – 232.

68. Ibid.

69. Ng Pak Tee. "Educational Reform in Singapore: from quantity to quality", published online, October 23, 2007, Springer Business+Science Media, p. 2.

70. *ST*, August 29, 2012.

71. Ibid.

72. Ibid.

73. Yong Zhao. *Catching Up or Leading the Way: American Education in the Age of Globalization*, ASCD, Alexandria, Virginia. p. 86.

73. Ibid.

74. Ibid.

75. Ibid.

76. Ibid.

77. Ibid.

78. Ibid.

79. Ibid.

80. *ST*, May 16, 2005.

81. Ibid.

82. Lee, Warren. "Fighting fat: with TAF in Singapore", *Diabetes Voice*, May 2003, Vol. 48.

83. Some schools went so far as to implement apartheid-like ("streaming") segregation. For example, children were grouped to sit at normal and overweight tables during recess. ("Obesity Series part III: Singapore", The World [radio programme], November 14, 2007). Some TAF students reported being stigmatised and teased for being overweight and experiencing lower self-esteem. Sometimes the TAF acronym was reversed to say "FAT". (*ST*, May 16, 2005). At one school slim students wore colourful "I'm Trim and Fit" wristbands while their fat friends were getting the "calorie cash" coupons. (*Agence France-Presse*, February 22, 2005). Such measures were criticised as insensitive and heavy-handed. Despite such criticism the MOE refused to admit that the TAF programme stigmatised obese children. However, in 2005, a NUS study found that 4400 schoolgirls linked to TAF showed increased eating disorders. (Ibid) Also, a Singapore General Hospital study in 2005 showed that the incidence of anorexia nervosa and bulimia had risen six-fold from 1994 to 2002. (*ST*, May 16, 2005.) The MOE quickly rejected these findings, claiming TAF was not the reason for the increase. (Ministry of Education. "TAF students are not at higher risk of anorexia", MOE letter published in *The Straits Times* Letters Forum, May 20, 2005.) However, TAF did encourage bulemic behaviour among students.

84. *Associated Press*, March 20, 2007.

85. Singapore Democratic Party. *Educating for Creativity and Equality*, p. 49.

86. Yong Zhao. *Catching Up or Leading the Way*, p. 90.

87. Ministry of Education. "Performance Indicators for Secondary schools 1998", MOE press release, July 31, 1998.

88. Barr, Michael and Zlatko Skrbis. *Constructing Singapore*, p. 183.

89. Fernandez, Warren. *Thinking Allowed?*, p. 230.

第九章 既不公平也不平等

新加坡建国伊始,在构建国家核心理念时,就再三强调了以贤取士、公平公正的重要性。担任新加坡副总理时,李显龙就曾说道,"任人唯贤的理念,深深印刻在新加坡制度的方方面面。"[1]新加坡的目标是确保所有人都只因自身的品德、才华、能力与经验而被选拔,而不会因其他诸如社会阶层、种族、性别或亲缘关系的原因而获得额外优待。

与任人唯贤相关的,则是机会平等。这也是人民行动党另一条基石一般重要的原则。人民行动党由衷地希望且相信,新加坡能够努力保证每个人都有同样的机会追求进步、发展自身——尤其是通过教育的力量。正如李显龙在2013年所说,"我们保证,不论你来自怎样的家庭,不论你的近况如何,是否贫穷,是否来自单亲家庭,是否有学习障碍,只要努力,你就可以获得成功。"[2]他还补充道,"你的家庭背景不重要,你的出身环境也不重要。我们保证,我们看的是你,我们给你提供成功所需的机会、资源与支持。只要你自己可以成功,你就会在新加坡过得很好。"[3]

这一类来自人民行动党领袖的言辞,传递出其对于通过学校教育来保障社会公平公正的觉悟与其在教育上矢志不渝、坚持投入的决心。而新加坡的教育已获得了不少来自外国的赞誉,其中就包括 OECD。OECD 在一份教育报告中,这样描述新加坡任人唯贤的价值观:

> 构成新加坡价值观的基础,就是让来自不同民族、不同背景的所有学生相信——教育是进步的阶梯,只要努力,就会有收获。为了推动这一目

标的实现,政府施行了广泛的教育与社会政策,在教育与就业方面做到了早干预、多途径。[4]

然而,尤其在 1979 年吴庆瑞改革以后,新加坡教育结构就产生了严重的不平等,人们因特殊的阶层与种族而受到优待,使其任人唯贤的主张不再可信。

相关定义

要评估新加坡任人唯贤与机会平等这两大理念的现实情况,首先需要对它们进行定义。

在最简单的形态下,任人唯贤的意思是,只依据人们的品德才华来选拔岗位、职业及其他社会所需要的人才,不管他来自什么阶层、种族,不论他的宗教信仰等。这也适用于,依靠品德才华来选拔人才给予机会使其进步,无论是通过教育还是其他途径。

机会平等则是更广泛的概念。举例来说,两个人申请同一个职位并同时面对选拔。A 有一流大学的学位,而 B 没能从高中毕业。其他条件都一样的情况下,A 会被选中,因为他的资格更优、条件更好,值得获得这个职位。这项决策的依据完全是其个人的才华能力,因此被认为是符合任人唯贤的标准,是公平的。

但是,假设 A 来自于富裕的家庭,自带各类优越的条件。他就读于最好的小学和中学,接受私人补习,拥有高学历的父母给他做了良好的教育与个人发展规划。而 B 生长在贫民窟的贫困家庭,无法支持他接受良好教育,不得不高中辍学以支持家庭生计。即便他们都按照才华能力被评估,但实际上他们在背景与经历的背后,代表着社会发展机会的不平等。

这个例子显示了任人唯贤与机会平等之间的矛盾之处。即便决策的依据都是才华能力,但这两位候选人身上反映了严重的机会不平等。只有当 B 也有同样的条件,像 A 一样发展学习时,他们才能算是在同样的起跑线上竞争。除非是在机会平等的条件下,否则任人唯贤在社会中意义就很有限。

新加坡种族主义、精英主义的教育政策对机会不平等的产生要负很大的责任。首先,优待华裔的举措阻碍了其他少数族裔的学习机会,如建造资源丰富的华裔特许学校,阻碍了深造通道。华裔特许学校的存在是对任人唯贤策略的直接否定。除了极少数极为聪明的学生,几乎没有马来裔和印度裔学生能够进入华裔特许学校学习。他们不仅因为与才能无关的种族原因被排除在外,还因为这些学校的存在而被削弱了获得优质教育资源的机会。

在更广泛的意义上,新加坡的教育政策,尤其是分流的教育制度,很大程度上破坏了教育的平等。这些政策给较富裕与有特权的人一定的操作空间来加剧这种不平等,这在后面的内容中会进一步展示。

不公平的竞争环境

起步阶段的学业能力决定了学生是否可以进入新加坡的精英学校,尤其对华裔孩子来说。私立中学招收小学毕业会考(小学六年级)前 5%的学生,[5]也就是以大学为目标的学生。

这样给顶尖学校招收最聪明学生的方法,是新加坡人民行动党治下"任人唯贤"理念的最佳代表。表面上看确实如此。然而实际上,这么做模糊了真正存在的巨大机会不平等。除了孩子本身的学业能力,家长的收入也在很大程度上决定了孩子进入新加坡精英教育系统的机会,不论是在学前、小学还是中学阶段都是如此。家庭收入还决定了学生获得课后补习的程度,而在新加坡高度竞争的教育体制下,补习是获得学业成功的关键因素。

特权从学前阶段开始

新加坡学前教育是普及的。根据新加坡教育部的数据,包括幼儿园、儿童

保育中心在内,几乎99%的新加坡儿童在6岁之前都接受过至少一年的学前教育。[6]但正如琳·安(Lynn Ang)博士指出的那样,"高入学率并不等同于获得高质量的照顾。"她还发起了一项由新加坡私立智库连氏基金会(Lien Foundation)负责的学前教育调研项目。

新加坡的学前教育在质量上和时长上有很大差异,也注定与家长的收入水平挂钩。政府为低收入家庭孩子提供学校教育经费补贴,同时社会上也存在着很大的不平等。新加坡教育专家对这种"隔离式"的学前教育现状表示担忧,"那些有财力的家长有能力选择'优质'幼儿园或儿童保育服务,而那些低收入群体就没什么选择权了"。[7]所有连氏基金会调研的反馈者都"表达了他们对不平等现状的担忧……"[8]学前教育领域的不公平十分严重,家长可以在孩子保育上花费从100到2000新元不等的费用,[9]"因此,这加剧了社会经济的分化,富裕家庭可以承担高额支出,获得优质的学前教育,而来自低收入家庭的孩子因无法支付而被排除在外。"[10]即便有儿童保育补贴,家长们仍旧需要支付孩子学前教育的学费。

安指出,在政府严格管理学校与教育机构的同时,这些机构也始终"严格遵照市场经济的要求"。[11]新加坡私立学前教育领域备受社会责难,"……市场化的运营使新加坡在入学、平等性和负担能力都严重不平等"。[12]连氏基金会委托经济学人智库的一项研究显示,对比其他44个国家,新加坡学前教育的可负担性(affordability)只是中流水平(可负担性指的是人们是否可以承受该费用)。[13]在学前教育的"经济可负担性"这项指标上,新加坡在45个国家中仅排第21名。与之对比,在"高起点指数"(Starting Well Index)上排名前三的国家芬兰、瑞典、挪威则提供至少两年的免费学前教育。[14]

在新加坡,尽可能获得最优质的学前教育对未来的教育成功来说至关重要,尤其在分流的阴影下。正如巴尔和思科比斯所说,"一旦孩子在三年级末就要面临有可能不能读大学的风险——甚至极端情况下,可能不能读中学,这些学龄前儿童面临的压力,与他们家长身上给孩子择校的压力,都不可阻挡地增加了。"[15]

1985 年,一位新加坡教师告诉巴尔和思科比斯,她教的大部分儿童在一年级入学时就有读写能力了,因为"分流制度迫使家长逼迫孩子及早开始竞争。"[16] 20 年后,时任新加坡总统塞拉潘·纳丹(S. R. Nathan)宣称,对于那些将孩子送到小学才开始正式教育的家长们"零容忍",从而强调了学前教育的重要性。[17]

而压力也不只是孩子是否接受学前教育,而是金钱可以买到最好教育。巴尔和思科比斯预计,那些把孩子送进私立幼儿园的家长家庭收入至少比平均高四分之一。[18]这种情况下,在新加坡高度竞争的教育制度内,家长的收入显然成为了关键的决定因素。另外,能否获得一流的补习,也同样依赖家长的收入,而这也是新加坡分流制度的另一种后果。

补习的国度

对许多家长来说,20 世纪 80 年代引入小学阶段分流制度的后果逐渐变得显而易见。他们意识到,自己的孩子可能在小学三年级就要面对注定黑暗的未来,甚至,如果四年级和五年级的测试没考好,就连高中都读不了。课外辅导成了让孩子逃离这一命运的首要手段。最初,补习主要集中在小学阶段,但很快扩大影响力,覆盖了大部分的中学生。自 20 世纪 80 年代起,新加坡的补习产业发展迅猛。到如今,大部分的新加坡学生都接受补习。

然而,补习需要大量财力,尤其是一对一私教。参考市场调研机构黑箱(Blackbox)对 700 位 18 岁以上新加坡人的调查数据,截至 2012 年,约 50%的新加坡孩子参与课后补习,平均每月花费 500 新元。[19]这一调查还显示,约 1%的家长每月花费 3 000 新元,约 16%的家长每月花费在 1 000—2 000 新元之间。

大部分新加坡学生都参与课外补习。黑箱的研究显示,67%的新加坡家长正在或曾经帮孩子报名补习班。但 2008 年,《海峡时报》一项针对 100 名中小学生的问卷调查,结果是这一比例还应当更高。问卷发现,97%的学生接受过

补习,不论是私人家教还是通过培训中心等。[20]

新加坡的教育与职业发展专家丹尼尔·王(Daniel Wong)观察到,新加坡人担心,他们的孩子会在学校里被落下。这种担忧是被恐惧驱动的,也将进一步反映在父母对孩子的养育行为上。[21]正如前文已指出,这已不只是家长的"面子"问题。一位家长说,让儿子参加补习班是"必需的,否则他就会落后于同学们,因为其他人也都在上补习班。"[22]调查显示,父母的收入很大程度上决定了孩子是否可以补习,尤其是在新加坡。2002—2003的新加坡家庭消费调查报告显示,"中等收入以上的家庭在开支上远远超过中等收入以下的家庭",新加坡政策研究中心(The Institute of Policy Studies,IPS)的研究员克里斯多夫·吉(Christopher Gee)指出。[23]每月家庭收入在 6 000—6 999 新元的家庭,平均每月在补习家教上支出 95.1 新元,是每月家庭收入在 2 000—2 999 新元家庭的两倍有余。每月收入 10 000 新元的家庭在补习家教上的花费,则是每月收入低于1 000 新元家庭的 27 倍(即 248.8 新元和 9.1 新元)。

2007—2008 的新加坡家庭消费调查报告也显示了相似的情况。报告发现,收入较低的 20%家庭每月在家教补习上支出 25 新元,而最富裕的 20%家庭每月花 142.3 新元。[24]大部分较贫穷的父母只能把孩子送到培训中心,那里每个班 20—30 个学生。[25]而较富裕的父母则可以聘请私人家教,给孩子个性化的辅导。总的来说,新加坡竞争激烈的教育制度使"学生参加课后补习、家长掏钱买单"成为了约定俗成的事。

20 世纪 80 年代起,新加坡的补习行业经历了爆发式增长,变得格外普遍,发展成了所谓的"影子教育"。意料之中的,新加坡也被称为"补习的国度"。[26]根据《海峡时报》的调查,在 1982 年,只有 19%的学生参加补习。[27]到了 1992年,这一数字跃升至 32%,其背后代表着一个 2 600 万新元的产业——这也等同于约三分之一的国家教育财政经费。2002 年,这个产业的流水达到了 4 700 万新元,到了 2012 年,则高达 8 200 万新元,其中包括培训中心和家教服务等。[28]培训中心的数量也从 2000 年的 100 家到 2012 年的 500 家。[29]甚至,"聪明的孩子"也身陷补习的漩涡中。一名有 16 年培训经历的补习教师指出,过去只有跟不上或快要不及格的孩子才参加补习,但"如今甚至成绩拔尖的学生——80—90 分段的——也来参加课后补习了。"[30]

此外,被送到培训中心的学生年龄也越来越小,有的甚至只是幼儿园和托班学生。一名培训中心教师说,如今,每 10 个报名学生中就有 2 个是幼儿园小朋友。[31]家长们希望给孩子报名学前阶段的拼读培训课,期望孩子未来正式学英语时可以快速起步。英语这项通用语言学得好,则代表着未来在学业和职场上的双重成功。

正如吉指出的那样,军备竞赛一般的情形出现了。为了跟上整体的步调,家长们觉得自己被迫把孩子送去补习,支付学费。如果一部分家长花得更多,那么其他家长就觉得自己必须跟上,才能保证孩子不落后。"如果一部分学生证明课后补习是有用的,那么另一部分就会觉得自己必须跟上,直到几乎所有人都在上课为止,"吉观察道:[32]"这类似于……体育看台上观众都坐着,也可以舒服地看到场内的动静。一旦有前排观众为了看得更清楚站了起来,其他坐在后面的人也需要跟着站起来,直到所有人都被迫站起来,为了保证自己看得到比赛。"[33]

国家间的军备竞赛也是同样的道理。为了保证在权力竞争中拥有相对优势,国家不得不持续性地比较各自在武器等军备上的支出。而最终,国家间的相对军事实力并没有很大的变化。同样地,补习也没有改变贫穷与富裕家庭孩子之间的教育鸿沟。来自富裕家庭的孩子总是接受更好的私立教育,保有他们在获得好成绩上的相对优势,进入私立精英学校学习。

无处不在的补习也在另一方面打击了贫困的孩子,即接受大量课后补习的学生已经在培训教师的指导下学过一遍课程。因此,学校教师不得不加快教学进度,略过课程内容,避免学过的学生们感到无聊。这也促使了一些学校教师给落后孩子的家长推荐课外补习。如一位新加坡教师说,学校教师需要"按班级里大多数学生的水平来上课……不能因为一小部分跟不上的学生而放慢教

学进度"。[34]因此,一旦孩子跟不上,一些教师就会要求家长带孩子去上补习班。但来自贫困家庭的孩子无法承担补习班的费用。一旦跟不上,这些没有条件的孩子不仅不能接受补习,甚至还不能完整地接受教育。教师赶进度的前提是班里大部分的学生都接受过补习。

人民行动党议员哈里古玛·纳尔(Hri Kumar Nair)在博客中就新加坡的教育问题写道,"有大量的轶事谈话说明这一现象正在发生。"[35]他说,"当班里其他同学都因补课等原因已经学过相关知识了,没学过的孩子可能会被当作'差生',且教师可能也不再需要认真备课和上课。这种情况是非常糟糕的。"然而对于贫困家庭的孩子来说,除非本人很有天赋,否则很有可能在班里处于落后的位置。对这些处境不利的孩子来说,不仅不能得到补习的福利,还甚至错失了接受正当学校教育的机会。因此,相比富裕家庭的孩子,他们处于相对落后的位置,新加坡教育机制对他们来说尤为不公平。

纳尔说,如果教师不按照教学大纲上课的情况属实,"……教育部应当停止这种不良行为。这种情况只会鼓励准备过度,逼迫其他人也参与过度准备的过程。这种竞争只意味着更多的作业和额外的补习。如果教师们想在课程大纲的基础上有所延伸,可以,但不能以'让部分学生没能完整接受课程内容'这种失职的行为为代价。"[36]

在推动补习行业发展的过程中,学校教师也发挥了作用。纳尔发现,教师存在鼓励落后学生的家长去上课外补习班的行为。[37]这类来自教师的反馈也说明了,面对充斥着课外补习的教育现状时,学校教师是多么的无力。补习给学生带来了巨大的不平等。不论新加坡教师具有怎样"世界级"的水平,除非他们愿意奉献大量额外的私人休息时间来帮助不足的学生,否则他们对于当前的不平等无能为力。但正如前文所述,新加坡教师们已经过劳,他们没有更多的精力来帮助条件不好的学生。诚然,一定有部分兢兢业业的教师试图帮助有困难的学生。但比起来自优越家庭学生的系统性优势,这些教师的努力显得多么微不足道。条件优越的学生不仅可以进行高额的私人补习,还享有许多其他的资源与优势。

精英学校的阶层偏好

20 世纪 80 年代后期，政府创建了一批精英私立学校。这些学校青睐来自富裕家庭的学生。

理论上，在新加坡，教育在大部分时候是免费的——至少在公立学校。小学阶段没有学费要求，但学生必须支付每月 11 新元的"学杂费"。[38]学生在公立中学需要支付每月 5 新元的学费和每月不超过 16 新元的学杂费。[39]在私立学校，小学阶段也是免费的。

但在中学阶段，私立学校的学费从每月 200 到 300 新元不等，不包括学杂费。[40]而对新加坡的富人阶层来说，除了有能力支付更高额的学费和补习费用之外，他们还有其他手段来帮助孩子进入最好的学校。

这种方法包括在好学校附近买房。按照一项研究课题的说法，在新加坡，好学校附近的房子有"客观的溢价"。[41]吉发现，想把孩子送进这类学校的家长可以"在学校 1—2 公里的区域内，引发房产竞价战，从而预防不那么富裕的家庭住进同样的社区"。[42]他还说，"这些房子的价格和收入的差异都是不平等的来源，可以在几代中固化社会阶层，使富裕家庭的人们聚集在好学校附近和其他几个固定的社区里。"[43]

此外，给学校捐款是另一种保证孩子录取的办法。《海峡时报》的一项调研揭示，新加坡顶尖学校都会"推销捐款"，学位从 5 000 到 15 000 新元不等。[44]该研究发现了 11 例因巨额捐款而将孩子送入顶尖学校的案例。这些家长承认，在捐款的时候，学校领导就承诺，只要捐款到达某个数额，就给孩子提供入学资格。这种行为显然违背了任人唯贤的原则，激起了新加坡教育部平淡的反响，拉希姆指出，"新加坡教育部对这类针对腐败行为的严正指控，并没有正式成立调查小组，只是对学校采取了不算严厉的警告，内容是不应当用学位来换取或索要捐款。"[45]

教育部的反应平淡，就不太可能杜绝此类操作的再次发生。家长有很强的

动力来确保这类交换的存续,使自己的孩子进入最好的学校。学校管理者也可能会允许这类操作,为学校换取更多经费。

财富的其他优势

和其他地方一样,在新加坡,富裕阶层除了有能力给孩子支付高额的补习费用、把孩子送入顶尖学校之外,财富还给孩子提供了更多在教育上的便利。其中就包括给孩子提供一流的学习环境。正如新加坡民主党领袖徐顺全(Chee Soon Juan)所说,"……有钱人的家庭环境……更有利于学习。许多来自低收入家庭的孩子没有属于自己的、安静的、可以用以学习的房间。"[46]

在新加坡,安静的学习空间对许多学生来说很重要。人们总是可以看到这样让人惊奇的景象:新加坡学生们在诸如商场里的"大食代"、地铁站或其他相对安静的公共场所学习,尤其是那些有桌椅的公共场所。这样的情景每晚都发生。对许多孩子来说,在拥挤的组屋①中学习太吵闹也太拥挤了,尤其是家里人很多的时候。

来自富裕阶层的孩子们则更有可能拥有丰富的资源环境,可以接触更多的书籍、电脑和其他学习资料,参与更有创造力、更丰富多彩的活动。此外,他们的父母也更有可能在富裕的专业行业中工作,有更好的教育背景。这些接受良好教育的父母会将教育的优势进一步放大,传递给自己的孩子们。他们可以更好地引领与激励孩子,帮助孩子的学业,而这些,缺乏良好教育的父母是做不到的。

阶层与教育的关系

到了 20 世纪 90 年代初期,新加坡社会阶层与教育前景的关系变得非常明

---

① 译者注:组屋是新加坡建屋局承建的福利性公寓,按照家庭收入情况、人员数量等进行优先级排序,允许市民用较低廉的价格购入。80%的新加坡公民住在这里。

显。1993年,一项对三所私立学校的研究发现,66%—69%学生的父亲从事专业技术或高级行政管理领域的工作——相比之下,全国从事上述职业人群的平均比例是26.2%。[47]与此同时,新加坡全国成年男性中,有40.9%是产业工人,但在这些私立学校家长中,这一比例只有4.9%—11.1%。

此外,私立学校的学生中,只有2.7%—9%孩子的父亲并非毕业自私立中学,[48]这些学校中学生有25.5%—59.4%居住在具有独立产权的公寓、私人公寓或产权房屋中,而全国只有10.6%的人拥有这项条件。

自20世纪90年代初期起,随着新加坡的收入与财富不平等现象日益加剧,阶层与教育结果之间的相关性变得更明显。在2008年,只有47%的公共服务奖学金被授予了住在祖屋中的学生,而事实上80%的人口都是祖屋居住者。[49]而53%的奖学金被授予了住在私有住宅中的学生。这些人中,27%住在私人公寓里,而其余26%拥有地产。因此,超过一半的奖金学被授予了国家最富裕的五分之一人口。

和其他地方一样,在新加坡,财富除了帮助孩子获得较好的教育,还可以因其阶层背景获得更优越的人脉关系。毕业之后,富裕阶层通过他们的财富、社会关系和商业人脉,可以确保他们的后代获得最好的工作,具有良好的发展前景。正如拉希姆指出:"无数的研究……已经发现,精英学校倾向于培养学生进入优等高校、在社会特权阶层中建立人脉网络,服务于未来政治、商业、公共服务甚至联姻的需要,最终进行社会精英阶层的再创造。"[50]

即便上述情况在所有现代化社会中都会发生,但新加坡这样贫富差距格外明显的地方尤其如此。社会收入差距越大,机会不平等情况就越严重。比起低收入群体,巨大的贫富差异给予富裕阶层更大的能力来购入更优越的教育资源。

更富裕的父母还可以让他们的孩子在学校学习的时间更长。学生接受教育的年限很大程度上决定了他们收入的高低。吉指出,国际上与新加坡本国都有不少研究证明,教育(按受教育的年数和获得的学位计算)与收入之间存在正

相关关系。一项世界银行的研究揭示,在全球范围内,每增加一年学业,收入回报平均会增加10%。在低收入国家和中等收入国家,这个数值可能更高。[51]

在新加坡,其他因素的存在进一步加剧了当前已经非常严重的机会不平等,首当其冲的是教育部的分流教育制度。1979年引入该政策以来,孩子入学头几年的表现至关重要。这也逼迫家长尽力给孩子支付更多的课外补习费用,否则会让孩子在未来面临巨大风险。

让孩子进入一所好学校并让他们一直有能力就读,对孩子在新加坡未来的职业发展来说也是很关键的。国家高度竞争的教育制度强迫家长把孩子"买进"好学校。从学前阶段开始,补习培训上支出越多,孩子在小学进入特优班或快捷班的机会越大,从而可以进入一所精英初中。

但是,除非孩子足够聪明,在精英学校获得了奖学金,否则,家长必须很有钱才能支付精英学校从报名到学费等各种费用。只要他们有能力,他们的孩子就可以获得比贫穷孩子多得多的教育资源。只要有把孩子送进精英学校的财力,就会从他身上得到更多的资源。这也使得在新加坡,父母的收入与财富水平成了决定孩子学业甚至职业成就的重要决定因素。如吉所发现的,"教育制度扩大了经济不平等"。[52]

在新加坡这个把"任人唯贤"作为国家核心理念的地方,"……要决定一个人的才能水平,很大程度上是依据他的学业表现……在国家试图创造公平竞争环境的过程中,教育政策拥有举足轻重的作用,应当给来自不同社会阶层的孩子同样平等的机会。"[53]

因此,教育不平等会大大加剧阶层差异。这种情况在新加坡,可能比其他国家情况更严重,因为在其他地方,人的职业成就与考试成绩并没有那么相关。

这种不平等激怒了许多新加坡人,他们的愤怒也通过选举体现在投票行为上。尽管新加坡的反对党在议会的席位属于"装点"性质,且执政的人民行动党总是拥有60%—70%的席位,但每当人民行动党的支持率有所下降,仍旧可以引起该党领导层的担忧。因此,有时这也是一种有效的手段,使政府提出改进的举措,在教育领域也是如此。

促进机会平等的举措

新加坡的领袖也注意到了,人民行动党"任人唯贤"的理念是怎样逐步造成了巨大的财富鸿沟,产生了严重的机会不均等。正如李显龙作为副总理时指出的那样,"'任人唯贤'深深印刻在新加坡制度的方方面面,但不平等的机会导致了不平等的结果……在缺乏周期性的调整或冲击时,这种不平等会进一步巩固加剧。"[54]

1998 年,他又一次指出,"为了遏制社会贫富分化,我们必须保证人才的上升通道。每个社会都有精英,但对于来自贫困家庭的聪明孩子,不应当存在经济、社会或阶层的障碍,要让他们有机会表现出色、证明自己、加入精英阶层。平凡普通的背景应当成为他们骄傲的来源,而不是羞耻。"[55]

政府可以"通过政策来营造公平竞争环境"。[56]人民行动党领袖不仅注意了新加坡增长的财富与机会鸿沟,还意识到这一现象侵蚀了底层人民对人民行动党的支持。政府因此采取了措施以纠正这一现象。

援助方案

过去数年中,新加坡政府和私立学校施行了几套方案来帮助有需要的学生。新加坡教育部表明,这些项目"用以帮助贫困学生,从而确保没有一个孩子会因为经济困难而失去求学的机会。"[57]其中,"经济援助计划"(Financial Assistance Scheme, FAS)和"教育账户"(Edusave)是两个主要的财政项目。

(1)经济援助计划

这项方案旨在帮助有需要的学生进入公立或私立参公的中学学习。有资格的学生都来自于家庭净收入不超过每月 2 500 新元的家庭,或家庭人均收入

不超过每月 625 新元。[58]该方案支付了他们所有的学杂费,为学生提供校服和课本,还有 75% 的考试费用补贴。[59]新加坡教育部还为私立学校提供助学金,以帮助那些有条件进入私立学校的学生负担额外的成本。同样,满足私立学校助学金条件的学生也来自于收入不超过每月 2 500 新元的家庭。

此外,对于家庭月收入在 2 501—4 000 新元,4 001—5 000 新元和 5 001—7 000 新元但在私立学校就读的学生,[60]这项助学金也帮助他们承担一定比例的学费,按照 75%、50% 到 33% 三档提供补贴。

有趣的是,教育部不仅资助最贫困的学生,还愿意为中产阶层的私立学校学生提供补贴。不单是较贫困的,还有较富裕的家庭都得到了帮助。因此贫困与富裕学生之间的差距仍然存在。

(2) 教育账户

同样的现象也出现在"教育账户"项目实施后。"教育账户"项目的确平等地为学生提供经济支持,但该方案仍旧偏爱富裕家庭的孩子。

教育账户方案在 1993 年启动,为所有新加坡学生提供了几类不同经济支持项目,不选择孩子的父母的收入情况和就读的年段。

首先,新加坡政府成立了"教育账户-小学生基金",抽取资金专门为 6—16 岁的学生提供服务。[61]这些资金的使用形式包括每年发放和一次性发放两种。2011 年,每名小学生可以收到 200 新元,初中生收到 240 新元资助。[62] 2011 年 3 月,每名学生的教育账户上,政府还发放了 130 新元的一次性资助。教育账户上的资金可以用来支付学校的各项费用和学校提供的兴趣项目。

其次,教育账户方案给公立、公立参与的私立和私立小学与中学的顶尖学生提供奖学金项目。但因为教育账户的奖学金并不进行经济背景调查,因此奖学金是偏向更富裕的学生。

教育账户的小学奖学金提供给公立或公立参与的私立学校五年级或六年级学生,按照本年度期末的考试选取前 10% 发放。[63]这一奖学金金额比较小,每年 350 新元。[64]教育账户的中学奖学金也类似,发放给公立或公立参与的私立学校中期末考试获得前 10% 的中学生,每年是 500 新元。

在私立学校就读的中学生可以争取教育账户的私立学校奖学金,也就是每年 2 400 新元。[65] 每年,私立初中录取的学生中,小学毕业会考成绩达到前三分之一的学生可以获得这笔比公立学校奖学金多好几倍的高额费用。

因为这所谓的"任人唯贤"制度,教育账户奖学金并不考查学生的经济条件,在奖学金获得者中,来自高收入家庭的学生比率极高。这也违背了机会平等的原则。1995 年,面对公众对教育基金项目精英主义偏好的质疑,政府不得不成立"教育账户助学金"(Edusave Merit Bursary, EMB),专门提供给来自贫困家庭的学生,助学金是以学校为单位发放的。家庭收入不超过每月 4 000 新元、学习成绩位于每个年级前 25% 的学生,只要没有接受教育部的其他奖学金,都有资格获得教育账户助学金。[66] 截至 2012 年,这一助学金为小学生提供 200—250 新元,中学 350 新元,初级学院 400 新元。[67]

新加坡教育的结构性不平等,常常使教育账户在资助结果上偏袒来自私立学校的富裕学生,尤其是中学奖学金。私立学校的学生获得的奖学金比他们在公立学校的同学获得的五倍还要多,使他们进一步从私立学校优越的教学资源中受益。而作为私立学校的学生,他们入学的前提是父母有能力支付高额私立学校学费和补习费。

没有实际差别

"经济援助计划"和"教育账户"表面上创造了更公平的教育竞争环境,但新加坡教育的不平等破坏了这一目标的实现。吉发现,"一名学生在公立教育里时间越长,在他的教育上消耗的公共支出就越高。"[68] 一名新加坡大学毕业生共有 12 年的基础教育和 3 年的大学教育。按照 2009 年的标准计算,负担大学生的成本是负担一名小学毕业生的 3.41 倍。[69] 与之对比,在芬兰,这一比例是 1.7,德国是 2.31,日本是 1.95,韩国是 1.44。这些数据显示,新加坡的教育制度:"……是退步的(尤其与那些常常和新加坡对标的其他发达国

家相比）。在新加坡，一名学生在公立教育系统内走得越远，就能获得越多的公共补贴。"[70]

新加坡的富裕阶层不仅可以为孩子支付更高的学费与补习费，把他们送入更好的初中和高中。他们的孩子还可以在此过程中获得更多的公共补助。

上述这些政府试图推动教育公平的举措有许多问题，人民行动党的官方立场始终认为，新加坡的教育制度践行着任人唯贤和机会平等的原则，这点从国会议会针对教育议题的辩论中可见一斑。人民行动党议员哈利玛·雅各布（Halimah Yacob）宣称：

> 我认为教育与培训非常关键，不仅可以提高经济效率，还可以保障社会公平。事实上，教育一直是我们社会最重要的矫治器（保证公平的工具）。在新加坡，一个人的社会背景不重要，机会平等地提供给所有人，帮助大家跨越社会阶层的障碍，攀登上升的阶梯。[71]

但是，作为一名马来裔议员，雅各布的言论并不能展现全部的事实。对于马来裔来说，向上攀登的路上始终存在着众多阻碍。如第五章所示，2014 年，只有 15 名马来裔学生获得了回教社会发展理事会负责的三期（即高中）学费助学金项目的资助。

被忽视的残疾学生

人民行动党政府为优等生花费了大量资金与资源，却不愿意在平均及以下的学生身上有所投入。而对于那些学业上低能的学生更是如此，他们不能获得帮助。特许学校与精英学校的确慷慨地为肢体残障的孩子提供部分学位，但孤独症或其他学业"失败"的孩子则基本被忽视了。如拉希姆指出的，这类学生基本都在"私立的特殊教育学校"上学，这类学校一般"缺乏资金支持、学生人数太多、教育设备资源也很落后"。[72]事实上，直至 1987 年，也就是大量资金被用以建立精英学校的时候,所有的特殊教育学校(Special Education Schools, SPED)都完全由志愿性质的福利机构运营(Voluntary Welfare Organisations, VWOs)。[73]直至今日,对特殊学校的需求也远大于实际学校可接受的学生数量。

不过,在1988年残疾人顾问委员会(Advisory Council on the Disabled)的报告发布后,政府开始升级特殊学校的教学设施。[74]学校大楼被租了出去,而政府则批准了专项用途的土地,用来建设特殊教育学校。此外,拉希姆观察到,[75]在"多年的租金不足"之后,政府终于在1988年开始支付特殊教育学生一半的费用。但特殊教育学校的家长们需要支付的费用,仍然是其他学校家长的三倍。拉希姆在1998年指出,"政府对特殊教育费用的吝啬,与对'天才学生'的慷慨优待形成了鲜明的对比。"[76]

21世纪初,更多资源用以支持特殊教育。截至2010年,新加坡有20所特殊教育学校。[77]2006年起,教育部承担了特殊教育小学71%的费用,其余28.5%由国家社会福利委员会(National Council of Social Services)承担。[78]支出方面,教育部负责95%,各学校所属的志愿福利机构承担5%。

在这20所特殊教育学校中,13所面向智力受损或孤独症学生,4所面向肢体残疾学生,还有3所接受多种残疾情况的学生。[79]此外,2007年,新加坡教育部成立了北烁学校(Northlight School),面向对主流课程有学习障碍、有严重失学风险的学生。[80]小学毕业会考两次不合格的学生可以进入该校,学校也接受还没能进初中的学生。北烁学校的课业主要是职业培训性的,强调发展情感力量,培养生存技能。

除了特殊教育学校,还有14个面向有缺陷婴孩的早期干预中心(Early Intervention Programme for Infants and Children, EIPIC)。[81]中心为有生理缺陷和情感认知障碍的婴孩提供教育与治疗服务。这些早期干预中心也是由志愿服务组织运营。

然而,就在政府给特殊学校提供更多资源的同时,特殊学生的需求仍然排在优先级的后面,低于普通学生和天才学生。正如新加坡民主党在一份针对教

育系统的报告中指出的那样,这种不公平的资源分配方式,反映了"李光耀'把优质资源倾斜在精英阶层,把没有经济生产力的边缘人群减除'的理念":[82]"政府给资优班这类项目的资助非常慷慨,远远超过了给志愿服务组织用以提升特殊教育质量的资源。福利组织常常不得不在紧巴巴的预算内工作,比主流学校要困难得多,也很难吸引到合格的教师。"[83]

新加坡特殊学校长期以来的资源缺乏,意味着许多孩子都错失了进入特殊教育学校的机会。他们需要面对长长的候补名单。根据新加坡一个智库的研究,2010 年,新加坡估计有 14 000 名左右的残障儿童,但只有 5 214 名残障儿童进入特殊教育学校。[84]该研究指出,早前,候补时间长达约 1 年,但"现在,焦虑的家长需要花至多 4 个月,来等待一个孩子是否被录取的结果。"[85]

此外,在新加坡,有身体或智力缺陷的孩子被排除在义务教育之外。一般来说,按照政府的义务教育法令,孩子必须完成至少六年的小学教育。工党议员西尔维亚·林(Sylvia Lim)在 2011 年的预算大会上指出,这是对联合国残疾人权益公约(Convention on the Rights of Persons with Disabilities,CRPD)的公然违背,是对残疾人的"歧视"。[86]政府则声称,正在"积极研究该公约的内容"。她说,"尽管许多人可能认为这是政府的进步,但我们实际上是很落后的"。她进一步指出,新加坡并没有签署这项公约,而世界上其他 147 个国家已签约。这意味着"新加坡的残障儿童,不能和其他国家的孩童一样,拥有平等的教育权。"[87]政府推迟签署该公约,则会使其有能力避开公约的条款约束。"如果新加坡签署这一公约,就需要加大对残障儿童的投入,确保他们享有同样的教育权。"林指出。但这一举措将与人民行动党根深蒂固的精英主义理念背道而驰,也可能会挑战人民行动党长时间以来"不浪费教育资源在残疾人身上因为回报太低"的观念。按照这类观念,在最有天赋的孩子,也就是"考试运动员"身上花费巨额投入,会产生更高的回报。而在这些所谓最优秀、最聪明的孩子身上投入诸如多元课程等项目资源,会进一步扩大他们的优势。如果他们还恰巧是具有种族优越性的华裔,那么优势会更明显。

＊　　＊　　＊

这一章展示,哪怕无视社会对华裔学生显而易见的青睐,新加坡教育系统的任人唯贤理念仍只停留在表面。尽管新加坡政府试图实施一些促进教育环境公平的项目来帮助贫困学生,但机会仍旧是不平等的。事实上,证据显示,比起许多西方发达国家,新加坡的教育可能正越来越不公平。在此之上,还需记得,新加坡教育高度竞争化,一切基于考试成绩运转,给学生、教师和家长很大的压力。此外,系统内的教师处于过劳状态,被绩效系统引起的比拼消耗,没有精力来克服这些系统性的问题。在这样"高压锅"式的应试教育系统中,要提供给包括残障学生在内的所有学生"全人教育",已超出了这些过劳教师们的能力。

教育的质量最终由其产生的学生质量决定。新加坡的学生是否可以满足社会的需要? 下一章将关注这个问题,聚焦新加坡的毕业生与肄业生。

参考文献

1. Mauzy, Diane and R. S. Milne. *Singapore Politics Under the People's Action Party*, Routledge, London. 2002, p. 56.

2. *The Straits Times* (*ST*), January 6, 2013.

3. Ibid.

4. OECD. *Singapore: Rapid Improvement Followed by Strong Performance in Strong Performers and Successful Reformers in Education*, *Lessons from PISA for the United States*, OECD, Paris, 2010.

5. www.edupoll.org "Top Secondary Schools in Singapore", Secondary Schools, Singapore, 2012.

6. Ang, Lynn. *Vital Voices for Vital Years*, the Lien Foundation, Singapore, 2012. p. 37.

7. Ibid, p. 38.

8. Ibid.

9. Ibid, pp. 38 and 42.

10. Ibid, p. 38.

11. Ibid, p. 37.

12. Ibid, p. 38.

13. The Economist Intelligence Unit. *Starting well — benchmarking early education across the world*, EIU, London, 2012.

14. Ang, Lynn. *Vital Voices for Vital Years*, pp. 44 – 45.

15. Barr, Michael and Zlatko Skrbis. *Constructing Singapore*, *Elitism, Ethnicity and the Nation-Building Project*, NIAS Press, Copenhagen, 2008, p. 130.

16. Ibid, p. 130.

17. Ibid, p. 135 – 136.

18. Ibid, p. 136.

19. *Yahoo*! *News*, July 23, 2012.

20. *ST*, June 17, 2008.

21. Ibid.

22. Ibid.

23. Gee, Christopher. *The Educational* 'Arms Race': *All for One*, *Loss for All*, Institute of Policy Studies, Singapore, September 2012, IPS Working Paper No. 20, p. 24.

24. Ibid, p. 25.

25. Chee Soon Juan. *Singapore*, *My Home Too*, Singapore, 1995, p. 134.

26. *Yahoo*! *News*, July 23, 2012.

27. *ST*, November 28, 2000.

28. *The New Paper* (Singapore), March 6, 2012.

29. Ibid.

30. *ST*, June 17, 2008.

31. Ibid.

32. Gee, Christopher. *The Educational* 'Arms Race', p. 5.

33. Ibid, pp. 5 – 6.

34. *ST*, August 3, 2012.

35. *The New Paper*, September 20, 2012.

36. Kumar, Hri. "Primary Colours — Dispelling Myths About Primary Education", *Outreach*, September 1, 2012.

37. Ibid.

38. Ministry of Education. *Primary Education — Fast Facts*, MOE, Singapore, 2014.

39. Ministry of Education. *Secondary Education — Fast Facts*.

40. Ibid.

41. Gee, Christopher. *The Educational* 'Arms Race', p. 4.

42. Ibid.

43. Ibid.

44. Rahim, Lily Zubaidah. *The Singapore Dilemma*, *the Political and Educational Marginality of the Malay Community*, Oxford University Press, Kuala Lumpur, Malaysia, 1998, p. 145.

45. Ibid.

46. Chee Soon Juan. *Singapore*, *My Home Too*, p. 134.

47. Barr, Michael and Zlatko Skrbis. *Constructing Singapore*, p. 192.

48. Ibid.

49. *ST*, August 21, 2008.

50. Rahim, Lily Zubaidah. *The Singapore Dilemma*, p. 140.

51. Gee Soon Juan. *The Educational* 'Arms Race', p. 7.

52. Ibid, p. 6.

53. Ibid.

54. Mauzy, Diane and R. S. Milne. *Singapore Politics Under the People's Action Party*, p. 56.

55. Mahizhnam, Arun and Lee Tsao Yuan (Eds). *Singapore: Re-engineering Success*, Oxford University Press, Singapore, 1998, p. 5.

56. Ibid.

57. Ministry of Education. Scholarship and Financial Assistance Schemes, Secondary School Education booklet, MOE, Singapore, August 2012, p. 18.

58. Ministry of Education. Financial Assistance and Bursary Schemes, Singapore, 2012.

59. Ibid.

60. Ibid.

61. Ministry of Education. The Education Endowment & Savings Schemes, Annual Report for Financial Year 2010/11, Singapore, 2012, p. 9.

62. Ibid.

63. Ministry of Education. Edusave Scheme: Funds, Grants and Awards, Edusave Scholarships for Primary Schools, MOE, Singapore, 2012.

64. Ibid.

65. Ministry of Education. Edusave Entrance Scholarships for Independent Schools, MOE, Singapore, 2015.

66. Ministry of Education, The Education Endowement & Savings Schemes, p. 15.

67. Ibid.

68. Gee, Christopher. *The Educational 'Arms Race'*, p. 22.

69. Ibid.

70. Ibid, p. 21.

71. ST, November 28, 2002.

72. Rahim, Lily Zubaidah. *The Singapore Dilemma*, p. 147.

73. Ho, Lai Yun. *Child Development Programme in Singapore 1988 to 2007*, Annals Academy of Medicine Singapore, November 2007, 36 (11), p. 899.

74. Rahim, Lily Zubaidah. *The Singapore Dilemma*, p. 147.

75. Ibid, p. 148.

76. Ibid.

77. Ministry of Education. *List of Special Education Schools*, MOE, Singapore, 2013.

78. Chen, Francis C. *Special Education in Singapore, Country Report — Singapore*, ACMR, 2006.

79. Ministry of Education. *List of Special Education Schools*.

80. Northlight School. *Northlight School, A Living and Learning Community*, Singapore, 2014.

81. Ibid, p. 86.

82. Singapore Democratic Party. *Educating for Creatvity and Equality: An Agenda for Transformation*, SDP, Singapore, 2014, p. 87.

83. Ibid, p. 87.

84. Mathi, Braemi and Sharifa Mohamed. *Unmet Social Needs in Singapore*, Lien Centre for Social Innovation, Singapore, 2011, p. 45.

85. Ibid.

86. Lim, Sylvia. *How Inclusive Is Our Society?*, parliamentary budget speech 2011, The Workers' Party, Singapore, 2011.

87. Ibid.

第十章　不够先进的教育体系

新加坡备受赞誉的世界级教育制度,使体系里的一些教育者产生了骄傲自满的情绪。他们开始认为,优秀的新加坡教育出口海外顺理成章。正如部分教育研究者所认为的,"……许多发展中国家都已经开始向新加坡借鉴这一由政府主导的教育与经济发展模式,并开始应用于本国的建设与发展。"[1]一名新加坡商学院的经营者也宣称:"只要说起你来自新加坡,就已经赢了一半了。新加坡教育的良好声誉坚实稳固——客户自然而然会相信,我们的课程具有良好的运营和组织能力。"[2]

不过,教育系统的声誉应当取决于该系统所培养学生的质量。新加坡教育制度究竟多大程度上可以培养学生,让他们拥有社会所需的技术与能力呢? 首先,需要考量毕业生的读写能力、可雇佣性、创新能力和独立思考能力等指标。此外,还需要考察将担任政治、商业、公共服务等社会领导岗位的人,他们的水平如何。新加坡具有良好声誉、世界领先的教育体系究竟能否满足上述要求?

基本技能

给学生教授 3R——阅读(Reading)、写作(Writing)和计算(Arithmetic)——是所有教育制度需要完成的首要目标。这些基本技能是所有知识的必备阶梯,因为所有知识都用编码的方式写作并存储。因此,读写与计算能力是评判教育质量的首要标准。其次还有为了维持现代商业社会而存在的工业与信息技术行业其所需的数学能力与专业技巧。

平庸的读写水平

阅读和写作是所有教育技能的基石,但 TIMSS 和 PIRLS 测评只测量了阅读能力。2009 年,新加坡在 PISA 的阅读能力测试中排名第五。[3]这或许说明了新加坡学生具有较高的读写能力,但现实证据却显示,事实恰恰相反。

首先,截至 21 世纪初期,新加坡的识字率落后于许多其他国家,包括一些不那么发达的国家。根据《中央情报局世界概况》(*CIA World Factbook*),2000 年新加坡人口普查数据显示,在 15 岁及以上的人口中,有 7.5% 不识字。在 205 个国家与地区产生的 133 个排位中,新加坡的识字率排名为第 43 名。[4]①有趣的是,新加坡直到 2003 年才实施义务教育。这或许也解释了新加坡的识字率偏低的原因,考虑到日本的识字率达到了 99%(2002),韩国则是 97.7%(2002),中国台湾为 96.1%(2002)。而那些不那么发达的国家,如越南,识字率也有 94%(2002),泰国和菲律宾也有 92.6%。[5]这也造成了引人注目的结果:亚洲国家中,不仅许多国家的识字率都比新加坡高,这些国家中还有三个国家的经济发展水平远不如新加坡。

按照官方数据统计,新加坡的识字率在 2012 年就提高到了 96.4%(15 岁及以上的人群)。[6]这一增幅主要是因为新加坡在此过程中实施了九年制义务教育。

在新加坡大幅提升识字率的同时,新加坡学生的英语读写能力始终表现平平。大部分新加坡孩童自幼儿园就开始学习英语,这个结果让人颇为惊讶。甚至,《经济学人》(*The Economist*)2012 年的调研显示,新加坡学生的英语水平不如一些不讲英语的西方国家。[7]在《经济学人》调研的 52 个英语非母语的国家和地区中,新加坡仅排第 12 位。排在前列的有瑞典(1),丹麦(2),荷兰(3),芬

① 　总共有 205 个国家与地区参与调研,但因为许多国家的识字率分数结果一样,所以总计只产生了 133 个排位。因此,排位数小于参与排名的国家总数。

兰(4)和挪威(5),日本排在第 22 位,中国香港第 25 位。

不过,上述研究没有实施科学的统计过程管理:参与调研的被试人员只是自愿在网上参与了免费测试。但英语培训机构英孚(EF Education First)联合英国文化协会(the British Council)进行了一次规模稍小但数据统计更规范的调研,得出了相似的结论。[8]面对这样的研究结果,《淡马锡评论》的一位评论博主哀叹道:"该死的 malu[马来语中表示羞愧的词汇]。英语是丹麦人、瑞士人、德国人的第二语言。而我们新加坡把英语当作第一语言学习。但看看这个排名结果,我觉得所有过去和现在的教育部部长都应该把脸躲在马桶里。"[9]

就算是大学毕业生,他们的英语水平也只能算是平庸。新加坡英语教师的水平不足是另一个解释这一现象的原因。一位新加坡教师(网名"Anon")被同事告知,如果一个人想了解新加坡的英语水平,"只需要与社区学校的英语教师聊聊就可以。"[10]Anon 觉得这个说法略带偏见,但不得不承认有一些道理,"看到这里中学毕业生的语言水平,我感觉她的说法也不无道理。"[11]Anon 作为一名社区学校的英语老师,继续道:"我认为,我的一部分同事确实有足够的能力来教授中学阶段的英语课程。但是,也有另外不少的英语教师有严重的语法错误。因此,他们也没有能力纠正学生作文中的错误。"

Anon 相信,问题的原因部分是新加坡教育部分配教师到学校并全权安排教师教授的学科。Anon 的英语教师同事中,大部分的大学专业都是社会科学或人文学科,而不是英语或英语文学,教育部仍然指定他们教英语。"我的许多同事承认,他们不觉得自己有足够的能力来教授英语。"但他们没什么选择,因为教育部安排了他们的工作,Anon 说。"我们学校英语教师当中,我是唯一有英语文学学位的。"被问及为何新加坡学校总是有英语教师缺口时,Anon 认为,答案是显而易见的:"并没有很多新加坡人具备足够好的英语读写能力。嗯,这真是恶性循环。"

另一名英语教师(网名"Viv")认为,在教育部投身教育信息化这个华丽的潮流之前,首先应当解决这些更本质的问题。[12]她说,"……大多数英语教师还没有能力组织一句连贯的英语长句时,迫不及待地就把数学科学教师变成高精尖专家没有意义。"

卓越的数学、科学和 IT 技能

从结果上看,新加坡人都能熟练掌握数学、科学和 IT 技能,也确实拥有坚实的学科知识基础。但首先需要了解的是,TIMSS 和 PISA 测试取样的选择性偏差同样很大程度上解释了新加坡的高排名。TIMSS 2011 的结果中,新加坡的数学排在第二,科学排在第一,PISA 2009 测试则将新加坡分别排在第二和第四。正如第二章所示,学校的高级管理人员被允许拥有一定的操作空间,可以将表现不好的学生排除在测试样本之外。新加坡的学校勤勤恳恳地遵守着这一规定,认认真真选拔参与 TIMSS 测试的学生。

即便如此,TIMSS 和 PISA 的排名仍旧可以相对准确地说明新加坡学生的数学水平。而新加坡教育部研制的创新型数学教学模式——"新加坡数学"(Singapore Maths,SM)——也应当被肯定。"新加坡数学"是一种新颖的系统性数学教学法,在国际上广为流传,如本章附录将展示的那样。

类似地,新加坡在科学教学上也采取了创新的模式,或许也是新加坡在科学学科上排名较高的原因。这一教学模式的成果在新加坡拥有大量资源与优质教师的精英学校中尤为显著。这些因素都大大提升了学生包括数学在内的各科成绩。此外,新加坡在信息教育方面的专业度也让人印象深刻,人们用"联网之岛"(the wired island)来形容新加坡。截至 2011 年 7 月,新加坡的宽带覆盖率达到了 104.2%,[13]通网率超过 99%。

全面的信息化离不开 IT 人才。很大程度上,这也是新加坡学校对信息化技能教育重视的结果。自 1997 年,新加坡就开始实施一系列计划,将信息化融合在日常教育中。为此,新加坡政府总体规划了三期五年计划。[14]一期(1997—2002 年),旨在确保所有学生 30% 的课堂时间都在联网的教室中使用电脑,学生人数与电脑的比例达到了 1∶2。[15]二期计划重点提升教师在课堂使用信息

化工具的时间,三期计划关注使用 IT 设备以改善学生的学习环境。

教育制度的质量评价依据,一方面是其对学生阅读、数学和 IT 技能等基础能力的培养情况,另一方面则是学生在小学、中学和高等教育的完成学位比例。

劳动力受教育程度不足

劳动力的受教育程度越高,生产力就越大。教育不仅培训了人们应当具备的基础技能,还培养了现代社会所要求的理性的问题解决能力。教育是国家动员人力资源以满足国家发展需求的重要途径。

并非世界一流水平

或许人们会认为,执着于最大化人力资源效率、渴求拥有世界一流的地位、具备世界知名教育水平的国家,其劳动力的受教育程度一定很高,但事实并非如此。新加坡这样高度工业化的国家,其劳动力群体的受教育程度出人意料地相当低。在 1979 年吴庆瑞改革的近二十年后,20 世纪 90 年代,情况也是如此。

截至 1995 年,在新加坡国民总收入已经位列世界第七时,新加坡 170 万劳动力中的 26%仍然只有至多小学六年级的教育程度。[16]此外,43%的劳动力只有中学或以下的受教育程度,同一数据英国是 30%,美国是 12%。[17]

一项 2006 年的研究显示,新加坡在劳动力受教育程度方面,比其他发达国家要低。新加坡学者高澜锡(Koh Lay Tin)就平均上学的年份,比较了新加坡与美国、英国、瑞士、中国香港等其他国家与地区。[18]他发现,15 岁以上人口中,新加坡人平均在学校上学时长为 7.1 年,而美国是 12 年,英国是 9.4 年,瑞士是 11.4 年,中国香港是 9.4 年。[19]世界银行的世界发展指数(World Development Indicator)的数据更新,其"教育有效性"指标也展示了类似的规律。[20]

2010 年,新加坡的"中学升学率"数据中,女孩是 86%,男孩是 92%。[21]与之对比,所有的欧洲与中亚国家在这两个性别的数据上都是 98%。发达国家中,瑞士与芬兰都是100%,奥地利是99%,两个性别都是一样的。新加坡的邻国马来西亚则是男孩100%,女孩98%。

比起其他发达国家,新加坡劳动力接受高等教育的水平也不足。2010年,23%有工作的新加坡公民(而不是"永久性居民",公民不仅包括拥有永久居民身份的人)拥有高等教育学位。[22]但同年,OECD国家平均拥有高等教育学位的比例是44.1%。[23]在这些国家中,美国是48.7%,英国是37.1%,澳大利亚是37.6%,加拿大是50.6%,芬兰是38.1%,日本是44.8%。

同样,比发达国家落后的,还有获得高中学位的人数。2010年,在拥有职业技能资格证的人数比例数据上,OECD国家的平均是26%,新加坡只有18%。[24]其他OECD国家中,英国是24.9%,澳大利亚是35.6%,加拿大是37.8%,日本是55.2%,韩国是39.7%。法国是29%,德国是26.6%。

部分人受限的教育

争取世界一流、国际领先的国家,却拥有低于其他发达国家的劳动力受教育水平,这无疑是让人惊讶的。比起许多其他国家,新加坡人不仅读写能力较低,劳动力中也有相当一部分甚至没能完成小学学业。一般来说,受到良好教育的劳动力是像新加坡这样的现代经济体持续发展的关键。人民行动党颁布政策接受大量外籍人才,尤其自20世纪90年代末期起更为明显,或许从某种程度上,也是因为国内高级人才不足——在之后的章节会进一步说明相关内容。但究竟多大程度上,新加坡教育政策需要为本国不足的劳动力水平负责呢?

这一结果主要是因为两个因素——直到2003年才实施义务教育和对有缺陷人群(包括有学习障碍的学生)的忽视。自人民行动党政府20世纪60年代开始普及教育之后,新加坡花了足足40年才正式实施全面义务教育,让人震惊。新加坡迟迟没有推行义务教育,导致了该国不寻常的高文盲率。与此同时,政府还没能适当地将资源分配给有缺陷的儿童,使他们免于错失受教育的

机会,这也带来了文盲率的提高。

然而,分流制度才是真正解释"为什么新加坡劳动者的受教育年限比其他西方国家要低"的重要原因。20 世纪 80 年代引入分流制度,被判定为"缓慢学习者"的孩子被分到了 EM3 单语言学习班,他们占总人群的 20%,却只能获得 8 年的小学教育,不能完成升学。[25]到了 20 世纪 80 年代后期,这些孩子就开始进入就业市场。这解释了为何新加坡工人相对较短的受教育年限。不允许 EM3 的孩子们进入高中,也部分解释了新加坡的中学升学率比其他国家低。

但是,进入小学和中学的孩子人数不多,并不足以解释新加坡的大学毕业生比例较低。这一现象或许还有其他原因。

没有为就业市场做好准备

正如《新加坡奇迹》一书所示,新加坡的雇员通常都被批评缺少主动性。[32]一个关键原因是该国的教育系统一直以来都鼓励统一性和应试能力,而不提倡创造性。

不满的雇主

新加坡人常常被评价为具有群体思维但缺乏独立精神。事实上,新加坡雇主们也常因此而偏好选择外籍人才(Foreign Talents, FT)。一位新加坡教育者发表上述观点时,引发了《海峡时报》论坛版面对该主题的激烈辩论。[33]这位教育工作者说,一位在跨国企业做高管的朋友告诉他道:

> ……他特别要求他的人力资源部门,除非迫不得已,不要雇佣任何本地大学的毕业生。他的观点是,本地毕业生缺乏做好工作必要的思维能力和态度。相对来说,外国大学的毕业生,不论是否是新加坡人,都会具有更独立的思维能力,街头智慧以及自驱力。

本地毕业生唯一的优点是他们都"读书聪明"（book smart，可以译作"会读书"，对比的是 street smart，街头智慧）。[34]来自本地大学的本地与外国学者们也有同样的观点。关于新加坡学生，学者们认为："他们缺乏独立的思维，需要填鸭式灌输，总是抱怨却不会采取行动来改变现状。"[35]2011 年，一项针对雇主的调研显示，70%的新加坡国立大学毕业生缺乏找工作的经验，不能给雇主留下好印象。[36]在所有参与调研的雇主中，58.6%认为团队合作很重要，51.7%认为解决问题的能力也很重要。其他关键能力还有主动精神（51.5%）、学习新知识和技能的欲望（49.5%）、人际交往技能（48.8%）和独立工作能力（45.5%）。[37]有趣的是，只有 2.5%的雇主认为，拥有新加坡国立大学的文凭很重要，而 16.9%认为计算机技能很重要。[38]总体来说，对新加坡国立大学毕业生的职场准备情况，参与访谈的雇主们都不太满意，认为他们缺乏好员工所需的独立思考的能力。

2013 年，教育部与公众的对话活动也展示了同样的观点。[39]活动报告说，"参与者觉得，学生们缺乏生活技能。他们没有街头智慧，不太有适应能力。相反，他们把精力过多聚焦在'把事情做对'上。"[40]一位参与者说，新加坡的学校教育太系统性了。学生也因此习惯于服从，"布置任务时，他们只完成命令需要他们完成的，却不知道怎样独立解决问题。"[41]

这类对新加坡学生的看法是非常普遍的，就算年轻人自己也这么想。一位年轻的新加坡博主强烈抨击他的同胞，认为他们害怕失败，不愿承担风险。[42]他恼火地说，"在新加坡，这种人比比皆是。这种书呆子就是新加坡所谓'世界一流'的教育所培养的人才，真是谢谢了。"[43]

一项教育部对谈会的会议记录指出，与会者中，许多家长希望通过培养发展抗挫能力和社交沟通技巧，提高他们孩子的可雇用性。会议上，大家都同意："我们必须保证，本地学生……能够在与外籍劳动力的竞争中存活下来。外籍人才常常更有动力、更机智，还更有试错的勇气。"[44]

倘若新加坡教育真的可以给学生培养上述能力，那么家长也不会觉得有必

要提出这样的需求了。新加坡有缺陷的教育机制阻碍了新加坡大学生发展必要的工作技能,最终降低了他们的可雇佣性。

追求一致、考试驱动的病态课程

倘若理解新加坡教育的内核,就不难理解该国教育为何会培养出这样的学生。首先,新加坡窄化的考试驱动型课程将教学的重心完全聚焦在获得高分上,诱导学生产生不质疑不提问的行为习惯和避免风险的思维模式,阻碍了创新型思维的发展。要求学生努力学习获得高分的压力会削弱他们的学习兴趣和求知欲。这样的制度还在学生中产生了激烈的竞争,不利于发展团队协作技能——这是一项所有人都觉得非常重要的职业技能,不论是企业雇主还是新加坡本地人。

新加坡学校对艺术与人文学科不重视,也会造成学生的社交与读写技能训练不足。这些技能都是在职场工作环境中获得成功的必备技能。但在新加坡的教育环境里,这些学科并没有获得足够的重视,优先级不高。一位新加坡的英语文学教师(Viv)批评道,"学校对艺术和人文学科表现出了明显的不屑。"[45]许多新加坡学生避免选修文学这类学科,因为这些学科在考试中比数学、科学、地理等学科更难获得高分。到了 2001 年,只有四分之一参加新加坡 O-Level 的考生选修了文学,而普通班中只有 4%学生选了文学。[46]此外,不出意料的是,在新加坡享受课外阅读的学生比例要远远低于许多其他国家。"高压锅"式的教育模式和长时间的课业学习要求,都让这些学生没有时间来进行课外阅读,他们只读课内要求的内容。因此,新加坡学生在阅读上兴趣寥寥,对了解周遭的世界也不太关心。这不仅影响了他们的学习兴趣和好学态度,还阻碍了他们与人打交道的社交技能的发展。文学阅读可以教会孩子许多关于人生、情感与哲学的道理——也可能会帮助他们理解人情世故,掌握新加坡雇主们所需要的"街头智慧"。

那么新加坡的精英学生们如何呢? 他们中的许多人,注定将在公共服务领域发光发热,尤其是在行政岗位上担任要职。那么新加坡最好的学校是否能够培养学生成为社会未来的栋梁呢?

备受质疑的精英人才

教育系统的质量很大程度上影响了国家未来领导人的质量。在新加坡尤其如此,人民行动党政府采取的教育策略力图确保最聪明、最优秀的人才加入具有统治地位的精英阶层。

新加坡优秀学生中最有天赋的一群,往往被授予了政府奖学金,培养潜能,预备让他们加入高层级的公务员行列。在新加坡,这些奖学金获得者被称为"得主",接受训练以便于未来承担社会精英的角色。

他们被赋予了最好的教育资源。正如巴尔和思科比斯所观察到的:"精英学生身处启发性的教学环境中,被鼓励着学会提问、思想开明、理性质疑。在私立学校里,他们被鼓励要表现出个性和特点……就算是在社区学校里,他们也被期望可以展现出一定的独立性。"[47]

即便如此,新加坡的"奖学金得主型精英"并没能表现出独立思考的能力。一位"非常资深的公务员"说,"……一致性的'问题'、学术上的怯懦、缺乏想象力……在新加坡年轻行政官员中非常普遍。"[48]尽管这些新晋"得主"官员都有丰富的技术与专业技能,他说,"但具备将学术智慧转变成独立思考能力的人,20个中只有1个。"在他接触过的官员中,超过80%都是特定的模样:"……完全没有表现出一点独立思考的能力。记住,这里考虑的人群都已经是这个社会学校毕业生中,一届不超过前1%的优秀人才。"[49]

巴尔和思科比斯也指出,"……另一项调研也同样验证了这一印象。这份调研的研究对象是在公务员学院报刊《思潮》(Ethos)上发表文章的初级和中级官员。研究发现,他们所有人中,没有人发表的内容会超越上司设定的边界,产生具有挑战性和创造力的内容——而他们已经是一届学生群体中最大胆、最有

探索精神的。"

集体思维（group-think）也常常与缺乏原创思想联系在一起。应试教育中，学生往往认为，问题都只有唯一的正确答案，容易产生集体共性思维。此外，新加坡的行政精英们在受训成为公务员、管理者的过程中，也被要求达到思想上的统一。例如，一位前公务员负责人说，加入公务员系统就像是加入了"忠诚的教会组织"。[50]李显龙自己说过，作为"得主"的前十年应当"对新加坡政府进行学习，吸收其价值和文化，才能更好地为他未来担任的角色服务。"[51]但一位资深的公务员承认，这些长时间的准备与文化导入过程，使组织文化成为了这些公务员共有的"集体思维"。

除了缺乏学术创造力，这些毕业自精英学校的资优生们还缺乏哪些生活技能呢？社交技能和街头智慧是首先想到的两种。"一般来说，资优生们的社交技巧都很贫瘠，很难灵活地对话，融入社会或国家主流文化。"[52]显然，他们在学校里习得的精英主义傲慢并不能让他们学会好好与"普通"人对话。更糟糕的是，他们的集体思维与精英式傲慢混在一起，给资深公务员们带来了困扰。一位前常务书记严崇道（Ngiam Tong Dow）说，"新加坡精英的傲慢逐渐浮出水面。有的公务员行为举止就像是拥有皇帝的旨意，觉得自己都是小李光耀。"[53]

另一位人民行动党出身于草根和一线技术官员的资深内阁部长也认同严的观点。[54]巴尔提及，这位部长不无苦涩地抱怨道，"……一些资深的技术官员与普通人隔离开来，只和同行对话，觉得他们比选出来的政治家、草根领袖或普通人都懂得多。他形容这些人非常诡秘而傲慢，认为他们负责的部门做决策时非常任性。"[55]

精英式傲慢是新加坡公务员的标志性特点，但他们也曾被灌输过服务国家的誓言。新加坡精英不只是"自然的主人"，还应当是"大众无私的支持者"，"品行端正、具有原则"。[56]政府显然试图在这些最优秀的学生、奖学金的获得者们脑中植入这些概念。

在 2012 年 7 月的经济发展协会（Economic Development Board）年度奖学金

仪式上,新加坡时任副总理张志贤说,"记住,不论你们在学习还是在工作时,你们都不只是为了自己或你的公司,而是在为新加坡和新加坡人民奋斗。"[57]但事实上,新加坡的"得主"阶层常常表现出自私自利的行为特征。

这些年,新加坡奖学金获得者的毁约行为常常引起社会热议。一旦接受政府奖学金,他们就有义务为国家服务至少七年。但许多人会选择出钱换取自由身,为了私企报酬更高的职位而违约。这样的行为在新加坡社会内部受到广泛的谴责,因为民众认为这些政府奖学金获得者有"道义"来遵守约定。

其中最严厉的抨击者是杨烈国先生,他曾担任好几个大型国有资产集团的主席,其中包括经济发展协会。杨烈国不只谴责了这些违约者,还在 1998 年要求经济发展协会公开违约者名单,当众羞辱。在这些违约者中,一名叫赫克托·叶的奖学金获得者让杨烈国尤其恼火。叶获得了奖学金,前往康奈尔大学就读计算机专业。[58]在临近毕业时,他决定继续留在美国——引发了社会热议,还被公开了名字。在回忆 2004 年这次的风波时,杨烈国说,"他用邮件回复道:我不会回来了,因为我要继续在美国待 15 年。我认为我的角色是服务全世界人,而不只是服务新加坡人。"[59]杨烈国说,"这是什么鬼话?"他认为,如果学生不愿意履行奖学金的义务,就"不要接受这个从花旗银行借来的奖学金。"

也是在 2004 年,时任副总理李显龙说,"一个'得主'违约时,造成的不只是经济问题,"还"包括更严重的问题……一个人的节操,对一项郑重约定反悔的羞愧等。"[60]或许,人民行动党领导的情绪是可以理解的。毕竟政府奖学金获得者代表着政府授予的特权群体,政府在他们身上花费教育资源,以期望他们会回报祖国。他们不仅是被选择的精英,更需要牢记自己的"崇高使命",履行服务国家的义务。但人民行动党领导人往往会很失望地发现,许多经过仔细培训雕琢的年轻人不只思想上循规蹈矩,道德上还是自私的野心家。他们对新加坡的忠诚度有限,让人忍不住怀疑,他们对自己政策制定角色有多大的投入度,尤其是那些公务员阶梯顶端的精英们。

《淡马锡评论》的一位通讯员说,政府奖学金"得主"都"很擅长'玩弄普通

公民'",普遍都是"胆小怯懦的"。[61]在与"得主"们在政府持有股权的公司(Government-Linked Company, GLC)共事多年后,他说,"……如果制度能够给予你这样优越的生活只是因为你擅长读书,你会试图击沉这艘船吗? 如果你这么做了,就会被赶出去,坏处非常明显。但如果你保持安静,点头,那么你会跟着你[领导],成为一个挣百万美元的负责人。"[62]

此外,这些"得主"也可以通过提出和规划政策制度来"利用系统",在经济上获益。"政府决策允许新加坡开设两个赌场"就是其中一个例子。这项政策的发布时间,恰在公务员的"高额奖金"必须与国家 GDP 增长情况绑定之后。"就算你不是经济学天才,你也很简单就会意识到,建两个赌场有助于刺激 GDP 增长"[63]——大概到 10% 的地步。也就是说,公务员奖金也会有同样幅度的增长。

作为新加坡精英主义应试教育下最优秀杰出的一群人,这些奖学金"得主"究竟是否是国家公务员的最佳选择呢? 看到他们自私、傲慢、毫无主见的言行,答案似乎并非如此。

那么新加坡教育究竟有什么问题,可以解释新加坡精英的这些不足呢? 不管怎样,他们都接受了最好的学校教育,强调问题解决和主动学习能力的培养,不像其他的普通新加坡学生。他们就读的精英学校培养了他们独立思考的能力,鼓励了学术探索和求知好学的精神。在这种教育环境下,他们应当可以拥有这些优良的品格能力。

但是,他们也同样面临着考试这个庞然大物,尤其是需要参加 O-Level 考试的压力,必须为学校和自己获得越高越好的分数。他们能否赢得奖学金,甚至未来在新加坡公务员系统精英文化下的职业发展前景,很大程度上都依赖于这次考试的成绩。另外,这些精英学校之间的竞争也非常激烈。他们会不断给学生施压,尤其是最优秀的学生,要求他们获得最高的分数。应试文化阻碍了独立思想的发展。给出正确的考试答案是首要考量,而不是找出问题的其他可能性。

即便如此,我们也应当有理由预测,新加坡精英学生在创造性思维和独立探索能力方面接受了一流教育,应当有一定的进益。很难相信,一旦离开学校,这些能力就立刻消失不见了。然而,他们并没有在毕业与工作之后展示这些能力,尤其在受雇于精英群体之后。新加坡公务员群体中的集体主义文化不鼓励独立思考这些他们在中学和大学培养的能力。这些大学中,还包括"得主"们在新加坡政府奖学金的资助下就读的顶尖海外大学。一旦进入公务员系统,这些年轻的、有野心的雇员们就会很快意识到,表达新观点、提出新想法会挑战现存的政治制度和人民行动党的建国理念,给职业发展带来不利的影响。他们会很快学习到,要跟着组织的思想和政策行动。因此,教育系统——起码在精英中学的阶段——并不应当因新加坡公务员的不足承担骂名。

不过,精英式傲慢是新加坡"得主"的普遍问题,而教育系统显然需要为此承担很大的责任。如前文所述,学校的"资优生"分班和文化让他们觉得自己高人一等。而接触到人民行动党,尤其是李光耀的精英主义信条,则会引导他们产生一种微妙的"有分寸的重要感"。自童年时期就被用精英的态度对待,会创造傲慢自大、自我认同的成年人,就像那些年轻的公务员所表现出的那样。

*   *   *

尽管新加坡的教育享誉全球,其毕业生水平仍不能满足就业市场的要求。尽管他们技术上颇为娴熟,尤其在 IT 领域,但是他们缺乏主动性、创新能力和人际交往技巧,不能满足雇主的需要。不论他们追求的是一般的职业发展路径还是进入公共服务领域都是如此。不论新加坡的教育政策究竟多大程度上妨碍了本地人才的培养与发展,国家都需要引入外籍人才,这在下一章将重点关注。

参考文献

1. Lee, Sing Kang; Goh Chor Boon; Birger Fredrikson and Tan Jee Peng, (Eds). *Towards a Better Future: Education and Training for Economic Development in Singapore Since 1965*, The World Bank, Washington DC, 2008, p. 194.

2. *Straits Times* (*ST*), December 12, 2001.

3. See Chapter One, footnote for PISA.

4. Central Intelligence Agency. *The World Factbook — Literacy*, CIA, Washington,

DC, 2014.

5. Ibid.

6. *Singapore Department of Statistics Latest Data*, Education and Literacy, Government of Singapore, 2013.

7. *The Economist*. English Where She Is Spoke, October 24, 2012.

8. Ibid.

9. *Temasek Emeritus*. "Scandies, Dutch, Germans & Poles Speak Better English than Us", October 30, 2012.

10. "Anon" blog posting on April 30, 2012 in response to "Education system a high stakes board game", January 25, 2012, *yawningbread*.

11. Ibid.

12. Ibid, "Viv" blog posting on February 15, 2012.

13. Infocomm Development Authority of Singapore, *Statistics on Telecom Services 2011*, July – December 2012.

14. *Huff Post*, November 1, 2013.

15. Ibid.

16. King, Rodney. *The Singapore Miracle, Myth and Reality*, second edition, Inglewood, Western Australia, 2008, p. 125.

17. Ibid.

18. Tin, Koh Lay. "Employability and Traits of Singaporean Workers", *Research and Practice in Human Resource Management*, Curtin University of Technology, Western Australia, 2006, 14 (1), pp. 1 – 28.

19. Ibid.

20. World Bank. *World Development Indicators*, Education efficiency, Table 2.12, Washington DC, 2013.

21. Ibid.

22. Manpower Research and Statistics Department and Singapore Department of Statistics. *Singaporeans in the Workforce*, occasional paper, October 2011, p. 6.

23. *OECD Factbook 2013*, *Economic*, *Environmental and Social Statistics*. "Educational Attainment", OECDiLibrary, 2013.

24. Manpower Research and Statistics Department, See "Highlights".

25. Rahim, Lily Zubaidah. *The Singapore Dilemma, the Political and Educational Marginality of the Malay Community*, Oxford University Press, Kuala Lumpur, Malaysia, 1998. p. 124.

26. *Temasek Emeritus*, December 7, 2013.

27. Wikileaks. "Education System Not Helping", 9. (C) US Embassy, Singapore, February 27, 2007.

28. Ibid.

29. *Temasek Emeritus*, December 7, 2013.

30. Ibid.

31. Ibid.

32. King, Rodney. *The Singapore Miracle*, Chapter 10.

33. *ST*, February 14, 2013.

34. Ibid.

35. Ibid.

36. *Shin Min Daily News* (Singapore), December 16, 2011.

37. SoC Document Repository. "Advice for Struggling Students", National University of Singapore, March 16, 2012.

38. Ibid.

39. MOE Engagement Secretariat. "Highlights from Education Dialogue Session, June 15, 2013", Our Singapore Conversation.

40. Ibid, p. 5.

41. Ibid, p. 4.

42. thatboyhuman.com "Singaporeans: Book-Smart, Street-'Stupid'", March 27, 2013.

43. Ibid.

44. MOE Engagement Secretariat dialogue session.

45. "Viv" blog posting, February 15, 2012, in response to "Education system a high stakes board game", January 25, 2012, *Yawningbread*.

46. *ST*, October 3, 2002.

47. Barr, Michael and Zlatko Skrbis. *Constructing Singapore, Elitism, Ethnicity and the Nation-Building Project*, NIAS Press, Copenhagen, 2008. p. 200.

48. Ibid, p. 201.

49. Ibid.

50. Ibid, p. 238.

51. Ibid.

52. Ibid, p. 200.

53. Ibid, p. 238.

54. Ibid, p. 259.

55. Ibid.

56. Barr, Michael and Zlatko Skrbis. *Constructing Singapore*, p. 237.

57. *Temasek Emeritus*, July 24, 2012.

58. *The Sunday Times (Straits Times)*, August 1, 2004.

59. Ibid.

60. Ibid.

61. *Temasek Emeritus*, January 15, 2012.

62. Ibid.

63. Ibid.

本章附录　新加坡成功的数学教育

20世纪80年代之前,新加坡所有的数学课本都是引进自其他国家。但在1979年吴庆瑞改革之后,教育部成立了课程发展中心(Curriculum Development Institute of Singapore, CDIS),专门研发新型教育制度下小学和中学的课本,其中就包括了数学教材。[1] 1982年,首批教材《小学数学》(1—6年级)出版印刷,1992年又再次改版。教材使用了便于理解的图表图片、基于现实生活的案例来给孩子们进行基础的数学概念教学。

新加坡的数学教材一直得到国际社会的关注,新加坡学生在TIMSS测试中获得了优异的成绩。起初,新加坡学生并没有在测试中表现特别优秀。1984年,在第二次国际科学调查中,新加坡学生仅位于26个国家中的第16位。[2]但在1995年,新加坡在TIMSS测评中排名第一,持续在之后的TIMSS和PISA中名列前茅。

截至21世纪初,新加坡式的数学教学获得越来越多关注,其教材在包括美国、英国、以色列等国家使用。美国采用家庭教学的父母是最早一批使用新加坡数学教材的人,而逐渐有美国学校也开始使用。[3]一名芝加哥大学的教育培训者说,新加坡小学数学教材是"我见过最好的"。[4]他们使用了多彩的图片,应用了日常的物件,如口哨、本地水果和五颜六色的图表来吸引孩子的注意力,表达简单基础的数学概念。

新加坡数学教材还让学生先在现实世界中操作物品,自己绘画,而不是直接使用数学符号。新加坡天主教高中的数学教师凌源(Ling Yuan)说,"具体的、图片式的与抽象结合的方法非常有效,帮助孩子将数字和比例可视化。"[5]因为新加坡数学教材要求很强的教师参与,一般需要教师们完成特殊的培训才能进行数学教学,凌女士还在英国进行了新加坡数学课的展示培训。

有趣的是,凌女士展示的新加坡数学拒绝机械记忆乘法表。[6]"我们不鼓励死记硬背。"她说。相反,教师使用实践练习和可见可摸的物件来传递数学概念。

在美国和其他国家,"新加坡数学"(Singapore Math)这一概念常常被特指为新加坡数学教材。

到了 2003 年,新加坡数学教材的国际销售额达到了每年 30% 的增幅,尤其在美国,成为越来越多的教师和家长的选择。[7]大约 200 所美国的学校使用新加坡数学教材,到了 2010 年,这个数字上升到了 1 500 所学校。[8]在英国,也有越来越多学校开始使用。一名赫特福德郡的资深数学教师说,他"一直都不满意英国的[数学]教材。"他发现新加坡教材"完美符合"学生的需要。[9]他说,"不是教学生记诵数字和规律,而是帮助学生理解由现实经验提炼而成的概念。"

美国是新加坡数学教材最大的海外市场,在马来西亚、泰国、越南、印度、巴基斯坦、柬埔寨、芬兰和以色列,新加坡数学教材也很受欢迎。[10]在以色列,教材被翻译成希伯来语,在大约 150 所以色列学校使用。[11]大部分新加坡教育的成就都需要打个问号。但其数学显然具有优越性,其小学数学的教学方法也确实值得传播。

附录参考文献

1. *Singapore Maths Fact Sheet.* Mainspring Learning Centre, Singapore, 2013.

2. *Singapore Math*, Minaret Academy, Singapore, 2015.

3. *The New York Times*, September 30, 2010.

4. *The Straits Times* (*ST*), December 19, 2001.

5. *The Independent* (UK), July 2, 2009.

6. Ibid.

7. *ST*, March 17, 2003.

8. *The New York Times*, September 30, 2010.

9. *The Independent* (UK), July 2, 2009.

10. *ST*, March 17, 2003.

11. Wikipedia, "Singapore Math".

第十一章　搜寻海外人才

矛盾的战略和思想影响着新加坡的教育。教育一方面承载着培养现代后工业化社会所要求的创新型思维的期望,但另一方面,新加坡的学校却大量炮制出规避风险的盲从学生。精英学校因提供优越的学术资源而引来大众的不满,却实则只制造了书呆子和应试型运动员。在限制大学毕业生人数、不鼓励新加坡年轻人获得大学学位的同时,人民行动党领导人却在扩张高等教育规模,提升大学生人数。后者通过在新加坡大学大规模扩招、提供奖学金和学费助学金等形式吸引外籍学生来实现——而本地学生往往需要为此付出代价。不过,在分析这些矛盾政策的原因之前,本书首先需要详细地说明相关政策。

扩张大学规模

尽管资料已显示,新加坡政府计划限制大学毕业生人数,但与此同时,政府近年来也在持续推动新加坡大学生数量的增加。新加坡最大的两所公立大学(新加坡国立大学 NUS 与新加坡南洋理工大学 NTU)的学生总人数,从 2005/6 学年的 41 468 人增长至 2013/4 学年的 50 168 人。[1]然而,政府并不只是简单地进行扩招,自 20 世纪 90 年代晚期起,政府期望让外籍学生填满这些扩招的位置。引导越来越多的外籍学生在新加坡完成本科与硕士的学业,其结果往往是牺牲本国学生的利益。

这类政策最早露出端倪是在 1997 年 8 月,时任新加坡教育部部长陈庆炎(Tony Tan)提出,到 2000 年新加坡毕业生人数将不足以服务于其经济发展的需求。[2]他认为,新加坡的大学招生人数必须增加,需要吸引更多的海外学生。

之后不久,1998年2月,在南洋理工大学的学生论坛活动上,陈庆炎再次明确提出,在大学招生的竞争中将不会给本地新加坡人提供任何优待——大学毕业后的就业也同样如此。[3]1999年11月,他在新加坡议会上发言说,为了满足新加坡经济发展的需要,国家每年至少需要17 000名大学毕业生。[4]但目前新加坡国立大学和南洋理工大学每年只招收10 000到11 000名学生,人数不足,造成了人才短缺。因此,高等教育扩招与吸引海外学生成了解决人才问题的主要解决方案。

人民行动党政府言出必行。如今,新加坡不仅已开办了更多的大学,大学内外籍学生的人数比例还超过了各国的平均值。一项荷兰的八国调研显示,两个国家(澳大利亚和瑞士)的外国大学生比例最高,在2009年达到了21%。[5]其余六个国家的结果为:加拿大13%,法国11%,德国11%,荷兰7%,英国15%,美国3%。[6]新加坡的外籍学生比例为21%,与澳大利亚与瑞士一样高。

然而,对澳大利亚这样的国家来说,外籍学生比例高并不是因为其有吸引海外人才的欲望,而是因为教育是一项收益颇丰的窗口创汇产业。澳大利亚与其他国家将他们的高等教育领域转变为一项几十亿美元规模的产业,面向外籍学生。而对新加坡来说,尽管创收也是此举的收益之一(如本书前述,新加坡有成为教育中心的野心),其首要目标是吸引外国人才加入本国的人才库。提供奖学金与其他财务补助手段给数以千计的留学生成了达成目标的主要途径。但这也引发了大量新加坡人的愤怒,尤其在本地的高等院校学生中。似乎本地学生必须要花钱才能接受教育,而外籍学生则可以让新加坡政府花钱来学习。如今,数千名外籍学生正获得由新加坡政府提供的丰厚资助。

资助外国留学生

新加坡政府资助外籍学生的方式主要为奖学金和学费津贴。但要从官方

途径了解究竟有多少外籍学生获得这类财务资助,仍旧是很大的挑战。

奖学金

2006 年起,人民行动党的反对党与后座议员们一同询问政府,希望了解其资助外籍学生的具体数量。政府的回复非常片面、模糊,有时甚至不能自圆其说。这一问题的敏感性促使政府试图掩盖为外籍学生提供的资助的具体金额。正如知名新加坡评论员梁实轩(Leong Sze Hian)所观察:"有时,议会讨论时的回复让你产生一种直觉,那些被引用的统计数字并没有揭示完整的真相。"[7]

政府提供的信息非常模糊矛盾,与梁实轩的感受一致。2012 年 2 月,负责教育的高级议会秘书沈颖女士(Sim Ann)说,每年"至少"有 2 000 份奖学金提供给了外籍学生,[8]其中包括 950 份提供给基础教育阶段(高等教育之前),1 070 份本科奖学金提供给来自东南亚或其他国家的学生。这些奖学金包涵盖了学费与住宿费,这些奖学金的费用从基础教育的 14 000 新元到本科的 18 000—25 000 新元不等。因此,总共有基础教育阶段 1 300 万新元和高等教育阶段 2 300 万新元的奖学金支出,每年总共 3 600 万新元。[9] 2012 年,其中 320 份奖学金作为新加坡给东盟对外援助的资金,被授予了东盟各国的学生。[10]但这一数字只是一年的金额。因为每份奖学金都包括了四年有效期,所以 3 600 万的数字只是每届学生每年收到的金额,总数应当是 1.44 亿新元。[11]另外,这个金额也仅是支出的一部分,还不包括授予政府持有股权公司(GLC)①的特殊奖学金,而教育部则宣称,并不了解这笔奖学金的具体金额。新加坡教育评论员龙大卫(David Loong)的一份报告显示,一位在 GLC 内工作、负责为外籍学生发放奖学金的朋友告诉他,实际情况并非如此。[12]他的朋友在公司内部负责奖学金事务,"她告诉我,实际上,教育部才真正有权负责管理奖学

---

① GLC, government-linked company,政府持有股权的公司,也就是人民行动党政府拥有股权的公司,因而政府往往对这些公司有较大的影响力。

金,很少让渡权力给股权公司,使奖学金结果尽量少惹来争议。"[13]

此外,另一位新加坡教育评论员鄞义林(Roy Ngerng)认定,外国本科生在新加坡获得奖学金的比例是本国学生的八倍。他的一项基于官方文件的统计研究显示,只有6%的新加坡本科生(包括永久居民)收到奖学金,而外籍学生的比例有52%。[14]尽管他的数据只有2006和2011两个年度,但也说明了人民行动党政府给外国留学生的奖学金比例是本国学生的好几倍。

2011年一份的政府数据承认,为外国留学生提供的奖学金数量比"至少2 000份"要高出许多。2011年11月,教育部部长说,"目前,35%的[外籍学生]获得某种程度的经济资助。"[15]数据显示,新加坡研究生中,留学生获得奖学金的比例更是远超过本地学生。按照教育部部长在一次议会公开提问时的回答来看,2001—2005年期间,大约四分之三的新加坡外国研究生获得奖学金。[16]部长说,2001—2005期间,新加坡国立大学和南洋理工大学的研究生中,30%获得奖学金,其中25%是本地学生。这也就意味着,75%获得奖学金的都是外籍学生,在所有研究生中占比22.5%。部长还说,但奖学金中只有3%来自于政府,其余大部分由两所大学自行提供,比例从2001年的90%到79%不等,[17]其余则是由"研究机构或企业"提供。但在新加坡,研究机构也一般由政府运营,包括新加坡国立大学和南洋理工大学。

也就是说,新加坡获得奖学金的研究生中,外籍学生人数比本国多。如果假设2013—2014年,新加坡国立大学和南洋理工大学有3 870名本科奖学金获得者,使用2006年和2011年的公开数据,那么至少有同样数量的研究生奖学金获得者。①

---

① 这个数据是预估而来,数据使用的是新加坡国立大学与南洋理工大学2013—2014年的研究生入学数据。那一年,新加坡国立大学入学了10 061名研究生,南洋理工大学有8 994名,总共19 055名。如果说有22.5%的研究生是外国奖学金获得者,就是4 287名。这个比例是根据2006年2月政府发布的2001—2005数据计算而来(见前文),但可以预估,2013—2014年的奖学金授予数量应当差不多。假设数据取整到4 000人,且假设研究生奖学金金额和本科生差不多,那么每年在1.44亿新元的本科生奖学金之外,还有这部分的支出,奖学金总额超过1.5亿新元。

　　大部分外籍学生的奖学金都以一份契约为前提,要求他们在完成学业后在新加坡工作六年。(唯一的例外是作为对外援助提供给东盟的 300 份奖学金。)政府辩解道,为新加坡工作的条款为奖学金提供了正当性。但实际上,许多外籍学生想办法规避了这一职责,后文将进一步说明。

　　上述资料显示,在新加坡获得本科奖学金的外国留学生数量要比官方披露的高得多。但除此之外,新加坡每年有数以千计的留学生获得政府提供的学费津贴,这一情况也需要人们关注。

学费津贴

　　政府引入学费津贴方案(Tuition Grant Scheme,TGS),用以补贴高等教育学费的巨额支出。这一方案向所有本科生开放,包括非新加坡籍的学生和永久居民。但所有人都需要毕业后在新加坡工作三年——至少理论上如此。[18]几乎所有的国际学生和永久居民都获得学费津贴,但他们也必须支付比本地学生更高的高等教育学费——对国际学生来说是 70% 溢价,对永久居民来说大约25%。[19]每年他们收到 12 000 到 75 000 新元不等的津贴,来完成新加坡高等教育学业。[20]在反对党工党议员方荣发(Png Eng Huat)的不断追问下,政府披露,每年给国际学生支付的学费津贴总额为 2.1 亿新元。[21]在大量新加坡人不得不出国求学的同时,政府每年花费大量金钱补贴外籍学生。

对矛盾政策的解释

　　人民行动党政府希望限制录取新加坡读大学的人数。但每年新加坡大学的招生人数都在增加,政府还花费巨额资金吸引大量留学生来新加坡完成学位。这难道不矛盾吗? 为何如此?

吸引海外人才的紧迫性

　　吸引人才以保持新加坡的竞争力是政府重要的决策,也为政府给留学生慷慨解囊的行为提供了理性支持依据,在 20 世纪 90 年代末由陈庆炎部长首先提出。在近 15 年之后,教育部部长王瑞杰言及"创造多元学生群体的需要,从而鼓励跨文化学习技能,满足经济发展的人力需求"。[22]因为新加坡不断降低的生育率①,对新加坡来说,很重要的是:"……为了提升和发展我们的人才储备,我们需要引入海外优秀的专业人才与学生。这能帮助我们维持经济竞争性……"[23]

此外,自 20 世纪 80 年代末期,世界各国就展开了吸引人才的竞争,尤其是通过高等教育。新加坡是这一策略的优秀实践者也并非没有原因。低生育率与高速发展的经济需要大量人才,以保证国家竞争力,这也解释了为何新加坡豪爽地给外国留学生提供大量奖学金。

在大部分发达国家,给外籍学生提供奖学金通常是以贫困国家援助项目的方式进行(就像新加坡给东盟国家学生的奖学金那样),且大部分国家的外籍学生比例并不高。此外,几乎没有国家会在为一半外籍学生提供奖学金的同时,只给 6% 的本地学生提供奖学金。

龙大卫说,"与其他国家相比,在新加坡,比起本地学生,获得奖学金的外籍学生比例太高了。"[24]同样地,新加坡评论员佘蒋妮(Seah Chiang Nee)指出,尽管确实有"一小部分顶尖学生对所有大学来说都是财富……但几乎没有获得像新加坡那样的补助。"[25]她注意到,在美国"顶尖高校的录取标准非常严格,且对外籍学生收取更高的学费。"2009 年,只有大约 24% 的学生收到来自美国大学的资助。[26]其余学生的学费都是由家庭或其他私人渠道承担。

但在新加坡的外国本科生并没有这么大的负担。政府会支付大部分学费与生活费。总体来说,比起本地学生,政府对外籍学生的照顾更周全,由此也引起了新加坡人的敌意。

---

① 2014 年,新加坡的总生育率为 0.80,为世界最低。[22a]这个数字比需要维持人口同等规模所需的人口替代率 2.1 的一半还低。尽管许多发达国家也深受低生育率的困扰,但没有像新加坡这样严重。

本地学生的愤怒

政府对外籍学生的公然优待,本地学生几乎每天都会注意到,他们中的一些人也因此明确表达出谴责。

一名自称"GT"的新加坡国立大学的工程学学生运营着一个叫作"思想的鱼缸"(The Thinking Fishtank)的网站。她描述了外籍学生获得奖学金的情况是怎样挤压了本地学生的求学空间,抱怨道,

> 自从我进入大学以来,我就很难理解这项奇怪的教育政策。我专业大约有 60 名同届学生,2 名新加坡学生获得本校奖学金,1 名马来西亚学生获得东盟奖学金,还有 17 名中国籍学生获得授予中国学生的本科奖学金。在外籍学生享有优越的学习条件,不需要为金钱问题担忧时,我亲爱的新加坡同胞需要带着贷款账单步入社会。他们中的一些人,需要通过打工来获得学费,还有其他人借了银行贷款,因而在离开校园步入社会时需要背负大约 2.4 万新元的债务。[27]

她以朋友的情况作为例子:他在 A-Level 测试中获得了全 A,但没能获得新加坡国立大学的奖学金,甚至连面试资格都没有。[28]这一事件促使莱福士初级学院的校长联系新加坡国立大学,要求至少提供一次面试机会。但大学拒绝了。她说,"我这位朋友没有任何办法来支付大学教育的费用,因此迫切地需要这份奖学金。"

另外,新加坡教育部每年给成千上万的外籍学生奖学金与助学金,许多新加坡学生必须出国读书,因为他们被本地学校拒绝。这个事实让人更加沮丧。联合国教科文组织的统计数据显示,2009 年,有将近 20 000 名新加坡学生在国外的高校学习,通常给家庭和自身带来更高的成本。[29]在这中间,大约超过一半(10 394 人)在澳大利亚,3 923 人在美国,3 188 人在英国,606 人在马来西亚,355 人在加拿大。如果新加坡大学可以录取更多学生,那么就不会有那么多新

加坡学生需要出国读书。

此外,许多被新加坡本地高校拒绝的学生在国外大学的学业表现非常出色。许多年来,新加坡的媒体与博客网站都会报道那些被本地高校拒绝但在国外大学表现优异的学生案例。一名学生从义安理工学院(Ngee Ann Polytechnic)毕业,因其专科学校的背景并不能被新加坡国立大学和南洋理工大学录取。[30]但他被威尔士的卡迪夫大学(Cardiff University)录取,这是一所英国顶尖的技术工程类院校。两年后,他从大学毕业,在机械工程专业获得了一等荣誉和最优秀学生奖,在新加坡国防部获得了一份工作。他的家庭,包括他寡居的母亲,倾尽所有以支持他前往卡迪夫求学。

新加坡的留学教育顾问说,大部分新加坡人出国留学是因为他们无法被本地大学录取。[31]他们中约60%都是技术专科毕业。另外还有20%—30%学生参加了A-Level考试但无法达到新加坡国立大学或南洋理工大学要求的分数。其余学生则获得了海外奖学金。

国外大学的录取标准更弹性,如部分英国大学就给许多新加坡学生提供了机会。一名来自英国文化委员负责赴英求学事务的发言人说,英国大学很愿意了解学生除了O-Level和学业成绩之外的情况。新加坡的技校专业学校毕业生常常可以在英国大学中表现不错。《海峡时报》教育专栏作者桑德拉·戴维(Sandra Davie)报道,"来自利兹、格拉斯哥、莱斯特和拉夫堡大学的负责人指出,新加坡人常常是模范学生,常常以一等或二等荣誉毕业。"[32]

国外大学评价学生的多元能力,这是许多新加坡大学并不关注的。一名以一等荣誉从拉夫堡大学毕业的机械工程学新加坡学生也注意到了这些外国大学关注的指标。他说,一些学生并没有很高的O-Level分数,但拥有其他的能力,如解决问题的能力,或者较高的情商",但"新加坡国立大学和南洋理工大学并不看重这些。"[33]即便如此,在毕业回到祖国之后,这些新加坡学生和本地毕业生一起面临来自外国留学生的就业竞争。如前文所示,外籍学生有必须在新加坡工作三年或六年的规定。在被本国高校拒绝且外籍学生补位之后,这些学

生不得不在就业时再次面临来自留学生的竞争。正如一名改革党候选人林子睿(Lim Zi Rui)所说,外国本科生"……被授予奖学金,还需要在新加坡工作一些年。这意味着他们在与我们的本地学生直接竞争。"[34]

在本国被当作二等公民对待,使许多新加坡学生和家庭的愤怒。而人民行动党领导甚至还希望他们忘掉大学,以低端的工作为目标,这让他们更为愤怒。正如新加坡的博主伊桑·津·丘所说,"最讽刺的是:一方面,人民行动党领导告诉新加坡人,大学毕业证书并非必须。另一方面,他们每年支付数百万奖学金和津贴给外国本科和研究生。"

伊桑"数百万"的言论完全正确,因为政府一年支付 2.1 亿新元在学费津贴上,还给留学生提供超过 1.44 亿的奖学金。除此之外,还有 1 500 万新元的研究生奖学金,每年有超过 1.5 亿直接来自政府或通过机构企业的资助费用。然而,许多新加坡学生却不得不花费更多钱去国外读书,给自己与家庭换回一个学位。这样的现象需要解释。

可能的原因

新加坡的教育制造出了无数书呆子和应试运动员。但如前文所述,他们的职场技能并没有获得许多新加坡雇主认可。本地雇主常常更青睐外籍人才。这或许也意味着,人民行动党领导也对本地毕业生心存偏见,认为他们是"二流"的——出于显而易见的原因,这种想法并不能公开。此外,如果本地大学扩招的对象主要是本地学生——而面向外籍学生的奖学金不变——那么学生数量就会太多。但他们的可雇佣性并不太可能发生变化——除非针对现存教育问题推行大规模的改革(如第十三章将讨论,这是政府正在试图推行的,但没能带来什么改变)。对新加坡学生扩招或许只能导致更多失业的本地毕业生,他们——正如李光耀所说——或许会成为对人民行动党政府不满的主要力量。

将本地毕业生数量限制在 20% 的原因或许正在于此。确保只有最具有学业能力的学生才能获得大学学位,从而最小化不达标毕业生的人数。那些缺少能力的学生,则被鼓励不要上大学,按照人民行动党部长的说法就是"学位又不能吃"。应当将他们疏散到小型贸易或交易行业,而不是让他们蜂拥到拥挤的本地毕业生就业市场。

然而,新加坡是人才匮乏的。尽管新加坡的低生育率也一定程度上造成了这一现象的产生,但本国教育的问题仍需得到重视,因其培养的学生缺乏足够的创新技能,而创新恰是新加坡国家建设所需的必要能力。引入外籍人才,吸引外国有才能的学生来求学甚至定居,都是人民行动党的解决方案。但这场豪赌是否取得了成功?

投资是否值得

新加坡人要求了解,通过这样大规模支出的留学生奖学金项目,新加坡究竟获得了多大的收益。也就是说,上述政策究竟在多大程度上提升了本国的人才水平,而新加坡人又为此付出了怎样的代价。

只比应试运动员强一点?

外籍学生需要比本地学生分数更高,才能正当合理地获得奖学金。他们挤走了这么多本地学生的大学入学机会,所以新加坡人对这项政策的期望很高,希望知道国家的这项投资是否能获得回报。

但是,尽管在他们身上投入了大量的成本,外籍学生也只比本地毕业生表现略好一点。按照新加坡教育部的数据,2011 年,大约45%的国际学生获得二等及以上的荣誉,而本地学生的比例是32%。[35]但这些数字"并不让人满意,毕竟55%的国际学生获得了二等以下的成绩",[36]一位知名的网络评论员乐琪·谭质疑道,是否"只要新加坡本地学生表现不如外籍学生,就应当授予外国人奖学金?"[37]他认为,新加坡学生面临着不公平的竞争环境。新加坡的男学生们在中学毕业后上大学前,必须加入新加坡武装部队,履行两年的兵役——除非

他们可以延期。他们不得不"在启动高强度的学术引擎之前,在训练场上跑两年"——和外籍学生们不同。[38]此外,外国的奖学金得主享有覆盖所有支出的全额奖学金,不需要在读书期间兼职打工,而很多新加坡本科生却为了减轻学费等财务压力而不得不如此。

那么这些在新加坡的留学生奖学金获得者,他们的能力水平究竟如何呢?他们中的大部分来自中国,通过学校推荐或大学成绩选拔的方式来到新加坡。这些新加坡通过大量资助吸引来的国际人才,他们的质量仍旧存疑。而他们中的许多人似乎并不会留在新加坡——哪怕是为了在新加坡履行他们三年或六年的工作契约。

弃保潜逃的外籍学生

许多在新加坡的外籍学生不仅学术水平堪忧,还有诚信问题。证据显示,他们中的许多人在履行工作合约时会选择毁约逃匿。

在非人民行动党议员们再三严格地质询之后,教育部部长王瑞杰在议会承认,"每十个获得学费补助的国际学生中,有八名在毕业后开始履行他们的学费条款,或因继续升学通过了教育部批准的延迟审批。"[39]王瑞杰补充道,剩余的国际学生会违约。他们中有的人没有一毕业就工作,也有在"没有获得教育部延迟审批"的情况下出国,还有的正在申领审批的过程中。[40]此外,王瑞杰坚定地继续说,"教育部始终持续追踪履约情况,采取严格措施以确保学费补助获得者履行职责。"

然而,许多证据显示,获得奖学金或学费补助的外籍学生中,真正的违约比例应当更高。《淡马锡评论》报道,"外籍学生突然'消失',在三年[或六年]工作契约开始前从新加坡离境,这种情况数不胜数。"[41]其中包括部分获得全额奖学金的外国得主,"对违约的行为没有一点不安"。

即便教育部部长王瑞杰声称拥有"强有力的管控措施",实际上政府并不能强制要求外籍学生和学者履行合约内容。他警告道,"他们作为毁约者的记录将影响他们之后在新加坡申请工作和居住",[42]但这对外籍学生来说只是一纸空谈。毁约的外籍学生只需要避免再次来到新加坡即可。正如工党议员方荣发所说，允许"国际学生的担保人生活在海外，就和没有担保人一样，因为我们都知道，要确保我们的合约在新加坡境外一样有效是多么困难的事情。"

但就算海外学生在新加坡履行了他们的工作契约，他们中有多少人最终会选择定居在新加坡呢？

因而，新加坡的留学生似乎可以轻易摆脱契约的规定。他们中的许多人也确实如此选择，期望回到祖国或在别处找到更好的个人发展机遇。

收支分析的账单

对新加坡的领导者来说，计算政府对外国留学生的投入与产出应当是让人冷静的过程。政府资助的留学生项目给新加坡带来的好处是有限的，让人忍不住产生怀疑。首先，他们的学术水平——特别是他们比本地学生收到的更多奖学金——看起来平平无奇。第二，他们当中有多少人究竟会留在新加坡履行合约职责，这个结果仍旧存疑。第三，就算他们履约工作，他们中有多少人是否会定居新加坡并成为公民。

不久之前，李光耀也意识到，大部分的外籍学生将新加坡看作方便之国，一个前往西方世界的停留之地。但他说，就算只有20%的外籍学生选择在新加坡定居，政府也已感到满足。[43]哪怕这些奖学金获得者最终回到祖国，他们将在政府或企业中获得高位，推动建立与新加坡的良好关系。

人们也猜测，或许对李光耀来说，任何高等教育人才的涌入对新加坡来说都是幸事——尤其是来自于"拥有种族优势"的中国。按照他的逻辑，这些人的加入会提升基因库水平。

但在这些让人生疑的收益面前，还有政府为留学生政策付出的代价。除了政府每年约5亿新元的支出之外，还需要考虑新加坡本地人被大学拒之门外的隐性成本。他们中，每年有数千人被迫离开故土，花更多金钱和精力在国外读书，给自己和家人带来了许多不便。而在他们毕业时，许多人会选择在当地定

居,而不是回到祖国,这也代表着新加坡本地人才的流失。而就算他们中的大部分人会选择回国,他们也仍旧会因政府曾经更偏爱外籍学生而对政府心怀怨恨。

随着公众对政府资助留学生的不满持续加剧,新加坡政府不得不限制留学生奖学金数量。2008 年起,新加坡留学生的数量从近 10 万人降至 2012 年的8.4 万人。[44]在这些学生中,5.1 万人在国立中学或高校就读(2008 年有 5.5 万人),其余则在私立学校入学。由于外国人需要支付的庞大费用,申请公立学校的留学生越来越少。此外,教育部在 2011 年宣布,新加坡大学的外籍学生比例预计将从 18%降至 2015 年的 15%。[45]

* * *

新加坡人民行动党的留学生政策很大程度上是新加坡低生育率的结果。此外,有缺陷的教育制度也导致本地人才的浪费,制约了新加坡的发展。下一章将进一步分析这一情况产生的原因。

参考文献

1. National University of Singapore (Registrar's Office). *Students and Graduate Statistics*, NUS, Singapore, 2013. and Nanyang Technological University. *Facts and Figures, Undergraduate Student Enrolment*, NTU, Singapore, 2013.

2. *The Straits Times* (*ST*), August 1, 1997.

3. Ibid, February 21, 1998.

4. Ibid, November 13, 1999.

5. Becker, Rosa and Renze Kolster. "International Student Recruitment: policies and developments in selected countries", Nuffic, Netherlands Organisation for international cooperation in higher education, January 2012, p. 87.

6. Ibid.

7. Leong, Sze Hian. "Foreign Scholars: Missing Statistics", *The Online Citizen*, February 22, 2012.

8. *Temasek Emeritus*, February 18, 2012.

9. Ibid.

10. Ibid.

11. Ibid.

12. Loong, David. Blog comment (July 9, 2011) in response to "Singapore education scholarships for foreign students (only)", *Furry Brown Dog*, July 7, 2011.

13. Ibid.

14. Ngerng, Roy. "Only 6% of Singaporean University Undergraduates Receive Scholarships", *The Heart Truths*, December 13, 2013.

15. Ibid.

16. Ministry of Education, *Parliamentary Replies*, February 13, 2006, Question No. 336.

17. Ibid.

18. *Temasek Emeritus*, January 21, 2014.

19. Ministry of Education. *Parliamentary Replies*, Education Minister's reply, November 21, 2011.

20. Png Eng Huat. " COS 2014 Debate: MOE — Tuition Grant", March 7, 2014, Workers Party, Singapore.

21. Ministry of Education. Minister for Education's reply to Png Eng Huat, January 20, 2014, MOE Media Centre, Singapore.

22. Ministry of Education. "Foreign Scholars", Reply to Non-constituency MP, Mr Yee Jenn Jong, January 9, 2012, MOE Media Centre, Singapore.

22a. Central Intelligence Agency, *The World Factbook*, " Country Comparison, Total Fertility Rate", Washington, DC, 2014. and Wikipedia. "Demographics of Singapore".

23. Ministry of Education. "Foreign Scholars", Reply to Non-constituency MP, Mr Yee Jenn Jong.

24. Seah Chiang Nee. "Singapore a scholarship haven for foreign students?", March 27, 2012, *sg.news.yahoo*.

25. Ibid.

26. Belyavina, Raisa. "The United States as a Destination for International Students", The Geopolitics of Overseas Scholarships &

Awards ", Norrag, Washington, April 2011, pp. 67 – 69.

27. *The Thinking Fish Tank*. "Scholarships for foreigners, debts for Singaporeans ", February 26, 2012.

28. Ibid.

29. Singapore Democratic Party. *Educating for Creativity and Equality: An Agenda for Transformation*, SDP, Singapore, 2014, p. 74.

30. *ST*, November 13, 1999.

31. Ibid.

32. Ibid.

33. Ibid.

34. Lim Zi Rui. "Singaporeans are treated as third class citizens in education ", *Singaporage* 2011, May 5, 2011.

35. *ST*, February 18, 2011.

36. Tan, Lucky. *Diary of a Singaporean Mind*, February 19, 2012.

37. Ibid.

38. Ibid.

39. *Temasek Emeritus*. "Heng avoids answering 'defaulting FT students' question", February 24, 2014.

40. Ibid.

41. Ibid.

42. *Temasek Emeritus*, February 24, 2014.

43. Seah Chiang Nee. "Singapore a Scholarship haven for foreign students?".

44. *ST*, October 10, 2012.

45. Ibid.

第十二章　计算成本

1979 年的吴庆瑞改革,很大程度上决定了直到 21 世纪初期的新加坡教育制度。吴庆瑞改革产生的一系列教育政策深深影响着新加坡教育。从 20 世纪 90 年代晚期开始,政府努力扭转改革带来的副作用,但这些政策的后遗症却持续存在。改革产生了不少隐患,也让新加坡持续为此付出代价。

一项对新加坡 1979 年以来教育历史的调研发现,一系列有问题的政策造成了许多不良后果,阻碍了新加坡人民行动党的治国发展计划。

这一章将首先回顾这些政策是怎样设计和产生的,还有驱动其生成的治国方针、理念与意识形态。紧接着,本章将讨论这些政策给人才带来的沉重负担与其他负面后果,包括"怕输"家长群体的出现,而如今,这些"怕输"家长们成了新加坡教育改革的障碍。

一项错误的战略

对人民行动党来说,教育就像基石一样,在其国家建设战略中起着举足轻重的根本性作用。国家教育系统最大化地实现着人力资源的有效利用与发展,任人唯贤与机会公平是指导性原则。然而,人民行动党教育政策常常并不能达到这些目标,很大程度上与其对人才的认识和人才的培养方式有关。这些政策常常浪费了原有的人才或是阻碍了他们的发展,没能使他们的能力最大化。

意识形态假设

李光耀与人民行动党领导人种族主义、精英主义的思想深深地影响着新加坡的教育政策。因此,新加坡教育政策默认,一些种族与阶层在智力上更优越。

对于李光耀来说,马来裔和印度裔都没那么聪明、勤奋、能干,不如在种族与基因上更优越的华裔。因此,华裔应当在教育上受到优待。特选学校成了这一思想的产物。华裔作为最优秀的,理应获得最多最好的资源,对华裔学生的优待因而会带来最高的回报。相对的,在少数种族上投入较少的资源,因为他们带来的红利较小——但也不至于少到让他们暴力反抗人民行动党的政策。

而按照李光耀和人民行动党的思想,不只是一些种族基因上更具有优势,上等阶层还比下层优越。聪明的家长养育出聪明的孩子,反之亦然。全面创造公平竞争的机会——这一李光耀认为通过人民行动党超过 20 年的执政已经达到的理念——意味着那些处于社会上层的人能达成成就,完全凭借的是其本身过人的能力与智慧。然而,正如前文已阐述,新加坡严重的机会不平等与这些理念相悖。教育能够最大化实现学生的潜能,但许多聪明却贫困的儿童却被拒之门外,只因他们在经济上矮人一等。尽管政府试图创造公平竞争的环境,新加坡的教育仍旧缺乏制约机会不均等的手段。这样的不平等将持续存在,只因社会经济方面的不平等程度已远大于政府在教育公平上所做的努力,像是给弱势儿童分发部分资料这些举措是无用的。

除了在人才问题的观点有误之外,对学校教育的错误认知也影响了新加坡教育政策的制定。这些错误的观点来源于吴庆瑞与他的国防部专家团,并造成了分流制度的施行。

国防部的"投入"

几乎从没有任何政府会让其国防部门的官员来改革教育制度,但新加坡就是这样一个例外。在这个小国,这样让人困惑的场景屡见不鲜。在人民行动党

的精英们中,尤其是在李光耀当政期间,国家的权力中心与部长级官员的任免掌握在李光耀本人与他核心团队手中,吴庆瑞就是其中一员。李光耀、吴庆瑞和其他的人民行动党几个核心部长官员建立了紧密的内阁小圈子,形成了自成一格的法则,决定国家所有领域的政策,包括教育。新加坡教育系统直到20世纪70年代末都不成体系,因而也给吴庆瑞和他的国防部团队自上而下的统管提供了一定的正当性。而国家的教育工作者的话语权则不幸地受到了限制。

当时,新加坡国防部沉迷于工程系统的相关理论,以"投入"与"产出"为代表的机械理论观念具有支配地位。在成功建设他们理想中的新加坡武装部队之后,他们认为自己有能力对教育系统进行同样的建设与改造。新加坡教育部官员被排挤,以分流为基础的教育制度在全国的学校内施行,让一代又一代的学生、教师和家长在接下去超过三十年的时间里深受影响。倘若吴庆瑞与他的国防部团队不那么决绝,倾听有经验的教育者的观点,他们或许就能设计出更好的教育政策来服务新加坡人民。当然,这并不否认他们所获得的成就,包括短期内学校的留级率大幅度提升,获得超过 3 个 O-Level 科目及格的比例也同样大幅度提高,正如第六章已分析的那样。

然而,分流制度的引入在 20 世纪 80 年代初期,就在小学中创造了激烈的竞争环境,绝望的家长们驱动着这一竞争,力求将孩子升学成功的机会最大化。这些家长,与具有同理心的校长教师们一起并不会逆来顺受地接受命运的安排,但吴庆瑞与他的国防部团队在设计政策时却没有将家长们的表现算作"投入"的一部分。相反,作为技术型精英,他们采取了人民行动党一贯的自上而下的执政态度。包括对教育事务更有经验的教育部官员在内,任何意见不同的人一旦有反对的声音就会惹来"训斥"。

吴庆瑞和他的团队并没能成功预测家长、校长和教师对分流制度的反对。除此之外,他们施行的教育策略已经被验证是有问题的。即便是 20 世纪 70 年代末期,分流制度的缺陷在专业的教育圈子里已经是众所周知的,有大量的教育研究说明了这些问题(见本章附录-分流制度)。在英国,基于初中升学考试

（Eleven-Plus,指的是在英国旧制度下,11 岁的孩子要参加的初中升学考试）的分流制度在 1976 年被废止。取代分流考试的是全面的学校制度,使学生不再按照学习成绩被选拔。[1]（讽刺的是,英国教育部部长迈克尔·戈夫在 2012 年到 2014 年之间尝试在英国重新引入分流制度,而新加坡已经在 2004 年废止了相关政策,后文会进一步说明）。

作为教育政策制定者,吴庆瑞团队应当充分了解分流制度的问题,为何英国在 70 年代就废止了这一制度,但其团队并没有这么做。倘若他们的团队可以将本地教育专家也涵盖其中,或许也有机会了解分流制度的不足。此外,他们实施的分流制度比其他国家的更为极端,这也加剧了分流对新加坡社会的整体负面影响。

国防部团队设计的母语政策也同样危害了几代新加坡学生,但这却很难责怪引入政策的团队。只让表现更优秀的班级进行双语学习,在当时看起来是明智之举。但随着时间推移,母语政策的负面影响也逐渐显现。

自上而下决策的问题

自上而下制定的政策往往缺乏来自基层的真知灼见,因而在执行中存在问题,干扰政策实现原定的目标。这些政策并不能反映相关方的利益、顾虑或是洞察时,就往往会失败。没能解决潜在的问题,忽视相关方合理的顾虑,有时甚至起了反作用,造成了更多的问题,产生的危害大于收益。

新加坡的教育政策就常常需要面对这样的情况。1979 年,国防部这些教育的外行人在缺乏本地教师与校长参与的情况下,设计了教育政策并要求强制执行。在总理李光耀的全力支持下,教育部部长吴庆瑞全权负责政策的实施。李光耀本人的种族主义与精英主义思想深深影响了这些政策,一定程度上侵害了马来裔与印度裔学生、来自底层的学生与残障学生的利益。

新加坡教育部随后重新获得了教育政策制定的权利,但采取了同样独裁的方式——因而也造成了类似的后果。教育部的文化与专制的管理方式大大降

低了其获得真实反馈的可能性,阻碍了其制定真正有效的政策。这也导致尽管教育部尝试对其结构去中心化,鼓励教师更大程度地参与,但却收获寥寥。另外,教育部还需要为之前失败的策略买单,在人民行动党领导的授意下,修正包括分流制度与学校排名等造成最多危害的政策,具体内容在后续章节将进一步说明。自 20 世纪 80 年代起,人民行动党领导逐渐意识到了这些政策的危害,造成了国家人才的浪费,因而施压要求改革。

浪费人才的政策

意识形态的观念、不专业的政策制定者和自上而下的决策过程一同形成了有问题的教育政策,大大制约了新加坡人力资源的发展。这些政策制造了书呆子学生,他们缺乏人民行动党领导人所希望看到的创新与创造能力。盲目追求优秀成绩的政策导致了国家上下人力资源的浪费,让人感到惋惜。其中,分流制度与母语政策是导致这一后果的主要原因,而学校排名制度也同样"功不可没"。

极端的分流制度

在学校实施分流的方法很多样,有的按具体事项分班,有的整体分班。可以按学生的学业能力整体分组,也可以按照各科各类的具体情况分班。[2]

在新加坡,小学生就被分到不同的班级中。1979 年到 2004 年期间,他们被分到 EM1、EM2 或 EM3 中,直到 2008 年的科目编班计划(subject banding)取代了原有的分流制度。在新计划下,一名擅长英语但不擅长数学的学生可以就读于英语标准班和数学基础班。学生不再只因为不擅长个别科目而被分到 EM3 中。科目编班项目认可具有不同能力的学生,给他们机会集中精力学习自己擅长的科目。新加坡民主党一份对新加坡教育制度的研究报告指出,"学校持续使用学生年终的考试成绩来进行学生评价,对学生进行排名。"[3]

但是,中学阶段仍在执行分流制度,按照学生小学毕业会考的成绩,学生被分到快捷、普通(学科)班、普通(技术)班。① 另外,不同学校在录取学生进入不同班级时,也有优劣等级之分。例如,最优秀的学生会被顶尖学校的快捷班录取。[4]而那些分数比普通班高但还不够高的学生,则会进入普通社区学校的快捷班,这些社区学校在排名上要稍次一些。

此外,对于小学毕业会考表现特别优异的学生,还可以选择私立学校这个特殊的分流。这些项目被称作为资优生项目(GEP),或整校资优教育计划(SBGE),在学校中为资优生开设定制化课程。除此之外,对于小学会考前10%的学生,还可以选择"直通车项目"(IP)或"国际课程"(IB)。完成学业后,他们进入初级学院,随后进入大学就读。

新加坡实施的极端分流制度将学生在很小的年纪就被分层了。新加坡民主党的报告显示,"这种精确校准的分拣流程在中学阶段进一步具象化",大大决定了学生从求学到求职的人生。[5]学生被分配到的班级很大程度上决定了他们未来的工作与收入水平。

快捷班的学生在参加中学会考 O-Level 之前有四年时间准备,目标一般是大学预科(初级学院)水平。[6]普通(学科)班的学生在四年学业完成后参加 N-Level 考试,或是在五年学习之后参加 O-Level 考试。这个班的学生通常都会在专科学校就读。普通(技术)班的学生学习的是职业技能,一般会进入职业技术学校,接受技工类的职业技能训练。

学校也会给学生施加压力,尤其是那些在低阶班的学生,要求他们在完成中学学业后找到匹配他们能力的工作。例如,在社区学校的快捷班学生"会被告知关于专科学校而不是大学预科的信息"。[7]而大学预科学生比专科学生进大学要容易得多。尽管理论上学生可以换到更高阶的班级中,如从普通(学科)

① 译者注:2019 年 3 月,新加坡教育部宣布,中学阶段的分流制度也将在 2024 年由科目编班计划全面取代。

班换到快捷班,但实际上是很困难的,因为他们无法接触一些高阶班开设的学科课程。一旦学生被分配到了低阶班,他们大概率就困在那里,即使他们实际有能力在高阶班学习,有能力进入大学。

人民行动党领导人与教育部拒绝承认分流制度给新加坡人民和学校学生带来的危害,大量针对分流制度与相关教学的研究资料更清晰地揭示了这些问题,在本章的附录中将详细说明。吴庆瑞和他的国防部团队一定更了解这些问题,自此之后的新加坡都在为此支付代价。

1997 年到 2004 年之间,新加坡严格执行分流制度,按照学生的成绩在小学三年级(后改到小学四年级)进行分流,在小学毕业会考后再次分流。新加坡的分流比其他国家开始得早,也被执行得更为全面彻底。8—9 岁的所有学生都在所有学科中分到了不同进度的班级中。而在其他执行分流制度的国家,学生开始分流的年龄要大得多。例如,英国的分流在 11 岁才开始,通过初中升学考试实现。而在其他国家,如美国和德国,分流制度并不需要严格执行,而且从中学阶段才开始。[8] 比起其他国家,新加坡的分流制度获得了极强的执行力度,直到小学阶段的分流在 2004 年结束。

美国研究显示,有天赋的学生或许会在他们自己的班中受益,但晚发育的孩子或许会被错待,因为他们一般会被分到低阶班中。尽管理论上,能力低下的学生会通过与同样小伙伴的相处而受益,但他们一般会面对比较差的教师。而在新加坡,这类相关研究的结果中,与优等生相关的部分获得的收益也有限,但低能力学生的研究结果却得到验证。

新加坡最优秀的学生获得了大量的资源投入,尤其是那些在精英学校和特许学校就读的孩子。他们也很大程度上受益于皮格马利翁效应,即学生表现出色,教师则对他们提出更高的期望(说明请见附录)。这些因素都大大刺激了他们的学业表现,让他们在应试能力上逐步进化,成为考试能手。不过,他们在被当作新加坡的明日之星时,实际却不具备相应能力,缺乏相应素质,无法胜任顶尖的公务员领导位置。

在优秀学生从新加坡分流制度中受益的同时,那些平均的或低于平均的学生却面临截然不同的待遇——特别是那些发育迟缓的学生。在被分配到低阶班之后,他们面对的是资源匮乏的普通社区学校,面对的是能力平平的教师。此外,这些学生也同样受到皮格马利翁效应的影响,造成了反向的结果。如果说被分到好班的学生会觉得自己是精英,被寄予厚望,那么那些被分到 EM3 的孩子则认为自己是傻瓜。他们缺乏自信,没有动力学习,最终处于社会低端。

因此,就算 2004 年分流制度被废止,已经有几代新加坡学生因发育迟缓而永久性地成为了教育系统下的"废材"。经过新加坡教育制度的"处理",他们不被允许充分发展能力,最终只能承担低收入的人力工作。这些年轻的新加坡人的离开,代表着本地人才的流失,也是新加坡要持续付出的代价。

此外,分流制度给几代新加坡学生造成的创伤,因母语考试项目进一步恶化加剧。

母语课程

母语课程自 20 世纪 80 年代开始实施以来,就在新加坡学生的分流中扮演着决定性作用。母语课程背后的驱动力是李光耀的大战略,即希望将新加坡转型成为以中文为通用语言的儒家社会。人民行动党也将中文视作一种传递中华文化的重要途径。李光耀在 1979 年的吴庆瑞报告中陈述道,"中文教学最大的价值是传递社会规范与行为道德,也就是儒家对于人的学问、理念与原则。"[9]

因此,尽管母语课程应用于所有的种族人群,其主旨是确保所有的华裔学生学习中文普通话。然而对他们来说,学习中文并不容易,因为这并不是所有人都会的语言。他们在家一般会说英语、新加坡英语(Singlish)或是中国的方言,但很少说普通话。可是,李光耀和人民行动党决策,让新加坡成为以普通话为通用语言的社会。为了确保华裔学生可以掌握普通话,母语学科在小学会考总分中占 25% 的权重。此外,学生想要在本地大学入学,也需要很高的母语成绩。

母语课程政策的直接结果,就是许多有才能的学生因母语成绩不够高(尤

其是普通话)而被高等院校拒之门外。他们有的在普通中学浪费才能,有的则被送出国完成学业。一般来说,他们会选择去西方国家,在那里他们的能力会得到认可,有更好的发展机会。在那里他们还可以不需要承受学习普通话的压力,这也是许多新加坡家庭移民的原因。一位新加坡家长抱怨道,"新加坡的系统是,不论你在其他学科上表现多好,只要你中文不及格,就不能进入本地大学。如果你可以负担海外求学,那么恭喜你! 如果不能,那么你的语言能力不足决定了你的命运。"[10]

想要在新加坡教育体系中获得成功并进入一所本地大学,学生必须在每门学科都表现优异,包括母语学科。巴尔和思科比斯指出,吴庆瑞1979年实施的新教育分流制度严格遵守,"……李光耀的棱镜认知,即'天才'是一个不可分割的个体,要么所有方面都擅长,要么几乎没有哪方面有长处。"[11]

这种对个人能力非常狭隘的认知,极大地限制了学生能力的发展。而在新加坡以分流为指导逻辑的制度中,这种狭隘认知造成的负面影响进一步加剧。许多可能很有天赋的学生从人才库中被分流出去,因为他们无法掌握母语学科,或是其他学科有缺陷。他们最终只能从事能力低下的低端职业,或选择出国读书,常常对新加坡心怀怨怼。

母语课程与分流政策所在的社会,也让不惜一切代价都要赢的"怕输"文化盛行了起来。野心勃勃的新加坡父母们在孩子心中植入"赢"的观念,告诉他们必须在学校中获得成功,否则就会被分配到没有出路的班级中,无法就业。他们的父母与家庭将会因此丢脸……成为应试能手是唯一可以避免家族受此耻辱的方法。但它扼杀了孩子们的创造力、质疑能力和求知欲。这种父母的"怕输"文化造成了长远的负面影响,在后文中将继续说明。

学校排名

学校排名计划不仅让新加坡教育制度变得更加让人压力山大,还间接促使了现有政策对人才的又一次伤害。这一计划在1992—2004年间实施,迫使学校将提高本校排名作为当务之急。为了学校,学生与教师被推动着努力,尽力获得最好的成绩。这不仅加剧了新加坡教育"考试驱动型"文化,还使学校课程变得更加局限于应试。尽管学校排名与其后续项目学校分级体系在 2012 年被废止,但其影响却是长期存在的。他们创造了一种学校比拼竞争的文化,持续影响着学校与教师的言行。

因为这些项目的存在,学校不鼓励学生选修文学这类较难获得高分的学科,因为它们对提升学校排名无益。这剥夺了学生不为应试,但能丰富视野的机会。精英初级学院的一名教师告诉巴尔,由于邀请了外部演讲嘉宾来丰富课程内容,他陷入了一些麻烦。[12]这种"丰富见闻的项目"(类似于素质教育)是受到教育部官方鼓励的,但学校负责人并不赞同,"担心他们会分散学生的注意力,他们应该专注在学生的核心任务上……也就是每年获得尽可能多的 A 档分数。"而这还发生在 2004 年学校排名废止之后!

一直以来,学生被剥夺素质教育的机会,接受的是应试教育。这样愈发阻碍了他们发展更多能力的机会,剥夺了他们学习文学与人文学科的兴趣。拥有善于提问与创新的头脑与对人际关系和生死大事的理解,才能让学生发展出独立思考所要求的多元能力。但新加坡自 20 世纪 80 年代以来的教育政策却限制了这些能力的发展。

人才流失

吴庆瑞改革发布的分流政策确实产生了一些积极的影响,O-Level 考试的通过率也大幅度增长。这样的结果一般来说代表着国家人才水平的提升。在学校的时间更长,及格的比例更高,意味着人口的受教育程度提升,识字率和识数率提高。然而,这一成果有多大程度可以归功于分流制度,而不是其他因素呢? 举例而言,国家整体变得更富裕,使得家长有能力让孩子在学校的时间更长。此外,家长的受教育程度提高也可以为孩子在家中创设更有利于学习的环境。他们不仅

可以辅导孩子作业,还可以让孩子有更强的动力在学校好好表现。不过,确实应当认可吴庆瑞改革的成绩,其根本上提高了新加坡人的基础技能水平。

但是,不论政策带来怎样的收益,政策所造成的代价也需要得到正视,也就是新加坡人才的流失。极端的分流制度,母语课程和学校排名体系共同造成了新加坡的人才浪费。

分流和母语课程使得许多原本可以是一流水平的学生被分到了快捷班和天才班之外。他们被归类到了低端班,不允许获得能够反映他们能力的认证,大大降低了他们可能可以给社会创造的贡献水平。另一方面,那些进入高阶班的学生也因为考试驱动型的应试教育方式而阻碍了发展,学校排名则恶化了环境。这让他们失去了创造性和学术求知欲。

吴庆瑞改革下的分流制度,首要的目标就是降低教育资源分配中的"浪费"。这一计划拟在最有天赋的学生身上投入最多的资源,给新加坡创造最高的"回报"。在那些普通的或低于平均的孩子身上投入的资源更少,使他们成为经济发展的"齿轮"或"步兵"。由于他们身上带来的回报更低,他们的教育也就只能少有资源支持。

但是,分流制度实际造成了反作用,带来了"双输"的局面。在新加坡精英学生身上投入的大量资源,只不过将他们变成考试能手,而不是"高回报"精英。相反,在普通班的学生接受的是低一档的教育,有的成了半文盲,不能就业。如第十章所述,他们不被允许拥有同样的学习条件,也缺乏像发达国家学生那样的高校求学机会。在高回报学生身上投入的大量教育经费意味着普通学生的资源匮乏,造成了新加坡整体劳动力的受教育水平不足,生产力低下。

最后,新加坡残障学生获得的教育资源极少,也进一步缩减了本国的人才储备。直到近年,新加坡政府才开始为这些学生提供一定的教育。但人民行动党更有可能将他们看作是"低回报"的投资,而在西方国家,这些学生会获得更多的资源与关注。善待残障人士并给他们提供合理的培训与支持,这样的理念会对社会造成很大的影响,这在西方国家一再得到证明。但人民行动党领导人和新加坡教育部官员还没有形成这样的观念。他们的态度也阻碍了新加坡拥有这一类的本地人才。

对所有国家与社会的发展与繁荣来说,最大化地储备人才是至关重要的。对新加坡来说,人才储备更为关键,因为这个国家需要时刻确保自身存活,始终执着于追求卓越。但其教育政策并不能支持这一目标的达成,大大限制了国内人才水平,对国家建设造成危害。这些教育上的不足也在一定程度上导致新加坡不得不从外国引进人才。

引进外籍人才的需求

近年来,新加坡大量引入外籍人才,尤其是 IT 从业人员和各类初级与中级经理层面。他们中的许多人成为了永久居民,甚至是新加坡公民。政府声称,引入外籍人员是为了满足国家技术发展的需要,尤其是解决技术与中层管理的人员缺口。

如第十章所述,新加坡的技术与高等教育水平不如大部分的发达国家。这本身说明了新加坡教育制度的不足,也就是无法满足本国劳动力水平的要求。无法提供足够多的合格劳动力已经很糟,但阻碍新加坡人整体发展创新能力更糟。这也是另一个急切需要外籍人才的原因,不论他们是在新加坡就业,还是将来会在新加坡就业生活的外国学生。

新加坡对外籍人才求贤若渴,自 20 世纪 90 年代以来为了吸引人才,提供了大量的永久居民和公民身份。1990 年,新加坡有 262 万公民和 112 100 永久居民。2000 年,公民数量上升到了 298.6 万,永久居民有 287 500 人。而到了 2009 年,相应的数字上升到了 320 万和 533 200 人,2013 年则是 331 万和 531 200。[13]百分比方面,永久居民的人数占所有常住人口的比例从 1990 年的 4.2%,到 2000 年的 9.6%,再到 2009 年的 16.7%,在 2013 年略微回落到 16%。这也使得永久居民成了新加坡数量可观、持续增长的少数群体,让许多新加坡

人将永久居民视作就业竞争对手。而成千上万接受政府补贴、获得奖学金或助学金的留学生也引发了本地新加坡人的愤怒。

新加坡教育制度削弱了本地的人才培养,使其当局者不得不通过引入外籍人才的方式来补足缺口。尽管新加坡的低生育率以及现代经济的高速发展可以部分解释新加坡人才引进的政策,自 20 世纪 80 年代以来失败的新加坡教育制度也难辞其咎。相比其他教育制度更优的国家,新加坡更急切地需要人才引进。但要解决系统性的问题,只靠人才引进不是长久之计,问题的产生很大程度上起源于新加坡教育制度造成的人才匮乏。

*　　*　　*

新加坡教育的支持者中,几乎没有人意识到这一教育制度存在的缺陷。下一章将继续探讨造成这一现象的原因。此外,下一章还将分析自 20 世纪 90 年代以来新加坡推行的教育改革措施。

参考文献

1. Gillard, Derek. *Education in England: a brief history*, www. educationengland. org. uk/history 2011.

2. Tai, Blythe. *Tracking in Schools*, education. com November 5, 2013.

3. Singapore Democratic Party. *Educating for Creativity and Equality: An Agenda for Transformation*, SDP, Singapore, 2014, p. 47.

4. Ibid

5. Ibid, p. 54.

6. Ibid.

7. Ibid.

8. Hanushek, Eric and Ludger Woessman. "Does tracking affect performance and inequality? Differences in differences evidence across countries", *Economic Journal*, 116 (50), March, 2006.

9. Rahim, Lily Zubaidah. *The Singapore Dilemma, the Political and Educational Marginality of the Malay Community*, Oxford University Press, Kuala Lumpur, Malaysia, 1998, p. 168.

10. *The Straits Times*, January 23, 1999.

11. Barr, Michael and Zlatko Skrbis. *Constructing Singapore, Elitism, Ethnicity and the Nation-Building Project*, NIAS Press, Copenhagen, 2000, p. 115.

12. Ibid, p. 183.

13. *Wikipedia*. "Demographics of Singapore".

本章附录　教育分流制度

大量研究对教育分流的益处及其引发的皮格马利翁效应持怀疑态度。

对分流的一项主要的批评意见认为,分流无法适当地顾及发育迟缓者的需要。这些在就读早期就落后的学生,在之后的求学生涯中,都被分配到了较为普通的班级中,正如新加坡所做的那样。他们的才华没有被关注、被开发,造成了社会的损失。

许多发育迟缓的人都成为了传奇,在诸如科学、政治与商业中获得了不俗的成就。经典的例子就包括爱因斯坦和丘吉尔。他们都在学校表现不佳。1895年,爱因斯坦并未通过瑞士学校的入学考试,也就相当于新加坡的专科学校水平。他在接受额外的补习课程后获得了合格并在1900年毕业,但也没能在大学获得研究类工作。但到了1905年,他发表了三篇石破天惊的科学论文,在10年以内获得了举世瞩目的成就。

丘吉尔的早年学校成绩甚至更糟。他在学校里因为表现过于糟糕,父亲不得不把他送进军队。这是英国家境良好的家庭典型的处理不成器儿孙的办法。但之后发生的,就成就了历史。丘吉尔不仅成了历史上最伟大的治国之才,还是一位才华横溢的演说家。作为一名作家,他获得了诺贝尔文学奖。现代《名人录》(Who's Who)收录了许多早年成绩不佳的人,后来都获得了世界级成就。同样,在新加坡,也有本地媒体时不时刊登个人故事,介绍有成就的新加坡人,尤其在商业领域,在读书期间成绩不佳,微妙地指责了政府的分流政策。

皮格马利翁效应也暴露了分流制度的问题。皮格马利翁效应说明,教师对学生能力的预期很大程度上决定了学生本身的表现。1968年,美国心理学家罗伯特·罗森塔尔(Robert Rosenthal)和里诺尔·雅各布森(Lenore Jocobson)发表了开拓性的论文,名为《课堂中的皮格马利翁》,介绍了皮格马利翁效应。[1]他们

发现,教师对学生的期望越高,尤其在较低的年级,学生的表现越好。反之亦然,教师对学生能力的预期不高,他们的表现也不佳。皮格马利翁效应是一种自我实现的预言,学生会内化他们或积极或消极的标签,使之支配他们的言行。

分流制度下,皮格马利翁效应发生在学校所有学生身上。被分到顶端班级的学生会认为自己是精英,习惯于获得教师的优待,也会随之表现优异。而在低端班级的孩子们则觉得自己是失败者,缺乏自信,缺乏学习动力,让他们成就平平。

除了皮格马利翁效应,分流制度下,好学生常常拥有好教师,正如一项美国研究所示。[2]最有经验和能力的教师们往往会被分配教授好班,而新教师往往被安排在低端班级。因此,最好的学生不只拥有鼓励与赞美,还拥有最顶尖的教师资源。

但是,起码在包括美国在内的西方国家,分流制度具有优势,这也需要认可。首先,一项研究显示,分流制度让教师因材施教,按照学生能力匹配课程内容。[3]或许分流对学术水平一般和落后的学生没什么影响,但对优秀有天赋的学生,按照他们的能力教学提升了他们的学业表现。[4]比起与其他学生一起学习的普通班级,有能力的学生在分流后的班级中学到更多。事实上,另一项美国研究发现,有能力的学生在与低能力学生一同学习后,学习表现会下滑。[5]混合不同能力的学生在一个班,通常会迁就能力较低的学生,让好学生不能充分进步,剥夺了他们学习更难内容的机会。

此外,分流还造成了一定的心理影响,对缺乏天赋的学生来说尤其如此。在分流后的班级中,缺乏天赋的孩子会更愿意发言,因为他们不会感受到来自高能力学生的压力。[6]此外,在分流的班级中,学生的作业成果只在具有同样能力的学生中比较。低能力的学生因此并不会觉得自己低人一等,而在混合班中,他们常常会不得不面临与好学生的比较。

总体来说,分流制度或许会阻碍晚发育学生的进步,但也会让有天赋的学生获益,至少是在学业成绩方面。但对普通学生或低于平均水平的学生来说,分流的影响是复杂的。一方面,教师的教学进度可以匹配他们的需要,也避免了和优等生竞争的自尊心问题。但他们因此也可能与优秀的教师失之交臂,被分配到低端班也可能让他们觉得低人一等,从而自信心受挫,因皮格马利翁效应的负面影响而降低了学业成绩。

附录参考文献

1. Rosenthal, Robert and Lenore Jacobson. *Pygmalion in the Classroom*, Holt Rinehart & Winston, New York, 1968.

2. Davis, D. G. "A pilot study to assess equality in selected curricula offerings across three diverse schools in a large urban school district: A search for methodology", Paper presented at the annual meeting of the American Educational Research Association, San Francisco, 1986.

3. Ansalone, George. "Poverty, Tracking and the Social Construction of Failure: International Perspectives on Tracking", *Journal of Children & Poverty*, 9 (1), 2003, pp. 3 - 20.

4. Rogers, Karen. "The Relationship of Grouping Practices to the Education of the Gifted and Talented Learner", The National Research Center on the Gifted and Talented Learner, 1991, page x.

5. Argys, L. M., D.L. Rees and D.J. Brewer. "Detracking America's Schools: Equity at Zero Cost". *Journal of Policy Analysis and Management*, 15 (4), 1996, p. 623 - 645.

6. Ibid.

第十三章　具有讽刺意味

新加坡教育制度获得来自世界各地的盛赞，人们或许会觉得莫名其妙、不知所措。这样的教育系统怎么会赢得来自西方教育专家、智库和政治领袖的一致好评？难道新加坡又一次愚弄了世界，伪造了国家建设的成就——这一次是在教育领域？看起来似乎如此。

颇为怪异的是，外国各界似乎忽略了新加坡教育的负面之处，这也加剧了人民行动党领导层对本国教育质量的担忧。在外界对新加坡学校教育进行无根据时，本国的领导者却痛苦地正视教育系统自身的短板。在西方投注赞许的目光时，自20世纪90年代以来，本国的领导者就试图推行教育改革。然而，新加坡教育的外国粉丝们却没有注意到这一事实，他们对新加坡教育的缺乏本土认识。本章将关注并解释，为何他们会如此盲目，此外也将对人民行动党政府在教育改革方面的探索进行分析。

盲目赞扬的外界

正如前述，外界对新加坡的教育大加赞扬，但他们对新加坡教育的无知也让人惊叹。麦肯锡的报告宣称："30年以来，新加坡教育讲述了一个持续进步的故事，与时俱进，从未停止，绝不后退，保持前行。"[1]然而，这份报告根本没有展现，新加坡自21世纪初期以来尝试的教育改革与"出尔反尔"的教育政策。首先，新加坡教育部改进了学校排名制度，在2004年用学校分级制度替代，在2012年废止。新加坡教育部最终意识到，通过强制竞争来提升学校表现的做法并不可取。第二,作为新加坡教育核心板块的分流制度正逐渐被废止,2004 年小学阶段停止了分流,也代表着教育部终于意识到这一制度的危害,是对新加坡早前做法的反思。尽管分流或许确实带来了一些益处,这项政策本身的应用实施方法使其带来了弊大于利的后果。

教育部在学校排名和分流制度政策上的反复,都没有在麦肯锡的报告中有所体现。相反,报告描绘了一个拥有创新精神、持续突破、勇攀高峰的教育系统。报告中一点都没有提到,新加坡教育系统已造成的不良后果迫使教育部不得不在其核心政策上来回反复。

许多西方教育学者与智库专家也表现出了同样让人吃惊的无知。他们对新加坡教师满怀崇敬。没有人意识到这些教师所背负的超额工作量与高强度压力。

澳大利亚的格拉坦研究所高度认可了新加坡的教师培养文化,坚持认为,澳大利亚在这方面向新加坡“有得学”。然而考虑到新加坡教师自身面临的困境,澳大利亚具体学什么却是个很难回答的问题。忙到累成机器人、每天僵化工作 12 小时,这显然不是鼓舞人心的教师培养模式,也无法让教师获得工作成就。

美国智库亚斯本研究所的报告也有类似疏忽。报告聚焦在新加坡的教育培训与专业发展方面,将新加坡描写为“教师发展的榜样”。[2]这份 22 页的报告老生常谈地照搬了各界对新加坡优越教师培训制度的盛赞。考虑到报告的两个参考条目是教育部对绩效评估系统的公开宣传刊物,这一结果就并不让人感到意外。[3](另一条援引的是教师流动率的理论研究。)报告引用的是新加坡政府的官方刊物,并不参考其他信息来源,产生了误导性的陈述:“[在新加坡]教师的工作日一般从早上 7 点开始,下午 5 点结束。”[4]实际上,教师的工作一般要晚上 7—8 点才能结束。

亚斯本报告还没有考虑新加坡教师的留任率问题。本国教师不堪承受过多的工作量与过长的工作时间而大量离职,教育部在海外大力推广海外教师招

221

聘,这一问题也完全没有在报告中体现。报告的内容只局限在对新加坡教师绩效评估制度的赞美上。而实际上,新加坡教育制度实际已留不住很多教师。他们对绩效评估的感受与其他国家的许多教师一样,新加坡的绩效评估系统大力影响了许多教师的精神状态。

外国教育家与智库对新加坡教师的大加赞扬,或许我们需要一些怀疑的声音才能反映现状。在亚洲协会记者薇薇安·斯图尔特对新加坡教育积极正面的文章下面,有一条强烈的反对意见。这个网名叫"JC"的人嘲讽道:

> 显然,薇薇安对新加坡的小学和中学制度,还有教师培训,一点都不了解。……并非所有教师和学生都百里挑一那么优秀。教育部正焦头烂额地处理教师的高离职率问题。……或许薇薇安愿意拨冗挖掘一下新加坡教育的现状,[而不是]像这样泛泛而谈地讲国立师范学院、教育部和学校教育的表面光鲜故事。[5]

而在西方对新加坡教育与教师闪闪发光的评价中,这样新鲜的现实评论太少了。

为何如此盲目

尽管新加坡教育有很多问题,但这么多的教育专家和智库都没有意识到。这是怎么回事? 或许以下这些原因可以提供一些解释。

高分与既得利益

新加坡在 PISA 和 TIMSS 测评中的排名很高,因而打消了许多人对其教育质量有所怀疑的念头。许多西方教育专家、记者和政客们都以排名为依据,产生浮于表面的判断,认为新加坡教育理所应当具有世界一流水平。很少人注意到 PISA 和 TIMSS 测评的取样偏差和其他问题。

此外，如前文所述，既得的商业与意识形态利益集团也维护这些测评的公信力，模糊了测评的缺陷。而包括 OECD 在内的组织作为 PISA 等国际测评的组织者，也忽视了新加坡国家教育制度存在的问题。OECD 出具了对新加坡教育大加赞赏的报告，而所有新加坡教育制度的问题都被忽略了，没能体现在报告中。新加坡被描绘成"持续的高表现者"与"快速进步者"。

海外对新加坡教育模式的赞扬同样没能正确理解，国家教育结果与该国经济实力建设之间并不具备直接关系。上述支持者表现出了学术上的懒惰，也正是无数对新加坡教育政策的学术分析与媒体报道存在的问题。事实上，不只是教育系统，对新加坡整体成就的研究都存在这样的问题，如《新加坡奇迹》一书所展示的那样。

屈服于新加坡的崛起

许多国外的记者与相关专家常态化地拜访新加坡，观察与评估这个国家显而易见的国家发展成就，表现出了让人疑惑的轻信。在研究的各个方面，他们都通常会接受人民行动党官方的解释。这一现象或是可以被理解的。表面上看，从外部来访者踏上樟宜机场那一刻起，这个城邦国家的表现就足以让人印象深刻。正如《新加坡奇迹》指出的：

> 新加坡对外展示出了让人震惊的领先性。初次来访的参观者在樟宜机场着陆时就能感觉到这一点。这是一座总是能获得各项国际大奖的机场。樟宜机场的各个方面都展示出了现代化，无可挑剔的干净，宽阔的空间和先进性。机场的出发与到达体验都很舒适愉悦，没有任何困难。通过移民柜台的体验也很顺滑，毫不麻烦，尤其对西方人来说更是如此。

> 离开樟宜机场，一座绿色的岛屿在前方问候。数不尽的公园，两旁都是树木的道路和闪耀的高架路展示着城市内四通八达的交通。当他们进

入新加坡的政府机构时,还能有更多积极的感受。总体来说,新加坡的公共服务就像大部分西方国家一样高效,有些方面甚至更为出色。此外,银行与金融业务也非常完善、便捷、及时,与任何一个西方国家相同。[6]

新加坡不仅拥有领先高效的口碑,还在各类西方机构和智库的国家实力排行榜上名列前茅,其中包括了高水平的透明度,没有贪污腐败,严格遵守任人唯贤理念,国际竞争力和经济自由度。新加坡还因其杰出的住房政策、医疗健康和补助福利而受到广泛好评。感受新加坡世界一流的大都会式便捷生活,持续接收来自世界各地对其经济与社会发展成就的赞誉,很容易使得来访的专家(包括教育专家)在一系列议题上接受人民行动党政府的观点。官方的说法具有很强的公信力,对其表示怀疑则不会受到鼓励。新加坡官员在吸引来访者方面都是专家,对他们极为友好,还提供他们人民行动党的位置。各个地方的专制国家都有这样的能力,来粉饰现状,新加坡更是首屈一指。

新西兰教育学家罗斯·帕特森在完成她的访学后指出:"[她研究所需的]大部分的访谈都有教育部官员陪同,不可能直接与教师和校长对话。有人解释说,教育部是加满了油的公关机器,地面上最真实的情况或许并非如此。"[7]

自20世纪60年代起,新加坡——和其创立者李光耀——特别擅长接待来访的外国要员、记者、学术人员和作家,得体地展示这个城邦国家所获得的一切成就,让人留下深刻的印象。很有可能,来自格拉坦机构的代表在来访新加坡时就接受了来自教育部的公关待遇,从而收集信息,完成了名为《迎头赶上:从东亚最好的学校系统中学习》[8]的报告。

格拉坦的研究据说"从中央、地方和学校层面收集了大量数据",[9]然而这份报告显然只接收了来自教育部的数据、政策和观点。倘若他们深入挖掘,而不只是依赖官方提供的资料和官员的介绍,这些研究员或许就会发现这个教育制度本质上的问题。他们也会认识到,绩效评估系统在提高教师表现方面的作用存疑。他们也可能会发现,在高压环境下学生和教师都无视了"全人教育",

而并非如报告所宣称的那样,给所有新加坡学生开展了"全人教育"。埋没学生的创造力,求知欲和好奇心并不是全人教育。倘若这些研究员在新加坡好好做功课,就不会写出这样一份充满误导性信息的报告,充斥着对新加坡教育制度热情洋溢的赞颂。

一群来自苏格兰的教育学者在 2008 年和 2009 年拜访了新加坡,他们的态度则稍显怀疑。他们中的一员,菲欧娜·麦克马克(Fiona McCormack)完成了 2008 年拜访的相关报告。她写道,"我们诚挚希望在未来有更多的机会来学习了解这些介绍给我们的原则,具体是怎样落地实践的。"[10] 她补充道:

> 我们参观了不少学校,它们都有骄人的成就。我们注意到,社区学校的教师似乎在教学上面临着更大的挑战,尽管我们没能拜访任何一所社区学校。我们去参观的学校似乎都满是开心微笑、心满意足的学生。我们认为,应当不总是如此。如果可以与教职工面对面,了解日常工作中面临的挑战,交换观点和教学策略,一定会更有帮助。[11]

麦克马克还指出,新加坡教师"一天的工作时间很长",从早上 7 点到下午 6 点。她总结道,"新加坡教育制度和我们国家的在许多方面都大为不同。"[12] 尽管她圆滑地指出,作为来访团他们有不少方面非常羡慕,但她也认为,"在其他方面我认为我们比较领先,包括我们教师的整体水平。"

尽管麦克马克的团队只在新加坡学校访学了比较短的时间,这份报告至少对他们看到的内容表现出了怀疑的态度。她的报告与格拉坦、亚洲协会和亚斯本满是赞颂的报告形成了鲜明对比,后者看起来似乎只是简单重组了新加坡教育部的官方宣传材料。他们在新加坡的信息收集步骤或许可以总结为,首先与教育部官员和经过官方选拔的教师们聊天对话,随后进行城市观光娱乐。就这样他们收集信息,汇编成了这些不加批判的报告。然而,他们对新加坡教育无味而充满误导信息的记叙,却被大量西方教育专家、教育部官员甚至首相广泛引用。

新加坡的教育改革

这样满是问题的教育制度显然需要改革。然而事实证明,新加坡教育改革的过程也是挑战重重。

忧心忡忡的领导者

被误导的外国教育者对新加坡教育大加称赞时,新加坡的领导者却痛苦地注意到了教育当前面临的问题。他们还格外担心培养的学生的质量。新加坡学校无法如他们预期的那样培养有能力的学生,从而影响国家的竞争力,为此他们深感痛苦。

新加坡在创新与创业能力方面的水平较低,自 20 世纪 80 年代以来,这困扰着人民行动党领导。新加坡教育专家杰森·谈(Jason Tan)和高皮纳森指出,"新加坡的学生和劳动力中明显缺乏创新思考能力,这让政府首脑们都感到非常失望。"[13]对于 21 世纪知识型经济体,这些技能在国际竞争中至关重要。

过分强调考试结果和思想统一性的教育制度很大程度上造成了新加坡创新创业能力的低下。对新加坡的普通学生来说,给出正确的答案来取悦教师和考官是他们最主要的目标。因为他们意识到,锻炼想象力或是选修类似文学这样爱好性的学科,可能会影响他们的考试成绩。这种想法使他们非常狭隘,扼杀了他们创造性的自我表达和乐于冒险的意识。而这些品质对创新与创业行为等要求新观点新想法的情况来说相当重要。抑制创新思维妨碍了生产力和经济发展,也影响国家竞争力水平。

试图做得更好

自 20 世纪 70 年代末期开始,人民行动党政府就发起了数轮教育改革。首先是 1979 年的吴庆瑞改革,追求创造"更有效率"的分流制度,来确保教育资源合理分配,最大化提升学校的生产力。但这轮改革不仅创造了精英主义、种族主义的教育制度,还创造了基于应试的"高压锅"式教育环境,阻碍了学生创新能力的发展。1992 年引入的学校排名方案进一步加剧了这一现象。基于对上述后果的担忧,政府推动改革,改变死记硬背的教学方式,转而发展学生批判性思维的能力和解决问题的技能。

第一轮改革项目是 1997 年开始的"思考型学校,学习型国家"(Thinking Schools, Learning Nation, TSLN)倡议,旨在发展学生创新型思维能力,激发学生的求知欲。

"思考型学校,学习型国家"项目的愿景,是将新加坡转变为终身学习的国家,激发各个年龄、各个阶层人士的创新意识。学校课程和高校录取标准都发生了相应的变化,鼓励打破传统、勇于承担风险的思维方式。要求问题解决技能的独立研究项目成为了这一方案的核心内容。教育部削减了一部分的课堂教学内容,从而为发展学生的批判性思维提供了空间。项目的重点是强调过程而非结果。

在"思考型学校,学习型国家"项目实施后,下一轮改革方案在 2005 年启动——也就是"教得更少,学得更多"方案(Teach Less, Learn More, TLLM)——主旨也比较接近。项目的目标同样是鼓励学生主动学习,而不只是吸收信息。不过,这一次的重点还包括给学校和教师更多自由权,允许他们自己设计引入独立课程。正如总理李显龙在 2004 年所说的那样,"质量比数量更重要"。

然而,就像人民行动党其他大刀阔斧的改革一样,现实和理想总有差距。上述两种方案的实施也面临着同样的困境。

积习难改

对比"学习型国家"和"教得更少"这两个项目,其本质就是"老瓶装新酒",换汤不换药。"学习型国家"这个项目代表着与过去一刀两断,鼓励创新与批判性思维、减少教学内容。而"教得更少"项目有同样的目标,只不过换了种话术,

227

同样呼吁学校减少死记硬背,鼓励主动学习,减少被动信息吸收。新加坡的教育学者、教师工会的副会长阿布·卡迪尔观察到,后者是建立在前者的基础上的,成为了"前者的极端形态"。[14]人们或可发现,"学习型国家"项目在2004年左右陷入僵局,而官方为了重新建立具有创新型思维的教育制度,启动了"教得更少"项目。不过,正如许多研究所显示的那样,这两个项目的成果都相当有限。

"学习型国家"项目

阿布·卡迪尔负责实施了一项对"学习型国家"项目的研究。[15]他跟踪了六所公立学校的教师与学生,重点研究批判性思维在这些学校的教学情况。批判性思维是"学习型国家"项目明确提出的核心指标。

阿布·卡迪尔发现,学生要想发展批判性思维能力,面临着重重阻碍。他指出,"教师对批判性思维的认知基础不足……很难在课堂教学中融入批判性思维。"[16]在他访谈的教师中,没有人"认为自己对批判性思维有很好的知识储备,足以成为相关专家进行教学。"[17]他们反馈道,在国立师范学院接受的教育中,也没有这方面知识。[18]他们抱怨说,不太理解批判性思维的原理,也很难将他们了解的信息在课堂中传递出来。一位教师告诉卡迪尔,他在国立师范学院学到的有关批判性思维的知识"主要都是理论",很难在实践中使用。此外,在培训教师批判性思维的专业知识方面,也"缺乏连贯性和系统性"。[19]国立师范学院看似给教师提供了培养批判性思维的项目和举措,以帮助他们具有相关专业性。但卡迪尔的研究发现,实情并非如此:"师范教育与专业培训都没能帮助教师形成足够的知识储备,使他们可以[有效地]在日常教学中实践批判性思维。"[20]

卡迪尔认为,教师们需要长期多元的培训项目来发展批判性思维技能,学习如何进行教学,而不是只依赖国立师范学院教授的零散知识点。

卡迪尔访谈的新加坡学生提供的反馈与教师们相似,他们同样批评道,课堂内缺乏批判性思维内容。他们评论道，"传统的死记硬背式学习"仍旧是日常课堂教学的主流，很少允许批判性思维。[21]一名中学生告诉卡迪尔，"老师就只是给你问题，然后就开始写下答案，[我们]没必要[批判性]思考。"[22]在高中阶段尽管试图融入一些批判性思维的教学练习，但卡迪尔发现，"……仍旧预设，学生的角色微不足道"。[23]他说，"大部分的学生都认为，批判性思维在学习中的作用非常边缘化。"[24]有的学生对他们缺乏思维能力表示了担忧。一名学生说，在小学和初中阶段，"……永远都有正确答案。我不觉得自己需要学会思考。"但在高中，她不得不开始思考，但发现自己习惯性地从老师那里获得答案。[25]她叹息道，"好像有点太晚了——我应该从小学就开始的。"

学生认为，艺术与人文科目，包括文学，应当更注重培养学生批判性思维的能力。一名学生指出，"在人文学科中，[不像数学和科学]，不是必须跟着固定的公式。在文学课堂上，你需要独立思考，真正用脑子……没人会给你答案。"[26]

不过，卡迪尔指出，"学生对批判性思维的功效缺乏感知"，补充道："就算已经上学 10 年，且应当接受过'学习型国家'项目的熏陶，大学预科的学生也不认为自己是'思考型学习者'"。

在新加坡学校中，批判性思维的位置非常边缘化，很大程度上是因为学校课程的主旋律仍旧是为升学考试作准备。对学生来说，生死攸关的事情是在小学毕业会考、中学 O-Level 和 A-Level 考试中获得好成绩，这迫使他们只能将发展批判性思维作为副科放在一边。这种对"高利害"考试的关注，迫使"新加坡大部分学校采取说教式教学法和死记硬背的学习方式。"[27]在新加坡学校里，死记硬背、反复练习的学习方法比创新型批判性思维更容易获得好成绩。

在课堂里，时间压力也同样阻碍了相关能力的培养。卡迪尔指出，"除了完成所有教学任务、帮助学生应试之外，雪上加霜的是时间的缺乏。这是一个持续存在的问题。"[28]培养学生批判性思维需要花时间，结果也不能立刻在考试成绩上表现出来。而考试成绩才是新加坡学生和家长最关心的——也是那些竞争激烈的学校所关注的。

这不是政府提出"思考型学校,学习型国家"时想看到的结果。卡迪尔指出,在部委官员的要求与一线课堂的实践之间存在着"严重的鸿沟"。[29]大部分时候,教师仍旧用传统的死记硬背方式进行教学,采用以教师为中心的方式,主导着课堂,"弱化学生的作用,不鼓励学生参与和课堂对话"。[30]而学生仍旧不认为自己是"思考型学习者"。[31]在教育部"自称实施了全面的全人教育"时,应试教学仍旧是"教育系统显性或隐性的关注重点"。[32]卡迪尔认为,为了培养"思考型学习者",国家教育系统必须"重新接受培训"。其中的重点是,教师的自我认知应该从"技术人员"转变为"改革型知识分子"。[33]应该给教师提供新的课程大纲和良好的学校环境,明确鼓励、珍视、奖励批判性思维。只有这样学生才能成为思考型的学习者,达成"思考型学校,学习型国家"的愿景。

"教得更少"项目

对"教得更少"项目进行评估,结果就和"学习型国家"差不多。"教得更少,学得更多"项目在 2005 年启动,与 1997 年启动的"学习型国家"目标差不多。尽管教育部宣称,截至 2012 年,各科的教学内容都减少了 10%—20%,但实际上,成果也非常有限。[34]新加坡报纸《今日》(Today)进行了一项面向 30 所小学教师的研究,发现学校内的情况并没有发生很大的变化,仍旧采用纸笔考试的方式来对学生进行评价。这也意味着,只要有考试,那么培养学生"不能被考核的技能,如批判性思维和自学探究,通常会被置之不理",《今日》报道。[35]正如一名教师所说,"只要考试的方式不变,老师仍旧会用死记硬背的方式来帮助学生战胜考试。"[36]

这样的言论也在学术论文中有所体现。新加坡国立师范学院政策与领导力研究的系主任黄博智(Ng Pak Tee)在他题为《新加坡教育改革:从数量到质量》的论文中就有类似的表述。[37]他说,尽管"教得更少"项目旨在提高学生的独立学习能力,而不只是提高学生的成绩,但要在"结果至上"的环境里达成这样的目标非常困难。[38]考试驱动型的文化和根深蒂固的死记硬背学习方式仍旧是新加坡教育制度的主流,就算积极寻求改变也无济于事。尽管教育部试图推动教育改革,使其从消极被动的知识吸收转变为培养创造力和批判性思维的能力,但原有文化习惯的存在阻碍了改革的步伐。

两大原因使得原有的教育文化得以保持,首先是教师和他们受训时被培养的教学模式,其次是来自家长期望的压力。

黄老师指出,要想转变教师的教学模式,代表着改变教师长时间以来的教学习惯,是一个"极为复杂的过程"。[39]"教师们自己是过去时代的产物,他们的观念受学生时代的影响……这一代教师所接受的教育、所养成的观点都和如今时代提倡的大为不同。"[40]

在"教得更少"这一新理念下的教师们,需要用全新的创新型方式进行教学,与过去机械的死记硬背完全不同,但那是他们接受教育的方式。这样的研究结果也反映在卡迪尔对"学习型国家"的调研结果中。

调整到新型模式对许多教师都是巨大的挑战,尤其是较为年长的教师。此外,"当前,让教师改变他们日常教学方式的动力很弱","……相反,要进行根本性的大规模、长时间改变,成本非常高。对教师来说,何必用两个小时来引导学生自己发现一个概念,而不是用一小时来直接教给学生并让他们做题掌握呢。特别是,后者比前者可能更适应考试。"[41]

就和"学习型国家"碰到的情况一样,"教得更少"项目的理念与新加坡应试教育的文化背道而驰。黄老师指出,"如果教得更多可以在考试上获得更好的成绩,我们为什么要教得更少?"[42]国家的整体教育制度很大程度上受到社会文化,尤其是学生家长的影响。家长的亚文化也让新加坡对考试分数的执着持续存在。

"质量比数量更重要"在学校很难实施,也因为许多家长用量化的方式来衡量学业成果。很长一段时间以来,优秀的学生意味着学生成绩好,……考试成绩决定一切的思维给学校领导和教师带来挑战……只要他们必须为学校成绩负责,校长们就不能承担"误入歧途"的风险。[43]

学校一旦在考试成绩上比其他学校落后,就必须安抚家长,否则会惹来他们的愤怒。校长和教师都需要为此负责任。家长期望孩子考试成绩好。除了给学校施加压力确保孩子获得好成绩,还会争取任何可能的资源支持,包括给孩子上补习和其他课程项目。考虑到在新加坡,个人前景与考试成绩息息相关,家长们的担忧实在是情有可原。正如提名议员劳伦斯·连(Lawrence Lien)观察的:"只要雇主和高校对那些来自好中学和预科学校的毕业生提供盲目的优待,家长就一直会执着于要求孩子在毕业考获得好成绩,从而把孩子送进这些学校。"[44]

同样,新加坡评论员、作家苏德希尔·瓦德克斯(Sudhir Vadaketh)指出,雇主通常具有"更重视书面成就"的思维局限性,[45]他补充道:

> 在劳动力雇佣市场中,不论是来自私营还是公立企业的经理们,往往都更关注一个人过往的学历背景,而不是他当前的职业表现情况。在《经济学人》工作的新加坡本地人申请一个新加坡部委内的工作。面试开始,这位候选者一坐下,面试官就说,'不好意思,不过,我觉得你的毕业院校恐怕不太对。'这种说法或许有半开玩笑的性质,但也说明政府单位在用人时看重的特点。[46]

因此,就算有不少新加坡雇主们认为本地学生的水平不佳,仍旧有大量雇主认可他们,尤其是政府单位。他们更青睐来自本地顶尖高校和大学预科学校的学生。一部分公务员因其出色的求学表现获得工作,因此也自然倾向于有同样经历的毕业生。结果就是,新加坡的公务员体系持续雇佣来自顶尖学校和大学的高分毕业生。

雇主这种根深蒂固的观念也导致了新加坡社会对好成绩和好学校的持续沉迷。也正是因为这些现象,领导就算是呼吁学校减少教学内容,让学生学得更少并成为主动学习的"思考型学习者",也都是无济于事。改革的效果平平。和"学习型国家"项目一样,这一轮的改革在学校层面,实施的力度也非常有限。

传统的教学方式仍旧更受欢迎。黄老师注意到,只有少部分学校尝试了新的教学方式。[47]"尽管可以轻松找到零星的改革样例和尝试,但想要达成系统性的大规模转变,是一项极为艰巨的挑战。"[48]

因而,在"学习型国家"项目实施 15 年、"教得更少"项目实施 7 年之后,考试驱动的应试教育模式始终在新加坡盛行。就算领导再三呼吁推动改革,教育部要想全人教育的愿望仍旧遥不可及。

改革的阻碍

人民行动党领导层对改革的决心——起码从字面上看——不容置疑。他们显然希望学生能够发展创新能力和批判性思维,激发好奇心,促进求知欲。上述两轮改革方案都试图培养学生拥有这样的思维方式,但目前为止成果平平。人民行动党领导还尝试通过少布置作业和增加游戏娱乐来给教育制度减压减负。他们还大抵希望可以真正实现机会平等的理念,让所有孩子都拥有平等成长的机会。

然而,许多因素交织在一起,成了新加坡的教育改革的阻力,使其很难达到人民行动党预设的目标。其中最主要的因素是分流制度的存在。只要学生、教师、家长和学校始终面对激烈的竞争,背负很大的压力,那么考试驱动的应试教育仍旧会普及。人们被获得高分的欲望控制着,不鼓励"教得更少"这类项目提倡的教学方法,也很难刺激学生创新创业能力的培养。就算给教师机会来尝试创新型教学,他们是否有能力完成也需要打个问号。为此他们需要学习全新的教学模式,这与他们从小长大接受教育的死记硬背模式截然不同。尽管政府在小学阶段取消了分流制度,但以小学毕业会考为依据的中学分流制度仍旧保留了下来。这或许与官员的惰性有关。要废止在新加坡执行了 45 年、具有深刻影响力的政策,势必会让整个教育部人仰马翻。改变这一政策或许还会影响人民行动党精英主义的底层逻辑,对人民行动党领导来说会是挑战。这些公务员都成长在精英思想的引领下,或许要转变逻辑对他们来说也比较困难。(译者注:2019 年新加坡教育部已经宣布,教育部已经选择五所学校试点取消中学阶

段的分流制度,在未来五年逐步推广扩展,预计到2024年将全面取消中学阶段的分流制度。)

除了分流制度,还有其他因素阻碍了新加坡教育改革,如母语课程项目和非官方的学校排名等。这些阻挠改革的因素,被既得利益集团把持,他们对政府施加影响,使政府的改革很难推行。

首先,说中文与说马来语的家长们给政府施加压力,不允许政府同意在小学会考中降低母语学科权重的提案。即便学习母语的压力始终存在,对华裔学生们影响尤其大,但母语学科学习始终是学校课程的重要组成部分。

其次,政府2004年就取消了学校分级的制度,但家长怕输的心态驱动着他们组织非官方的学校排名。这些学校竞争对比的联赛排名表使学生与教师生活在追求考试高分的压力中。这些怕输家长们通过非官方排名的方式保留了校际竞争的压力,从而使政府给学校减压的努力付诸东流。

上述这些所有的因素一起使新加坡政府教育改革的努力变得徒劳。雇主与政府机关对文凭和学业成绩的迷恋,教育部官员的惰性,教师对新型教学方式的陌生,家长施加的压力都减缓了新加坡教育改革的步伐。因此,新加坡的教育制度仍旧是考试驱动的。而这也意味着,学校教的只是应试的内容,学生要面对无尽的考试,部分学科(如文学和艺术)仍然面对限制,等等。

也就是说,新加坡学校对学生、教师和家长来说,仍然会是压力山大的、不快乐的场所。教育培养的是考试能手,学生缺乏创新自主的思维。不过,假设新加坡教育真的可以改革成功,培养出了具有创新思维的人才,他们究竟是否有足够的自由,来践行他们的发明创造呢?

关于自由的问题

只有在自由的国度,创新自主的言行才能遍地开花。新加坡并不是这样的国家。正如坦恩(Tan)和高皮纳坦(Gopinathan)所指出的:"教育内,想要获得真正发明、创新、实验的欲望和机会并不存在,除非政府接受民间团体的发展,不再反对持不同政见的人。"[49]

卡迪尔也有相似的观点,他评论道,新加坡政治图景造成了"学术阉割"。[50]在学校里培养未来的"思考型公民"或许会造成社会的"高度不和谐",因为在当前社会里人民应当是温顺的、服从的。

新加坡民主党对教育制度的报告也体现了同样的看法。报告说:"……实践批判性思维并不能只局限在课堂里,而应当应用在所有工作与生活的世界。"[51]除了政府允许的项目,新加坡人整体上的政治参与度非常有限,这也"阻碍了全体人民独立思考的能力"。[52]

就算新加坡学生真的如国家领导所期望的那样掌握了创新型思维和批判性能力,他们是否有实践能力的可能,这仍需打个问号。当前他们中最优秀的人才,也就是在公务员系统中的精英们,仍然缺乏足够的独立思考能力,习惯性规避风险,表现得较为温顺服从。就算他们真的具备创新型才能,这也会成为公务员系统统一思想的阻力,不受欢迎。这一逻辑也适用于新加坡社会,因为从文化上和政治上都不鼓励独立思想和冒险的言行。

在人民行动党领导人忙着重新校准本国的教育制度时,新加坡教育的西方粉丝们却没有注意到这一制度的问题,只想着学习和引入。或许,新加坡教育中唯一值得获得掌声,值得引入的是新加坡的小学数学教材吧。

*　　*　　*

本章与之前的章节研究了新加坡教育制度的严重问题与随之而来的改革。许多问题都是 1979 年吴庆瑞改革的后果。这一影响深远的教育改革由国防部官员设计,经历了自上而下的强制执行和教育部的专制管理,在一群怕输家长的推动下延续。

就算新加坡教育有这样那样的问题,它仍然获得了世界各方的肯定与关注。

而另一个同样获得世界赞誉的国家是芬兰。但芬兰的学校教育与新加坡几乎是两极的。本书的下一板块将比较这两个国家的教育制度,与他们在教育私有化的国际争论中扮演的角色。

参考文献

1. Mourshed, Mona; Chinezi Chijioki and Michael Barber. *How the world's most improved school systems keep getting better*, McKinsey & Company, November 2010, p. 94.

2. Scalfini, Susan and Edmund Lim. "Rethinking Human Capital in Education: Singapore As A Model for Teacher Development", The Aspen Institute, Washington DC, 2008.

3. Ibid, p. 22.

4. Ibid, p. 5.

5. "JC" blog response to Vivian Stewart's "How Singapore Developed a High-Quality Teacher Workforce", Asia Society, New York, April 2010.

6. King, Rodney. *The Singapore Miracle, Myth and Reality*, Insight Press, Inglewood, Western Australia, pp. 130 – 131.

7. Patterson, Rose. "Singapore — the wealth of a nation", *Around the World, the evolution of teaching as a profession*, The New Zealand Initiative, Wellington, New Zealand, 2013, p. 2.

8. Jensen B., A. Hunter, J. Sonnermann and T. Burns. *Catching up: Learning from the best school systems in East Asia*, *Summary report*, Grattan Institute, Melbourne, p. 5.

9. Ibid.

10. McCormack, Fiona. *Scottish Continuing International Professional Development group visit — final report*, Singapore April 2008, Learning+Teaching, Scotland, p. 2.

11. Ibid.

12. Ibid, p. 5.

13. Tan, Jason and S. Gopinathan. "Education Reform in Singapore: Towards Greater Creativity and Innovation?" *NIRA Review*, Summer 2000. p. 10.

14. Ab Kadir, M. A. *Rethinking Thinking Schools*, *Learning Nation: teachers' and student perspectives of critical thinking in Singapore Education*, PhD thesis, University of Melbourne, 2009.

15. Ibid.

16. Ibid.

17. Ibid, p. 153.

18. Ibid, pp. 157 – 158.

19. Ibid, p. 160.

20. Ibid, p. 171.

21. Ibid, p. 258.

22. Ibid.

23. Ibid, p. 265.

24. Ibid, p. 282.

25. Ibid, p. 276.

26. Ibid, p. 276.

27. Ibid, p. 248.

28. Ibid, p. 218.

29. Ibid, p. 302.

30. Ibid, p. 216.

31. Ibid, p. 286.

32. Ibid.

33. Ibid.

34. *Today* (Singapore), August 24, 2012.

35. Ibid.

36. Ibid.

37. Ng Pak Tee. "Educational reform in Singapore: From quantity to quality", *Education Research for Policy and Practice*, February 2008, Vol. 7, Issue 1, pp. 5 – 15, Springer Link.

38. *Today*, August 24, 2012.

39. Ng Pak Tee. "Educational reform in Singapore: From quantity to quality". p. 12.

40. Ibid.

41. Ibid.

42. Ibid, p. 13.

43. Ibid.

44. Ibid.

45. Vadaketh, Sudhir Thomas. "Why has Singapore failed to prepare its citizens adequately for the knowledge economy?", *Musings from Singapore*, online publication, May 17, 2013.

46. Ibid.

47. Ng Pak Tee. "Educational reform in Singapore: From quantity to quality". p. 12.

48. Ibid.

49. Tan, Jason and S. Gopinathan. "Education Reform in Singapore: Towards Greater Creativity and Innovation?", p. 10.

50. Ab Kadir. *Rethinking Thinking Schools, Learning Nation: teachers' and student perspectives of critical thinking in Singapore Education*, p. 284.

51. Singapore Democratic Party. *Educating for Creativity and Equality: An Agenda for Transformation*, SDP, Singapore, 2014, p. 16.

52. Ibid.

Singapore

第四部分

新加坡、芬兰和
全球教育改革运动

任何分析新加坡教育的作品,都不能忽视其在全球舞台上扮演的角色,也不只是分析新加坡在国际测评中获得的成绩,还需要关注这个城邦国家在世界教育理念的争议中起到的作用。在世界教育理念的争辩之中,一边是全球教育改革运动(Global Education Reform Movement,GERM),支持教育私有化与应试的教学法,采用管理企业的逻辑来运营学校。另一边是教育学者与教育家组成的同盟,反对上述理念。他们支持公立教育,相信教育不应该遵循市场经济的逻辑,认为标准化测试对教育教学有害。

不论是 GERM 的支持者还是反对者,都引用国家案例来支持自己的观点。这两个常常被当做案例的国家就是新加坡和芬兰。新加坡(还有其他东亚国家)都被看作是 GERM 的标兵,而芬兰则是反 GERM 阵营的案例,形成了两国教育的一系列对比。这一板块首先对比两国教育制度的异同,其次描述全球教育改革与其引发的世界级争论,介绍新加坡与芬兰在争端中扮演的角色。

第十四章　两种教育制度的故事

　　为了观摩世界各地的学校,世界教育的朝圣者们常常从芬兰行至新加坡。和新加坡一样,芬兰教育吸引着全世界的目光,原因也和新加坡类似,主要是因为芬兰在 PISA 测评中获得的高分。对于那些相信 PISA 排名的人来说,这也让他们觉得芬兰的教育世界一流。

　　正如芬兰著名的教育家帕斯·萨尔伯格先生所说,"在过去的 10 年间,芬兰成了世界教育朝圣者的目的地。成千上万的教育工作者与政策制定者来到芬兰,观摩课堂,试图研究,为何芬兰这样的北欧小国,可以在这么多教育排名中名列前茅,在西方各国中领先?"[1]

　　和新加坡一样,芬兰展现出了卓越的教育成果。芬兰的教师和新加坡教师一样,赢得了世界赞誉。美国智库国际教育对标中心(Centre on International Education Benchmarking)认为,"芬兰教育的特点是高水平的教师"。[2] 在芬兰,师范教育的准入门槛很高,正式入职之前还需要获得很高的文凭。[3] 不过,除了和新加坡一样优秀的教师团队之外,芬兰的教育制度更是受到许多教师专家的推崇。他们赞扬芬兰的教育制度压力小、不考试、竞争少、很平等。他们认为,芬兰代表着以亚洲为代表的"高压锅"式应试教育的反面,也成了西方世界反对亚洲模式的理由。芬兰教育也被看作是真正的"全人教育",就像新加坡教育部口头上推崇的那样。本章与之后的章节将重点关注,比起新加坡,芬兰教育究竟是否达成了这样的目标。不过,在此之前,让我们首先介绍芬兰在 TIMSS 和 PISA 测评上的表现。

芬兰在 PISA 和 TIMSS 测评中的排名

与许多人认为的不同,芬兰在国际教育测评上的排名并非始终优异,尤其在 TIMSS 测试上。在 1995—2007 年间的所有 TIMSS 测试中,芬兰在数学和科学方面大多没有获得前十名,除了 1999 年唯一一次数学获得了第 10 名。[4] 2011 年的 TIMSS 测评中,芬兰的进步非常明显。在数学学科(四年级和八年级)上,芬兰的排名是第八,在科学学科分别获得了第三和第五的结果。[5]芬兰还在 2011 年的 TIMSS 和 PIRLS 调研的阅读理解科目上排名第三,当年总共有 45 个国家与地区参与。[6]不过,尽管芬兰在 2007 年之前的 TIMSS 上都表现一般,但其 PISA 测评的表现特别出色。如表 13 - 1 所示,在 2001 年的首届 PISA 测评中,芬兰在数学、科学和阅读的总成绩在所有西方国家中排名第一。2003 年和 2006 年,芬兰的成绩更好,在三门学科中与新加坡和其他亚洲国家瓜分了前三名。只是 2009 年和 2012 年,芬兰的排名略有下滑——这或许和其面对的质疑有关,后文将具体说明。

表 13 - 1 芬兰的 PISA 测评排名(2001—2012)

	数　学	科　学	阅　读
2001	5	4	1
2003	2	1	3
2006	2	1	2
2009	6	2	3
2012	12	5	6

尽管芬兰在 PISA 测评中的结果在 2012 年稍有下滑,但其在 2011 年的 TIMSS 中明显进步。总体而言,芬兰在这两项测评中表现出优异的水平。但其学校制度与新加坡扼杀创造力、好奇心和求知欲的教育制度极为不同。不过,这两个国家的教育之路实际有着相似的起点。

共同的目标

新加坡和芬兰的教育有两个共同的主旨——生存与平等。

新加坡

在 20 世纪 50 年代那振奋人心的岁月里,新加坡人和马来人追求独立,努力摆脱英国的殖民统治。此时,左翼思想占据主导地位,平等主义的理念盛行。众多政治家宣传着阶层、种族、民族平等的理念,包括李光耀和他的人民行动党伙伴们也宣传着费边社会主义的思想。党内,他们会使用共产主义中"同志"和"干部"这类的词汇来称呼官员。到了 60 年代,人民行动党逐渐摆脱了左翼思想,但是持续使用"平等"来为其教育政策提供正当性,其对教育的投入矢志不渝,只为确保国家得以存活。

新加坡教育改革主要受到生存威胁的影响。改革的目的是提高人力资源的效率,满足国家建设的需要。直到 60 年代初,李光耀和他的团队始终热情洋溢地宣称,教育政策旨在创造公正平等的社会。这一观点在 1965 年从马来西亚独立后发生了改变,教育的首要目标是确保新加坡这个国家的长期存活与繁荣昌盛。

芬兰

芬兰的教育改革在 20 世纪 60 年代开始,同样受到了平等主义的驱动——还期盼通过改革增加国际竞争力。与新加坡一样,芬兰也深受国家存亡主义的

影响。正如萨尔伯格所观察到的："芬兰的故事是一个关于生存的故事。"[7]他指出，芬兰是一个奇怪的小国，"说着世界上没有其他人懂的语言"，历史上"一直在西边的大国[瑞典]和东边更大的国家[俄罗斯或苏联]的夹缝中生存"，[8]并补充道："作为一个在东西方列强夹缝中生存的小国，芬兰人学会了接受现实，以现有的条件抓住一切机遇。运用外交、促进合作和寻求共识成为了当代芬兰文化的重要特点。"[9]

因此，芬兰和新加坡具有共性，同样是在列强环绕下的脆弱小国，不得不日常面对可能具有敌意的邻国。和新加坡一样，芬兰坚信，大众教育是应对日益激烈的国际经济竞争的良方。如萨尔伯格所示："在过去的半个世纪中，我们逐渐达成了共识：要想作为一个独立的小国继续生存，唯一的方法就是教育我们的人民。其他国家拥有太多我们没有的优势，而面对这样激烈的大国竞争，教育是我们唯一的希望。"[10]

这样的想法与新加坡不谋而合。20世纪60年代，芬兰逐渐融入西方经济系统时，这样的观念逐渐萌芽。1961年，芬兰加入欧洲自由贸易联盟(the European Free Trade Association, EFTA)，使得芬兰不仅拥有了新的市场，还面对全新的竞争环境。[11]加入EFTA意味着芬兰面临着新挑战："为了提升竞争力，芬兰必须加大教育与研究方面的资金投入"，世界银行的报告指出。[12]而芬兰的社会科学家在此之前就曾说过，"……跟踪国际上关于增长和人力资源的各类理论探讨之后，发现投资在人身上是最好的投资。一些研究者认为，芬兰的经济增长至少有四分之一是因为教育。"[13]在之后的几十年中，随着芬兰与国际经济进一步融合，它也持续面对着日益增长的竞争压力。改进芬兰的教育制度，促进国家人力资源的发展，成了重中之重。

除了提升芬兰的国际竞争力，对社会公平的强烈认同是另一个驱动芬兰教育改革的要素。这一观念与复杂的历史、意识形态、经济与社会因素有关，其中最核心的因素或许是20世纪50年代，芬兰面临的经济转型。芬兰从以伐木、木浆、造纸为主的林业国家转变为工业国家。[14]这一转型导致了两个根本性的结果：

其一，经济转型带来了大规模的城市化移民以及城市工人阶层的快速增长，他们支持左翼政党，要求社会与教育公平。[15]与此同时，芬兰以乡村地区为基础的农业党也调转方向。其年轻一派认为，只依靠农村选民很难让政党继续发展。[16]因而，农业党为获得更多选票，也采用了更平等的教育政策，重点为其农村选民提高当地学校的质量。"工人与农民联合起来，获得了重视"，而他们的一大成果就是要求重建更平等的教育制度。[17]其二，芬兰的工业化让劳动力群体对教育质量的要求更高。教育对许多芬兰人来说是重要的问题，中学（文法）学校的入学人数大幅提升，从 1955—1956 年的 3.4 万学生，到 1970 年的 32.4 万学生。[18]故此，日益扩张的工人阶层要求拥有更好的学校教育和更公平的教育制度。这成为了许多芬兰人关心的根本问题。

芬兰对教育质量的要求也受到其邻国瑞典和俄罗斯的影响。许多芬兰人希望芬兰可以成为像瑞典一样的北欧社会民主福利国家，其核心是教育的全面覆盖。这样的方案也受到了苏联社会主义思想的启发。正如芬兰教育家阿里·安提卡南（Ari Antikainan）和安妮·卢克卡南（Anne Luukkainan）所说，"20 世纪 60 年代和 70 年代……芬兰社会经历着欧洲全面的结构性转型，希望基于斯堪的纳维亚的社会民主模型建立一个工业化的北欧福利国家。全面覆盖的教育是这个福利国家模型的一部分。"[19]

新加坡，按照人民行动党的纲领，也应当建设全面覆盖、机会公平、任人唯贤的教育制度。然而实际上，与芬兰不同，新加坡的教育制度尽管足够全面却并不公平。

不同的路径

由国家主导的改革有不同类型，从专制主义到寻求共识的民主主义，从自上而下到自下而上。前者速度快、决策果断，后者有时速度慢、弯弯绕绕，对那

些独断专行的人来说甚至觉得无趣冗长。新加坡和芬兰展现出了这两种不同的政策制定路径。

新加坡

新加坡教育制度的改革由李光耀信任的副手吴庆瑞决策主导。此外,吴庆瑞还获得了他来自国防部的工程师团队的支持。在这个重建国家教育制度的关键时刻,教育工作者却被排除在外。在新加坡教育部官员设计与实施之后的政策变革时——在国家领导层的关注下——他们始终采用人民行动党惯用的自上而下模式。自然,这样的方式产生了快速的成效,但这样做的后果究竟如何,却需要打个问号,正如前文所示。

问题是,在制定政策的过程中排除了许多利益相关方。那些受政策影响最大的人,或是那些要执行政策的人,并没有参与讨论,咨询意见。缺乏他们的参与与反馈,导致政策有较大的瑕疵,产生了长期影响。吴庆瑞改革就造成了这样的后果,引入分流制度使教育成为了充满压力的应试系统,1992 年引入的学校排名制度进一步加剧了竞争。虽然吴庆瑞政策可能减少了教育资源的"浪费",但培养出的学生丧失了自主创新能力。

尽管人民行动党政府后来尝试着在制定政策时纳入利益相关方——也就是教师、学校、家长和其他社区相关组织——但他们的意见和担忧常被忽视。倘若一项教育政策时不时引起公众极为强烈的不满,政府也会进行修改。最终,在 21 世纪初,教育部开始逐步结束分流制度和其他诸如学校排名的政策。问题是,要想消除这些仓促的政策所造成的长期负面后果,或许需要许多年的努力。

芬兰

芬兰教育的转型是衍变式的,而不是改革式的,变化在超过 40 年的时间里慢慢发生。这背后代表着该国教育系统内,所有利益相关方之间漫长的、寻求共识的过程。

芬兰教育改革的步伐始于 1963 年。意识到芬兰需要严格且公平的教育系统,"立法者与教育工作者一起起草了一份改革的蓝图",阿霍(Aho)、皮特卡南(Pitkanen)和萨尔伯格(Sahlberg)说,[20]"在大量的委员会讨论、实验、试点项目之后,经历了小学教师工会的介入、大量的争执与共识,芬兰议会决议在 1963 年改革义务教育制度,推行综合教育体系。"[21]

在之后超过五年的时间里,芬兰议会致力于推行全面学校改革。1968 年,"在经历了国家委员会的仔细筹备、与教师劳动组织的协商、各地区政府的试点之后",学校教育制度法案得以通过。[22]

随后的一些年,芬兰教育改革遇到的困难,也同样是通过民主地寻求共识的过程得以解决,包括废止分流制度等。截至 1977 年,实地调查研究发现,分流造成了社会、地区和性别的严重不平等之后,民众施加压力要求废止分流制度。被分到低端班级的学生通常都来自于社会的底层,家庭住址更偏远,女孩的人数比男孩更多。[23]阿霍、皮特卡南和萨尔伯格指出,"不检查、不跟进的分流与推行综合教育改革的初衷背道而驰",[24]然而,"推行教育跟踪是综合教育改革过程中最大的挑战"。[25]主要的问题是,学校和教师对施行新型的不分流教育制度抱有怀疑态度。过程中,学校与教师们通过协商,争取到了更大的课堂自由度,从而使他们在校内拥有了更多的自主空间。事实上,这一举措也瓦解了中心化管理,避免了教育制度的中央行政化。

最终,经过多轮辩论、探讨与妥协,芬兰综合教育改革法案在 1985 年通过。这一法案是芬兰通往教育公平的重要里程碑,还结束了分流制度。法案是民主协商的产物,背后是漫长的、混乱的、追求共识的过程。这在新加坡人民行动党的统治下是不被允许的。李光耀和吴庆瑞必定不能接受这样冗长的决策过程。自 1965 年新加坡突然从马来西亚独立开始,加快建设新加坡使其能够存活的巨大压力,或许也解释了为何新加坡领导人这样急迫。然而,匆忙制定的政策往往会带来负面的后果,就像新加坡教育改革所面临的局面那样。

芬兰教育制度诞生于长期建立共识的过程之后,看起来可以结出更深远、更有成效的果实,恰如后文对新加坡与芬兰教育的对比将展示的那样。

对立的两极

新加坡与芬兰的教育之路创造出了两种截然不同的教育制度,他们唯一的共性仅限于在 PISA 和 TIMSS 测评中获得高分。前文对芬兰教育制度的研究呈现出的结果,几乎是新加坡教育制度的反面。芬兰教育是平等的、不提倡竞争的、不恐惧考试的、充满创造力的、去中心化的,而新加坡教育则相反。芬兰的学校与新加坡的学校不同,几乎不培养学生的应试能力。芬兰与其他开明的国家认为,学生具备学习能力以更好地适应现实社会的需要才是更重要的。

平等 vs 不平等

教育平等是芬兰价值观的基石。不论孩子们来自怎样的社会阶层,不论他们个人的能力性格如何,所有的孩子都能在综合学校入学。[26]而不论孩子们聪明与否,他们都在同样的班级内学习。美国教育记者林奈尔·汉考科(LynNell Hancock)报道:"过去五年,(芬兰)国家的目标就是对所有学生一视同仁。"[27]

正如芬兰教师工会主席欧力·卢克凯南(Olli Luukkainen)所说:"芬兰教育最重要的关键词就是公平。不论左派还是右派,所有的政党都认同这个观点。"[28]此外,"从小学到高校,所有阶段的教育都是免费的。"[29]其中涵盖了课本与其他材料费用,免费的每日午餐、学校的健康保险和其他福利措施。[30]只有成人教育才需要支付一定的费用。

而除了避免分层和精英主义的思维之外,芬兰平等主义的教育系统对有学习困难的学生还表现出了强烈支持的决心,尽最大可能地提供了帮助。这类学生可以得到许多资源,还获得了个性化的关注。在芬兰,将近30%的孩子在上学的头九年中获得了这类特殊帮助。教师们花费了巨大的心血为每个孩子设计个性化的学习路径。"如果一种方法失败了,教师会和同事一起,尝试其他办法。他们看起来享受这些挑战带来的乐趣。"[31]而相比而言,新加坡的残障学生获得的资源很少,而顶尖学校的精英学生获得了奢侈的财务支持。

通过了一系列均衡化的措施,芬兰儿童得以"有很大的机会获得同样优质的教育"。研究也证明了这一观点。[32]首先,OECD 的调研结果显示,比起其他 OECD 国家,芬兰学生在不同学校间的成绩差异很小。[33]芬兰的校际差异是 OECD 均值的十分之一。[34]芬兰的教育不均衡几乎都发生在校内,而非校际。因而残存的教育不均衡现象主要是由学生先天的天赋差异造成的。一项 2003 年的芬兰研究也显示,芬兰家长的社会阶层与经济水平和学生的学校表现之间的相关性,在各国中最小。[35]这个结果表明,芬兰在教育均衡化方面取得了巨大的成果。

低压 vs 高压环境

是什么决定了学生与教师的压力水平?对学生来说可能与下列因素相关:开始读书的年龄,上课时长与玩耍时长的对比,以教师为中心的教学方法被执行的程度,作业量和补习情况等。对教师来说,决定压力水平的因素,首先应当是上课时长、备课时长和其他"学校任务"带来的工作时长。其次是他们需要为竞争付出的额外努力程度。而对师生来说,共同的压力源是考试与应试教学,此外还有校际竞争的压力。新加坡和芬兰学校之间主要的差异,也体现在上述因素中。

芬兰儿童在五岁时参加学龄班(幼儿园),在那里主要就是玩耍和社交。他们在七岁时才开始正式上学,学校强调给他们创造低压的学习环境。作业量很小,即便是在冬天也鼓励孩子们在外面玩。[36]一位芬兰的学校校长对汉考科说,"我们不着急。""孩子们在准备好了的时候才能学得更好。为什么让他们过度紧张呢?"而在新加坡,孩子们早在三岁就要参加"婴儿汉语班",在学前班就要开始学习阅读、写作和数学。

芬兰还没有统一考试，唯一的例外是在 16 岁时参加的高中毕业考试。[37] 所有的学生表现评价都通过教师制定的测试完成，不采用统一命题的外部标准化考试。[38] 采用数字打分这样造成学生之间直接比较与竞争的方式是不合法的！只允许教师提供描述性的评价与反馈。萨尔伯格说，尤其小学，几乎是"一个免考区，让孩子知道学什么，怎么学，从而保留了孩子天生的好奇心。"[39] 这样的模式践行了全人教育的理念。相较而言，新加坡孩子则不得不面对残酷的小学毕业会考。

在芬兰，学生、学校与地区之间不存在比较与竞争。[40] 想想新加坡学生和学校不得不在小学毕业会考、O-Level 和 A-Level 中竞争，想想新加坡家长们承受的巨大压力和孩子们必须忍受的补课时长，再想想新加坡一度存在的校际排名和学校分级项目。

如前文所述，新加坡媒体集团的调研显示，新加坡学生所面临的巨大压力，很大程度是由考试造成的。其他调研结果也显示，学生比美国与日本等其他国家的同龄人更害怕考试。日本的孩子最害怕的是失去父母，美国的孩子最担忧的是失去朋友，而新加坡的孩子最恐惧的是考试不及格。

而芬兰孩子的整体压力水平要低得多。例如，芬兰孩子对学习数学的焦虑情况比参与调研的 40 个 OECD 国家中的 90% 都要低。[41] 这项研究从五个维度来测评学生的焦虑情况，包括学生在上数学课或做数学作业碰到困难时的紧张、担忧、无助等情绪，还有对考试成绩不好的恐惧等。所有参与调研的 40 个国家，平均分是 40.6，而芬兰的平均分是 29.8。分数最高是韩国的 55.6 分，还有日本的 52.8 分。而比芬兰分数还低的国家，则是丹麦的 26.6 分，荷兰与瑞典的 24 分，这些国家也都采取了压力较低的教育方式。

另外，师生用于教学的时长也很大程度上决定了教育系统的压力水平。时间更长对师生来说都代表着压力更大，而时间更短则压力时长也更短。

芬兰师生的课堂时长在 OECD 各国中相对较低。2011 年 OECD 的一项教育研究对比了 31 个国家中小学每节课的时长，其中芬兰在小学阶段排名 21，在中学阶段排名23。[42]该研究还显示,在OECD各国中,芬兰教师的授课时长相对较短,在小学阶段排名23,在中学阶段排名27。[43]美国教师全年需要上课1 100小时,而芬兰教师全年只需要完成600小时的上课任务。澳大利亚教师全年上课810小时,而德国和法国的教师需要完成760和630个小时的课堂任务。有趣的是,日本教师的课堂时长也是600小时,而韩国教师只有550小时。或许,这些国家学生接受的大量课后补习,可以减少学校教师的课堂时间吧。

不过,没有数据可以说明新加坡教师的工作时长。格拉坦研究所针对新加坡教育的研究也未能提供相关数据。这一点颇为奇怪,因为格拉坦研究所已统计了解到,中国上海教师每周的上课时长为10—12小时,韩国教师15小时,中国香港教师17小时,而美国教师则有30小时,澳大利亚教师20小时。[44]而考虑到格拉坦研究所对新加坡教师培训项目满是溢美之词,为何这个具有重要意义的数据被忽略,尤其在这么多本地媒体都报道了新加坡教师难以负荷的工作量之后。对比他们与芬兰教师的工作量,几乎让人感到很痛苦。

芬兰小学教师每天完成4—5个45分钟的课时,初中教师则完成5—6个课时。[45]每个45分钟的课时之后,有15分钟的课间休息,学生们通常会走到户外放松。萨尔伯格说,"这个时间,许多教师会在教师休息室透气,或约上同事们碰头。"[46]但很少能听到新加坡的教师——或学生——有这样轻松低压力的养生习惯。

在芬兰,教师与学生的工作量都相对更少。萨尔伯格说:"许多芬兰的来访者都惊讶地发现,在这里,他们很难找到高度支配性的课堂,或是'力量式的教学',或是像掐秒表一样钻研核心知识点。真实情况或许相反。芬兰大部分的学校里,师生关系都比较轻松自在。"[47]

不过,对教师和学生来说,课堂时间只是学校时间中比较少的一部分。"课外时间"也必须包括在内。对教师来说,这代表着备课和行政任务等工作;而对学生来说,则代表着做作业或参加补习班,还有课外活动。在新加坡,这些任务都需要占据教师非常多的时间,在教师原有的工作负担上雪上加霜。而同样,

新加坡学生也需要花费额外的时间完成作业和接受私家补习。

在芬兰,教师和学生的压力都小得多。既没有像新加坡那样随处可见的教师的抱怨,也没有看到学生压力过大。

在芬兰,教师较为享受他们的工作。2012年的一项工作满意度调查发现,芬兰教师在所有的职业类型中对工作最满意,之后是农业工作者、电工和公务员。[48]对教师来说,拥有自我表达的自由,还可以影响孩子们的生命,是他们最看重自己工作的地方。萨尔伯格称,一项进行中的芬兰大学研究关注的是教师的工作满意度与工作环境,研究发现,"当政府限制教师的自由度和自主权时,如引入外部检查机构或标准化考试来管控教师工作时,他们或许会考虑离职"。[49]

芬兰学生上课时间较短,作业量较少,玩耍的时间较多,拥有压力比较小的生活。他们几乎没有作业,而新加坡的学生每天要完成2—8小时的作业。[50]除了上课时间,芬兰学生被鼓励出门玩耍,也拥有比较充裕的休息时间。一名芬兰的校长告诉来访的美国教育学家塞缪尔·艾布拉姆斯(Samuel Abrams),"孩子们玩不好就学不好。"[51]芬兰是"玩中学"理念的先锋实践者,特殊设计的操场"给孩子们玩耍的机会,并让他们学会运用自己的身体",芬兰教育研究者皮克寇·赫冯楠(Pirkko Hyvonen)了解到。[52]这样的学习环境旨在"在孩子们的每日生活习惯中增加玩耍的比重,因为如今的孩子比过去更早就停止玩耍了……而学校里也几乎看不到趣味性的教学方式。"[53]

新加坡的学生在学校就几乎没有这样的体验了,尽管李显龙总理呼吁教育应当在玩中学,这项倡议也只局限在幼儿园阶段。[54]2012年8月,李显龙说,"没有作业不是件坏事",幼儿园小朋友应当被允许去玩,在玩中学。[55]一篇《纽约时报》文章认为玩耍具有提升孩子学习表现的优点。受到这篇文章的启发,李显龙认为,"孩子们应当能够在游戏和趣味活动中学得更多,这比死记硬背好。"

虽然李显龙"玩得更多,减少作业"的倡议受到新加坡人广泛的支持,本地评论员仍认为,他的理念应当配有落地的方案。有人直截了当地指出,倘若不改变主流的教育制度，"那么家长就别无选择，只能继续怕输，给孩子施加压力。"[56]新加坡高压的应试教育与芬兰低压力的课堂氛围形成了鲜明的对比。

汉考科指出，"芬兰的教育工作者很难理解，为何美国对标准化考试着迷。"[57]她介绍了一名芬兰教师对标准化考试的态度。"美国人好像很喜欢彩色的柱状图、表格、图形什么的，"她开玩笑道，一边翻找着过去几年 PISA 的考试结果，"数据结果看起来，好像我们比两年前的平均表现要好。"她找到报告后说，"胡说。我们比这些考试更了解我们的孩子。"[58]

与芬兰教师无忧无虑态度形成显著对比的，是西方政客与教育家的焦虑。他们痛苦地发现，本国的成绩比东亚国家如新加坡的成绩要差得多。

萨尔伯格表示，芬兰教育制度"几乎没有受到（全球教育改革的）影响。"20世纪90年代，一些盎格鲁撒克逊国家，兴起了"以标准化为基础的教育政策改革"的风潮。"在政策制定者与教育改革者之间，形成了一项不言而喻、广泛接受的理念，认为需要为学校、教师和学生制定清晰而有效的标准，从而提升教育质量。"[59]"负责任"的制度应当对学校和教师达成目标的情况进行授权、评估、提拔、监督与奖惩。包括新加坡在内的多个国家，都在教师与学校实施了多样的外部检测机制与绩效评估系统。但这类政策的结果，或"后果"，都很有问题。芬兰拒绝采用这些政策的举措，也被证明是正确的，因为其教育成果仍旧世界一流——起码狭义地从 PISA 结果上来看。

讽刺的是，一个拒绝应试教育的国家，在 PISA 中的表现与新加坡这样广泛采取应试教育的国家一样获得了优异的结果。而芬兰没有物化它的学生与教师，没有将他们置身于充满压力的环境，没有把他们密封在封闭环境里杀死他们的创造力和求知欲。不仅如此，芬兰的教育系统内不仅压力不大，还充满信任，与新加坡不同。

信任 vs 不信任的文化

在新加坡生活的方方面面都受到政府的干预，包括教育制度。即便新加坡

教育部努力尝试着教育去中心化,教育部仍旧掌握着学校,管理着教师,采取了一系列措施以确保他们没有空间违反教育部的政策与管控。

但是在芬兰,教育系统内存在着真挚的相互信任,允许发展去中心化的学校体系。1985 年之前芬兰的教育制度都是统一管理的,但在此之后的一段时间,芬兰引入了"一种以信任为基础的学校文化",并在 90 年代初期得到全面的推广与认可。[60]萨尔伯格认为,"……一种信任的文化意味着,教育权威与政治领袖都信任教师。教师与校长、家长和社区一起,知道怎样给他们的孩子与年轻人提供最好的教育。"[61]

以信任为基础的教育政策能够在芬兰出现,离不开本国公民之间高度信任与坦诚的文化。"信任文化的出现与繁盛,要求周边环境具备优质的治理能力,几乎不存在腐败现象。芬兰的公共机构都享有公民的信任与尊重。因此,对运行良好的公民社会来说,信任学校与教师是自然的结果。诚实守信……常常被看作是最基本的价值观,是芬兰社会的基石。"[62]

以信任为基础的价值观也培育了芬兰去中心化的教育体制,助推了创新的教学模式。学校拥有较大的自由度,可以自主设计教育策略和教学方法。20 世纪 90 年代早期以来,学校就开始按照学校自身的时间安排和资源情况来量身定制属于学校自己的教学项目。[63]

政策也进一步鼓励了创新教育,允许学校(尤其是小学阶段)成为了没有考试的乐园。教师在课程设计上享有真正的自主权,因为他们不需要花时间关心期末考试。[64]他们可以把精力都投注在教学上,而不需要花时间教学生如何应试。因此,在校内,教师可以尝试丰富多样的教学方法,而不必过于害怕失败。对于可以促进学生学习的新型教学模式,教师们都比较愿意接受。

比较两国的教师水平

新加坡常常吹嘘,每届只有最优秀的大学毕业生才能成为教师。首先,新加坡教育部在毕业生的前 30% 中选拔预备教师。[65]在通过沟通能力与人际交往能力评估后,约三分之二的候选人可以进入新加坡国立师范学院。而每年约有90%的学生可以完成学业毕业。[66]

而在芬兰,想要成为教师,则需要接受更高难度的挑战。首先,他们需要通过严格的大学录取考试。由于大学招生人数有限,竞争非常激烈。[67]在芬兰,教师职业备受尊敬,也因而必须从大学的教育学相关专业毕业。例如,2011年,在志愿成为小学教师的候选人中,只有6.7%通过选拔,进入大学教育专业求学。[68]对比一下,大学的法学院和医学院的录取率都是10%左右。而一般来说,芬兰大学的教育学院录取率也是10%。萨尔伯格说,"申请小学教育专业比申请医学院还难。"[69]此外,所有芬兰教师都必须拥有硕士学位。小学教师需要在教育领域拥有硕士学位,而高中教师则还需要在他们所教授的领域拥有硕士学位。

显然,在职业的准入门槛方面,芬兰教师的学术要求比新加坡教师要高。对比新加坡教师,芬兰教师在入职之前就必须获得更高的学历认证。按照这个标准,芬兰教师比新加坡教师学术能力更强,水平更高。

芬兰教师也比新加坡的同行压力更小,更能感受到快乐。与芬兰教师不同,新加坡教师的工作时间更长,不得不忍受绩效系统的监控与管制,在教学内容与教学方式上都受到限制。对比之下,哪个国家的教师更快乐是显而易见的。

比较两国的教育支出

不论是自由派还是传统派,降低政府支出是永恒的议题,教育领域也不例外。提高财政支出的"性价比",砍掉不必要的政府费以减少"浪费",是非常重要的。在这方面,芬兰应当得到称赞——新加坡也不赖。

萨尔伯格指出,新自由主义人士常常将芬兰当作例子,因其获得了顶尖的PISA排名,教育支出却只是OECD国家的平均水平。[70]许多OECD国家的教育支出高于芬兰,但PISA排名却不如芬兰。而这方面,新加坡取得的成果比芬兰还显著。新加坡的教育支出要显著低于其他国家,但其在PISA和TIMSS中都

获得了杰出表现。

新加坡教育经费在 GDP 的占比,比大部分 OECD 国家和欧盟国家要低。[71] 2008 年,新加坡的公共教育支出占 GDP 2.82%,[72] 而 OECD 国家的公共教育支出是 GDP 的 5%,欧盟国家为 4.8%,其中芬兰的占比为 5.7%。[73] 不过这一数字只涵盖了公共教育支出,不包括私立教育费用(以及公共教育的补贴,尤其在高等教育阶段)。

在部分国家的场景下,私立教育支出是一笔巨大投入。OECD 国家中,平均有 0.9% 的 GDP 被用于各类私立教育。[74] 而在芬兰则几乎没有私立教育存在,2008 年,只有 0.1% 的芬兰 GDP 被用于私立教育。[75] 新加坡私立教育支出非常高,但却很难获得具体数字。一般来说,这类支出可以被分为两类——家庭支出(来自学生与家庭)与非政府主体的私人企业或慈善机构。[76] 家庭教育支出主要用于支付学生的课后补习,还有一部分学校学费。这些学费要么是超出了政府补助的范围,要么学生就读的是私立学校。新加坡就是如此。首先,2008 年的数据显示,新加坡当年约有 6.8 亿美元用于课外培训行业,[77] 而同年政府的教育支出为 41.7 亿美元,占新加坡 GDP 的 2.82%。倘若把这两个数字加起来,新加坡当年的教育支出就上升到了 48.5 亿美元,也就是新加坡 GDP 的 3.27%。

另外,新加坡还有大量私立学校,其中包括一部分精英学校。按照教育部的说法,截至 2008 年,新加坡有 283 所私立学校,[78] 包含幼儿园、小学、中学、高等院校以及 25 所国际学校(也有部分新加坡学生)。一旦算上学生给这些学校支付的学费与杂费,2008 年的教育公共支出在 GDP 的占比肯定会比 3.35% 更高。

芬兰教育的财政经费处于 OECD 国家的平均水平,但在操作上,却不太可能比新加坡教育支出更高。倘若算上新加坡所有教育相关的支出再和芬兰教育比对,可以发现,前者的教育制度并不如一些新自由主义人士所认为的那样具有高性价比。

最后,从教育支出与教育质量两方面出发,芬兰与新加坡的班额问题也值得探讨。

比较两国的每班人数

新加坡初中阶段每班人数为 40 人左右,小学阶段为 30 人。芬兰小学阶段的每班人数平均为 19.4 人,初中阶段则为 21.7 人。[79]国际教育改革人士援引新加坡在 PISA 和 TIMSS 上的优异表现与新加坡的大班额现状,试图表明班额对学生的学业表现没有影响。

教师质量才是关键。按照教育改革人士(如格拉坦机构的本·詹森)的说法,新加坡教师都具有顶尖水平。新加坡的大班额、所谓的高水平教师、令人惊异的 PISA 和 TIMSS 排名和相比来说更低的教育开支都使得新加坡成了改革派的完美例证,常被用来当作案例,推行他们的改革方案。

然而,大部分针对班额问题的教育研究都显示,学生在小班中学得更多、表现更好,尤其是小学四年级之前。按照这一逻辑,身处小班教学,芬兰学生比新加坡学生具有明显优势,尤其是在小学阶段。

前文已介绍了新加坡与芬兰教育制度的巨大差异。"对立的两极"这一说法并不夸张。两国都是 PISA 测评的明星选手,都受到同样的教育理想驱使,但实际的教育方式却截然不同。两国都曾面临国之存亡的迫切,受到平等主义理想的感召。但在新加坡,国家利益被放在首位。平等的宣言被人民行动党当做获得政权合法性的话术,用以模糊该党精英主义和种族主义的幕后观点。

两国不同的教育制度也意味着不同的教学方式。新加坡成了全球教育改革的典范,采取了私立化的应试教育方式。而芬兰则在反教育改革派系中扮演了类似的角色。

如前述,许多人依然发现,其中一种教育制度显然比另一种优秀得多。不过,出于学术惰性,或许还有人想要通过更直观的表格,来看到两国教育制度的直接对比。对这种人来说,教育系统的质量与水平取决于其在 PISA 和 TIMSS 测评中的表现。从这个狭义观点出发,许多人认为,芬兰教育在近年已跌落神坛。

PISA 超级巨星的陨落

对于那些对 PISA 和 TIMSS 等测评排名深信不疑的人来说,各国教育实力排行榜是变化无常的。任何国家在排行榜上微小的上升或下降都会牵引着许多政客与媒体记者的情绪,他们或狂喜或惊愕,丝毫不质疑排名的准确性。就算是芬兰与其支持者也不例外。

沾沾自喜的反芬兰人士

芬兰在 PISA 和 TIMSS 上起起伏伏的表现,激起了许多反对芬兰模式人士下意识的反应,尤其是那些支持教育私有化的人。他们满怀愉悦地庆祝芬兰在 2013 年 11 月的 PISA 中排名下滑。

《经济学人》心满意足地宣告了"芬兰的完结",宣称"过去的北欧教育之星在最新的 PISA 测评中陨落,如今应当关注的是严格的亚洲教育模式。"[80] 它幸灾乐祸地讥笑道,"测评结果说明……这一欧洲过去的冠军只被分到了小小的一片派。"随后,《经济学人》又滔滔不绝地介绍了新自由主义的思想,其中包括私有化学校等教育议题。

《经济学人》只是反芬兰教育潮流中的一员而已。每当芬兰在 PISA 或 TIMSS 上有任何下滑,传统派的评论员总是不忘嘲弄几句。2009 年芬兰的 PISA 排名(尤其是数学)略有下滑,澳大利亚一位评论员凯文·唐纳利在 2012 年 10 月自鸣得意地说,"芬兰教育并非像它过去吹嘘的那样。"[81] 他认为,自 PISA 2006 以来,芬兰"一直走下坡路",并补充道:

> 那些反对高风险测试的人常常用芬兰作为案例,认为高风险测试和给学生不合格的措施并没有价值或收益。但他们轻易忽视了东亚国家在教育上的成就。东亚国家的教育制度竞争激烈,学生们背负着一定要成功的

压力,常常被要求按照能力分班。[82]

唐纳利是教育私有化坚定的支持者,他认为,"左派学者和职业(教师)工会"用芬兰作为案例,来反对给私立学校提供经费。他指出了芬兰在 TIMSS 测评中表现平平,但忽视了芬兰 2011 年以来在 TIMSS 测评中获得的显著进步。

芬兰教育的支持者认为,芬兰在 PISA 排名上的退步具有积极意义,其中就包括著名的东亚教育批评家赵勇教授。他说,"……如果认为他们的教育制度每况愈下,那就大错特错了。芬兰在 PISA 排名上的下滑与芬兰自身做了什么或没做什么关系不大。它只是被其他国家挤了下来。"[83]

赵勇认为,按照 PISA 标准衡量,芬兰教育质量自始至终都很好。他说,在这过程中产生变化的是芬兰的竞争对手们,大部分是东亚各国,这些国家成为了更好的 PISA 应试者。但倘若因此认为"亚洲教育系统"大大超越芬兰,那就更是"错得离谱"。[84]一直以来,亚洲国家在各项国际教育测评中都始终表现优异,但"他们对教育成果却并不满意"。如前述,新加坡逐渐意识到了教育制度对师生的危害,他们正在努力调整几十年以来教育制度造成的问题。

在赵勇观点的基础上,人们也可以发现,芬兰在 PISA 的成绩下滑不能说明什么。PISA 很难评估国家的整体教育质量,除非这个国家的教育水平极为落后。在教育落后的国家,任何进步都代表着教育质量的显著进步,不论是识字率提升还是识数情况提高,都可以在 PISA 或 TIMSS 测评上有所体现。但随着国家的教育继续发展,要想评估整体教育质量,需要有更复杂多元的标准。这是 PISA 和 TIMSS 测评所缺乏的。

芬兰人失去信心?

不过,芬兰在 PISA 测评中的下滑,让一些芬兰人开始对教育制度失去信心。"芬兰时事新闻网"(Finnbay)悲观地说道:"黄金时代过去了"。[85]按照最

新的 PISA 结果,它不无伤感地说,"芬兰教育不再是世界一流的"。许多芬兰人看起来似乎也经历了"觉醒时刻"。

芬兰教育与科学部部长克丽丝塔·基乌鲁(Krista Kiuru)不得不宣布,将在 2015 年投入 2 250 万欧元使芬兰与其他竞争对手"旗鼓相当",帮助芬兰重新夺回 PISA 测试的顶尖排位。[86]注意,她也使用了运动竞技的类比词汇。她说,这笔资金将在 2014—2015 年用于提高教育均衡性,通过较少教育问题来提高芬兰的 PISA 排名。她援引芬兰政府研究的结果表明,家长的受教育程度与社会经济背景对学生的学业表现影响极大。

降低求学机会不公平的举措值得称道,芬兰也在过去几十年中严格执行。但因为芬兰的 PISA 排名下滑而这么做,则有点过激了。这么做不仅说明芬兰人对自己的教育制度缺乏信任,而且还体现了 PISA 对各国教育政要的影响力,哪怕是芬兰教育官员都受其影响。芬兰教师对 PISA 和 TIMSS 排名不以为意。他们对 PISA 和 TIMSS 测评中的方法论问题并不关心。这些测试考查的学业技能极为有限——还考查得不太准确。不过,芬兰的一些教育专家与其他国家的同行一样,似乎没有意识到这些问题。他们没能理解,亚洲国家的顶尖成绩主要来自于他们应试的教学模式,沉重的补课负担与对 PISA 和 TIMSS 评测系统规则的钻研,而不是因为他们真正的教育质量。

教育应当是"全人"的,把孩子教育成完整的人,而不只是给他们灌输基础的数学、科学与阅读技巧。显然,新加坡人民行动党的领导者自 20 世纪 90 年代起意识到这一点并不断强调,希望通过改革教育制度来实现这一目标。然而,芬兰自 20 世纪 90 年代以来真正实践了全人教育——且获得了比新加坡与其他 PISA 或 TIMSS 高分国家更显著的成功。然而,一些芬兰人受到 PISA 声望的影响,逐渐对本国教育制度失去信心。对于支持芬兰教育且反对新加坡或东亚教学模式的人来说,这是不幸的趋势。对他们而言,芬兰是反全球教育改革运动的重要同盟。下一章将揭示,芬兰人与反改革人士的担忧并无根据。

参考文献

1. Sahlberg, Pasi. "Teachers as Leaders in Finland", *Educational Leadership*, Vol. 71, No. 2, October 2013.

2. Centre on International Education Benchmarking, *Teacher and Principal Quality — Finland*, Washington DC, 2012.

3. Ibid.

4. *Trends in International Mathematics and Science Study*, 1995 to 2007 reports. Institute of Education Sciences, Washington DC.

5. Ibid.

6. *PIRLS 2011 International Results in Reading*. TIMSS and PIRLS International Study Center, Boston, p. 38.

7. Sahlberg, Pasi. "Paradoxes of educational improvement: the Finnish experience", *Scottish Educational Review*, 43 (1), 2011, p. 3.

8. OECD. *Finland: Slow and Steady Reform for Consistently High Results*, *Strong Performers and Successful Reformers in Education: Lessons from PISA for the United States*, OECD, Paris, 2010, p. 123.

9. Sahlberg, Pasi. "Paradoxes of educational improvement", p. 3.

10. Ibid.

11. Aho, Erkki; Kari Pitkanen and Pasi Sahlberg. "Policy Development and Reform Principles of Basic and Secondary Education in Finland Since 1968", *Education*, Working Paper Series, No. 2, World Bank, Washington DC, May 2006, p. 33.

12. Ibid.

13. Ibid.

14. Aho, Erkki; Kari Pitkanen and Pasi Sahlberg. "Policy Development and Reform Principles of Basic and Secondary Education in Finland Since 1968", p. 26.

15. Ibid — and Antikainan Ari and Anne Lukkainan. "Twenty-five Years of Educational Reform Initiatives in Finland", from a book manuscript on globalization and education, 2008.

16. Ibid, p. 32.

17. Ibid.

18. Aho, Erkki; Kari Pitkanen and Pasi Sahlberg. "Policy Development and Reform Principles of Basic and Secondary Education in Finland Since 1968".

19. Antikainan Ari and Anne Lukkainan. "Twenty-five Years of Educational Reform Initiatives in Finland", p. 32.

20. Aho, Erkki; Kari Pitkanen and Pasi Sahlberg. "Policy Development and Reform Principles of Basic and Secondary Education in Finland Since 1968", p. 34.

21. Ibid.

22. Ibid.

23. Ibid, p. 58.

24. Ibid.

25. Ibid.

26. Sahlberg, Pasi. "Education policies for raising student learning: The Finnish approach", *Journal of Education Policy*,

Vol. 22, No. 2, March 2007, p. 154.

27. Hancock, LynNell. "Why Are Finland's Schools Successful?", *Smithsonian Magazine*, September 2011.

28. Ibid.

29. Ministry of Education and Culture (Finland). *Education Policy in Finland*, *Helsinki*, 2013.

30. Ministry of Education and Culture (Finland). *Basic Education in Finland*, Helsinki, 2013.

31. Ibid.

32. Ibid.

33. Sahlberg, Pasi. "Education policies for raising student learning: The Finnish approach", p. 158.

34. Ibid.

35. Ibid.

36. Hancock, Lyn Nell. "Why Are Finland's Schools Successful?"

37. Ibid.

38. Sahlberg Pasi. "Education policies for raising student learning: The Finnish approach", p. 155.

39. Ibid, p. 156.

40. Ibid.

41. OECD. *Learning for tomorrow's world: first results from PISA 2003*, Paris, p. 140.

42. "Key Facts for Finland at a Glance 2013", *Education at a Glance 2013: Education Indicators*, OECD Publishing, Paris.

43. Ibid.

44. Grattan Institute. *Catching up: Learning from the best school systems in East Asia*,

GI, Melbourne, 2012, p. 15.

45. Sahlberg, Pasi. "Teachers as Leaders in Finland", pp. 36 – 40.

46. Ibid.

47. Ibid.

48. Ibid, p. 37.

49. Ibid.

50. *The Straits Times* (*ST*), November 28, 2003.

51. Abrams, Samuel. "The Children Must Play", *New Republic*, January 28, 2011.

52. Hyvonen, Pirkko T. "Play in the School Context? The Perspectives of Finnish Teachers", *Australian Journal of Teacher Education*, Vol. 36, Issue 8, 2011, Article 5, p. 65.

53. Ibid.

54. *ST*, August 29, 2012.

55. Ibid.

56. Ibid.

57. Hancock, LynNell. "Why Are Finland's Schools Successful?".

58. Ibid.

59. Ibid.

60. Sahlberg, Pasi. "Education policies for raising student learning: The Finnish approach", p. 156.

61. Ibid, p.157.

62. Ibid.

63. Ibid, p. 156.

64. Ibid.

65. Lee, Kim-Eng Christine and Mei Ying Tan. "Rating Teachers and Rewarding Teacher Performance: The context of Singapore". Paper presented at APEC

Conference on Replicating Exemplary Practices in Mathematics Education, Koh Samui, Thailand, March 7 – 12, 2010.

66. Ibid.

67. Richards, Erin. "Finland puts bar high for teachers, kids' well-being", *Journal Sentinel*, November 26, 2011.

68. Ibid.

69. Tung, Stephen. "How the Finnish school system outshines U.S. education", *Stanford News*, January 20, 2012.

70. Sahlberg, Pasi. "Education policies for raising student learning: The Finnish approach", p. 162.

71. OECD. *Education at a Glance 2011: OECD Indicators*, OECD Publishing, 2011, p. 231.

72. IndexMundi. "Singapore — Public Spending on Education", (total as % of GDP), 2014.

73. OECD. *Education at a Glance*, p. 231.

74. Ibid.

75. Ibid.

76. European Commission. *A guide to educational expenditure statistics*, European Commission, Luxembourg, 2005, p. 36.

77. *Agence France-Presse*, July 5, 2012.

78. *Asiaone News*, January 24, 2008.

79. OECD. *Education at a Glance*, OECD Publishing, Paris, Table D2. 1, 2013. p. 450.

80. *The Economist*, December 7, 2013.

81. *The Australian*, October 4, 2012.

82. Ibid.

83. Yong Zhao. "Reading the PISA Tea Leaves: Who Is Responsible for Finland's Decline and the Asian Magic", *zhaolearning. com*, December 2, 2013.

84. Ibid.

85. *www.finnbay*, December 3, 2013.

86. Ibid, December 26, 2013.

第十五章　结果对比

"芬兰教育正在走下坡路"这一说法或许有些过分,尤其是与新加坡等PISA超级巨星国家相比。比较这两个国家的情况,我们会发现,新加坡需要担心的事情远比芬兰更多——不限于教育方面,还包括经济、社会和政治领域。基于这些标准,芬兰显然比新加坡更出色。

教育质量

教育制度的质量取决于下列标准的完成情况:

- 传授基础的阅读与数学技能,
- 培养学生的创新思维,从而提升学生创造力,鼓励创业能力,使公民社会得以发展,
- 践行任人唯贤、机会公平(均衡化),
- 为学生、教师和其他教育体制内的成员,创设振奋人心但压力可控的学习环境。

那么新加坡和芬兰的教育制度在上述方面完成的情况如何呢?

数学与阅读

正如 PISA 和 TIMSS 测评所示,新加坡在数学和阅读上的成绩超过了芬兰。问题是,为何如此? 首先,应当考虑各国对 PISA 和 TIMSS 测评的态度

和倾向。对新加坡来说，获得优异的 PISA 和 TIMSS 成绩是国家级的重要任务，但芬兰人却并不这么认为。在 2013 年之前，他们都并不把这项调研的结果当回事——至少不至于到要钻研比赛技巧的程度。新加坡有更明显的应试倾向。不过，这或许仍不足以说明为何新加坡在数学方面表现更出色。

数学：撇开钻研比赛技巧的原因，新加坡或许的确具有更高超的数学水平，在 PISA 和 TIMSS 上的数学成绩比芬兰更高。新加坡数学教材的有效性或许可以解释新加坡的数学分数更高，且新加坡学校对数学科目也极为重视。

阅读：要说明新加坡在 PIRLS 和 PISA 中的阅读分数比芬兰更高并不容易。PISA 2013 的阅读理解一项中，新加坡排名第三，芬兰排名第六。而在 2011 年 PIRLS 测试中，两国位列第四和第三。

表面看来，这些数据说明，新加坡在阅读理解能力上略微超过芬兰。但另有其他数据显示，结果却并非如此。

首先，阅读兴趣与阅读能力大有关系，但在新加坡学生身上，结果却非常矛盾。一项 OECD 的调查指出，学生在阅读上花费的时间与阅读理解能力正相关，尤其是阅读文章和书籍方面。[1]但正如第三章已提及的，在 PIRLS 调研的九个国家中，新加坡学生只有 26% 会"享受阅读"，而在包括美国、新西兰、瑞典和希腊的其他八个国家中，则有 36%—51% 的学生享受阅读，因有趣而读书。

尽管上述研究并未涵盖芬兰，但另一项研究面更广的 OECD 项目覆盖了芬兰。该项目基于 PISA 2000 的数据，研究了包括芬兰在内 30 个国家（主要是 OECD 国家）的阅读情况，但不包括新加坡。[2]这项研究评估了这些国家学生"在阅读上的参与度"，测评的标准包括：阅读市场，阅读内容的多样性（是否包括报纸和杂志，虚构与纪实内容，漫画和网页，长篇书籍和工作报告等），阅读兴趣与阅读态度。芬兰在这项调查中排名第一，在"阅读理解范畴的综合分"中获

得了 546 分,而获得第二的日本总分为 522 分。[3]

倘若享受阅读与阅读水平正相关,那么理论上来说,芬兰的阅读水平就应当比新加坡更高。然而,之后的一项覆盖了 64 个国家(包括新加坡在内的约 30个非 OECD 国家)的 PISA 阅读研究则显示,新加坡的结果比芬兰高。有约 66%的芬兰学生"享受阅读",而 77%新加坡学生也这样反馈。[4]因此,一项研究中新加坡学生享受阅读的分数最低,而另一项研究里新加坡学生的分数就很高了,比芬兰还高。

此外,公共图书馆的使用数据和公民每年阅读书籍的数量,都是判断社会阅读基础的重要指标。对比新加坡和芬兰的这两项数据,就更难以让人相信,新加坡在阅读理解和享受阅读这两项上的分数居然很高。

2011 年,芬兰人访问公共图书馆 10 次左右,完成 18 次借阅。[5]在所有欧盟国家中,芬兰人的图书馆使用数据最高。2013 年一项面向 17 个欧盟国家的研究发现,67%的芬兰成人会使用图书馆,而欧盟国家的平均数据是23%。[6]与之对比,新加坡人的阅读数量和图书馆使用数据都要低得多。20世纪 90 年代中期的数据显示,新加坡人每年只读约 3.2 本书。[7]之后人民行动党艺术部部长杨荣文(George Yeo)大受刺激,他指出,在赫尔辛基和哥本哈根这些城市,其图书馆使用数据是新加坡的四倍。[8]自此之后,官方大力推动图书馆使用与阅读数据提高,使新加坡的相关数据大幅提升。截至 2009 年,新加坡的公立图书馆每年借出约 3 000 万册书籍,[9]按照新加坡 500 万常住人口的标准计算,则代表着新加坡人每年阅读(或借出)6 本书籍。即便这种计算方法非常粗略,我们也可以看到,新加坡人的图书馆使用数据只是芬兰人的三分之一左右。[10]问题是,为何芬兰在各项阅读相关的子指标和图书馆使用等数据中都领先新加坡,但芬兰的 PISA 和 PIRLS 阅读理解成绩不如新加坡呢?

芬兰在 2011—2012 年 OECD 的国际成人竞争力测评项目(Program for the International Assessment of Adult Competencies,PIAAC)中获得令人惊异的好成

绩之后,人们进一步质疑新加坡在阅读能力上所谓的优越性。PIAAC 测试的是 24 个国家 16—65 岁人群的阅读技能,涵盖日本、芬兰,但不包括新加坡。[11] 最后,在 PIAAC 的阅读项目中,日本排名第一,芬兰排名第二。

另外值得一提的是,芬兰与新加坡两国 15 岁以上人群的识字率情况。芬兰不论男女,识字率都达到了 100%,而在新加坡,根据 2010 年的数据,男性识字率为 98%,女性识字率只有 93.8%。[12]

尽管上述素材来源多样,结果各异,但证据仍旧显示,新加坡在 PISA 和 PIRLS 两项测试中获得的优异结果让人怀疑,尤其是与芬兰对比。按照常识推断,像芬兰这样的国家,拥有如此坚实的阅读文化基础,应当会比新加坡的阅读理解水平更高。而事实上新加坡在 PISA 和 PIRLS 上击败芬兰,或许与阅读理解水平本身关系不大。

其他关键的教育标准

新加坡或许可以在数学与应试的阅读能力测试上赶超芬兰,但在其他方面却并非如此,如创新能力、以贤取士与公平竞争的环境、师生的压力程度等更广泛的教育评价标准。

创新能力:如前文已详细探讨的那样,新加坡应试的教育制度阻碍了创新能力、求知欲和学习兴趣的发展。新加坡学生在创新创业等能力上的不足,已成了人民行动党领导者在过去 20 多年来非常关心的问题。

而芬兰"反应试"的教育制度则创设了更优良的学习环境,鼓励学生培养创新思维、创业能力等。如第三章所示,芬兰在世界经济论坛(WEF)上创新能力类别的排名更高,这是相当重要的例证。

任人唯贤、公平竞争:在这两方面,芬兰均衡的教育制度再次显著优于新加坡。尽管新加坡一直以来都推崇任人唯贤与机会公平的理念,但芬兰却在扎扎实实地进行实践。新加坡教育制度本质上是不公平的,对来自富裕家庭的华裔学生有明显的优待。芬兰则不同,确保来自所有种族、不同

家庭背景的孩子们都拥有同样的机会来最大化地学习与发展,包括残疾儿童。

压力水平:将芬兰的低压学校环境与新加坡的高压环境进行对比,无疑让人感到难受。不论是新加坡的学生、教师还是家长,都深受教育压力带来的痛苦。

高压教育造成的长期影响也很明显。新加坡教育制度培养了一代又一代习惯于规避风险的应试高手,他们的求知欲与学习兴趣受到巨大伤害。而芬兰的教育有着相反的效果,培养学生具有终身学习的兴趣,能够理解世界。芬兰人对阅读的热爱正是具体的体现。此外,相比新加坡人,芬兰人的创造能力也并未被外力破坏。

从这些维度来看,芬兰的教育比新加坡更优秀。那么,对比两国的国家成就,结果又如何呢?

国家成就

一般来说,人们用经济增长、发展情况和全球范围内的经济政治影响力等因素来衡量各国的国家成就水平。最近几年,世界经济论坛(WEF)和洛桑国际管理发展学院(IMD)的国际竞争力水平指数融合了上述指标,进行了综合评定。这两个机构都对国家竞争力进行了排名,而他们的排行榜也成了衡量各国国家成就水平的新标杆。

竞争力排行榜

近年来,新加坡和芬兰都在世界经济论坛(WEF)的竞争力排行榜上处于领先位置。新加坡在国际管理发展学院(IMD)的排名也很高,而芬兰在这项排名上表现中等。

表 14 - 1 新加坡和芬兰在 WEF 和 IMD 的排名情况

	WEF		IMD	
	2	2013—2014	5	2013
新加坡	2	2012—2013	4	2012
	2	2011—2012	3	2011
	3	2013—2014	20	2013
芬 兰	3	2012—2013	17	2012
	4	2011—2012	15	2011

来源：WEF－全球竞争力报告,世界经济论坛,日内瓦,瑞士
IMD－世界竞争力报告,洛桑,瑞士

然而,正如《新加坡奇迹》所示,新加坡在这两项竞争力排行榜中的排名结果让人怀疑。这两个组织都非常依赖各国提供的官方数据,将其作为排名的重要依据。然而,对于执政透明的国家来说,人们或许可以相信其数据的真实与准确性,至少数据应当不会因政策需要而改变。但在新加坡,统计结果是被操控的,数据结果为政策服务,而新加坡需要展现出世界一流外商投资和人才荟萃的对外形象,因此其数据准确性就会打个折扣。新加坡整体上缺乏透明度,从而很难确认数据的准确性。新加坡不存在独立于政府议会的主体来挑战政府提供的数据。新加坡不存在独立的政治力量来预防数据谬误的问题。

而芬兰则是一个自由民主国家,执政透明度要高得多。这一制度保障了官方数据的准确性,官方数据势必经历了严格审查,经过被质疑与被纠正的过程,避免政府因其政策需要而改变统计数据的情况。此外,和新加坡不同,芬兰也并不存在通过展示自我来吸引外资与跨国企业的迫切需求。芬兰并不需要像新加坡那样,需要通过操纵官方数据来修饰数据结果,无中生有地创造看起来

很出彩的本土消费数据,在对外展示的同时压制本国的不满情绪。因此,芬兰提供给诸如 WEF 和 IMD 等外部机构的数据大概率是更准确的,其国际竞争力的排名结果也应当更真实。倘若新加坡也提供同样准确真实的数字,那么其国际竞争力排名很有可能比芬兰和许多其他国家要低。

然而,《新加坡奇迹》还展示了,不只是数据准确性有疑义,WEF 和 IMD 在计算国际竞争力时使用的方法论也有问题。

IMD 和 WEF 用来计算竞争力排名的数百项标准涵盖了包括政治、经济、社会、文化、教育、技术等方方面面的各类因素,声称这些因素决定了各国的竞争力水平。但关键的问题是,这些因素是否存在互为因果的关系。因这些评测的因素中存在因果关系,使得许多不相关的因素也被囊括在了被评指标内,模糊了竞争力与这些因素的关联性,影响了数据结果。

另外,IMD 和 WEF 的评判标准都具有偏向性,往往站在外资的角度考虑问题。对这些机构来说,国家的国际竞争力很大程度上代表着这个国家能否满足跨国公司、国际巨头的需要。

创新与创业指标

上述问题使得 IMD 和 WEF 的国际竞争力排行榜不够准确,不能很好体现国家成就。因此,我们还需要其他评价工具来判断国家成就情况,尤其是那些与教育相关的部分。其中,创新与创业能力通常被认为是极为重要的。理论上说,像新加坡这样鼓励应试教育、不提倡冒风险的国家,并不能很好培养学生的创新思维,也不足以发展出良好的创新与创业能力。而像芬兰这样鼓励创新思维的国家则应当具备较高的创新创业能力。实际结果也正是如此。

尽管新加坡是高科技制造业(包括电力与电子产品、化工、橡胶和塑料制品、机械与设备、精准仪器、交通设备等)的中心,这些工作主要由跨国企业承担。在高科技制造业中,外国公司创造了 69.8% 的 GDP 价值,而本地企业只占 30.2%。[13] 截至 20 世纪 90 年代中期,大部分新加坡的专利都由跨国公司获得,且内容多为现有产品的本地化小调整。[14]不过,自此之后,本地专利对外国专利的比例大幅度提升。在2006—2010年期间,约有45%的专利被授予本地企业或组织。[15]与之对比,按照世界专利组织的数据,2011年芬兰共有841项专利,其中约有85%的专利由"本地居民"获得,其余属于"非居民"(外国人)。[16]尽管两国人口总数差不多,芬兰人口为540万,新加坡人口约为530万,但芬兰的本地专利数量也比新加坡更多。在2011年,新加坡拥有484项本地专利,而芬兰有841项。[17]另一个衡量国家研发能力的指标是其科研论文的引用量。一篇论文的被引用量越高,就越重要。这项数据上,芬兰再次战胜了新加坡。在2000—2010年期间,新加坡的专利得到了9.4个引用,而芬兰的专利则有13.9个引用。[18]除了专利数量和科研引用,该国本国企业产生的突破性研究成果和服务也可以被看作是国家创新创业能力的关键数据。尽管新加坡制造了大量高科技出口产品,但大部分都由地处新加坡的大型跨国企业生产。芬兰则不同,拥有许多世界级品牌。[19]

新加坡也有一些世界知名的本地品牌,其中最著名的是新加坡航空、虎牌啤酒和万金油,近年来还有丰益国际(Wilmar International Ltd),一家生产和运输棕榈油的企业。然而,除了新加坡航空这个世界一流的品牌之外,其他所有的产业都是新加坡本地的传统行业,在过去几十年的时间里慢慢发展而来。并没有哪个品牌属于高科技行业,无法和芬兰相提并论。《麻省技术评论》(MIT Technology Review)的记者唐·林(Dawn Lim)评论道,"新加坡没有哪个企业跳了出来,获得像是韩国的三星或日本的索尼[或芬兰的诺基亚]这样的成绩。"[20]

不过,新加坡人沈望博(Sim Wong Hoo)的创新科技(Creative Technology)或许是个例外。创新科技最知名的产品是1989年发布的声霸卡,截至2000年销售量已超过1个亿,[21]属于世界首批被广泛使用的音响传输卡。近年来,创新科技持续开发了许多新的IT产品,包括2012年的汉之派(HanZpad)平板。这是一个为中国市场设计的平板电脑,能够将纸质书籍以软件形式呈现。创新科技在该产品上的研发费用达到了10亿新元。

在沈望博斥巨资开发新产品的同时,新加坡政府每年也投入几十亿新元推动科研,但却没能获得很好的结果。即便投入巨大,还成立两个重要的科学研发中心,但这笔资金却没能带来具有突破性的创新成果。启奥园(Biopolis)于2003年成立,旨在进行生物医学研究。启汇园(Fusionopolis)则在2008年面世,专注于信息通信、媒体、物理与工程研究。[22]世界各地的科学家被新加坡提供的高额薪资福利吸引,来到这两个研发中心任职。然而,直至今日,这两个研发中心都没有产生任何重要的突破性进展,具体内容将在第20章中详细描述。正如林所指出的:"并没有特别具有新加坡特色的创新品牌,这或许是政府过度管控造成的意外后果。商业领袖们公开质疑,新加坡自上而下的管理模式、对标准化考试的沉迷、法律与管理等各方面是否会导致社会不能产出真正具有重要意义的创新理念。"[23]

新加坡在国际创新创业能力调研中平庸的表现,也佐证了上述观点。在世界银行知识经济体指数的排行榜中(World Bank's Knowledge Economy Index),芬兰位列第三,而新加坡只有25名。

不过,创新与创业能力、专利数量与质量、突破性科研结果和高科技品牌的发展情况都只是国家实力的一部分。同样重要的还有其他因素,包括创建公平公正的社会环境。

社会公平情况

公平公正的社会环境是现代社会的价值所在,因此,这也是衡量国家成就的一项重要评价标准。其中,教育制度同样扮演了重要的角色。包括芬兰与新加坡在内,机会公平是所有现代社会价值体系的基石,而机会公平恰恰从入学开始就有所体现。机会公平不只是为了道德层面的原因,更是为了将国家人力与人才资源最大化,从而提升国家成就发展的机会。人才是衡量国家实力的重要依据。而新加坡无法创建公平公正的教育制度,也就造成了人才的流失。

与之相比,芬兰无疑可以从公平的教育制度中获益。此外,芬兰还尽力解决社会贫困,尤其是儿童贫困问题,致力打造机会公平的社会。如联合国儿童基金会(UNICEF)《儿童贫困评价报告》(*Measuring child poverty*)所示,芬兰在儿童贫困方面排在世界倒数第二位。[24] 按照欧盟对 35 个经济发达国家的调研结果显示,2009 年,芬兰的儿童贫困率是 5.3%(在 0—17 岁人群中的占比)。冰岛是 4.7%,是贫困率最低的。

芬兰的整体贫困率也处于世界最低的行列中。一项针对欧洲各国不公平情况的检测研究发现,2010 年,欧洲人口中的 16.4%生活在贫困线以下,但在芬兰,这个比例只有 5.5%。[25] 相对来说,只有荷兰(4.9%)和捷克(5.2%)的数值更低。

那么新加坡的贫困情况如何呢? 在新加坡,要获得准确的有关数据并不容易。《新加坡神话》一书显示,全体新加坡人口汇总的 25%生活在贫困线以下。[26] 这一估值的判断依据是新加坡的收入统计数字,贫困线的判定则参考了发达国家的标准(家庭收入中位数的一半)。遵照这一标准,且参考其他发达国家的数值,判断新加坡儿童的贫困率也应该是差不多的水平。也就是说,新加坡的儿童贫困率大约是芬兰的四至五倍。

按照基尼系数(Gini Coefficient figures)的数据统计,芬兰与新加坡两国的收入分配情况也大不相同。2013 年新加坡的基尼系数是 46.3,2008 年芬兰的基尼系数是 26.8。[27] 在 141 个参与调研的国家中,新加坡排名 32,芬兰排名 131。因而,新加坡在贫富差距方面位列前 31%,而芬兰则处于倒数 8%。

通常来说,贫困情况与贫富差距直接存在正相关关系,芬兰与新加坡的数据也印证了这个逻辑。而这两个国家的不同与他们的教育制度有很大的关系,前者的教育制度更平等,而后者的教育则较为精英主义,不够平等。

教育不均衡造成了社会的不平等,而相反,教育机会的公平则造就了更平等的社会。

幸福水平

或许,衡量国家成功与否的终极指标,就是其公民的幸福情况。这一指标

下,按照 2013 年世界幸福报告的结果,芬兰再次超越了新加坡。[28]在盖洛普 2010—2012 年间对 156 个国家幸福情况的调研结果显示,芬兰排名第七,新加坡则处于第 30 名。

按照六个类别对所有国家进行评分——实际人均 GDP、预期寿命、是否有人依靠、做重大决策时的自由度、廉洁情况和慷慨大方情况。各个类别被按照 0—10 的区间进行打分。分数最高的是丹麦,获得了 7.693 分,分数最低的是多哥,为 2.936 分。芬兰的分数是 7.389,新加坡的分数是 6.546 分。[29]盖洛普主要调研的是人们的主观幸福情况(Subjective Well-Being, SWB),也就是人们对他们的生活感受看法如何。参与主观幸福情况调查的人们,需要完整填写问卷表。

诚然,有许多因素都影响着人们的感受,是快乐还是不快乐。那么,人们主观上觉得幸福与否,究竟有多大程度和本国的教育制度和政策有关呢? 这关联也相对间接。要想了解其中的关系,需要分析影响人们主观幸福感的因素,通常包括收入、工作、健康与信任状况。而所有这些因素都直接或间接地与人的受教育情况相关。

一般来说,拥有更多金钱的人比缺乏金钱的人更快乐,尤其这个人缺乏足够金钱来满足基本生活需求时。研究显示,一个人的收入水平与主观幸福状况之间存在着极强的关联性,收入的增长带来了幸福指数的提升。不过,也有人质疑,是否两者的正相关性维持一段时间之后就停滞了? 收入增长到了一定水平之后,就不再与幸福状况相关?[30]美国研究员蓓丝媞·史蒂文森(Besty Stevenson)和贾斯汀·沃尔夫(Justin Wolfers)发现,两者间并不存在饱和点。他们总结道,"在穷人之间发现的收入-幸福相关性,在富人之间也同样存在。"[31]因此,不只是穷人们在收入增长时主观上觉得更幸福,富人们也同样如此。这一相关性在富裕国家和贫困国家中,在同一国家的富裕阶层和贫困阶层中,都同样存在。而受教育程度与收入之间也存在明显的正相关关系。

同样,工作与雇佣情况也与教育水平大有关系。人们的受教育程度越高,找到工作的可能性越大,得到心仪工作的概率越高。而获得梦寐以求的工作机会则会大大提升人的幸福指数。

另一个决定人们幸福指数的重要指标是健康状况。教育也同样扮演了重要的角色。许多研究发现，健康与受教育水平之间存在关联，其中一项大规模的研究是疾病控制与预防中心（Centers for Disease Control and Prevention, CDC）主导的"健康，美国2011"（*Health, United States 2011*）。[32]研究发现，获得良好教育、较为富裕的人群得慢性疾病的可能性更低，寿命更长。很大程度上，这是因为获得良好教育的人收入水平更高，能够支付更昂贵的医疗保健服务。此外，良好的教育还可以提升人们的医疗健康知识水平，了解健康的生活方式，避免抽烟、过度饮酒、暴饮暴食等不良的生活习惯。这份研究报告发现，教育水平越高，肥胖与抽烟的比例越低。教育程度的提高有助于人们获得健康相关的信息。报告指出："受过高等教育的人……更有意识地控制自身的健康状况与生活习惯……也更有可能实践健康生活的行为，避免不健康活动。"[33]显然，人们的受教育水平极大程度上决定了他们的收入水平、职业发展前景与健康状况，而这三点又决定了他们的幸福感水平。教育程度越高，这三方面的分数越高，他们的幸福感也容易更高。这个规律在许多现代国家都是如此，芬兰与新加坡也不例外。

教育相关数据显示，芬兰人比新加坡的受教育程度要高。新加坡的受教育情况在发达国家中较为落后。在"中学升学率"这一数值上，2010年，新加坡女性是86%，男性是92%，而芬兰，不论男女，都是100%。此外，在所有工作人群中，23%的新加坡人有毕业文凭，而38.1%的芬兰人有文凭。

考虑到教育与主观幸福感之间的强关联性，我们有理由认为，芬兰在2013世界幸福研究中获得较高的幸福指数，至少部分来说，与其比新加坡更高的教育水平相关。基于上述研究结果，我们可以清晰地看到两国之间的差异，而后续研究将进一步说明差距的具体程度。

除了收入、工作、健康之外，研究还发现，信任水平也影响了人们的主观幸福感受。而教育与信任水平也息息相关。

1999年至2006年之间的五项研究发现，教育"对社会整体的信任水平，无

疑具有最深远最重要的影响",来自美国与澳大利亚的研究员们指出。[34]"具体来说,具有较高教育水平的人更容易信任别人。"[35]一项由赫里威(Helliwell)和帕特南(Putnam)完成的 2007 年研究也发现,"受教育水平的提高……对社会信任的建设有积极影响。"[36]

此外,加拿大经济学家约翰·赫里威(John Helliwell)和韩国研究员顺·王(Shun Wang)的研究所示,社会信任与主观幸福感有很强的关联性。[37]他们的研究表明,"信任与幸福紧密相连。"[38]研究指出,那些"觉得自己生活在彼此信任的环境中的人,有更强的[主观幸福感]",并补充道,"信任感与主观幸福之间存在因果关系"。"无疑,身处在互相怀疑的不信任环境中,对个人幸福是巨大危害。这会导致人们彼此之间保持距离,退避三舍。人与人之间无法通过社交互动来提升幸福感。"反之,社会的信任水平越高,人们就越有可能相互交流、参与社区活动,从而大大提升他们的归属感与幸福感。

如前述,教育与信任、信任与主观幸福感之间有非常强的相关关系。因而,教育水平与幸福感之间,必然也存在着间接相关性。这也解释了为何芬兰的主观幸福感要高于新加坡。

不过,截至目前,对芬兰和新加坡教育的研究都基于量化分析。那么定性研究的结果如何,两国的学生怎样看待本国教育呢? 他们对本国的幸福指数怎么看?

要回答这些问题,需要了解两国教育政策的根本性不同。一个国家着重培养学生的创造力、学习兴趣和求知欲,而另一个国家则不同。他们这样的特征是否会影响本国的主观幸福感呢?

《世界幸福报告》着重肯定了亚里士多德的"幸福论"(eudaimonia),也就是古希腊语"幸福"的意思。[39]要想过好生活,就需要雕琢品德、陶冶情操,而理性在其中扮演着关键的作用。报告指出,教育蕴含着"提高能力、拓宽眼界的功能"。[40]自然,要想过上幸福的生活,要想拓展思维,具有创新创造的能力非常关键。不论是绘画、科学理论还是创造发明,创造独一无二的作品,产生得心应手的感受,都会带来满足感,产生无与伦比的主观幸福感。

同样地,满足求知欲与学习兴趣的过程也会让人获得满足感。人们好奇的时候总是满脑子"为什么",这样的问题激起了想要寻找答案的欲望。好奇的人更快乐,他们全神贯注地解谜,在过程中获得主观幸福感。

而好奇创新的思维发展受教育制度的影响。应试的学校与窄化的课程严重阻碍了学生创新性、开拓性思维的发展,正如新加坡的教育制度那样。但芬兰教育制度则不同,鼓励学生具有独立思考的能力,激发学生的学习兴趣。这些习惯将伴随学生终身,使他们的生活更充盈,更容易感知幸福。反之,类似新加坡模式的学校则阻碍了求知欲的发展,使人们的学术生活变得贫瘠,幸福感也不高。他们一辈子追求"5C"——独立产权公寓(Condominiums)、金钱(Cash)、车子(Car)、俱乐部会员(Country club membership)和职业发展(Career)。新加坡在主观幸福度上的排名不高,或许也说明着 5C 并不一定能带来真正的幸福。

在分析"芬兰人为何比新加坡人更快乐"的过程中,人们很容易就会发现,教育制度起到了一定作用。芬兰人接受教育的长度与类型,比新加坡人接受的教育,要更容易获得幸福感。

更普遍地说,在创新创业能力、社会公平程度、主观幸福感等教育相关评价标准上,芬兰都超越了新加坡。尽管国家成就显然还与许多其他因素相关,这三者都是决定国家成就的重要组成部分。对现代经济体来说(除非得天独厚地具有丰富天然资源),创新创业能力能够创造新产品,提供新服务,确保国家保持经济竞争力,才能在竞争激烈的后工业时代脱颖而出。新加坡只有保持竞争力,才能高速发展,确保产出足够以满足社会需要。不过,在生产的同时,还需保证产出分配足够公平。在公平公正的社会中,产出不应当只分配给有特权的少部分人,而是应当分配给所有人。因而,良好的社会应当不只是具有生产力的,还是公平公正的。只有这样,社会财富才能被所有人共享,才能最大化社会所有人的幸福感。而让所有人感到幸福,恰是衡量国家成功与否的终极标准。

对政府与公民组织团体来说,还有其他方式也可以提升国民幸福指数。例

如保障人民身心健康的项目,给公民提供选择生活方式的自由,通过鼓励人民参与政治文化活动来增加人民的归属感等,提高人民的幸福度。

而教育制度究竟多大程度上可以给这些项目提供支持,也体现了教育制度本身的水平。按照这一标准,芬兰与其教育制度比新加坡要优秀得多。

然而,大部分的教育工作者、教育学家与教育官员并不能从国家成就、经济竞争力、社会公平、政治自由与整体幸福指数等方面来分析教育问题,意识到芬兰教育的显著优越性。其中就包括芬兰教育与科学部长克丽丝塔·基乌鲁,她曾对芬兰在 PISA 2013 排名中的下滑公开表示担忧。而在 2013 年 12 月 PISA 结果发布之前,克丽丝塔似乎都曾公开表示了对新加坡教育制度的青睐。2013 年 8 月,新加坡教育部宣布,她到访新加坡来"学习了解新加坡的教育系统,探寻两国教育系统内进一步相互学习的合作机会。"[41] 她说,她在新加坡是为了"向更好的[教育]学习",了解教学科技使用,寻找创新型的教学模式。然而,本书的素材或许说明,她应当向别处看看。

对新加坡教育的支持者来说,PISA 和 TIMSS 排名代表着教育评价的"黄金标准"。新加坡在 TIMSS 和 PISA 测评的分数这么高,应当意味着其教育模式的优越性,尤其在芬兰排名下滑的情况下。然而,还有其他因素决定着各国的教育测评结果,特别是全球教育改革运动。

教育之外,更宏大的背景叙事正在发挥作用。新加坡和芬兰分别代表着不同的教育理念,被用来证明或否定全球教育改革运动的观点,这在后续章节将进一步说明。

参考文献

1. OECD. *Reading for Change*, OECD, Paris, 2002, p. 108.
2. Ibid.
3. Ibid, p. 111.
4. Programme for International Student Assessment (PISA). "Do students today read for pleasure?", *PISA in Focus*, September 2011, OECD. p. 2.
5. Ministry of Education and Culture. "Finns are avid readers and library users", *Finnish*

Public Libraries Statistics Data Base, Finland, April 24, 2012.

6. TNS Research. *Users' Perceptions of the benefits of ICT in public libraries in Finland*, *Final Report*, March 2013, p. 9.

7. Mittermaier, Bernard. *Libraries in Singapore*, Forschungszentrum Julich GmbH, Julich, Germany, 2007. p. 26.

8. Ibid.

9. *The Straits Times (ST)*, April 28, 2010.

10. OECD. *Reading for Change.*

11. Goodman M., R. Finnegan, L. Mohadjer, L. Krenzke, and J. Hogan. *Literacy, Numeracy and Problem Solving in Technology-Rich Environments Among U.S. Adults from the Program for the International Assessment of Adult Competencies 2012: First Look (NCES 2014-008)*, US Department of Education, Washington DC, 2013.

12. Central Intelligence Agency. *World Factbook*, "Singapore Literacy", CIA, Washington DC, 2013.

13. Wong Poh Kam and Annette Singh. "OECD Review of Innovation in South-East Asia" Country Profile: Singapore, Entrepreneurship Centre, National University of Singapore, April 2011, p. 43.

14. King, Rodney. *The Singapore Miracle, Myth and Reality*, Insight Press, second edition, 2008. p. 29.

15. Wong Poh Kam and Annette Singh. "OECD Review of Innovation in South-East Asia" Country Profile: Singapore, p. 43.

16. World Intellectual Property Organization. *World Intellectual Property Indicators*, Geneva, 2012, Table P2, p. 176.

17. Ibid. p. 178.

18. Wong Poh Kam and Annette Singh. "OECD Review of Innovation in South-East Asia" Country Profile: Singapore, p. 43.

19. Abrams, Samuel E. "The Children Must Play", *New Republic*, January 28, 2011.

20. Lim Dawn. "Singapore Seeks a Breakthrough to Call Its Own", *MIT Technology Review*, September 14, 2012.

21. *The Sunday Times (Straits Times)*, April 9, 2012.

22. Wong Poh Kam and Annette Singh. "OECD Review of Innovation in South-East Asia" Country Profile: Singapore, p. 21.

23. Lim Dawn. "Singapore Seeks a Breakthrough to Call Its Own".

24. UNICEF. *Measuring child poverty*, UNICEF Innocenti Research Centre, Florence, Italy, May 2012. p. 3.

25. Inequality Watch. *Poverty in Europe: the Current Situation*, www. inequalitywatch. eu, 2010.

26. King, Rodney. *The Singapore Miracle*, second edition, pp. 362 – 366.

27. Central Intelligence Agency. *The World Factbook*, "Country Comparison — Gini Index", CIA, Washington DC, 2012.

28. Helliwell, John; Richard Layard and Jeffrey Sachs (Eds). *World Happiness Report 2013*, UN Sustainable Solutions

Development Network, New York, 2014.

29. Ibid, p. 24.

30. Stevenson, Betsey and Justin Wolfers. "Subjective Well-Being and Income: Is There Any Evidence of Satiation?" *Brookings*, April 2013.

31. Ibid.

32. Sifferlin, Alexandra. "CDC: Higher Income and Education Levels Linked to Better Health", *Time Magazine*, May 16, 2012.

33. Ibid.

34. Allum, N; R. Patulny, S. Read and P. Sturgis. "Re-evaluating the links between social trust, institutional trust and civic association", in P. Norman, J. Stilwell, P. Surridge and C. Thomas (Eds), *Spatial and Social Disparities: Understanding*

Population Trends and Processes, Vol. 2, Springer, London, 2010. p. 204.

35. Ibid.

36. Helliwell, John F. and Robert D. Putnam. "Education and Social Capital", *Eastern Economic Journal*, Vol. 38, No. 1, Winter 2007, p. 8.

37. Helliwell, John F. and Shun Wang. "Trust and wellbeing" *International Journal of Wellbeing*, 1 (1), 2011. pp. 42 – 78.

38. Ibid, p. 56.

39. Helliwell, John; Richard Layard and Jeffrey Sachs (Eds). *World Happiness Report 2013*, p. 105.

40. Ibid.

41. *Today Online* (Singapore), August 22, 2013.

第十六章　全球游戏中的棋子

芬兰和新加坡分别代表了世界教育理念争议的两极。不论是全球教育改革运动的支持者还是反对者,他们都用两国作为案例来表达自己的观点。

对立的议题

自 20 世纪 90 年代以来,全球教育改革运动与其反对者之间的争论逐渐变得激烈了起来。

全球教育改革运动的理念吸收了新自由主义市场经济的观点,将其运用在了教育领域。新自由主义运动鼓励竞争,崇尚自由市场、全球化、私有制,鼓励引入企业式管理手段来提升组织的效能。这一派别认为,只要能够在企业内施行的策略就能在学校内开展。

芬兰教育家帕斯·萨尔伯格[1]对全球教育改革运动的诉求进行了如下总结:

- 标准化测试,
- 注重核心学科(数学、阅读和科学),
- 传统教学模式,敦促教师专注于核心学科教学,而不鼓励使用新型教学模式,
- 利益驱动型教育政策,受企业商业模式启发,鼓吹教育私有化,
- 校内采用以考试为基础的责任制,学生的学习成果用考试与测评进行衡

量,与学校和教师的奖惩挂钩,就像绩效管理方案那样施行。

在这个清单之上,全球教育改革运动的支持者或许还认为,教师质量比小班化教学更重要。他们不认同那些学生从小班化教学中受益的研究成果。包括格拉坦机构的本·詹森在内的教育改革支持者们质疑了小班化政策,认为这样操作的成本太高,对提升学生学习成果的作用也不大。相反,关注的重点应当是通过类似于新加坡绩效管理手段的方式,来提升教师表现,提高教师教学的有效性。

反对全球教育改革运动(Anti-GERM,AGM)的人士并不认同将企业管理手段引入课堂。他们中包括不同派别的教育专家,包括进步主义的社会民主教育学者和左翼的思想者,他们强烈支持全人教育与教育公平,反对市场导向、竞争驱动的教育理念。反对全球教育改革运动人士的代言人包括反对应试教育的萨尔伯格和美国教育学家赵勇。他们认为,教育不应当用得失来评价,用"产出"这样的词汇来衡量,用提高识字率、识数率和掌握基础技能这些量化标准来定义。他们认为,教育应当为学生培养更广泛更多样的技能,而这些技能并不能轻易被分数、测试和调研评价。他们的观点反映了爱因斯坦的名言:"并非所有重要的东西都是可以被计算的,也不是所有能被计算的都很重要。"[2]这正是芬兰教育系统数十年来坚持的原则,却并不符合全球教育改革的观点。

芬兰教育的成功给全球教育改革的支持者带来了挑战。芬兰不只在 PISA 和 TIMSS 测试上获得高分,还实践着全球教育改革所反对的教育理念。直至今日,芬兰仍旧拒绝测试,也拒绝全球教育改革运动所倡导的各种理念。这些理念背后的支持者有他们各自的利益考虑,不论是意识形态的利益,还是商业或教育性的利益。他们各自都可以从诸如标准化测试、检测教师绩效或教育私有制等操作中获益。

而芬兰的成功,一方面质疑了全球教育改革运动相关策略,另一方面也给反对全球教育改革运动的相关人士带来了支持。这些反对者认为改革理念带来了太多的压力,对学校与师生不够人道,也无法给孩子提供多元全面的教育。作为回应,全球教育改革运动的支持者们无视了芬兰的成就,对芬兰那些不符合改革理念的教学模式也低调处理。而每当芬兰在 PISA 和 TIMSS 中的表现有所下滑时,他们则广而告之,兴高采烈。

优质教育模式的竞争

不论是何种围绕着观点与意识形态的冲突,竞争双方都会大量引用案例与范本来佐证自身观点。支持与反对全球教育改革运动的双方也不例外。新加坡(与其他东亚社会)成了支持全球教育改革运动人士的案例,而诸如芬兰等国家在反对全球教育改革运动的一方中扮演着同样的角色。

新加坡

新加坡总是被改革派的总统、总理、教育部部长还有西方智库等作为卓越教育的优秀案例提及。首先是因为新加坡在 PISA 和 TIMSS 中的高排名,其次是因为新加坡推广自身教育成就的本领久经考验,再次还因为缺乏对新加坡教育制度的批判性研究。

上述三个原因导致西方社会普遍无视了新加坡教育制度的严重问题。不过,也有可能是人们有意识地忽视了这些问题,尤其是那些教育改革派。将新加坡描绘成理想案例让其他国家纷纷效仿,有利于全球教育改革运动的推行。按照全球教育改革运动的观点,新加坡所谓的成功衬托出了西方教育模式的失败。

新加坡教育制度具有许多特点,可以被全球教育改革运动的支持人士用作范例,从而推行其相关政策,否定不遵循这个模式的制度。特别是新加坡的绩效评估制度,可以完美适用于教育改革派的理念,(通过类似于格拉坦研究所、亚洲协会和美国的盖茨基金会、沃顿基金会等组织)呼吁教师的绩效考核方案。

新加坡的大班额被用作证据,证明教师质量比小班化更能提升学生的课程成绩。虽然新加坡的学生教师比很高,但是新加坡的 PISA 和 TIMSS 表现胜过了大部分国家。按照改革人士的观点,这也恰恰证明了再分配教育资源的正当性,应当将资源用于提升教师水平而不是减少每班的学生人数。

更普遍地说,新加坡所谓的教育成就也被改革人士用来质疑公立教育制度的质量,以此作为推广教育私有化的重要策略。在西方,新加坡在 PISA 和 TIMSS 上的高排名被用作证明其教育制度优越性的证据,来展示西方教育模式具有缺陷和不足,从而说明,应当更大力度地推广教育私有化。改革派认为,应当进一步开放教育系统,使之使用市场竞争手段,成为以效率推动的制度。私立学校会拥有更大的自由度来推行企业化绩效管理制度与负责制,而这些概念都是教育改革人士所期望的。

私立学校数量的增加也为"教育企业家"提供了更多的商业机会,这或许是那些教育改革人士推动教育改革背后最强的动力来源。另外,新自由主义的意识形态理念也是推动私有制的因素。这种理念认为,让教育变得更加以市场为导向,一定会提升学生学习的效率,提高学生的学习结果。

自然,这种观点会遭到反对改革人士的否定。反对改革人士认为,将教育转变为以挣钱为主导的运营模式是不能接受的。强有力的公立教育系统为所有人提供平等教育至关重要,而教育私有化违背了这一理念。

那么,反对改革人士对新加坡教育的态度如何呢? 改革支持者用新加坡在 PISA 和 TIMSS 上获得的成功与其教育模式来抹黑西方教育体制(尤其是公立教育)时,反对改革的评论员与专家们也同样在议论新加坡。改革派认为新加坡的教育成就主要是因为高质量的教师、高质量的教师培训和严格的应试教学模式,而反对改革的教育专家则重点指出了新加坡(与其他东亚社会)的教育制度具有重大问题。

反对改革人士批评新加坡的教育模式太过依赖课后补习,并指出,补习而并非教师质量,才是新加坡能在 PISA 和 TIMSS 测评中表现卓越的主要原因。

新加坡及其他东亚社会之所以可以在学生成绩方面排名很高,是因为他们的教育制度以补习为基础。

丁汉姆评论道,大部分亚洲国家,包括新加坡,"有死记硬背的传统,填鸭式学习,热衷于考试,所有人把提高 PISA 结果看得很重要。"[3]丁汉姆的评论还得到了另一位澳大利亚教育学者特雷弗·考勃(Trevor Cobbold)的认同:"这些国家[新加坡与其他东亚国家]在 PISA 与 TIMSS 上的成功,并不像有些人误导的那样,只是因为他们的教师更好。他们的孩子中,大部分都参加私人补习,这也是重要因素之一。这些国家的家庭都非常看重学业上的成功,愿意为孩子花钱在课后参加长时间的补习班。"[4]

齐格勒也有过类似的言论。他同样指出,新加坡与其他东亚国家教育成功,主要归功于大量填鸭式训练和死记硬背,严重依赖课后补习。[5]他说,"将东亚各国的高分仅仅归功于更好的教学辅导与更高的酬劳,显然是过分简化了问题,误解了教师的工作。"[6]

赵勇是另一位全球教育改革运动和 PISA 和 TIMSS 测评的批评家。他抨击了改革运动的价值观和应试教育整体。尽管新加坡和东亚各国似乎在"庆贺"他们所获的教育成就,他说,他们"也同样隐藏了教育制度的许多重要的部分,如他们地下教育产业",也就是私人补习。[7]

芬兰

芬兰教育模式最重要的推广者是帕斯·萨尔伯格。近年来,他高强度地在世界各国巡回演讲,称颂他自己国家的教育制度。许多反对改革人士都非常认同他。萨尔伯格还是一位著名的新自由主义市场教育政策反对者。

作为芬兰最资深的教育专家之一,萨尔伯格的立场或许会被许多改革派认为是有失公允的。然而,他本国在 PISA 与 TIMSS 上获得的高分,以及他在教育方面获得的经验与资历,都让他的发言显得有的放矢,值得信任。他的观点常常被其他主流的反对改革人士引用,如戴安·拉维奇,她对芬兰教师的质量、为

所有人提供免费教育和摆脱标准化考试的教育模式给予了高度肯定。[8]她赞美了芬兰教师拥有的教学自由,即他们可以按照自己的心意安排教学内容,还有芬兰教师之间、教师与校长之间良好的同事关系,从而可以共同设计课堂教学策略。

考勒也表达了对前澳大利亚工党政府对联合政府市场教育政策的不满,认为其选择以市场为导向的教育政策,而不是芬兰模式,并不明智。[9]芬兰的贫富学生学业差距最小,其学生的学业表现比澳大利亚学生要好得多。他指出,即便芬兰教育获得如此的成就,实施了具有强烈平等主义色彩的反市场政策,工党仍旧选择了私有化和市场竞争的政策。"这些都说明,芬兰有能力拒绝教育市场化,而我们应当向他们学习。"[10]

教育改革人士总是准备着来诋毁芬兰的教育成就,其中一位是立场保守的智库企业研究所负责教育政策研究的费德里科·M.赫斯(Frederick M. Hess)。他宣称,那些认同芬兰教育的美国人都"妖魔化"了芬兰教育,完全是"夸大其词"。[11]同样,其他保守派教育专家,如凯文·唐纳利,则抓住一切机会宣传芬兰在PISA排名上的下滑。

支持改革的美国人不是无视就是批评芬兰教育制度,尤其是与教育私有制有关的政策。萨尔伯格2012年在美国举办巡回演讲时发现了这一现象。虽然他们也对芬兰在PISA上的表现印象深刻,但一些评论家对他的观点和芬兰教育政策不是无动于衷,就是充满敌意。

《亚特兰大杂志》(Atlantic Magazine)的记者阿奴·帕特南(Anu Partenan)是专门报道萨尔伯格美国演讲之旅的记者。她写道,当萨尔伯格指出芬兰没有私立学校时,他并没有获得任何关心或关注。[12](她的文章题目为"关于芬兰学校的成就,美国人持续忽视了什么"。)尤其是人们意识到,芬兰教育拒绝了以市场为基础的竞争性教育政策。

虽然许多美国教育家很愿意了解萨尔伯格怎么解释芬兰的教育成就,但他的言论与美国传统观念背道而驰,其中就包括竞争、教育私有化与择校、教师责任制和校内标准化考试。萨尔伯格发现,在这些话题中,美国人最反感的是,芬兰没有私立学校。一次在哥伦比亚大学教师学院的演讲中,萨尔伯格告诉观众:"在美国这里,……家长可以选择把孩子送去私立学校。这就和在市场中,人们选择去哪个商店一样。学校是商铺,而家长可以买到他们想要的任何东西。"[13]

这种基于家长个人选择的理念是全球教育改革运动人士所倡导的,也是芬兰优质的公立教育制度不支持的。因而,改革支持人士会重点关注芬兰在 PISA 上的闪失,却无视了新加坡教育的问题,不论是支持改革的智库还是评论专家们都是如此,这与意识形态和商业利益都有关系。

误导、无知、不容置疑的排名

那些想要抹黑芬兰教育而鼓吹新加坡教育的人,都受益于芬兰透明自由的民主制度,而新加坡并非如此。新加坡在教育上的缺陷往往被藏了起来,主要是因为教育部不透明的文化,与其出色的对外展示能力。

和其他自由民主国家的教育系统一样,比起新加坡来说,芬兰教育就是一本打开的书。那些想要研究芬兰教育模式的人可以拥有很大的自由来进行研究并免于责罚,这与新加坡大不相同。新加坡教育制度每每出现,都必定经由教育部熟练的汇报与呈现及小心安排的参观互动,集权国家的特性确保对外展示的论调都是无害的。

部分外国教育学者可能意识到了该国教育模式下如同高压锅一般让人压力山大的特点。但没有人,至少在笔者能力范围内,表现出对新加坡教师所处困境的关注。而新加坡教师被许多人认为,是新加坡卓越教育皇冠上最重要的明珠。

大部分时候,来新加坡拜访的研究团队看起来似乎故意对其教育制度的问题视而不见。格拉坦研究所就是这样思考问题的团队。在考察新加坡之后,他

们生成了一份报告,赞扬了新加坡的教师专业教育与教师职业发展项目。这份格拉坦研究所的报告与其他几份一样,缺乏对新加坡教师工作压力的正确认识,没有看到教师对绩效评估系统深深的怨恨。这份报告还忽略了新加坡的补习现状,没有提及新加坡以补习为基础的教育与因补习而导致的社会不平等现象。

其他西方智库(如亚洲协会)的报告也是如此,同样无视了新加坡教师的困境,也没有提及新加坡教育制度的高压环境,普遍的补习文化和课堂应试的教学模式。

人们对新加坡教育制度问题的认知缺乏,很大程度上是因为新加坡在掩盖问题上具有高超的技能。这种忽视与新加坡在 PISA 和 TIMSS 上的高排名一起造就了新加坡作为全球教育强国的口碑。对许多人来说,国际测评的高排名是新加坡具有世界一流教育系统的证据。就算是那些反对全球教育改革运动进程的人,也往往会相当认可这些排名的价值,从而因芬兰的 PISA 排名下滑而充满警惕。

人们尽管认识到了 PISA 和 TIMSS 测评存在问题,还不足以动摇他们对测评的信心。人们仍旧认为他们是测评学生学业成果的黄金标准。这些测评只能片面地展示学生的学业成果,且有时这些结果还会被参与国家操纵,但这些认知还并没有根植在人们心中。不论是国内还是国际,人们都亟待更全面更宽泛的标准来衡量教育成就。

优质教育体系的新基准

归根结底,国家的学校教育质量取决于其对人力资本开发的程度,使其满足社会与个人发展的需要。具体而言,有以下四种途径。

其一,教育应当确保人们掌握现代经济对基本劳动力所要求的阅读、数学与技术能力。

其二,学校应当激发人们创新创造,独立思考的能力,以满足社会与经济发展的需要。

其三,教育制度应当在机会公平的前提下,尽可能将所有人的天赋才能最大化。每个人都应当拥有机会来发展自身的能力,从而对个人与社会有益。

其四,学校应当创设激发学生求知欲与学习兴趣的学习环境。学校也应当确保教师不至于因压力过大而影响其教学能力。避免像新加坡学校那样压力过大的环境,应当是教育制度的长效目标。

教育系统多大程度满足了上述指标,将决定其为国家成就的助益程度。国家成就应当包括:经济进步发展,社会公正平等,贫困减少(特别是儿童贫困)以及国民幸福程度提高。这些指标也决定了教育系统的质量。

测评基础技能与创新能力

要想测评国家内部或国家之间对基础的阅读、数学与科学技能水平,PISA和 TIMSS 已经建立了良好的标准和流程。这两个项目在这方面都已拥有了一定程度的专业性,但他们采用的研究方法和采样时的漏洞给参与国创造了许多机会来操纵调研结果。这些调研存在的问题应当被解决,或者至少降低至最低水平,才能更精确地了解各国在阅读、数学和科学教育上的水平。

不过,PISA 和 TIMSS 这类测试只评估了学校教学的基础技能部分,不包括创新创业能力,而这点对国家进步与发展同样很重要。在评估国家教育系统质量时,也应当涵盖创新创业能力,还应当包括学生对艺术、文学和社会科学的认识,对时事与道德问题的理解等。对他们"享受阅读"的程度或许也应当包括,因这一指标体现了学生求知欲与学习兴趣的程度。

然而,对于任何组织来说,要实施这样评估项目都是巨大的挑战。要想评估类似于创造力和学习兴趣这样模糊抽象的指标,需要一系列复杂微妙的小测试来完成,比测试阅读与数学能力要困难得多。或许评估学生对艺术与人文学科的认识情况要略微容易一些,毕竟仍旧是在测试学生对学科实际知识的掌握

情况。

自然，与阅读数学测试一样，上述测试仍旧存在钻空子、操纵测试结果的可能性。特别当教师、学校和教育系统相关领导高度重视测验结果，将考试看作为高利害活动时。倘若 PISA 和 TIMSS 的测试范围扩大到人文学科，学生或许会最终不得不背诵历史年代表、重要事件和著名人物（政治领袖、科学家、作家和艺术家）。对新加坡和许多东亚国家来说，对国家声誉与地位的在意，会迫使他们采取这样的应试行为，以确保国家排名不受影响。而在西方国家，对学校施加职业发展威胁和惩罚措施也可能会让学校不得不采用这些操作。

而一旦要测试学生的创新与独立思考能力，这种高利害测试导致的情况也同样可能会发生。就像 PISA 和 TIMSS 排名一样，人们必定会产生竞赛排名式的思维模式，从而导致了应试的行为，这样的思维方式需要被遏制，然而要想达成上述目标，却需要更大的组织力量、更多的财政资源和调研测评手段的彻底重构。

首先，外国测评团队需要介入各国，以确保取样测试都不会被操控。但与当地教育官员合作会是一项不小的挑战。像新加坡这样的新型威权国家，是否会给外国人充分接触学校、学生及其数据的自由来实践调研，这需要打个问号。其次，雇佣外国团队来进行测评调研，花费会比当前 PISA 和 TIMSS 调研成本高得多。包括 OECD（PISA 与 TIMSS 的组织方）在内的组织，是否提供这样的资金来这么做？他们将不得不说服别人，这样改进后的测评将会产生比当前测评更精准的教育成就调研结果。

求学机会平等与压力水平

除了评估学生的基础技能与创新能力，其他评估教育质量的标准还包括求学机会平等以及师生的压力水平。

教育制度究竟在多大程度可以确保"一个也不少""有教无类"？美国的同名项目旨在为每个孩子提供平等入学的机会，但要想真正做到有教无类，其结果一定会比美国要好得多。究竟哪些策略可以确保为每个学生,尤其是来自贫困家庭的学生,提供有质量的教育呢？强有力的公立教育系统以及最小化私立教育或许是核心,恰如芬兰模式所展示的那样。规模很大的私立教育行业会带来不平等与特权,就像英美还有新加坡的私立学校和特许学校那样。所有针对教育平等状况的调研都包括了"公立对私立教育比"这项数据。

评估教育系统质量时,还应当涵盖压力水平。教育体制内是像新加坡那样高压,还是更接近于芬兰模式？新加坡教学模式对学生、家长和教师都造成了严重的情绪损伤,让教育成为了沉闷无趣的体验。而芬兰师生却不同,他们认为教育是一次探索的旅程,为他们的终身学习打下基础。

评估教育质量的平等性与压力水平,或许比测评基础技能和创新能力要容易一些。大部分发达国家都有足够的相关数据,就像前文对新加坡和芬兰教育制度对比时所展示的那样。

此外,使用国家成就指标来评估教育质量或许也是如此,如前文所示。对国家的创新创业能力、学历完成情况、儿童贫困状况、国民幸福指数的评估都已实现常态化。问题是：这些指标究竟在多大程度上与教育系统的质量有关？要想解答这个问题,已超出了本书的讨论范围。

＊　　　＊　　　＊

我们试图介绍新加坡"卓越教育"的声誉在全球范围内的影响,旨在说明,哪怕新加坡教育制度存在很大的问题,它仍旧在西方国家中被用作案例来推行其有缺陷的教育策略。这是一种更关心从教育中获利,而不关心真正教育孩子的错误理念。

与之对比,芬兰的教育政策则更能够培养满足 21 世纪后工业化社会所需的基本技能与思维模式,且实践的过程也更自由民主。但支持全球教育改革运动的人士却始终支持新加坡模式,使其成了全球教育卓越的代表和典范。这不只是因为新加坡完美满足了改革派的议程,还因为新加坡具有强大的公关能力,在方方面面都能进行自我推广,包括教育成就。本书的下一部分将描绘新

加坡自我推广的策略,特别是在高等教育阶段,新加坡有着成为全球教育枢纽的夙愿,将自己打造为"世界的校舍",追求成为"东方波士顿"。

参考文献

1. Sahlberg, Pasi. "How GERM is Infesting Schools Around the World", *The Washington Post*, June 29, 2012.

2. Einstein, Albert. www.brainyquote.com.

3. Dinham, Stephen. "Our Asian schooling infatuation: the problem of PISA envy", *The Conversation*, September 14, 2012.

4. Cobbold, Trevor. "High Proportions of Asian Children Participate in Extra Tuition", *Save Our Schools*, April 15, 2013.

5. Zyngier, David. "Gillard 'truths' obscure the facts on schools funding", *The Conversation*, September 3, 2012.

6. Ibid.

7. Yong Zhao. "The problem with Pisa",

The Global Educator, May 10, 2014.

8. Ravitch, Diane. "Teacher Education in Finland", *Diane Ravitch's blog*, September 15, 2013.

9. Cobbold, Trevor. "Competition policies will leave only losers in our schools", *The Sydney Morning Herald*, April 6, 2009.

10. Ibid.

11. Anderson, Jenny. "From Finland, an Intriguing School-Reform Model", *The New York Times*, December 12, 2011.

12. Partenan, Anu. "What Americans Keep Ignoring About Finland's School Success", *The Atlantic Magazine*, December 29, 2011.

13. Ibid.

Singapore

第五部分

成为全球教育枢纽的夙愿

新加坡在重塑自我方面的能力毋庸置疑。一直以来,为了确保国家长治久安,新加坡总是期望通过政府主导项目来实现经济多样化。为此,新加坡总是向外看,将本国的未来与世界的图景联系在一起。

将新加坡打造成为"安全而有收益的天堂"来吸引外资,是新加坡自 20 世纪 60 年代以来的核心经济策略。不过自 90 年代末期起,这一城邦国家开始追求转型,试图成为世界级教育高地。一方面,这是因为世界教育市场持续繁荣,特别是在高等教育阶段。另一方面,这也是为了提升本国科研水平,从而刺激经济,在 21 世纪拥有更强的竞争力。为此,打造"东方波士顿"和"世界校舍"的品牌是其中的关键步骤。这一策略成为了新加坡标榜本国"世界级教育系统"的有力补充。

成千上万的学生每年来到新加坡求学,此外还有数以千计的外国学者与研究生前往新加坡高校任职与研究。这些现状标志着新加坡达成了其成为"世界教育枢纽"的愿望。那么,新加坡教育是否已达到世界级水平了呢?新加坡距离成为高等教育的"东方波士顿"有多远呢?其在世界大学排名上的出色表现或许也能佐证其努力。

不过,这些大学排名是否准确,是否能够真正代表大学教育质量?它们是否评估了学术自由、本地社群联结等重要因素?

第十七章　迎接挑战

1996 年,新加坡总理吴作栋给新加坡的两所大学提出了一项挑战,要求"建立东方波士顿"。[1]吴作栋宣布,新加坡国立大学(NUS)和南洋理工大学(NTU)应当成为"亚洲的哈佛与麻省理工"。他提出,希望这两所大学可以达到波士顿大学教育的水平。如今,他们是否达成了这一目标,仍旧有待商榷。不过,近年来,这两所大学显然在不少全球大学排行榜上名列前茅。新加坡国立大学和南洋理工大学的排名表现对新加坡来说至关重要,意味着其是否可以成为"世界的校舍",世界的教育枢纽。

令人印象深刻的全球大学排名

目前流行的国际大学排行榜用一系列标准来对大学进行评估,其中包括教学和研究的质量(论文发表的数量以及被引用量),国际连接度(如国外教师与学生人数)以及大学在学生与商业社会中的综合声誉情况等。新加坡在这些指标中得分较高,被认为是包括亚洲和世界在内的高等教育重要枢纽。

对大学表现的全球测评

当前,在测评大学绩效表现方面,全球有三大主流的大学综合排行榜与一些具体领域的排行榜。新加坡国立大学和南洋理工大学在其中不少排行榜上表现出众。

世界大学排行榜的"三巨头"分别是：泰晤士高等教育世界大学排行榜（the Times Higher Education World University Ranking），使用的是汤普森·路透社的引用数据库；QS世界大学排名（Quacquarelli Symonds）；上海交通大学的世界大学学术排名，重点评估大学在自然科学、医疗与工程领域的情况。

这三个排行榜都在全世界17 000所大学中，综合选择前200—300名进行排名。[2]

新加坡国立大学与南洋理工大学的排名情况

新加坡的两所公立大学，新加坡国立大学和南洋理工大学，都迈入了QS和泰晤士世界前50名的行列。这两所大学也在QS和泰晤士亚洲大学排行榜中位于顶尖位置。

在2013—2014年QS大学排行榜中，新加坡国立大学排名第24名，而在之前的三年，分获25、28和31名。[3]南洋理工大学在QS 2013—2014的排名是41名，之前三年分别是74,58和47名。[4]在QS 2013—2014年的亚洲大学排行榜中，新加坡国立大学是第一名，南洋理工大学是第七名。[5]

泰晤士大学排行榜上，新加坡也成绩不俗。在2013—2014泰晤士排名中，新加坡国立大学排名26，之前三年是29,40和34位，不过南洋理工大学没能获得名次。[6]在泰晤士2013—2014的亚洲大学排行榜上，在总共50个亚洲大学中，新加坡国立大学名列第二，南洋理工大学排名11。[7]不过在2013年泰晤士世界大学口碑排行榜中，只有新加坡国立大学排名22，而南洋理工大学没有提名。

不过，这两所大学都没有在上海交大的排行榜上获得名次。[8]

除了上述三个综合大学排名之外，还有许多聚焦于具体领域的排名，尤其是在大学的研究能力方面。其中就有莱顿大学针对研究产出的专项评估排名。

类似的排名还有台湾高等教育评鉴中心基金会（Higher Education Evaluation and Accreditation Council of Taiwan）的排名，但这项排名只针对自然科学领域。[9]新加坡国立大学和南洋理工大学并没有名列莱顿大学的研究排名,但他们在台湾高评中心的六个子排行榜上有所斩获。在工程、计算机和技术类别的排行榜上,新加坡国立大学 2008 年排名第三,2009 年排名第四,而南洋理工大学则分别排名 14 和 10。

值得一提的是,在世界约 17 000 所高校中,只有约 300—600 所大学接受了这些排行榜的评估。在上述这五个排行榜上,不论是在亚洲还是世界层面,新加坡的两所大学都表现出色。不过,新加坡的大学排名到底有多准确呢? 是否与新加坡在 PISA 和 TIMSS 上的高排名一样值得商榷呢? 看起来,这些国际大学排行榜的研究方法论似乎也同样存在问题。

常见的批评

和 PISA 和 TIMSS 测评一样,大学排行榜也常常面临不少围绕方法论的质疑。一份欧洲大学学会(European University Association)的报告列举了其中的一部分内容:

> 排名的存在本身,无疑鼓励大学持续进步。然而,问题是,排名究竟推动他们采取了怎样的行动。为了提升排名上的位置,大学常常都有针对性地提升在某些特定领域的表现,以满足这些排行榜指标的量化要求。[10]

这份欧洲大学协会的报告说,为了提升排名,大学常常会采取"扭曲的行动"。[11]其中就包括:

- 雇佣诺贝尔奖获得者:"大多数大学都没有,那不如我们雇一个?"
- 提高大学发表文章的数量,注重学术刊物发表文章超过文章或其他类型的刊物,因为发表文章比书籍更快捷容易。
- 为了提高与教学与研究相关的分数,而"操纵职员类别的相关定义"。有些排行榜仅仅使用师生比这一数据来代表教学质量时尤为如此。其中一个常见的技巧是只允许学校教师在春季休假,因为秋季学期是排行榜

记录各校教师人数的时候。

- 通过提高外籍教师与学生的人数占比来操纵指标,从而提高大学的国际性数据。

- 随意给教师加薪,因为教职工薪资是衡量教师质量的间接指标之一,而教师质量又决定了学校排名。

- 向学生施压,要求学生完成夸耀学校的小作文,以提高学校自身的口碑,在包括 QS 和泰晤士等排行榜中,口碑也是重要的一部分。

除了可操纵的指标数据,大学排名的另一个问题是对教学质量的评估。评估学校的研究成果有相对清晰明确的数据指标,但评价学校教学质量的指标却间接得多。[12]当前许多排名使用师生比和教师薪资来决定学校教学质量,而并非真正考查教师的教学本身。

另一个大学排名制度的问题是,排行榜一般更青睐"硬科学"而非人文学科,特别是上海交通大学和台湾高评中心的排名。这对于人文学科较强的学校来说非常不利,给他们制造了额外的压力,甚至让他们更重视科学学科而相应缩减人文学科的资源。

大学也常常使用这些把戏来提高自身的排名,而新加坡的大学很有可能也采用了类似手段。自然,新加坡一直以来都启用了能提升大学排名的政策,但他们这么做却并不只是为了排名。如前述,新加坡一直以来都致力于吸引海外人才,包括学界精英和外国优秀的本科生和研究生,从而提升本国的科研实力。而这样做也同时提高了本国的高校排名。

雇佣优秀的外籍学者会从两方面大大提升高校的排名。第一,这样做会提升本校的研究发文数量与被引用量。这些学者常常会发表更多篇高水平的论文,带来更高的引用量。第二,他们一般会获得包括诺贝尔奖在内的学术奖项,大大提升学校整体学术水平。因此,招募高水平的学者会提高本校排名,因为他们会带来更多的研究产出,提高学术成就,而这也是决定大学排名的重要因素。

泰晤士排名中,"引用影响指数"在大学排名评分中的占比高达 32.%,[13]而这项指数在更注重研究实力的排行榜中甚至更高。台湾高评中心的排名只评估学校的研究产出数量、影响指数和优秀程度。莱顿大学的排名也是如此,不过他们也包括了与其他学校或企业合作的科学研究项目。但在 QS 排名中,研究被引用量只占 20%。[14]

另一项重要的大学排名指标是学校的国际化程度。泰晤士的指标称其为"国际多元化",由外籍对本地师生人数的占比构成。[15]这一指标在泰晤士的大学排名中占比 5%,在 QS 排名中占比 10%。不论外来人口的水平如何,新加坡吸引外国人才的政策本身会提高其大学的国际化分数,帮助学校提升在泰晤士排行榜和 QS 中的排名。

新加坡吸引外国人才的策略是多多益善,而其大量吸引卓越学者来访研究,吸引优秀学生来本国学习的策略,显然大大提高了本国大学在上述五个排行榜中的位置。不过,吸引外籍人才本身也不只是为了提高大学排名,相反,提升大学排名也只不过是新加坡持续吸引外部人才政策、提高自身经济实力的一项副作用而已。对新加坡来说,吸引外籍学生不只是为了提升其人力资源的整体水平,还服务于建设国际教育枢纽的宏观战略。

新加坡的教育枢纽战略

时任总理吴作栋在 1996 年提出了要将新加坡转型为"世界校舍"的设想,使用了"东方波士顿"的表述来描绘。他的理想标志着新加坡试图达到世界一流的高等教育水平。在这个设想的背后,诚然有国家荣誉感的因素,但这更是将新加坡转型为世界教育枢纽的重要战略。

拥挤的领域

新加坡并不是唯一努力成为教育枢纽的国家或地区。它有许多竞争对手,

包括中国香港、马来西亚,还有海湾国家,特别是阿联酋、卡塔尔和巴林岛。这些国家和地区同样将建立教育枢纽作为发展经济的重要来源,正如渥太华教育研究所的简·奈特(Jane Knight)教授所说明的那样。[16]她指出,教育枢纽一般有三种类型:

> 以学生为基础——聚焦于教育和培训本地与外籍学生;
>
> 以劳动力为基础——专注于提高国家的劳动力技能;
>
> 以知识或创新为基础——追求提高本国的科研能力。

第一种,以学生为基础的教育中心旨在通过高等教育来教育和培训国际与本国学生,包括本国的高等教育机构,或是外国高校在本国开设的分校,或其他教育机构。这样的教育枢纽通过吸引国际学生就读来获取经济回报,还为本国学生创造了更多就读大学的机会,推动本国高等教育机构更加现代化、国际化。[17]而第二种,培养具有较高技术水平劳动力的教育中心,也同样关注学生教育与培训。但它同样通过吸引外籍学生毕业后留在本国工作,而提高本国的高技能劳动力。[18]这也是新加坡吸引外国人才的原因之一。

第三种,以知识/创新为基础的教育中心,其目标会超越一般的教育培训,更是为了提高本国的科研创新能力。为了吸引拥有科研项目的外国大学、研究机构和公司来本国开设基地或与本地研究机构合作,国家会提供多样的商业激励措施。[19]这样做是为了建设知识经济体,为本地与外来人才提供高技能培训。

新加坡的策略结合了上述三种教育枢纽的形态,不仅试图介入世界教育市场,吸引外国人才来提升本国劳动力技能水平,还雇佣外国学术人才与研究员来提升本国科研能力。

迈出第一步

新加坡建设世界教育高地的措施中,有一项是1998年由新加坡经济发展局(Economic Development Board)发起的"世界级大学"项目。[20]随后在2001

年,政府经济评论委员会创造了"世界校舍"这一概念来称呼教育枢纽的计划。2002 年,经济发展局发起了世界校舍计划,时任新加坡教育部部长林勋强(Lim Hng Kiang)宣布,这一计划将"推动新加坡成为世界教育枢纽,为世界提供多样优质的教育资源"。[21]通过上述努力,新加坡持续在世界教育市场中确立自己的地位。

教育市场先锋

新加坡是最早认识到世界教育服务行业巨大市场潜力的国家之一,其迈入教育服务行业非常及时。1975 年到 1999 年之间,新加坡的国际学生数量增加了 2.5 倍,到了 183 万左右,进入 21 世纪之后持续走高。[22]20 世纪 90 年代末期,新加坡开始探索国际学生这一市场。1999 年到 2007 年之间,这个市场增长了 53%,外籍学生数量达到了 280 万人。[23]自此之后,国际学生的人数以每年增长 10% 的速度递增。[24]2012 年,全球教育市场的价值达到了每年约 2.2 万亿美元,2025 年预期会有 720 万留学生。[25]

新加坡经济发展局相信,本国良好的学术声誉,出色的基建水平,商业中心的地位与世界级城市的社会环境都有助于新加坡在这个朝阳行业发展。[26]而新加坡随后在这一领域的成绩也说明经济发展局理念具有前瞻性。

2002 年,约有 11 000 名外籍学生在新加坡高等教育机构注册入学。[27]到了 2012 年,有超过 84 000 名毕业证持有者,[28]其中约有 68% 来自高等教育学府,其余则只拥有基础教育文凭。截至 2015 年,新加坡有超过 15 万支付学费的国际学生与 10 万国际企业中高层在本国教育机构中接受培训。

海外人才需求

与通过教育市场挣钱并列的,还有新加坡对海外人才的持续需求。[29]世界校舍战略的设计,也是为了新加坡能更好地吸引海外人才。新加坡经济发展局人力资源负责人杜伟强(Toh Wee Khiang)指出,新加坡政府不仅希望可以吸引

外国人才,为他们提供培训,还希望可以留住他们。[30]其中就包括在本地大学和外国大学求学的留学生。如前述,获得政府奖学金的留学生需要在毕业后留在新加坡工作三至六年,使得许多新加坡本地学生不得不与他们在求职时竞争。

吸引海外大学

《远东经济评论》(*Far Eastern Economic Review*)指出,虽然新加坡大学对海外学生来说有一定的吸引力,但"更有吸引力的奖赏是和西方著名大学合作,特别是对方愿意将其优质的世界级教育出口到新加坡时"。[31]经济发展局的项目期望,在未来十年内,吸引至少十所世界级大学来到新加坡开设分校,与本地高校合作,建设自主运营的校园。

2002—2012 年间,在全球校舍战略的框架下,有十所海外高等教育院校在新加坡开设分校。[32]其中最知名的学院包括欧洲工商管理学院、芝加哥大学布斯商学院、德国科学技术研究所、科廷大学(西澳大利亚)、内华达大学和纽约的帝势艺术学院。2013 年,耶鲁大学也加入了这个行列,建立了耶鲁-新加坡国立大学联合学院,由两所大学联合运营。不过此时,芝加哥大学布斯商学院和帝势艺术学院都已经关闭了分校,布斯商学院搬到了香港。随后,2007 年新南威尔士大学也同样关闭了学校。

截至 2011 年末,31 所海外大学都与新加坡本地大学(新加坡国立大学、新加坡管理大学和南洋理工大学)合作开设联合学位项目,从本科到博士项目都有,涵盖商业管理、法律、经济、人文艺术、社会行政、医药科学和工程等各类专业的子科目。[33]除了专业教育学院之外,还有许多专业院校,诸如厨艺烹饪、媒体、设计、生命科学、网络安全等专门学校。[34]

新加坡通过上述三个维度的策略,将自身打造为世界教育枢纽,吸引了海外学生、学者和大学来到本地。在各个方面,新加坡都达到了相当的高度——起码从数据层面。超过 10 万海外学生与数以千计的海外学者搬来了新加坡,还有几十所海外大学进驻。但是,新加坡是否真的成了东方波士顿? 要想回答这个问题,就需要用更多元的标准来对新加坡高等教育领域进行分析和评估,不只是依赖现有的大学排行榜。

参考文献

1. *The Straits Times*, April 7, 2014.

2. European University Association. *Global University Rankings and Their Impact*, EUA, Brussels, p. 13.

3. *QS World University Rankings 2013*. QS Quacquarelli Symonds Ltd, London.

4. Ibid.

5. Ibid.

6. *Times Higher Education World University Rankings 2013 - 2014*, TSL Education, London.

7. Ibid.

8. Ibid.

9. European University Association. *Global University Rankings and Their Impact*, p. 13.

10. Ibid, p. 66.

11. Ibid.

12. Ibid, p. 14.

13. *Times Higher Education World University Rankings 2013 - 2014*.

14. *QS World University Rankings 2013/2014*.

15. *Times Higher Education World University Rankings 2013 - 2014*. (The QS "international orientation" indicator is based on the same criteria. See QS World University Rankings 2013 - 2014).

16. Knight, Jane. "Education Hubs: a Fad, a Brand, an Innovation?", *Journal of Studies in International Education 2011*, Issue 15, pp. 221 - 240.

17. Ibid, p. 235.

18. Ibid.

19. Ibid, p. 236.

20. Toh Mun Heng. "Internationalization of Tertiary Education Services in Singapore", *Asian Development Bank Institute*, Tokyo, ADDI working paper, No. 388, October 2012, p. 6.

21. Ministry of Trade and Industry. "Minister Lim Hng Kiang's written reply to Parliament Questions on EDB's Global Schoolhouse initiative", *Parliament Q&As*, October 17, 2012.

22. UNESCO Institute for Statistics. "Global Education Digest 2009" UNESCO Institute of Statistics, Montreal, Canada. p. 36.

23. Ibid.

24. Maslen, Geoff. "Mass movement of the world's students", *University World News*, Issue No. 305, January 31, 2014.

25. Spring Singapore. *Industry Background and Statistics*, Singapore Government, 2014.

26. Ibid.

27. Ministry of Education. *Higher Education*

FAQs, MOE, Singapore, August 13, 2000.

28. Ministry of Trade and Industry. Minister Lim, *Parliament Q&As*, October 17, 2012.

29. Ibid.

30. *The New York Times*, September 22, 2009.

31. *Far Eastern Economic Review*, October 2007.

32. Toh Mun Heng. "Internationalization of Tertiary Education Services in Singapore", p. 10.

33. Ibid, p. 11.

34. *The Telegraph* (Calcutta, India), May 16, 2014.

第十八章 "东方波士顿"究竟怎么样

好大学的定义是什么？除了优质的科研和教育,好大学还需要满足什么特点？大学排名机构忽视了重要的特点,倘若我们深入其中,就会意识到,新加坡离实现"东方波士顿"的抱负还有不短的距离。

明显的疏忽

大学排名最显著的缺陷是没有考虑"学术自由度"这一维度。牛津大学曾将"学术自由"视作"大部分大学最基本的美德"并给出了定义,即"实施研究、教学、发表的自由,服从于学术研究的标准与规范,但不受干涉和惩罚,不论探寻真理的过程中会走到哪里都是如此。"[1]但是,在上一章的五种大学排名榜中,没有一种现存排行榜将"学术自由"纳入排名依据。考虑到学术自由问题在开展学术活动中的重要性,这显然是不寻常的疏忽。

自由地探索、阐述和尝试新观点、新理论,对学术探究来说尤为关键。然而,或许物理、科技等领域的专业还有一定的自由度,但社会科学和人文学科却并非如此。这些领域中的理论与研究,可能对当前政府与现状产生威胁,也可能与流行的社会、宗教、政治观念、意识形态相违背。独立自由的调研常常会带来上述结果,但只有这样,国家、政治、社会与经济问题才能被恰当地理解与研究。也只有允许自由研究的环境,才能激发解决问题所需的创造性和学术求知欲。

对大学来说,学术自由非常重要。早在 1150 年,博洛尼亚大学(被认为是世界上历史最悠久的大学)采用了一种全新的学术章程,对于来自远方的访问

学者,只要对方是出于学习研究的兴趣,就可以在学校自由穿行。[2]如今,这份文件被视作"学术自由"的源头,被全世界各地广泛采纳。

1988年9月,在博洛尼亚大学诞辰900周年之际,430所大学的校长聚集在一起,共同签署《大学大宪章》(Magna Charta Universitatum),文件宣布:"大学是独立自主的机构……其研究与教学应当在道德与智识上独立于所有的政治权威与经济力量……研究与培训的自由是大学的基本原则,政府……应当尊重这一基本要求。"[3]

世界大学排行榜忽视了学术自由度,使人忍不住怀疑其背后的方法论。在过去的半个世纪,新加坡持续违反了学术自由的原则。倘若这个维度纳入排名榜,那么新加坡大学的排名就一定会低得多。

学术自由在新加坡

虽然世界大学排名没有囊括学术自由,这仍旧是新加坡教育的问题。新加坡一直致力于吸引海外高校与学界专家来到本国,他们中不少来自西方自由民主国家,但有时这一努力或许会因其缺乏学术自由而受挫。这是自20世纪60年代以来,人民行动党政府就常常面临的问题。

驯化大学

一直以来,李光耀都认为,大学或许会是反对力量的土壤。自1959年人民行动党夺取政权以来,政府就采取了多种行动来确保大学处于国家管控之下。

早期,政府的问题是1958年建立的南洋大学(Nanyang Chinese University)。学校由新加坡华裔大商人陈六使(Tan Lark Sye)建立,他在18岁时从香港来到新加坡打拼。[4]在1963年的选举中,学校支持了反对党社会主义阵线的候选人,因其中的10人是南洋大学的校友。自此之后,人民行动党开始加强了对该所大学的控制。

　　陈六使的新加坡公民身份因其"在大学内与共产党团体合作"的罪名而丧失。[5]不仅如此,政府还突袭了南洋大学,逮捕了一部分被人民行动党政府看作是"危险分子"的学生和校友。在人民行动党的压力之下,学校成立了新的校董会。1964年,学校开除了10名学生,解聘了75名教职工,解散了南洋大学学生会,成立了态度更顺从的执行委员会。政府还给大学提供了更充足的资金,但学校的自主权也被大大削减了。[6]

　　政府将南洋大学视作左翼分子活动的温床,还看作是华裔沙文主义的基地,而后者也是政府一直试图管控的。此时,李光耀和人民行动党将传统的华裔价值观和信念看作国家建设的阻力。华裔坚信,对家人与血缘的忠诚应当凌驾于国家之上。他们对先贤的精神信仰被接受英国教育的李光耀和他的人民行动党同僚们看作迷信。这样的文化思维模式被看作是建设20世纪现代国家的阻碍。在20世纪60年代,现代国家的概念中包含了需创设一个种族平等、文化多元的社会。

　　南洋大学对华裔文化的推崇与人民行动党的目标产生了冲突,人民行动党试图创建新的"新加坡公民"意识,包含了三大种族——华裔、马来裔和印度裔——的文化特征,建立新的身份认同。1965年,政府指派一个委员会来专门针对南洋大学华裔文化价值观问题。该委员会的报告要求大学将其课程"去中国化",修改课程,把华语与文化置身于新加坡与马来文化的背景之中。正如社会学家黄庭康所说,"随着新加坡作为一个国家变得越来越独立,南洋大学以华裔为中心、中国为起源的主张或许会阻挠或减缓新加坡的国家建设。"[7]

　　1980年,南洋大学放弃了华裔大学的身份,与新加坡大学合并,成立了新的新加坡国立大学(新国大)。[8]这一举措遭到了南洋大学校友与华裔社群的强烈反对。他们将南洋大学看作是大家共同的大学,因为他们也为学校的建设与维护捐款支持。他们还将南洋大学视作华裔教育、文化与社会发展传承的堡垒。并校的举措消除了南洋大学独特的华裔身份标签,也消弭了大学在未来作为潜在的人民行动党反对力量的可能性。

此外，人民行动党的另一个关注点是将亲共产主义的学生赶出新加坡各大高校。政府要求大学不接受"危险分子"入学。[9]副校长斯林瓦森(B. R. Sreenivsasan)对这一施压极为反对，他认为，大学录取应当考察的是学生的学术表现，而不受制于政治考量。最终，在政府以大学财政作为威胁之后，他辞职离开了学校。

1964 年，政府引入了"适合性证明"，[10]专门颁布给"干净背景"的学生与家长，也就是政府认为"与共产主义无关"的家庭。所有学生在大学入学前都要证明自己"政治可靠"。而提出这一政策的所谓初衷是因为"面临着共产主义渗透的严峻威胁与危险"。政府直到 1978 年才废止了这一政策。[11]这一筛选机制在南洋大学的执行力度特别大，因为南洋大学被看作是左翼反叛学生的聚集地。随后在 1968 年，人民行动党副总理杜进才(Toh Chn Chye)被任命为新加坡大学的副校长，这也进一步扩大了政府对大学的管控。即便如此，直至 20 世纪70 年代中期，学生运动仍旧此起彼伏，屡禁不止。1974 年，新加坡大学学生联合会的领导人、学生运动家陈华彪(Tan Wah Piow)开始公开支持被裁员的工人。

为了将新加坡大学学生联合会"去政治化"，政府在 1976 年 7 月通过了新加坡大学修正法案，将学生会进行重组。按照法案的规定，学生会被分成了 8个教职工俱乐部和 3 个非教职工主体，其中包括一个政治协会，这也是唯一一个允许参与政治事务的主体。这也标志着大学自主权的进一步丧失。[12]

最终，在 1980 年，虽然面对着外部来自校友与华裔社群的反对声浪，新加坡大学和南洋大学被合并进了新加坡国立大学。这也代表着，南洋大学失去了作为反对人民行动党力量中心的可能性。不过，政府并不满足于驯服学生与大学，他们的目标中还包括那些造成麻烦的学者。

威慑学者

不论是海外还是本地学者，他们个体的自由发言权也受到人民行动党政府的管控。

恩赖特事件

英国传奇学者 D. J. 恩赖特(Enright)教授是最早几位遭到政府管控的学者之一。1960 年 11 月,政府为了取缔新加坡臭名昭著的夜总会黄色文化,在国家建设的价值观中增添了相关内容。恩赖特嘲讽道,政府"试图重塑围裙文化,组织马来诗体比赛的主意",就像英国要重新使用五朔节花柱和莫里斯舞者一样可笑。[13]

恩赖特的言论让政府觉得相当挫败。他被一位部长传唤,遭到了斥责,收到了一封信件,指责他介入了本地政治事务。恩赖特的言论被视作对新加坡政府建立"马来文化"努力的嘲弄。[14]超过 500 名学生对政府表示了不满,指责政府试图"扼杀大学自由言论,通过威慑使人们保持沉默,不发表与官方意见相左的意见。"[15]

恩赖特的感触最深,和之后几十年的许多学者一样。为了与人民行动党政府和解,他写了一封和解信给李光耀,才被允许在新加坡工作至 1970 年。

在恩赖特事件之后,对学者以驱逐为威胁,仍旧是李光耀最青睐的手段。一位在新加坡大学的美国学者约瑟夫·谭穆尼(Joseph Tamney)回忆道,在 1969 年 6 月,李光耀在一次学校师生的集会上曾提及类似的内容。[16]他首先对学生说,那些凡是会制造矛盾的学生都很快会被召唤去服兵役(2 年期)。学生们应当时刻注意,不要被他们的外籍老师们过度影响。而在演讲之后,李光耀与哲学、社会学和政治学专业的成员会面,并说道,任何来访的外籍学者,只要他们批评了国家基本政策,就会立刻出现在下一班离开新加坡的航班上。'然后他问大家是否有问题,录音背景变得嘈杂起来。"[17]

徐顺全事件

另一位惹恼了人民行动党当局的学者是反对党政治家徐顺全,他是新加坡国立大学心理学讲师,此前曾作为新加坡民主党的候选人参与普选。1993 年,

在他参与选举后不久,他就被上司,人民行动党议员瓦苏(Vasoo)控告不当使用价值 226 新元的研究资金,支付了妻子给美国大学递送博士论文的快递服务费。因为这个事件,徐顺全被开除。随后,徐顺全表示开除主要受政治因素驱动,他被瓦苏和另两位新加坡国立大学的领导共同控告。不仅如此,对方还要求他支付 20 万新元以弥补损失。[18] 1994 年 4 月,徐顺全被判有罪,不得不支付 21 万新元的赔偿。在此期间,《海峡时报》曾采访过不少新加坡国立大学的学者,他们中大部分人都很同情徐顺全的遭遇,[19] 如这位记者所指出的那样,所有被访者都要求匿名,且"参考他们的雇佣情况,不能对大学政策表达看法。"

林格的突然离开

之后,在 1994 年 10 月,林格在《国际先锋报》发表了一篇以"服从性司法"为主题的文章,给他带来了更严重的影响。在一篇评论文章中,他写道:"区域内独断的政权在压制异议方面表现出了非凡的才智。有的措施欠妥:用坦克压过赤手空拳的学生或把人抓起来关进监狱。但有的措施则委婉得多:依靠服从性司法或抹黑反对党政治家,或者收买足够多的反对党政客来控制所谓的"民主结果"。"[20]

虽然林格的文章没有明确提到新加坡,人民行动党政府认为,特别是他的最后一句话,"污名化了新加坡的法制",污蔑了新加坡司法的正当性与声誉。[21] 而此时,林格是《国际先锋报》不定期的专栏作者,在新加坡国立大学两年的任期只完成了一半。

政府对林格的处理态度从一开始就非常强硬。警察搜查了他办公室里的一些杂志和文件,与此同时数次质问他,试图通过恐吓让他承认在文章里提到了新加坡。[22] 新加坡总理吴作栋则说,一旦他被确认有罪,法庭会把"整本书扔在他脸上"。吴作栋或许可以被看作是蓄意发表言论,以此影响法庭的裁决。

面对这样的威胁,林格在警察质询期间从新加坡逃离。之后的 18 个月内,新加坡政府颁布了一系列法律手段来遏制林格本人、《国际先锋报》编辑和这篇论文的影响。林格也在他离开新加坡期间,被要求支付许多罚款与赔偿。

李光耀说,他被这篇文章"深深地伤害了"。文章让他陷入了"公共丑闻,让他受到了人们的轻视与厌恶"。[23]李光耀认为,林格的文章暗示,他通过抹黑政敌、操控法院来打压新加坡国内的政治活动。因此,林格被新加坡法院判处有罪,被处以 10 万新元的罚款。这次事件比李光耀与当局此前"做姿态"式的威胁性质更严重,也再次说明了新加坡整体缺乏学术自由。

徐顺全后续

1999 年 1 月,徐顺全再次成为了大学自由度问题的核心人物,因此他被禁止进入新加坡国立大学校园发表演说。[24]不过,在 2008 年 9 月,他被允许进入南洋理工大学,但学生媒体却不允许发声。[25]大学领导不允许《南洋纪事报》(*Nanyang Chronicle*)发表关于徐顺全来访的文章,而三天后,学生运营的电视新闻节目《南洋光谱》(*Nanyang Spectrum*)也被要求撤销对徐顺全来访的报道。

两人被斥责

2003 年,南洋理工大学的两名学者被政府斥责并要求他们道歉。此前,他们发现了一些新加坡在海外照片方面不方便透露的政治内容。陈抗博士与陈企业博士(Dr Chen Kang and Dr Tan Khee Giap)发现,1997—2002 年间,四分之三的新工作都由外国人获得。[26]这两位学者的发现引起了轩然大波,让许多新加坡人更加确信,那些非公民的外籍人士获得了更多的新工作。

政府则声称,每 10 个新工作岗位就有 9 个属于新加坡人。这两位学者中有一个还曾经担任国家薪资委员会主席。人力资源部长仍指责这两位学者在发表文章"哗众取宠"的结果之前,没有与人力部门或国家统计局核实数字。他说,就算他们的数据是正确的,也不应该采取这样哗众取宠的方式。"但倘若你们的数据不对,那么这就是不负责任"。在一定的恐吓下,两位学者在隔日发表了一封道歉声明,"诚实"承认他们在"理解方面犯了错误"。[27]而在之后的日子

里,事实表明,这两位学者使用的数据来自于人力资源部门的官方网站,但政府声称,"保密数据"表明,90%的新工作属于新加坡居民。[28]而所谓的"保密数据",并没有获得任何独立验证。这种来自政府的学术霸权显然违背了学术自由。

谢里安·乔治无法获得终身教职

2013 年,谢里安·乔治(Cherian George)的案例再次说明了新加坡缺乏学术自由的问题。乔治是前《海峡时报》的记者,在 2004 年加入南洋理工大学黄金辉传播与信息学院,担任讲师,多年以来一直是新加坡人民行动党政策的批评者。[29]在此之前,他已经写作了三本备受好评的书籍,包括 2002 年的《空调国度》(The Air-Conditioned Nation)和两本关于媒体自由与互联网的书籍。他被许多人认为是在新加坡与媒体事务上极具洞察力的评论员。

在 2005 年 10 月发表在《海峡时报》的一篇文章中,乔治写道,政府采取了"标准化的方法来确保高压政治的强制执行"。[30]李显龙总理办公室来信,质疑乔治作为无党派学者是否足够客观公正,置身于公共辩论之外。此前,在 1991 年 9 月,乔治也曾被李光耀认为是通过诋毁他来败坏总理声誉的人。

2009 年,乔治晋升为副教授,获得了南洋理工大学的南洋最佳教学奖。[31]他还在具有声望的杂志上发表了许多文章。

然而,虽然乔治成绩斐然,但南洋理工大学始终拒绝提拔他为传媒部门负责人。[32]南洋理工大学还两次拒绝授予他终身教职,第二次发生在 2013 年。他的诉求遭到学校拒绝,而他的合约在 2014 年 2 月终止,不再有续约可能。[33]南洋理工大学声称,这一决策"纯粹是同僚共同决策的学术行为,由两个同样重要的标准决定,即学术杰出程度和教学质量。"[34]然而,一封支持乔治的信件证明,学校上述声明的内容并不属实。[35]这封信由 99 位新加坡学者与专家共同签名,信上说:"乔治博士的科研与教学表现,用其中一位他的审稿人的话说,是'无懈可击的'。"这封信还补充道,"他是新加坡最知名的知识分子之一。"[36]可是,乔治与他同事的争取并没有结果,在 2014 年初,乔治离开了大学。同年 8 月,他在香港浸会大学的传媒学院任教,决意将他从南洋理工大学具有争议的离职抛诸脑后。

2014 年 12 月,南洋理工大学校长伯蒂尔·安德森(Bertil Andersson)告诉《泰晤士高等教育》,认为大学对乔治的决策是"学术的""不是政治的"。[37]这个问题随后再次获得关注。乔治回应道,"南洋理工大学的校长说,我被迫离开大学是因为我没能满足大学终身教职的相关要求。对于因雇主不公平对待而不得不离开故土、在外国重新开始职业生涯的新加坡人来说,他的说法是……不正确的,是不负责任的,是诽谤。"[38]乔治要求安德森"收回其错误的言论",因其为他过去十年在南洋理工大学的学术生涯惹来了质疑。

安德森发表了声明,澄清道,"没有意图伤害乔治博士的名誉或贬低他在自身领域内的成就"。[39]但是,乔治认为安德森没能"减少对他既有的伤害",要求大学发布所有与他 2009—2012 年终身教职评选相关的资料,包括委员会的会议纪要,年终工作评估和来自独立审稿人对晋升的意见等。[40]但南洋理工大学拒绝了他的要求,认为学校"已经在此前的多个场合表达过自身立场,不会再做其他评论。"[41]

虽然南洋理工大学和安德森或许认为乔治的问题随着他本人的离开已经尘埃落定,但这无疑再次佐证了新加坡缺乏学术自由的问题。这次事件也开始吸引国际社会的关注,其中就包括那些新加坡试图吸引的国家,这在之后的章节中将进一步展示。

外籍学者的辩护

许多来到新加坡的高级学者在面对人民行动党的时候都采取了同样温和委婉、规避风险的态度,其中就包括澳大利亚教授、新加坡国立大学法学院教务长西蒙·切斯特曼(Simon Chesterman)。在他看来,新加坡在人权事务方面讲述了一个不断进步的故事。[42]虽然新加坡学界在这个问题的"过程中非常安

静,但扮演了关键的角色",他们显然在推动进步方面发挥了举足轻重的作用。"我们没有到处嚷嚷着宣传政府的问题,"他声称,"我不觉得这会是改变新加坡最好的方式。"[43]南洋理工大学的校长安德森也说过类似的话。[44]他承认,外界对新加坡教育官员"过界"的指责有道理。不过,他说,"如果我和教育部部长坐在一起,我会直言不讳地批评他,就和我面对瑞典部长的态度一样。[45]但如果是面对媒体去说部长疯了傻了——不,你不会这样做。"

当然,如果部长真的"疯了傻了",应当被开除,那么公众对其政策与表现的批评就相当必要了。在闭门讨论的情况下,批评声很容易被扼杀,发出批评的下属也很轻易就可以被惩罚。此外,"内部"批评不会引发公共讨论,引来反对党的施压,而正是这些力量才能造成部长辞职,或逼迫官员与政府实施改革,修正错误。

决策者更青睐那些愿意"用参与和说服,而不是冒犯和对抗"的人,也更愿意听他们私下的、顺从的批评声。按照切斯特曼和安德森的说法,只有通过这种方式,外籍学者才能在政治与社会层面参与新加坡人民行动党的变革。但这些采取这种方式的人们,就不得不时不时闭上双眼,特别是面对违反民主与学术自由原则的事情时。而或许,当他们这么做的时候,会觉得有一点内疚,让他们在事后帮助这些曾经声讨过的人赦免。

被驯化的大学与被威慑的学者是新加坡高等教育领域的显著特点。在20世纪60年代,人民行动党政府系统地将大学纳入管控范围,逐步破坏了学术自由。不论本地还是外籍的学者,只要试图挑战这一规则,就会受到惩罚,甚至入狱或被迫逃离到海外。他们中大部分人都失去了工作,或被拒绝授予终身教职。

缺乏辩论、讨论、探究理念、观点、理论和概念的自由,没有一所大学可以充分发挥自身的潜力。哈佛、麻省理工和其他地方的知名大学之所以可以欣欣向荣,是因为他们拥有这种自由。然而,这些号称要评价大学表现的世界大学排名系统,居然都没有考虑过囊括这一重要的指标。

除了无视学术自由,也没有一个大学排名系统考虑过另一个问题,就是"国际化"的努力是否会过犹不及。

太过"国际化"

QS 和泰晤士的世界大学排行榜中,都将大学的"国际化程度"作为一项关键指标来衡量学校表现。但是,推动大学的国际化多元化程度可能是有边际效应的,在推动大学表现方面只能最高达到某个临界点。外籍对本国学者与学生的比例如果失衡,可能也会对所在的大学和社会造成反作用。一所大学的质量水平也同样表现在其是否满足所在社群的需要。虽然新加坡吸引了大量的外籍学者与学生上学或研究,还提升了大学的 QS 与泰晤士排名,但新加坡或许也为此付出了代价。

服务于社会

《大学大宪章》同样还指出,大学必须满足不断变化的社会的需求。[46]大学究竟可以多大程度上达成这一标准,取决于其与社会互动与归属的程度。大学的学者是国家知识界的核心组成部分,一般也能够通过深度参与社群活动,建立起绑定关系来服务国家需要——只有当他们生于斯长于斯,这个角色才会发挥最大价值。

虽然外籍学者是大学新观点、新实践的重要来源,但本地学者的数量与活跃程度也很重要,才能更好满足本国诉求。本地学者对当地的理解更深,一般来说,也比外籍学者对身处的社会更投入。

上述观察可能也符合本国与外籍学生的情况。海外学生和外籍学者一样,或许可以提升大学的质量,也是任何一所排名顶尖的大学必备的组成部分。但他们也往往只是暂住这里,虽然提升了大学的排名、美化了财务报表,但他们对所在的国家能做的贡献非常有限。

因此,大学与本国关联的质量也应当是衡量大学价值的重要组成部分。和所有的教育机构一样,大学应当首先满足社会的需要,满足国家的需要。尽管培养国家最优秀最聪明的学生、完成最顶尖的研究都或许可以满足上述标准,但如果这些研究都来自于与本地社会无关的外籍教职工,那么这些产出的价值也会降低。

大学的关键任务之一是培养本地人才,提升本地知识阶层整体水平。为了完成这一使命,大学应当教授尽可能多的、满足条件的本地学生。本地学生被外籍学生推开,失去了学习资格,被迫留学外国时,许多本地人才就被浪费了。这正是发生在新加坡的情况,也阻碍了本地知识阶层的发展,使新加坡发展付出了代价。

另外,还有其他因素也同样决定了大学与本国本地的连接程度,其中本地学生与学者扮演了重要的角色。本地学者被外籍学者取代时,在这个集体内就会弥漫着不满与失望。

本地人士的不满

近年来,新加坡人对"外籍学者在高等教育领域的比例过高"的现状愈发不满。"面对庞大的海外教职工数量,本地教职工表示了担忧,因为他们开始觉得自己是少数群体。"新加坡研究生杰克·齐(Jack Chia)说。[47]他和同样是新加坡人的卡莉撒·康(Carissa Kang)就新加坡大学缺乏本地学者的现状共同写了一篇论文。这篇论文的标题是"我的同胞在哪里",由京都大学东南亚研究中心发表。[48]

许多议员都在新加坡议会上提出了这个问题。了解到新加坡本地大学的外籍教职工数量时,人民行动党议员谢健平表示震惊。他在议会说,"我同意,我们的大学需要具有竞争力,需要获得国际社会的认可。"[49]然而,他也意识到,大学就和其他领域一样,需要公开透明的竞争。他发现,新加坡本地教职工的比例"真正让人诧异"。在新加坡国立大学的政治学系的 25 位教职工中,本地员工的比例仅为 28%。而在李光耀公共政策学院,82 个教职工中的 46% 为本地公民。此外,在南洋理工大学的拉惹勒南国际关系学院中,29 位教职工中只有41% 是新加坡人,黄金辉传播与信息学院的 48 名教职工中 44% 来自本地。[50]

一段时间以来,本地学者都私下抱怨道,海外学者占据优势。外籍教职工中许多人获得了本地人没有的"外派经费",而他们认为,公共经费不应当被用来雇佣外籍教职工。2011 年下半年,本地学者们一起面见了来自教育部与人力资源部的两位部长与公务员来探讨这一问题。[51]无疑,这种对外籍学者的偏好也在会议上得到了讨论。

这种对外国学者的偏好也是另一个原因,使得新加坡研究生对回国成为学者不感兴趣。蔡和康的论文中也提到了这个观点,他们调研了 43 名新加坡的博士生,包括本地的和海外的,得出了上述结论。[52]新加坡大学里,他们所能争取的所有位置都满了,这成了他们不想回国的决定因素。两人发现,44% 的反馈者相信,新加坡大学倾向于雇佣海外学者,还有 38% 的人回答"可能如此"。其中一位受访者认为,"新加坡的博士毕业生不被重视。我会申请,但能被选中的可能性非常渺茫。"[53]

对于雇佣外籍学者,反馈者给出的理由包括:新加坡沉迷于提升世界排名,希望招到"知名人士"来发表重要论文,获取有名奖项和经费,获得国际社会的认可。此外还有新加坡本地人的"低人一等"情绪,觉得外国人比本地人更优越。

研究显示,一系列与供需双方有关的因素都阻止了新加坡研究生们留在新加坡申请学术职位。"新加坡大学留给本地博士的席位不多"这一印象,使得许多在海外就读的新加坡博士不愿意回到祖国申请岗位。而新加坡缺乏学术自由度的环境,让许多人不想回国。

新加坡外籍学者的超大规模在本科与研究生阶段也同样如此。尽管这种程度的国际化水平确实提升了大学世界排名,但这也进一步稀释了大学内本国元素的浓度。结果就是,新加坡大学与本地社会之间的关系遭到了侵蚀,使得大学很难发挥作用来解决国家问题与困境。正如蔡和康的论文所述:"新加坡

人不能期待外籍学者们来参与本国的政治事务,游说社会改革,声援……文化遗产保存。相反,新加坡需要孕育出自己的新加坡知识阶层,更积极地吸引人才回到祖国。"[54]

佘蒋妮也表达过类似的情绪,尤其是面对人数减少的本地政治学者。更多的本地人需要参与这个学科,"……人们在这里生活,就理解这里面所有的细节,因为他们共同经历过。这回到了问题:我们想要新加坡成为什么样,我们想要政治制度变成什么样,我们希望价值观是什么。这些必须被自己人定义,而不是那些非新加坡人的外籍学者。"[55]

不过,虽然在政治与社会科学领域,更多的新加坡学者非常重要,但这还不够,不足以支撑大学建立与社群之间的关系。学术自由也必须存在。只有这样,学者们才能真正关心他们的国家——并在生机勃勃、理想主义的学生群体的帮助下——自由自在地为了社会的发展而发起话题,挑战政府。但这种自由在人民行动党统治下的新加坡严重缺乏,学者们与学生们永远被威慑着,不被允许进行社会活动。

* * *

在缺乏学术自由,且因过度"国际化"而失去与新加坡本地社会联结的情况下,新加坡"东方波士顿"的野心是很难实现的。大学排名榜没能考虑到学术自由和社区联结这些关键的因素。倘若他们考虑其中,那么新加坡大学的排名一定会低得多。

参考文献

1. *The Online Citizen*, December 30, 2009.

2. Watson, Peter. *Ideas — from Fires to Freud*, Weidenfeld and Nicolson, London, 2005, p. 373.

3. *Magna Charta Universitatum*. (See Wiki "External links" to document text).

4. Wong, Ting-Hong. "State Formation, Hegemony, and Nanyang University in Singapore, 1953 to 1965", Paper presented at the Taiwan Association of Sociology of Education at Nan Hua University, Taiwan, May 27, 2000.

5. Ibid, p. 72.

6. Ibid, p. 73.

7. Ibid, p. 79.

8. *Wikipedia.* National University of Singapore.

9. Liao, Edgar. "Once Upon A Time, A Mendicant Professor in Singapore: Remembering the Enright Affair (November 1960)," *S/pore's new directions in Singapore studies*, January 10, 2008.

10. George, T. J. S. *Lee Kuan Yew's Singapore*, Andre Deutsch, London, 1973, p. 133.

11. *The Washington Post*, March 11, 1996.

12. Chan Heng Chee. "Political Developments, 1965 – 1979", *A History of Singapore*, Earnest C.T. Chew and Edwin Lee (Eds), Oxford University Press, Singapore, 1991, p. 169.

13. Lydgate, Christopher. *Lee's Law, how Singapore crushes dissent*, Scribe Publications, Melbourne, 2003, p. 35.

14. Liao, Edgar. "Once Upon A Time, A Mendicant Professor in Singapore".

15. Lydgate, Christopher. *Lee's Law, how Singapore crushes dissent*, p. 35.

16. Tamney, Joseph B. *The Struggle for Singapore's Soul*, Walter de Gruyter, Berlin, 1995, p. 29.

17. Ibid.

18. Ibid, p. 64.

19. Ibid.

20. Seow, Francis. *The Media Enthralled, Singapore Revisited*, Lynne Rienner Publishers, Boulder, Colorado, 1998, p. 174.

21. Ibid.

22. Ibid.

23. *The Straits Times (ST)*, March 29, 1996.

24. *Hong Kong Standard*, January 22, 1999.

25. *The Online Citizen*, September 17, 2008.

26. King, Rodney. *The Singapore Miracle*, p. 182.

27. Ibid, p. 183.

28. Ibid.

29. *Temasek Emeritus*, May 11, 2014.

30. Ibid.

31. Koh, Adeline. "Message from Singapore: An Open Letter on the Denial of Tenure to Dr. Cherian George", *The Chronicle of Higher Education*, March 5, 2013.

32. *Temasek Emeritus.* May 11, 2014.

33. Ibid.

34. Ibid.

35. Koh, Adeline. "Message from Singapore".

36. Ibid.

37. *ST*, February 28, 2014.

37. *Times Higher Education*, December 4, 2014.

38. George Cherian (2014) *A Clarification*, December 24, 2014, *cheriangeorge. wordpress.com*.

39. *Times Higher Education*, January 15, 2015.

40. Ibid.

41. Ibid.

42. Dao, Andre. "Censorship, sex and scandal in Singapore".

43. Ibid.

44. Matthews, David. "Singapore: no sleep for the Lion City's universities", *Times Higher Education*, November 21, 2013.

45. Ibid.

46. *Magna Charta Universitatum*.

47. *University World News*, May 30, 2014.

48. Chia, Jack and Carissa Kang. "Where Are My Country(wo)men? The Lack of Singaporean Academics in Singapore's Universities", *Kyoto Review of Southeast Asia*, Issue 15, March 2014.

49. Ibid.

50. Ibid.

51. Ibid.

52. Ibid.

53. Ibid.

54. Ibid.

55. *ST*, April 5, 2014.

第十九章　有限的成功

新加坡的东方波士顿计划，规划将这个城邦国家转变为世界的创意中心。世界各地的学者、科学家与优秀的学生都将深受吸引，纷至沓来。新加坡国立大学和南洋理工大学将成为世界教育中心的心脏，正如哈佛大学和麻省理工学院之于波士顿一样举足轻重。由于哈佛大学和麻省理工学院吸引了大约200所高等教育机构来到波士顿地区，新加坡也希望吸引更多高等院校进驻于此。这个城邦国家的领导者梦想着建立世界级教育枢纽，打造以教育为基础的新型产业结构，吸引本国所需的外国人才，发展国家的研发能力。后者与新加坡更宏观的经济发展战略重合，帮助新加坡获得全球竞争力。本章将重点评估新加坡教育枢纽战略中研发方面的成就情况，分析并判断新加坡的研发是否成功。

新加坡领导者希望，新加坡能够将成为世界领先的博雅教育中心。受这种想法启发，在新加坡成立了耶鲁-新加坡国立大学学院和帝势亚洲等项目。但教育枢纽战略的结果却可谓喜忧参半：虽然新加坡取得了一些可观的收益，但在研发和外国人才招聘方面的成效却令人失望。

一些令人印象深刻的成果

新加坡的教育枢纽战略已经取得了一些令人瞩目的成果。其中，世界大学排名之高一直是该战略让人印象最深刻的成就之一，新加坡国立大学和南洋理工大学都进入了世界大学前100名。

此外，超过十所外国大学和其他高等教育机构在新加坡设立了分校，本地

和海外大学之间建立了 30 多个合作项目。许多著名的商学院也在新加坡落户,为本地和外籍学生提供广泛多样的经管类课程。尽管外国高等教育机构遭遇了一些明显的挫折甚至有离开的情况,但仍有足够多的学校幸存下来,维持了学校的升级和繁荣,从而得以长期存在,这证明了新加坡吸引它们的努力是合理有效的。

新加坡也已成为高管培训的主要中心。欧洲工商管理学院位于新加坡的高管教育主任迈克尔·皮奇(Michael Pich)称赞新加坡为"崛起为企业高管教育中心"。[1]除了欧洲工商管理学院,其他知名商学院也纷纷入驻:法国高等经济商业学院、卡普兰和罗格斯商学院、国际管理发展学院、伦敦商业与金融学院和内华达大学拉斯维加斯分校。越来越多的专业院校在酒店、烹饪艺术、媒体、设计、生命科学和网络安全等多个职业领域也在新加坡设立项目。[2]

总体而言,所有这些外国大学和其他高等教育机构主要负责在新加坡为近200 000 名外籍学生和高管培训生提供学业和培训服务。他们共同为新加坡经济作出了越来越大的贡献。2012 年,教育部门相关收入占 GDP 的 3.2%。[3]

新加坡教育枢纽的发展也极大地扩展了新加坡学生可选的高等教育机构的范围。未能进入新加坡国立大学、南洋理工大学等新加坡大学的学生,无须出国留学,仍可取得学位。即便如此,在新加坡境内的一些外国高等教育机构就读和毕业的新加坡人,人数仍然非常少。以纽约大学和新加坡国立大学联合开设的法学硕士学位课程为例,2007 年至 2012 年间,该项目共有 237 名学生毕业,其中只有九名新加坡人。[4]不过,其他外国高等教育机构的新加坡学生比例更高一些,耶鲁-新加坡国立大学学院 2014 年招收的 177 名学生中,有 60%是新加坡人。[5]

除了吸引近 20 万名海外学生和数十所外国高等教育机构外,新加坡及其研究机构和大学一直在招聘外国学者和研究生。截至 2012 年,超过 8 900 名外国科学家和其他研究人员在新加坡工作。[6]其高等教育机构在 2012 年拥有13 781 名研究人员,其中 58.7%(8 086 名)为外国研究人员,[7]其余的要么是新加坡公民,要么是永久居民。此外,新加坡高等教育机构的研究生(博士和硕士)学生中有 76%(5 924 人中的 4 514 人)是外国公民,其余为新加坡公民和永久居民。

著名的外国科学家一直在启奥园和启汇园等新加坡主要研究园区工作。就发表的科学论文数量、获得的引用量和授予的专利而言,他们都做了很多贡献,极大地增加了新加坡的研究成果。

除了大量的科学人员,新加坡还开发了一些令人印象深刻的科学基础设施,特别是启奥园和启汇园容纳的庞大实验室和其他科学研究设施。特别值得一提的是新加坡基因组研究所,成立于 2000 年,该研究所拥有 300 多名科学家、技术人员和工作人员。[8]新加坡基因组研究所是启奥园最主要的研究机构之一,对基因组学进行研究,基因组学是分子生物学的一个分支,涉及基因及其功能的研究。

新加坡研发项目的战略重点是吸引外国企业到新加坡,特别是在生物医学领域。新加坡的目的是与外国企业共同合作,建设生物医学的聚集地,将生产有市场的药物和其他生物医学产品。世界银行的一份报告指出,新加坡经济发展局"正在采取一切措施将制药和生物医学巨头吸引到新加坡"。[9]经济发展局通过提供有吸引力的激励措施,吸引企业到新加坡投资生物医学生产能力或研究。报告称,新加坡希望"它们可以成为衍生产品的来源和集群的轴心",[10]这一策略使得"跨国公司纷纷涌向新加坡"。[11]截至 2005 年,外国公司占研发支出的 60%。[12]从数字上看,新加坡的教育枢纽战略取得了一些实质性的成果,但从质量上看,成果就不那么卓越了。

一些弊端

在研发方面,新加坡作为教育枢纽主推的是自然科学,尤其是生物技术和工程领域。政府已投入巨资,招募了数千名研究人员,包括数百名外国科学家

和一些著名的研究人员,以开展研发工作。

自20世纪90年代后期以来,公共部门的研发支出已超过200亿新元。从2005年到2012年,总额为179亿新元,[13]大多数用于高等教育机构和公共研究机构。2012年公共部门研发支出28.3亿新元,其中11.93亿新元用于高校,9.12亿新元用于公共研究机构,7.25亿新元用于政府机构。[14]到目前为止,新加坡的这些开支得到了哪些收益?

与其他国家相比,新加坡的专利产出至少在数量上令人印象深刻。此外,新加坡建立了研发基础设施,拥有数千名科学家和研究人员。

如第三章所示,在欧洲工商管理学院和世界知识产权组织调查的"全球创新指数"排行榜中,新加坡在143个国家中排名第七,主要是因为基础设施、人力资本和研究能力等因素。但新加坡在知识和创意产出方面的得分要低得多,包括专利申请、科技文章数量和创意商品出口等。

世界银行也有类似的结论,在其"知识经济体指数"中将新加坡排在第25位。虽然知识经济体指数将新加坡的监管和法治基础方面评为第一,但新加坡未能进入创新和教育等标准的前十名。

全球创新指数和知识经济体指数的研究结果,也佐证了新加坡两位著名研究人员早先的评论,他们认为本国在生物医学研究中表现平平。其中一位是新加坡国家神经科学研究所所长李玮玲女士,另一位是新加坡科学技术研究局高级执行官艾利克斯·马特。

2007年2月,李玮玲女士批评了新加坡在研发方面的回报仍然微不足道,尤其是在生物医学领域。她说,数十亿美元在新加坡创建生物医学产业未能取得显著成果。[15]她说,到目前为止,经济发展局或科学技术研究局发起的大规模生物医学研究都没有为生产线准备好药物或设计。[16]随后在2010年10月,马特表示,迄今为止,新加坡的生物医学研发推动"对新加坡经济没有任何重大贡献"。[17]

如前所述,新加坡拥有居民专利数更少,且其发表的科学论文的引用量也远低于芬兰等规模接近的国家。此外,新加坡尚未实现像芬兰等类似规模国家的主要产品创新。巨大的研发支出和聘请外国明星专家——并为他们提供最先进的研究设施——尚未使新加坡具备与芬兰类似规模的国家相同的研发能力。

流动的外国科学家

近年来,一些国外研究者和本地著名科学家反复强调,新加坡依赖临时科学家和不可靠的跨国公司必将造成问题。

2006 年末,世界银行的一份报告发出了对新加坡的质疑,即其可持续发展和研发动力如何依赖于流动的外国科学家和跨国公司。[18] 报告指出,"严重依赖外国研究人员和……跨国公司的研究实验室有其弊端"。[19] "明星科学家是一个自由的群体,一个人的离开会引发团队的解体和其他关键成员的迁出。"新加坡癌症研究所的日本顶尖科学家伊藤嘉明教授(Yoshiaki Ito)从京都搬来时,带来了十位他团队的主要研究人员。"一位著名科学家离开,可能会导致新加坡的人员外流,从而迅速削弱研究所的能力"。[20]

此外,该报告指出,"跨国公司研究实验室的溢出效应尚不确定",并补充道:"研究尚不能证明,流动的外国研究团队与跨国公司研究机构,有能力生成具有领导力的成果。"[21]

世界银行的报告发表后不久,李玮玲就对新加坡的研发工作提出了批评。她注意到迄今为止的成果相当稀少,质问道:"有多少外国明星科学家在来到新加坡后取得了重大成果?"[22] 2007 年 12 月,听闻有三名在新加坡工作的英国明星科学家离开之后,她觉得自己是正确的。一位是干细胞专家艾伦·科尔曼(Alan Colman):多莉羊的创造者;还有癌症和皮肤细胞专家大卫和布丽奇特·莱恩(David and Birgitte Lane)。不过,科尔曼与新加坡保持着联系,继续在新加坡干细胞联盟和医学生物学研究所从事研究工作,[23] 只是他已经调整了对新加坡的研发承诺,从全职转为兼职。

注意到不可靠性大大降低了他们对新加坡研发驱动的贡献时,李玮玲说:"你怎么能只用三分之一或四分之一的时间在新加坡进行研究? 你要么非常有效率,要么就是参与度不够,总之就不值这么高的工资。"[24]她再次呼吁重新评估新加坡的生物技术战略,并指出,当前已花费了数十亿美元却没有取得显著成果。"我坚持我之前的陈述。我之所以说出来,是因为我认为正在发生的情况是错误的,我只是希望,决策者能够了解我之前提供的信息。"[25]

2009 年 5 月,李玮玲的观点得到了另一位备受瞩目的外国教授应如仪(Jackie Ying)的回应。她是新加坡科学技术研究局领导下的新加坡生物工程和纳米技术研究所的负责人。[26]应教授质疑新加坡的生物医学研发推动是否可持续。她说,一些外国"鲸鱼"很早就上了新加坡的诱饵,但他们并没有长时间逗留,就选择再次回家。但是,研究机构的负责人必须像企业 CEO 一样,对企业负责。她说:"如果专家不是全职在这里工作,他们就很难驾驭一艘节奏紧张的船"。[27]

科尔曼和莱恩的离去,引发人们对新加坡依赖昂贵的外国科学人才来启动其研发探索的质疑。此类公开的离开持续吸引了国际关注。

2013 年,一名加拿大学者基于对新加坡生命科学领域的研究指出,新加坡启奥园和相关研发中心在挽留外国人才方面,一直存在问题。温哥华西蒙弗雷泽大学的莎拉·吉斯特(Sarah Giest)发现,启奥园领衔的科学家都是外国人。[28]她说:"他们进来几年后就离开了,但没有新加坡人来填补他们的职位。"[29]即使这些外籍人士留在新加坡,他们也只在研究机构待一段时间。

如今,著名外国科学家离开新加坡、减少自身专业方面的承诺,已经形成了一种固定模式。2002 年,科尔曼被吸引到了新加坡,新加坡提供资金和研究设施来支持他进行干细胞研究。他在新加坡工作至 2007 年 6 月,从新加坡胚胎干细胞国际公司(ES Cell International)辞职,[30]于 2008 年 5 月返回英国,在伦敦国王学院继续进行干细胞研究。[31]不过,他仍旧作为一名兼职研究人员,保留了部分在新加坡的工作。

这一现象也同样发生在了英国科学家大卫和布丽奇特·莱恩两人身上。他们在 2005 年搬到新加坡，支持新加坡的生物医药科学产业。不过，2007 年 9 月，他们就决定返回苏格兰的邓迪大学，在生命科学学院任职。[32] 在新加坡科学技术研究局主席林泉宝的持续恳请之下，他们又在 17 个月之后的 2009 年 9 月返回新加坡，继续研究癌症与皮肤疾病。[33] 然而，2011 年，三位顶尖科学家都永久性地离开了新加坡。2011 年 10 月，两名美国的明星遗传学者尼尔·科普兰（Neal Copeland）和南希·詹金斯（Nancy Jenkins）离开了自 2006 年起就开始工作的新加坡分子与细胞生物学研究所，回到美国从事癌症研究。[34]

更引人注目的是刘冠希博士（Edison Liu）的离职。他曾于 2011 年担任新加坡基因组研究所（GIS）的负责人，被认为是这个国家最杰出的医学专家，自 2001 年以来，他一直担任该研究所的创始执行董事。[35] 他的辞职在新加坡科学界引起了震动。2012 年 1 月，刘冠希离开新加坡，前往美国缅因州巴尔港，担任杰克逊实验室的负责人。

新加坡负责科学研究方面的官员要求科学研究具有市场价值，这经常被用来解释为何这些高水平科学家选择离开。在 90 年代在研发上花费了数十亿美元之后，政府希望获得投资回报。于是，政府在 2010 年宣布，2011 年至 2015 年研发经费总额的 70% 将用于有经济成果的项目。对此，新加坡科学技术研究局的亚历克斯·马特指出，这些追求研发回报的举措背后，是新加坡开始变得"不耐烦的迹象"。[36]

对研发项目强加商业条件引发了一些顶级外国科学家辞职，包括科普兰和詹金斯。冲突的核心是支持他们继续进行科研的经费问题。科普兰说，起初当他们于 2005 年到达新加坡时，科学家们认为，他们的项目在 25 年内都不会被评估是否赚钱。[37] 他们相信，人们理解"生物科学需要一定的时间才能商业化"。但启奥园的研究资金发放以五年为周期，在第四年之后，政府官员通常就开始考虑下一个周期的资金情况。"他们变得不耐烦了，开始想赚钱，于是他们的计划一夜之间就全变了"，科普兰说。[38] 而詹金斯则指出，这种政策转变意味

着像她和她的丈夫这样的"基础研究人员"将被迫与制药行业合作以启动项目。她说,于是,"启奥园终止了假设驱动的研究"。

> 他们拿走了很多预算,而你作为科学家需要通过与制药公司签订赠款才能收回这笔经费,政府会与之匹配。但是我们老了——我们一生都在做假设驱动的研究!我们不愿意为某些制药公司做合同研究,所以选择了当场退出。[39]

刘冠希还尖锐地提到了政府官员过分关注底线,他强调,不是只有会计账簿上的数字才算是回报。[40]他指出:

> 在我看来,我们花费了数十亿美元已经物有所值。那些质疑新加坡从投资中获得了什么的人忽视了,如今所有生命科学领域的公司,不论是设备、药品还是医院,这些公司如今都选择了新加坡作为他们在亚洲的家园。[41]

刘冠希暗示道,当前在学术研究与应用研究的资助方面存在分歧。[42]他说,资助机构试图规定"基础科学和临床科学之间的平衡应该是什么,以及最佳的技术转让和商业化战略应该是什么"。[43]他说,尽管存在风险和不确定性,但继续对基础生命科学进行投资至关重要,特别是有数百名在新加坡的外国奖学金获得者即将完成培训准备回国时。他估计,还需要 5 到 10 年的时间,在新加坡的科研才能趋向成熟,可以进行应用。"现在比以往任何时候都更重要,不要把已经确立的项目抛在脑后,半途而废,否则所有的投资都将付诸东流。优秀的人才不会再来,留学的学者只会在履行完奖学金的工作职责后就离开去海外寻找更好的工作"。他说。[44]因此,虽然新加坡的科学研究资金以慷慨而著称,但外国科学家面临着越来越大的压力,必须产出能够商业化的科研成果。

获得资金所需的繁杂手续,也使得新加坡的外国科学家越来越沮丧。《自然》杂志上刊登了一篇关于新加坡外国科学家以及他们的研究资金"不附带条件"的文章,而这篇文章的在线回复板块就明显反映了上述问题。[45]人们投诉称,新加坡在研究资助的决策方面缺乏透明度。南洋理工大学的美国科学家布伦丹·奥纳(Brendan Orner)质疑道,倘若资金决策不透明,那么怎么可以判定,这些决策是公平公正、基于实际绩效表现而提供的呢。他说:"譬如说,新加坡教育部的研究人员通常并不能获得基于科学的解释,来说明为什么他们的某些拨款申请是被拒绝还是被批准"。[46]而当人们向政策制定者提问,尝试质疑时,都会"收到沉默或敌意的回复"。

新加坡科学技术研究局的应教授指出,过度的微观管理是新加坡科学家面临的另一个官僚主义问题。她呼吁该国负责研发的相关官员,不要"对那些表现良好的人进行微观管理。他们显然在做正确的事情。"她说。她提倡引导资源,为科研提供更多的自由和灵活性。[47]"政府希望顶尖学校能够跃升,因而赋予了学校科研的独立性。那么为什么不对研究机构一视同仁呢?"她问道。[48]政府干预和研究商业化的压力,使得许多在新加坡的外国科学家选择了离开,阻碍了他们的研发工作。2011年科普兰、詹金斯和刘冠希的辞职都证明了这一观点。而大卫和布丽吉特·莱恩的回归和艾伦·科尔曼的兼职只能说明,这些外国科学家也相当善变。

伯纳德·李(Bernard Lee)也同样指出了新加坡过度依赖外国明星科学家的问题,他是新加坡专门招揽研发人才的猎头,也是公司的CEO。"……任何创新型经济的长期可持续性,都不能靠引进外国研究人员来实现。一个完整的、创新驱动型的经济体不能建立在少数天才级的肩膀上。"[49]

此外,即使外国明星级科研人员选择全职留在新加坡,他们也可能与本土科学家和新加坡本地社区的隔绝。欧洲工商管理学院教授彼得·威廉姆森(Peter Williamson)指出,他们可能无法与新加坡的同事建立足够的联系,因此在"钟罩"中工作。[50]"未来的某一天,钟罩很可能会很轻易地被捡起,被带到另一个地方"。与当地同事甚至新加坡都几乎没有联系的外籍科学家,将很快离开,前往更绿色有机的"牧场"。这一规律也同样适用于可能将研究团队带到新

加坡的顶尖外国科学家,他们也可以随时轻松地离开,一同前往更生机勃勃的其他国家。

尽管在一流的研究基础设施和招聘外国科学家方面投入了大量资金,但新加坡在研发方面的成绩仍旧表现平平。迄今为止,这些"顶级枪手"不足以产生可市场化的科学突破,以满足人民行动党领导者提高新加坡国际竞争力的迫切希望。流动的外国科学家无法替代坚定的本土科学家。与此同时,人民行动党的教育枢纽策略,特别是那些旨在吸引外国人才的政策(不包括那些顶尖的科学家),可能导致当地人才水平的降低。这些政策不仅极大地削弱了本地人力资源发展,而且常常使许多有才华的新加坡人不愿在新加坡本土深造,或不愿在出国留学后选择回国。

人才净增长?

除了通过招募明星科学家来提高新加坡的研发能力外,新加坡教育枢纽战略的另一个关键目标是提高人才的整体水平。本地毕业生能力的不足或许推动了这一举措的制定。

本地毕业生乏善可陈

如前所述,一段时间以来,新加坡雇主一直抱怨本地大学毕业生存在种种不足。他们的"知识并不总是与现实世界的需求相关,"伯纳德·李指出。[51]他们在"知识链条"的第一步训练有素,但在其他环节显示出明显的差距。[52]本地毕业生可能"非常善于复制学术刊物的成果",并且容易出现"反刍与解决问题"。[53]新加坡的应试教育体系鼓励"对明确定义的问题,重复采取某些预先打包的解决方案",然而,解决现实世界的问题往往需要不断的实验、面临经常性的失败,甚至有时严重的批评挫折。这样的前景可能会导致学生害怕失败,而新加坡本地大学生的学习经历中,如何"应对失败"及其后果却并非理所当然。

对他们来说,默认的反应可能是规避风险的行为。李指出,这种心态可能"部分解释了,为何亚洲抄袭率高于平均水平,以及原创性的研发成果水平普遍偏低"。在对本地研发候选人的面试过程中,李发现,"为了给我们留下深刻印象,"他们通常"更愿意展示他们通过的艰巨考试,而不是"展示他们的学术训练可以如何解决实际问题。本质上,他们没有学习过与行业相关的实用技能"。

新加坡本地的毕业生缺乏合适的科学技能和思维方式,因而他们对新加坡成为杰出研发中心的雄心壮志贡献甚微。维持新加坡的任何长期研发战略都需要相当多的本地科研人员。外来的、通常较为年长的明星外国科学家,并不太能替代本地科研人员,承担"将新加坡转型成为创新研发中心"的宏大理想。不幸的是,新加坡的教育系统培养的学生缺乏创造力,只具备应试小聪明,而这些学生无法成为一流的科学家。新加坡管理大学研究创造力的教授柯宝星(Kirpal Singh)指出:"教育体系并没有有针对性地培养科研突破所需的那种具有创造力的人。"

二流的外国"替身"

人民行动党领导人决定,通过吸引外国人才来弥补新加坡的人才短缺,其中就包括有前途的本科生和研究生。作为人才短缺问题解决方案的一部分,他们为外籍学生提供数千个国家资助的奖学金。如今,新加坡大学的大多数研究生都是外国人。

2006年,新加坡本地大学培养了520名科技专业的博士,但其中只有80人(占比15%)是新加坡人。但正如已经表明的那样,许多博士毕业后并没有留下来。其他人可能选择在新加坡工作一段时间,直到他们在西方国家找到更好的职业发展机会,然后也离开了。

留下来的外国毕业生质量水平如何?人们还必须考虑,他们是在新加坡的大学接受教育,因此他们也会吸收同样的应试心态,而这种心态几乎不能为科学研究提供所需的解决问题的技能。

新加坡的研发战略要想取得长期成功,就需要更具创造性的本地科学家。外国科学家来来去去,外籍学生和毕业生仅仅被诱惑才到新加坡完成学业。虽然明星科学家可能具有优异的科研能力,但他们的能力是否得到充分的发挥以造福新加坡? 有没有可能在外国研究生中也培养出这些外国明星科学家的研发能力?

就算外国科学家和研究人员真的有才华,且可以在新加坡适当地发挥他们的才能。他们充其量也只能成为短期解决方案。如果他们能够被吸引到新加坡定居,那么他们或许能够为新加坡的研发推动做出长期的贡献。但是,他们中的大多数人似乎只是将新加坡视为其他潜在客户的中转站。因而,这些人赋予新加坡的研发利益都可能是极为有限的。

不鼓励本地人才回国

政府对外籍学生的偏爱,在很大程度上都让许多在海外毕业的新加坡人打消了回国的念头。至少对一部分人来说,在国外大学学习是一种解放的过程。他们在新加坡式教育下"沉睡"的创造潜力,可能在国外大学中被唤醒。

但无论在国外求学或做其他事的新加坡人他们本身的能力如何,政府的亲外国人才政策已经足以促使许多人不仅在海外学习,还在那里定居。如前所述,青睐外籍学生和研究生意味着新加坡人在当地大学的录取名额变少,迫使许多人出国留学。这样一来,他们中的很大一部分将可能永远不会回国。

此外,新加坡大学对外国学者显而易见的偏见,阻碍了相当多的新加坡研究生申请本国大学的职位。而新加坡整体缺乏学术自由的现状,以及西方更具智力和文化刺激的环境诱惑,也让许多新加坡籍的毕业生选择留在那里。他们往往在另一个国家规划自己的未来,这个国家通常是他们毕业的地方。

评估外国人才给新加坡带来的好处,需要考虑本地人才流失的程度。流失的本地人才并不能轻易地被涌入的外国人才所取代。只有留下来的本地人才有可能成为本土研发能力改革的中心,而当地高等教育机构发挥着同样重要作用。但新加坡大学必须拥有更大的学术知识自由，才能完成这个使命。只有这样，新加坡才能真正达成成为东方波士顿的野心。

博雅教育的幻想

新加坡的改革者的确有充分的理由，将研发作为其教育枢纽战略的重要组成部分。重构新加坡这一城邦国家的经济，使其在 21 世纪更具创新性和竞争力，反映了人民行动党生存主义的理念和国家建设的思路。但是，如何解释新加坡也希望成为博雅教育中心、成为另一个哈佛和亚洲麻省理工学院的愿望呢？吴作栋在 1996 年首次发出"东方波士顿"号召时，这难道仅仅只是一种修辞行为吗？

精神分裂的心态

人们有时怀疑，人民行动党领导人是否完全了解，他们对新加坡的构想究竟有什么影响。可能其中最理想的结果是新加坡真的成了世界的艺术人文中心，尤其是，新加坡常常标榜自己为世界教育的中心，思想的强国、艺术人文和科学的灯塔。但是，无论是在教育方面，还是在新加坡人变得更有创新性创造力方面，当新加坡领导人如此呼吁时，他们是否能够真正意识到，他们的宣传言论会给国家带来怎样的后果？这个问题的答案，并不总是很清晰。

正如《新加坡奇迹》一书所示，人民行动党领导者的思想有时会表现出分裂倾向。

> 人民行动党领导人经常敦促新加坡人跳出固有框架去思考，勇于挑战极限等。这种希望新加坡人更具创造力、创新性，而不总是规避风险的呼吁往往具有超现实的、几乎精神分裂的特质。如果人们真的采取行动，那么上述这种希望或许会破坏人民行动党的政权。[54]

吴作栋总理敦促新加坡人成为"反叛者，而不是坐享其成的人"，表现得像"革命家"。[55]李光耀本人则呼吁人们进行"精神革命"和"创造性破坏"，认为，为了更好地应对21世纪的挑战，新加坡需要"再出发"，就必须改变传统的思维模式和行为方式。但事实上，如果新加坡人真的认真对待此类呼吁，那么人民行动党的统治或许就会受到严重威胁。

新加坡领导的言论旨在激励新加坡人变得更具创新性和创造性，从而可以开发新产品、新服务。但革命心态可以以多种形式存在，不仅可能会让人们变得更具创业精神，也可能会产生对政策变革的诉求。在某些情况下，真正有创造力的人并不总是对只对设计更好的产品、赚更多的钱感兴趣。

正如《新加坡奇迹》所展示的，人民行动党政府试图通过将新加坡打造为令人兴奋的"时髦"地方来吸引更多前沿的外国人才，但这样的想法存在误区。《经济学人》指出，在21世纪初期，政府受到鼓舞，试图将新加坡转变为"布里奇特·琼斯"（Bridget Jones）经济体。[56]同名电影中的名为BJ的角色代表了新加坡希望吸引的人才画像，即那些受过良好教育的、单身的、国际化的专业人士。

> 新加坡的公共形象必须从禁止嚼口香糖、没有娱乐的严肃社会，转变为充满异国情调和热闹夜生活的社会。政府认为有趣的灵魂喜欢做"奇怪的事情"[李光耀用来描述波希米亚行为的词汇]，如在酒吧柜台跳舞、蹦极和全天饮酒，因此新加坡在2003年取消了对上述这类活动的限制。[57]

不幸的是，严厉监管在吧台上跳舞的官方努力，破坏了它吸引自由奔放灵魂的意图。要想真正解放新加坡，只靠伪自由主义和生硬琐碎的姿态是不够的。在这一系列吸引自由世界主义者的动作中，只有政府决定也取消对同性恋就业的官方限制，才具有很大的实质意义。否则，给新加坡"减压"的举动大多是陈腐的。但是，新加坡领导似乎不明白真正自由的社会拥有一系列特定的价值观和行为。在新加坡超过五十年充满压制性的人民行动党统治期间，这些价值观和行为就算没有被禁止，也被劝阻打消了。

人民行动党口头上支持各种民主和自由主义理想,这种现状或许可以解释人民行动党领导经常表现出的奇怪的概念性混乱。长期以来,他们习惯于营销国际形象,为此做出冠冕堂皇的声明。但厌恶思考这些概念的真正含义,或许解释了他们为何存在如此精神分裂的心态。

更加适度的教育枢纽?

抛开人民行动党打造"东方波士顿"的言论不谈,什么样的教育中心最适合新加坡当前的社会政治气候?缺乏知识、学术和艺术自由,这些现状条件让新加坡很难成为哈佛式人文和社会科学教育中心。通过引进外国人才,将新加坡转变为麻省理工学院式的主要研发中心,这一策略尚未取得任何重大成就。此外,新加坡缺乏创新型的、敢于冒险的本地文化来维系与推动这样的中心长效发展。

虽然根据目前人民行动党的规则,新加坡不太可能成为"东方波士顿",但不那么高标准的教育中心,或可成为可以实现的目标。这样的教育枢纽,首先应该把重心收缩到新加坡最擅长的事情,即为来自亚洲和其他地方的学生提供技术和管理类型的教育。这种"非政治"教育在新加坡受到的限制,应该比文科类教育更少。技术课程可以更关注传授实用技能和程序,管理类课程同样可以侧重于向新兴高管传授组织和管理的专业知识,毕竟这些高管的思维方式受企业价值观驱动,而非政治理想驱动。

新加坡全方位地支持着新自由主义的全球化信仰,为管理和技术教育提供了完美的环境。正如欧洲工商管理学院的迈克尔·皮奇教授(Michael Pich)所指出的,新加坡的"……战略地理位置使其靠近主要的东盟增长市场,使新加坡能够成为了解亚洲细微差别的真正门户",为外籍学生提供"安全的国际化环境"。[58]此外,新加坡不仅是区域性管理和技术培训的教育中心,也是此类教育的主要市场。每年,成千上万的新加坡求职者想要参与专业发展和高级管理的

相关课程。同时,还有三分之一的财富500强公司和26 000家外国公司在新加坡开设公司,[59]它们同样需要对其员工和管理人员进行行政和技术方面的深造培训,不论是外国公司还是本地企业都是如此。这种需求也吸引了包括欧洲工商管理学院在内的许多著名商学院在新加坡设立分支机构。

新加坡还为行政和管理教育提供了非常有利的政治环境。人民行动党领导层的亲外国资本政策和对新自由主义全球化议程的热情拥护,为管理和职业类培训提供了良好的大环境,格外符合外国公司的需求。

所有这些分析都表明,新加坡或许在教育枢纽战略的施行上变得更温和,而无需追求打造"东方波士顿"这样宏大的愿景。除了应考虑放弃文科之外,新加坡的研发任务也需要被重新设计和缩减。新加坡只有在培养出足够数量的本土研发人才之后,才能适当地进行此类探索。然而,只有教育改革,才能培养具有独立思考、有创造力的,而不是应试选手的学生。正如前文所述,教育改革是一项艰巨的任务,自20世纪90年代后期以来的努力也仅仅取得了非常有限的成功。但即便新加坡的教育体系真的进行了充分改革,它也仍然需要很多年,才能培养出足够的具有创新和创意的毕业生,来满足其国家发展需求。在拥有足够数量的此类人才之前,除非还有其他的替代方案,新加坡不得不依靠短暂停留的外国科学家和人才,才能完成目前设计的研发任务。

在生物医学方面,新加坡国立脑神经医学院负责人李玮玲博士也认为新加坡更现实的选择,应当是在能够发挥其优势的领域,做出有针对性的研发计划。她说,新加坡应该专注于那些具有竞争优势的研究领域,如肝癌、胃癌和乳腺癌以及头部损伤等:[60]

> 迄今为止,许多地方疾病是高度专门化的潜在需求市场,却没有令人满意的治疗方法。新加坡应当专注于这些领域,这不仅具有财务和战略意义,还可以为我们自己的公民和我们在亚洲血脉相连的邻国有所作为。[61]

李玮玲说,5%的华裔是乙型肝炎携带者,患肝癌或肝功能衰竭的风险很高。再乘以全世界华裔的数量,就可以意识到,世界范围内对治疗此类疾病有巨大需求。

再次,头部受伤是儿童和其他健康成年人残疾的主要原因之一。她领导的国立脑神经医学院在头部损伤研究方面拥有良好的成绩,可以为新加坡带来相对竞争优势。

李玮玲说,新加坡不像美国等主流国家拥有大量的资源,可以花费巨额资金,来支持开展各类研发工作。她问道,"我们为什么需要和其他的 10 个、20个、30 个世界级的研究机构一起竞争,追求同样的目标?"[62]她并不看好新加坡经济发展局和科学技术研究局采取的资本风险回报式的研发策略。

> 我们需要选择有限的开发领域,而这些领域是我们相对来说有机会竞争的。我们不能样样都做。我们需要更聚焦,尤其我们国家的 GDP 就这么小,地图上也就是个小红点。①[63]

虽然李玮玲只谈及了新加坡研发推动的生物医学领域,但她的评论很可能同样适用于新加坡的教育中心战略。在研发和提供整体教育服务方面,与新加坡目前所追求的目标相比,更便宜、风险更低且更实用的策略似乎是可实现的目标。比起动辄数十亿美元的大规模研发投入和宏伟的东方波士顿愿景,这种方法所需的财政和其他资源支出更少,且可能会产生更好的效果。在新加坡目前的社会政治发展状况下,奢侈的宏大愿景是不可持续的。

对新加坡来说,成为地区性的教育中心,提供技术和管理方面的专业培训,或许不那么雄心勃勃;采取更温和、更有针对性的研发战略,或将产生更好的结果。这样的教育枢纽需要的运营资源更少,长期内也增加了其操作的可行性。

*　　*　　*

新加坡的教育中心战略产生了喜忧参半的结果。单从数字上看,成果令人

---

① 译者注:小红点(little red dot)是国际媒体对新加坡的昵称,因其在地图上一般就只能显示为一个小红点。

印象深刻：外籍学生人数飙升；数十家外国高等教育机构在新加坡设立分支机构和开设课程；不断发展的教育产业为新加坡的 GDP 做出越来越大的贡献，这些都是其教育中心战略的主要成果。在研发方面，新加坡的专利数量迅速增长，也取得了显著的量化成功。然而，就突破性研究和创新而言，新加坡在创新质量上的表现令人失望。尽管国家花费超过 200 亿新元，聘请了顶尖外国科学家，并在启奥园和启汇园等中心搭建了令人印象深刻的研发基础设施，但新加坡几乎没有取得任何重大科学突破，尽管其专利数量不少。

新加坡教育中心战略的另一个主要目标，是提高其研发人才的整体水平。由于新加坡的教育体系严重削弱了几代新加坡人的创新和创造能力，国家不得不大规模引进海外人才，特别是外国大学生和研究生。但他们尚未证明自己是新加坡人才短缺的可靠替代品。这些外国人是否使新加坡的人才实现了净增长，这个问题仍然值得商榷。他们中的许多人也被证明是短暂停留的，随时准备着离开新加坡，去其他地方寻找更好的前景。此外，人民行动党的政策对许多外国人更为有利，使得许多新加坡人感到，他们需要在国外完成学业。这样一来，许多新加坡人都选择留在国外，这也就意味着，新加坡本土人才面临着永久性的流失。

在科研方面，新加坡已经严重依赖流动的外国人才和知名科学家，使其成为世界教育枢纽的战略大打折扣。事实上，大量忠诚的本地科学家才更有可能让研发可持续增长，达成新加坡寻求的目标。与不受约束的外国科学家相比，本地科学家才更有可能留下来，看到长期研发项目获得成功。

参考文献

1. Pich, Michael. "Singapore's Ambition: Executive Education Hub?" *www.businessinsider.sg*, August 11, 2014.

2. *The Telegraph* (Calcutta), May 16, 2014.

3. *Bloomberg News*, July 23, 2012.

4. *University World News*, July 9, 2013.

5. Ee, Clare. "25 June 2014: Yale-NUS welcomes the diverse Class of 2018", *www.yale-nus.edu.sg/newsroom*

6. Agency for Science, Technology and

Research（A＊STAR），Singapore，2013，p. 24.

7. Ibid.

8. Genome Institute of Singapore. *Genome Institute of Singapore, A Centre for Genomic Discovery*, Singapore, 2013, p. 4.

9. Yusuf, Shahid and Kaoru Nabeshima. "Bio-Singapore" in *Postindustrial East Asian Cities, Innovation for Growth*, World Bank's Development Economic Research Group, the World Bank and Stanford University Press, Washington DC, 2006, p. 116.

10. Ibid, p. 111.

11. Ibid, p. 127.

12. Ibid.

13. Ministry of Trade and Industry. *Economic Surveys of Singapore for years 2005 – 2013*, MTI, Singapore, 2007 – 2013.

14. Agency for Science, Technology and Research（A＊STAR）, *National Survey of R&D in Singapore 2012*, Singapore, November 2013, p. 25.

15. *Reuters*, February 1, 2007.

16. Ibid, February 11, 2007.

17. *Bloomberg*, October 1, 2010.

18. Yusuf, Shahid and Kaoru Nabeshima. "Bio-Singapore" in *Postindustrial East Asian Cities, Innovation for Growth*, World Bank's Development Economic Research Group, the World Bank and Stanford University Press, Washington DC, 2006, p. 134.

19. Ibid.

20. Ibid.

21. Ibid.

22. *Reuters*, February 1, 2007.

23. *The New York Times*, July 9, 2007.

24. *Reuters*, December 11, 2007.

25. Ibid.

26. *The Straits Times（ST）*, May 15, 2009.

27. Ibid.

28. Giest, Sarah. "Networking in the life science sector: The missing link in British Colombia [Singapore]", British Colombia Political Science Association Conference, May 2 – 3, 2013, Vancouver. p. 12.

29. Ibid.

30. *Reuters*, December 11, 2007.

31. *Singapore Notes*. "Thanks. But No Thanks", August 13, 2011.

32. *Reuters*, September 20, 2007.

33. *ST*, May 24, 2009.

34. *YAHOO! News*. "Singapore Scene", August 13, 2011.

35. *ST*, September 7, 2011.

36. *Bloomberg*, October 1, 2010.

37. *Disease Models & Mechanisms*. "Synergy in Science: an interview with Neal Copeland and Nancy Jenkins", *dmm. biologists. org*, November 2012.

38. Ibid.

39. Ibid.

40. Chang Ai-Lien. "Returns not always about money, says star scientist", *The Straits Times*, September 7, 2011.

41. Ibid.

42. *Bio-IT*. "Edison Liu leaves Singapore to Head Jackson Laboratory", *bio-itworld. com*, August 26, 2011.

43. Chang Ai-Lien. "Returns not always about money, says star scientist".

44. Ibid.

45. *Nature*. "Singapore's salad days are over", December 9, 2010.

46. Ibid.

47. *ST*, May 15, 2009.

48. Ibid.

49. Ibid, April 15, 2012.

50. King, Rodney. *The Singapore Miracle, Myth and Reality*, Insight Press, Inglewood, Western Australia, p. 150.

51. *ST*, April 15, 2012.

52. Ibid.

53. Ibid.

54. King, Rodney. *The Singapore Miracle*, p. 138.

55. Ibid.

56. Ibid.

57. Ibid, p. 145.

58. Pich, Michael. "Singapore's Ambition: Executive Education Hub?"

59. Ibid.

60. *ST*, February 11, 2007.

61. Ibid.

62. *Reuters*, February 1, 2007.

63. Ibid.

结语　一个新自由主义者

"以小博大"的传统说法常被用于描述新加坡的情况,这显然是有充分依据的。除了新加坡这个城邦之国在全球各大论坛上具有的重大影响力之外,它在国家建设方面所获得的无数赞誉也使其在世界事务中占有特殊的地位。无论是新加坡的经济自由度、透明度和其经济竞争力,还是其教育体系的质量等,方方面面都备受称赞。一直以来,西方各大评级机构和智库团体对新加坡的此类属性都非常看好,将其列在排行榜上靠前的位置。

毫不奇怪,正如《新加坡奇迹》所展示的,新加坡已成为发展中国家效仿的样板,西方国家汲取灵感的源泉。无论是在住房、健康和养老金还是教育等领域,新加坡都被视为让人称道的典范。

"推销"新加坡

无论新加坡在国家建设方面实际取得了怎样的成就,都一定存在被强大的自我推销能力夸大的情况。一直以来,宣传新加坡的成就是人民行动党领导层的首要任务。新加坡自 1965 年从马来西亚独立之后,就存在着吸引外国资本的需要,这已成为关乎国家生存的重要问题。

跨国公司成为了新加坡构建"出口导向型经济"这一发展计划的关键。但要吸引跨国公司来到新加坡,首先就需要让它们相信,新加坡是投资的避风港,安全、可靠、有利可图。

在合规评级机构和智库团体(主要是美国公司)的帮助下,新加坡在"经济

自由"和"透明度"两方面获得高排名,这两项指标都标志着新加坡对跨国公司相当友好。美国传统基金会(Heritage Foundation)和卡托研究所(Cato Institute)等机构定义一个国家的"经济自由"为外国资本在该国经济中具有随心所欲地运作的自由。国际透明组织(Transparency International)对"透明度"的衡量标准也体现了类似的逻辑。管理发展研究所(Institute for Management Development)和世界经济论坛也是如此对国家的经济竞争力进行排名。虽然这些机构声称要衡量国家的竞争力,但它们实际也主要是在评估该国是否有利于外资活动等方面。公司税率低、汇出利润的自由以及工会是否配合(即不干涉跨国公司招聘和解雇行为),是上述两个机构用来对国家的国际竞争力进行排名的三项指标。在所有这些指标上,新加坡获得了很高的分数。

然而,正如《新加坡奇迹》所示,就尖端效率、生产力和其他决定经济竞争力的关键因素而言,新加坡的表现堪称平平,其资本生产力和劳动效率都只是二流水平。当地私营板块也几乎没有真正的经济自由,特别是与跨国公司和国有企业竞争时。此外,考虑到政府的不透明和自上而下的决策模式,国际透明组织给新加坡的最高透明度和廉洁度的排名应当是有误的。

此外,在岛国之外,很少有人意识到了新加坡教育成就高排名背后的空洞与问题,似乎只有人民行动党的领导层和一些新加坡教育工作者与教育家可以理解。为了施行教育改革,人们付出了巨大努力,花费了几乎是孤注一掷的努力,这恰好证明了,教育制度原本存在的缺陷有多大、问题有多严重。在许多重要方面,新加坡固有的教育制度都造成了重大影响,但最根本的是,其限制了新加坡人民能力的发展,使新加坡并不能成为创新、平等和知识型国家。

因此,新加坡不得不求助于外籍学生和海外人才,将他们作为补充,来提升本地的人才水平,为有缺陷的、造成人才浪费的教育政策买单。如今新加坡人,尤其是年轻人,必须忍受与无法得奖学金的二流外国人才竞争。毕业后,他们必须在就业市场上与同一批人再次竞争岗位,这些外国人常常会担任以前由新加坡人担任的职位。这也是新加坡为实施促进全球教育改革运动的教育政策而付出的代价之一。本质上,这些政策削弱了国家的人才水平,而并非增强。如今,新加坡不得不满怀痛苦地放松这些政策的实施,才能满足其国家发展的需求。

不过,上述关于新加坡教育或国家建设的证据,却通常不能破坏其打造的"新加坡品牌"。很少有国家在打造品牌方面能够超越新加坡。它擅长吸引外国资本、新自由主义支持者和全球教育改革的游说团体,并能灵活地与世界经济论坛、管理发展研究所以及 PISA 和 TIMSS 等机构的排名研究进行博弈。

李光耀因素

任何对新加坡人民行动党及其教育系统的研究都离不开对李光耀因素的考量。李光耀被广泛认为是亚洲和世界最卓越的政治家之一。在伦敦、华盛顿、柏林和巴黎等世界级首都,李光耀都获得了极大的尊重。他关于世界事务和国家建设问题的言论,包括教育方面,都获得了西方领导人的认真倾听。

然而,似乎很少有西方评论员和新加坡问题专家认识到李光耀种族主义和精英主义的观点。相反,他们看到的只是一位精明的、身经百战的政治老兵。在 1965 年新加坡独立后,他在缺乏自然资源、蚊虫肆虐的沼泽中建成了先进的国际化大都市。然而,在《新加坡奇迹》的第一章("揭秘 1965 神话")就展示了,事实并非如此。1965 年的新加坡是亚洲当时最发达的城市之一,拥有强大的工业能力。很大程度上,由于李光耀的地位,新加坡的成就,无论真实与否,都被放大为伟大的国家建设壮举。

对于那些李光耀和新加坡的拥趸来说,新加坡在 PISA 和 TIMSS 测评中获得最高分,丝毫不奇怪。既然李光耀是现代最有影响力的政治领袖之一,且他的国家在国家建设方面取得了如此辉煌的成就,那么新加坡的教育体系为什么不能是世界一流的呢?但李光耀种族主义和精英主义的观念已玷污了这一事实。他的外国粉丝中,很少有人真正了解新加坡自 20 世纪 70 年代后期以来的教育政策。

共生关系

新加坡孜孜不倦地吸引外国资本进驻,一心一意地努力着,试图赢得尽可能多的全球赞誉。这不仅是因为它有能力玩弄全球调查的规则,也不只是因为它与各类智库公司和评级机构建立了友好的关系。还因为,新加坡被视为促进新自由主义议程的马前卒——无论是在经济和国家建设领域,还是在教育领域都是如此。在新加坡表现出有意愿扮演这个角色的同时,新自由主义运动也同样愿意以此为目的利用新加坡。

新加坡受到重视,不只是因其能够为外资提供丰厚的商业和经济利益,还因为它支持并推动了新自由主义运动全球化议程的价值观和实践政策。除了资本的自由流动之外,这些自由主义议程还包括旨在提高组织和员工绩效的管理和企业理念,教育也不例外。

全球教育改革运动所代表的是世界新自由主义派的教育理念。正如本书所示,全球教育改革运动一直在努力推动改革政策,使教育变得更具竞争性,鼓励以考试为导向,推动私有化进程,让教师被迫参与绩效评定,接受更大的班额等。新加坡与其他东亚国家,已成为全球教育改革运动的支持者引用的案例,从而推广此类政策。但在本书中已经表明,教育改革理念对学生、教师和学校都会造成了极大的伤害。作为他们的热心实践者,新加坡已付出了高昂的代价。新加坡所创建的教育体系,危及了新加坡人民长期生存的方式,阻碍了新加坡人民能力的发展。

虽然新加坡的教育制度被广泛誉为世界一流,但实际上,似乎很少有外国仰慕者真正了解它存在的问题。国际层面上,教育家、智库团体、各国教育部部长和众多教育评论员对它的无知程度令人诧异。但更令人不安的是,新加坡和其他东亚国家实施的教育政策被许多人认为,应当在西方社会和更多地方实施与推广。本书试图挑战这种存在于全球教育界的可疑主张。

译者的话

一直以来,新加坡都是我们可亲的邻国。儒家文化的传承奠定了我们共同的文化底蕴,经济后发国的发展特点也让我们在社会生活方面拥有许多共通之处。在教育方面,新加坡人与我们一样,都是自强不息、坚韧不拔的拥趸者,都面临着有限的资源与激烈的竞争。新加坡教育也始终在 PISA 测评中名列前茅,在世界范围内享有盛名,这一点也与我们类似。但新加坡又与我们不同。这个城邦国家拥有多种族多文化的社会构成,施行着以英语为母语的课堂教学,早年执行了较为严苛的分流制度。作为教育工作者,我们自然感到好奇,希望对邻国的教育制度有更深入的了解,这也是我受邀翻译本书时的动机所在。

而《新加坡教育——神话与现实》这本书却不只是一本介绍新加坡教育制度的科普书籍。本书带有强烈的主观色彩,作者是一位来自澳大利亚的资深作者。在写作本书之前,他的作品聚焦新加坡的经济发展、对外贸易与李光耀的个人生平。基于他本人在新加坡多年的生活经验,他对新加坡社会保持着近距离的观察,怀抱着审慎的批判态度。作为一名来自太平洋另一端发达国家的记者,他对新加坡人的生活,尤其是新加坡学生、教师与家长的境遇充满好奇,也正是通过他在当地的调研与大量的对谈,诞生了《新加坡教育》这本评估新加坡教育制度是否"名副其实"的书籍。

作为译者,翻译本书的过程可用"分裂"二字形容。一方面,译者的身份让我总是努力与作者共情,竭尽全力去理解作者的意图,传递作者的情感。当作者指出一线教师工作时间之长,往往被制度与人民所忽视时,我尤为感同身受。但另一方面,同样来自华人文化圈的我常常不由自主地与新加坡人共情,与新

加坡教育制度共情。尽管作者认为新加坡文化过分强调"吃苦耐劳",使得大量学生只知学习,过早参与竞争。但同样成长在东亚文化圈的我,扪心自问还是相信"书山有路勤为径"的朴实道理。

更多的时候,我也陷入了困惑。譬如,作者指责新加坡教育制度造成的竞争过于残酷,过分注重考试成绩,"优胜劣汰"的规则对包括教师、学生、家长在内所有人产生了压迫。这种说法究竟对不对呢?资源这样紧张,考试是唯一保证公平的办法,不考试能怎么办呢?但考试带来的"内卷"确实处处存在,也确实给所有人带来了焦虑与不安。这是否又有更好的办法来避免呢?

在我看来,本书有一个没有被直接提及的关键词,即"资源"。正如作者所说,许多新加坡政策背后的核心驱动力是"国家存亡"。作为20世纪60年代才刚刚独立的城邦小国,新加坡领导人认为,本国的独立性始终存在威胁,国家始终处于"生死存亡之时"。因此,新加坡的国策都以实用性为主。本国领导人深刻理解自身资源之缺乏,致力于将有限的资源用在刀刃上,教育也不例外。新加坡备受争议的分流制度也起源于此,即"不能浪费资源在低效率的人身上"。不过,时至今日,新加坡的资源是否仍旧如此紧张?在有限的资源下,当前的资源分配是否是最优解?而出身发达国家的本书作者又是否能够理解新加坡资源缺乏、激烈竞争的本质?

本书的写作基础来自于作者对新加坡教育的近距离观察、大量采访与公开资料的收集。因此,本书的信息量很大,内容非常翔实,从新加坡历史政治的宏观背景,讲到新加坡中小学与高等教育,再到新加坡与芬兰教育的对比,结构清晰,行文自然流畅。然而,作为资深记者而非教育专业人士,作者展示了许多现象,提出了不少问题,却也没有提出特别好的解决办法。由此,我诚挚地将本书推荐给我国的教育从业者。希望读者在阅读本书之后,不仅对新加坡这个邻国的教育制度有所了解,还能见贤思齐,怀抱着问题持续探索与思考。

最后,本书的大部分翻译工作在2022年的封控阶段完成。我身处家中,尽管幸运地仍旧拥有较为平静安逸的物质条件,但心神始终被各界新闻牵动。看到无数时而"走读"时而"居家"的中小学生,看到被封闭在大学校园的年轻人,就觉得身为教育工作者任重而道远。而看到许多适应网络教学,甚至学着测核酸的老师们,又深叹今日做教师之难。已有研究证明,疫情三年以来,婴幼儿的发育水平已低于同期。在不可避免受到外界影响的过程中,我们怎样建立更强的人际连接,实现人与人之间的互相支持,守望相助,让我们的下一代拥有更优质的教育与更好的未来?我想,时代又给我们提出了新的课题。

《新加坡教育》译者

鲍方越

2022 年 11 月

参考文献

Newspapers and Periodicals

Newspapers
Business Times (Singapore)
Daily Telegraph (Sydney)
Herald Sun (Melbourne)
Hong Kong Standard
My Paper (Singapore)
The New York Daily News
Shin Min Daily News (Singapore)
Straits (Singapore)
The Australian Financial Review
The Baltimore Sun
The Christian Science Monitor
The Financial Times (UK)
The Guardian
The Harvard Crimson
The Independent (UK)
The New Paper (Singapore)
The New York Times
The Sunday Times (Straits Times)
The Sydney Morning Herald
The Telegraph (Calcutta)
The Telegraph (UK)
The Wall Street Journal
The Washington Post

The West Australian
Today (Singapore)
Yale Daily News

Periodicals
Far Eastern Economic Review
The Economist

News Agencies and Organisations
Agence France-Presse
AsiaOne
BBC News
Bloomberg
Channel NewsAsia.com (Singapore)
Reuters
Yahoo! News

Online Publications
Huff Post
Crikey.com
Diary of A Singaporean Mind
Temasek Emeritus
tesconnect
The Conversation
The Online Citizen
University World News
www.yawningbread.com

A

Ab Kadir, M.A. *Rethinking Thinking Schools, Learning Nation: teachers' and student perspectives of critical thinking in Singapore Education*, PhD thesis, University of Melbourne, 2009.

Abrams, Samuel. "The Children Must Play", *New Republic*, January 28, 2011.

Agency for Science, Technology and Research (A*STAR), *National Survey of R&D in Singapore 2012*, November 2013.

Aho, Erkki; Kari Pitkanen and Pasi Sahlberg. "Policy Development and Reform Principles of Basic and Secondary Education in Finland Since 1968", *Education*, Working Paper Series, No. 2, World Bank, Washington, DC, May, 2006.

Allum, N; R. Patulny, S. Read and P. Sturgis. "Re-evaluating the links between social trust, institutional trust and civic association", *Spatial and Social Disparities: Understanding Population Trends and Processes,* P. Norman, J. Stilwell, P. Surridge and C. Thomas., (Eds) Vol 2, Springer, London, 2010.

Anderson, Jenny. "From Finland, an Intriguing School-Reform Model", *The New York Times,* December 12, 2011.

Anderson, L. W. "Balancing breadth and depth coverage: Taking advantage of the opportunities provided by smaller classes", in J.D. Finn & M.C. Wang (Eds), *Taking Small Classes One Step Further,* pp. 55-61.

Ang, Lynn. *Vital Voices for Vital Years,* the Lien Foundation, Singapore, 2012.

"Anon" blog posting on April 30, 2012 in response to "Education system a high stakes board game", January 25, 2012, *www.yawningbread.com*

"anon558" blog response to "Advice for family considering Singapore?", *tesconnect,* July 5, 2010.

"Anonymous" blog response to "Rethinking Education ... the Great Equaliser..." by Lucky Tan, *Diary of A Singaporean Mind,* June 20, 2011.

Ansalone, George. "Poverty, Tracking and the Social Construction of Failure: International Perspectives on Tracking", *Journal of Children & Poverty,* 9 (1), 2003.

Antikainan Ari and Anne Lukkainan. "Twenty-five Years of Educational Reform Initiatives in Finland," from a book manuscript on globalization and education, 2008.

Argys, L. M., D. L. Rees and D. J. Brewer. "Detracking America's Schools: Equity at Zero Cost". *Journal of Policy Analysis and Management,* 15 (4), 1996, pp. 623-45.

Asia Society. *Education in China, Lessons for U.S. Educators,* New York, November 2005.

Au, Alex. "The Invisible Scissors", *Fridae,* Singapore, March 13, 2008.

Australian Council for Educational Research (ACER). "CORE A Consortium PISA 2009", *MyPISA,* Acer, Australia, 2012,www.acer.com.au

---- *Annual Report 2011-12, Financial Summary,* www.acer.com.au

Australian Curriculum Assessment and Reporting Authority (ACARA). "National Assessment Program – Literacy and Numeracy (NAPLAN)", ACARA, Sydney, 2013.

Australian Education Union, Victorian Branch. *An AEU Response to New Directions for School Leadership and the Teaching Profession,* AEU, Melbourne, Victoria, September 2012.

---- *New Directions for School Leadership and the Teaching Profession, An AEU Response,* AEU, Melbourne, Victoria, September 2012.

新加坡教育

神 话 与 现 实

Australian Institute for Teaching and School Leadership. *About Us*, www.aitsl.edu.au.

Averett, S. and McLennan M. "Exploring the effect of class size on pupil achievement: what have we learned over the past two decades?" in Johnes G. and Johnes, J. (Eds), *International Handbook on the Economics of Education*, Cheltenham, Edward Elgar, 2004, pp. 329-68.

B

Baker, Keith. "Are International Tests Worth Anything?" *Phi Delta Kappan*, Vol 89, No. 02, October 2007, pp. 101-4.

Bantick, Christopher. "NAPLAN – The Case Against", *The Sydney Morning Herald*, May 7, 2012.

Barr, Michael. *Lee Kuan Yew: The Beliefs Behind the Man*, Curzon, Surrey, UK, 2000.

---- "Law and Order in a Land of Tough Love", Review Essay, *Australian Journal of Asian Law*, 2013, Vol 14, No. 1, Article 8.

Barr, Michael and Zlatko Skrbis. *Constructing Singapore, Elitism, Ethnicity and the Nation-Building Project*, NIAS Press, Copenhagen, 2008.

BBC News. "Education and Family", February 7, 2013.

Becker, Rosa and Renze Kolster. "International Student Recruitment: policies and developments in selected countries", *Nuffic*, Netherlands Organisation for International Cooperation in Higher Education, January 2012.

Belyavina, Raisa. "The United States as a Destination for International Students", *The Geopolitics of Overseas Scholarships & Awards*, Norrag, Washington, April 2011.

Bio-IT. "Edison Liu leaves Singapore to Head Jackson Laboratory", *bio-itworld.com*, August 26, 2011.

Bower, Joe. "Why do we give exams?", February 5, 2011, *www.joebower.org*

Bowman, Sam. "The profit motive would boost Gove's Free Schools agenda", *The Spectator*, April 21, 2011.

Bracy, Gerald. "Europe's Take on the Program of International Student Assessment", *Huff Post (Education)*, January 20, 2013.

Bray, Mark and Chad Lykins. *Shadow Education, Private Supplementary Tutoring and Its Implications for Policy Makers in Asia*, CERC Monograph Series in Comparative and International Education and Development, Asian Development Bank, 2013.

Brenner, Michael. "The American Public School Under Siege", *Huff Post (Education)*, February 17, 2014.

C

Carroll, Thomas G. *The High Cost of Teacher Turnover*, policy brief prepared for National Commission on Teaching and America's Future, Washington DC, 2007.

Central Intelligence Agency. *The World Factbook,* "Country Comparison – Gini Index", CIA, Washington DC, 2012.

---- "Literacy" *The World Factbook.* 2014.

---- "Distribution of Family Income – Gini Index", *The World Factbook"*, 2014.

---- "Singapore Literacy", *The World Factbook,* 2013.

---- "Total Fertility Rate", *The World Factbook,* 2014.

Centre on International Education Benchmarking, "Teacher and Principal Quality – Finland", National Center for Educational Excellence, Washington DC, 2012.

---- "Teacher and Principal Quality – Singapore".

Chan Heng Chee. "Political Developments, 1965-1979", *A History of Singapore,* Earnest C.T. Chew and Edwin Lee (Eds), Oxford University Press, Singapore, 1991.

Chang Ai-Lien. "Returns not always about money, says star scientist", *The Straits Times,* September 7, 2011.

Chee Soon Juan. *Singapore, My Home Too,* Singapore, 1995.

Chen, Francis C. *Special Education in Singapore, Country Report – Singapore,* ACMR, 2006.

Chia, Jack and Carissa Kang. "Where Are My Country(wo)men? The Lack of Singaporean Academics in Singapore's Universities", *Kyoto Review of Southeast Asia,* Issue 15, March 2014.

Class Size Matters. "Draft resolution on Class Size and School Overcrowding", July 10, 2014.

Classic Quotes. *The Quotation Page,* "Quotation #9316," www.quotationspage.com 1994-2013.

Cobbold, Trevor. "Competition policies will leave only losers in our schools", *The Sydney Morning Herald,* April 6, 2009.

---- "Downsides to East Asian Education Success", *Save Our Schools,* August 11, 2012.

---- "High Proportions of Asian Children Participate in Extra Tuition", *Save Our Schools,* April 15, 2013.

---- "Fighting for Equity in Education", *Save Our Schools,* April 12, 2014.

---- "Wave of Protest Against Testing", *Save Our Schools,* April 22, 2014.

Cornell University, INSEAD and WIPO. *The Global Innovation Index 2014: the Human Factor in Innovation,* Fountainebleu, Ithaca and Geneva, 2014.

Crabtree, Steve. "One in Five College-Educated Chinese Wants to Emigrate", July 27, 2009, *www.gallup.com.*

Credo. *National Charter School Study,* Centre for Research on Education Outcomes, Stanford, USA, 2013.

Curriculum and Leadership Journal. "Australian Teacher Performance and Development Framework", September 20, 2013.

D

Danker, Ion. "Singapore Teachers Overworked", May 16, 2010, *sgforums.com*

Dao, Andre. "Censorship, sex and scandal in Singapore", *The Monthly*, August 2013, No. 4.

Davie, Sandra. "The runaway IP train", *The Straits Times*, December 14, 2011.

Davis, D. G. "A pilot study to assess equality in selected curricula offerings across three diverse schools in a large urban school district: A search for methodology". Paper presented at the annual meeting of the American Educational Research Association, San Francisco, 1986.

"Dee" blog posting, January 28, 2012, in response to "Education System a high stakes board game", *yawningbread* January 25, 2012.

Department of Education and Early Childhood Development, Victoria, *2010-2011 Teacher Supply and Demand Report*, Melbourne, October 2012, p. 37.

Deshotels, Michael. "PISA Results Used to Justify Continued Attacks on Public Schools", December 13, 2013, *www.louisianaeducator.blogspot.com*.

Dinham, Stephen. "Our Asian schooling infatuation: the problem of PISA envy", *The Conversation*, September 14, 2012.

---- "The quality teaching movement in Australia encounters difficult terrain: A personal perspective", *Australian Journal of Education*, 57 (2), July 2013.

Disease Models & Mechanisms. "Synergy in Science: an interview with Neal Copeland and Nancy Jenkins", *dmm.biologists.org*, November 2012.

"Dogworld" blog posting in response to "Singapore Teachers Hate MOE's EPMS" by "ExTeacher" in *Temasek Emeritus*, March 16, 2011.

Donnelly, Kevin. "New York schools have failed the test", *The Sydney Morning Herald*, November 12, 2010.

Drysdale, John. *Singapore Struggle for Success*, Times Books International, Singapore, 1996.

Dunt, Ian. "NUT Strike: Why performance-related pay for teachers doesn't work", *politics.co.uk*, March 26, 2014.

E

Economist Intelligence Unit. *Starting well – benchmarking early education across the world*, EIU, London, 2012.

Ee, Clare. "25 June 2014: Yale-NUS welcomes the diverse Class of 2018", *www.yale-nus.edu.sg/newsroom*.

Ee Ling Low et al. "Towards Evidence-based Initial Teacher Education in Singapore: A Review of Current Literature", *Australian Journal of Teacher Education*, Vol 37, Issue 5, 2012.

EFYTimes.com "'The Path Forward'; New Global Research From Accenture", March 25, 2012.

Einstein, Albert. *www.brainyquote.com* 2014.

European University Association (EUA). *Global University Rankings and Their Impact*, EUA, Brussels.

European Commission. "A guide to educational expenditure statistics", European Commission, Luxembourg, 2005.

352

European University Association (EUA). *Global University Rankings and Their Impact*, Brussels, 2011.

F

Federal Education Board Project. *No Child Left Behind – Overview*, New America Foundation, Washington DC, April 24, 2014.

Fernandez, Warren. *Thinking Allowed?: politics, fear and change in Singapore*, SNP Editions, Singapore, 2004.

Fischer, Michael. "FISCHER: Yale-NUS is not Yale", *Yale Daily News*, March 23, 2012.

Fischer, Karin. "What's in a name? For Yale in Singapore, a Whole Lot", *The Chronicle of Higher Education*, May 11, 2012.

Finn & M. C. Wang (Eds), *Taking small classes one step further*, Greenwich CT: Information Age Publishing, 2002, pp. 55-61.

G

Gee, Christopher. *The Educational 'Arms Race': All for One, Loss for All*, Institute of Policy Studies, Singapore, September 2012, IPS Working Paper No. 20.

Genome Institute of Singapore. *Genome Institute of Singapore, A Centre for Genomic Discovery*, Singapore, 2013.

George Cherian (2014) *A Clarification*, December 24, 2014.

George, T. J. S. *Lee Kuan Yew's Singapore*, Andre Deutsch, London, 1973.

Giest, Sarah. "Networking in the life science sector: The missing link in British Colombia [Singapore]", British Colombia Political Science Association Conference, May 2-3, 2013, Vancouver.

Gillard, Derek. *Education in England: a brief history*, www.educationengland.org.uk/history 2011.

Global Entrepreneurship Monitor. *2011 Global Report*, Babson College, Massachusetts, 2012.

Global Research. "Neocon 101: What do conservatives believe?" August 7, 2007.

Goh Chor Boon and S. Gopinathan. "The Development and Education in Singapore since 1965", a paper for the Asia Educational Study Tour for African policy makers, June 18-30, 2006, National Technological University, Singapore.

Goodman M., R. Finnegan, L. Mohadjer, L. Krenzke, and J. Hogan. *Literacy, Numeracy and Problem Solving in Technology-Rich Environments Among U.S. Adults from the Program for the International Assessment of Adult Competencies 2012: First Look (NCES 2014-008)*, US Department of Education, Washington DC, 2013.

Gove, Michael. "I refuse to surrender to the Marxist teachers ....", *MailOnline*, March 23, 2013.

---- "Education Secretary Michael Gove's speech to Brighton", *Gov.UK*, May 10, 2012.

Government Investment Corporation of Singapore (GIC). "Leonard Baker – Investment Strategies Committee", GIC Private Limited, 2014.

Graue, E; K. Hatch, K. Rao and D. Oen. "The wisdom of class-size reduction". *American Educational Research Journal,* 2007, 44(3), pp. 670-700.

Grey, A. "No Child Left Behind in Education Policy: A Review of Key Recommendations for Arts Language Revisions. *Arts Education Policy Review,* 111(1), 2010, pp. 8-15.

H

Han, Fook Kwang; Warren Fernandez and Sumiko Tan. *Lee Kuan Yew, the Man and His Ideas,* Times Editions, Singapore, 1998.

Hancock, LynNell. "Why Are Finland's Schools Successful?", *Smithsonian Magazine,* September 2011.

Hanushek, Eric and Ludger Woessman. "Does tracking affect performance and inequality? Differences in differences evidence across countries", *Economic Journal,* 116 (50), March, 2006.

Hanushek, Eric Alan and Ludger Woessmann. "Sample Selectivity and the validity of international student achievement tests in scientific research", Discussion paper series Forschungsinstat zur Zukunft der Arbeit, No 4926, 2010.

Helliwell, John F. and Robert D. Putnam. "Education and Social Capital", *Eastern Economic Journal,* Vol.38, No. 1, Winter 2007.

Helliwell, John F. and Shun Wang. "Trust and wellbeing", *International Journal of Wellbeing,* 1 (1), 2011. pp. 42-78.

Helliwell, John; Richard Layard and Jeffrey Sachs (Eds). *World Happiness Report 2013,* UN Sustainable Solutions Development Network, New York, 2014.

Hogan, Carol, Barry Down and Rod Chadbourne. "How Are Teachers Managing Performance management?", Edith Cowan University, Paper presented at the AARE Conference, November 30 – December 4 1998 in Adelaide.

Hogan, David, Laikwoon Teh and Clive Dimmock. "Educational Knowledge Mobilization and Utilization", Paper prepared for the 2011 Conference of the International Alliance of Leading Educational Institutes, March 2011, p. 3.

Ho, Lai Yun. *Child Development Programme in Singapore 1988 to 2007,* Annals Academy of Medicine Singapore, November 2007, 36 (11).

Ho, Khai Leong. *Shared Responsibilities, Unshared Power,* Times Media Private Ltd, Singapore, 2003.

Holliday, William and Berchie. "Why Using International Comparative Math and Science Achievement Data from TIMSS Is Not Helpful", *The Education Forum,* Vol. 67, Spring 2003.

HRM Asia. "Singapore employees least satisfied with jobs", Oct 28, 2011.

Human Development Report 2007-8, UN Development Program, New York, 2008, Table 4.

Human Rights Watch. "Singapore: Yale to Curtail Rights on New Campus", *www. hrw.org/news,* July 19, 2012.

Hyvonen, Pirkoo T. "Play in the School Context? The Perspectives of Finnish Teachers", *Australian Journal of Teacher Education,* Vol 36, Issue 8, 2011, Article 5.

I

IELTS: *International English Language Testing System; Researchers Test-taker performance 2011,* www.ielts.org/default.aspx

Institute for Management Development. *World Competitiveness Yearbook 2014,* IMD, Lausanne, 2015.

IndexMundi. "Singapore – Public Spending on Education", (total as % of GDP), 2014.

Inequality Watch. *Poverty in Europe: the Current Situation,* www.inequalitywatch. eu, 2010.

Infocomm Development Authority of Singapore, *Statistics on Telecom Services 2011,* July-December 2012.

Ingersoll, Richard. "Teacher Turnover and Teacher Shortages: An Organizational Analysis", *American Educational Research Journal,* Fall 2001, Vol 38, No 3.

International Association for the Evaluation of Educational Achievement. *Trends in children's reading literacy achievement 1991-2001,* Progress in International Reading Literacy Study, 2002.

J

Jenson, Ben. "Investing in our teachers: a new focus for government", *Education Today,* 2014. Vol 14 (2) Term 2.

Jensen, Ben and Julian Reichl. *Implementing a performance and development framework",* Submission to AITSL, The Grattan Institute, Melbourne, February 2012.

Jensen B., A. Hunter, J. Sonnemann and T. Burns. *Catching up: learning from the best school systems in Asia,* Grattan Institute, 2012.

"JC" blog response to Vivian Stewart's "How Singapore Developed a High-Quality Teacher Workforce", Asia Society, New York, April 2010.

Joncas, Mark. *TIMSS 2007 Sample Design* in "TIMSS 2007 Technical Report", John F. Olson, Michael O. Martin and Ina V. S. Mullis (Eds); TIMSS and PIRLS International Study Center, Boston, USA, 2007.

K

"Key Facts for Finland at A Glance 2013", *Education at a Glance 2013: Education Indicators,* OECD Publishing, Paris.

King, Rodney. *The Singapore Miracle, Myth and Reality,* Insight Press, Inglewood, Australia.

Knight, Jane. "Education Hubs: a Fad, a Brand, an Innovation?", *Journal of Studies in International Education 2011,* Issue 15.

Koh, Adeline. "Message from Singapore: An Open Letter on the Denial of Tenure to Dr. Cherian George", *The Chronicle of Higher Education,* March 5, 2013.

Konner, Melvin. *The Tangled Wing, Biological Constraints on the Human Spirit,* second edition, Times Books, New York, 1982.

Kozol, Jonathan. "This Is Only A Test", *Sunday Book Review, The New York Times,* September 26, 2013.

Krueger, A. B. "Economic considerations and class size", *Economic Journal,* 2003, 113 (F34-63).

Kumar, Hri. "Primary Colours – Dispelling Myths About Primary Education", *Outreach,* September 3, 2012. See blog posting by "A Person".

L

Lassila, Kathrin. "Yale's Singaporean college", *Yale Alumni Magazine,* March/April 2012.

Lee, Kim-Eng Christine and Mei Ying Tan. "Rating Teachers and Rewarding Teacher Performance: The context of Singapore". Paper presented at APEC Conference on Replicating Exemplary Practices in Mathematics Education, Koh Samui, Thailand, March 7-12, 2010.

Lee Kuan Yew. *From Third World to First,* Times Media, Singapore, 2000.

Lee, Michael H. and S. Gopinathan. "Convergence or Divergence? Comparing Education Reforms in Hong Kong and Singapore", *Journal of Southeast Asian Education,* 2003, vol 4, No 1.

Lee, Sing Kang; Goh Chor Boon; Birger Fredrikson and Tan Jee Peng, (Eds) *Towards a Better Future: Education and Training for Economic Development in Singapore Since 1965,* The World Bank, Washington DC, 2008.

Lee, Warren. "Fighting fat: with TAF in Singapore", *Diabetes Voice,* May 2003, Vol 48.

Leong, Sze Hian. "Foreign Scholars: Missing Statistics", *The Online Citizen,* February 22, 2012.

Leongszehian.com "15 students deleted from online news and not in print edition", Aug 27, 2014

Lewin, Tamar. "Faculty Gives Yale a Dose of Dissent Over Singapore", *The New York Times,* April 4, 2012.

Liao, Edgar. "Once Upon A Time, A Mendicant Professor in Singapore: Remembering the Enright Affair (November 1960)", *S/pore's new directions in Singapore studies,* January 10, 2008.

Liew, Warren. "Perform or else: the performative enhancement of teacher professionalism", *Asia Pacific Journal of Education,* Vol 32, No 3, September 2012.

Lim, Sylvia. *How Inclusive Is Our Society?,* parliamentary budget speech 2011, The Workers' Party, Singapore, 2011.

Liu, Benjaman. "What they did not tell you about the Teaching and Learning International Survey (TALIS)", *EduMatters,* Singapore, June 27, 2014.

Lim Dawn. "Singapore Seeks a Breakthrough to Call Its Own", *MIT Technology Review,* September 14, 2012.

Lim Zi Rui. "Singaporeans are treated as third class citizens in education", *Singaporage2011*, May 5, 2011.

Loong, David. Blog comment (July 9, 2011) in response to "Singapore education scholarships for foreign students (only)", *Furry Brown Dog*, July 7, 2011.

Lucky Tan. "Understanding the Singaporean Dream..." *Diary of a Singaporean Mind*, April 18, 2010.

Lydgate, Christopher. *Lee's Law, how Singapore crushes dissent*, Scribe Publications, Melbourne, 2003.

M

MacGregor, Campbell. "West Vs Asia education rankings are misleading", *New Scientist*, January 7, 2013.

Magna Charta Universitatum. (See Wiki "External links" to document text).

Mahizhnam, Arun and Lee Tsao Yuan (Eds). *Singapore: Re-engineering Success*, Oxford University Press, Singapore, 1998.

Manpower Research and Statistics Department and Singapore Department of Statistics. *Singaporeans in the Workforce*, occasional paper, October 2011.

Maslen, Geoff. "Mass movement of the world's students", *University World News*, Issue No. 305, January 31, 2014.

Mathi, Braemi and Sharifa Mohamed. *Unmet Social Needs in Singapore*, Lien Centre for Social Innovation, Singapore, 2011.

Matthews, David. "Singapore: no sleep for the Lion City's universities", *Times Higher Education*, November 21, 2013.

Mauzy, Diane and R. S. Milne. *Singapore Politics Under the People's Action Party*, Routledge, London. 2002.

McCormack, Fiona. *Scottish Continuing International Professional Development group visit – final report*, Singapore April 2008, Learning+Teaching, Scotland.

Media Development Authority. *Free-to-Air Television Programme Code*, MDA, Singapore, 2014.

---- *Consultation with Committees*, MDA, Singapore, 2014.

Miller, Christopher L. "Frankenyale", *Chronicle of Higher Education*, November 2, 2012.

Minchin, James. *No Man Is An Island, A Portrait of Singapore's Lee Kuan Yew*, second edition, Allen and Unwin, Syndey, 1990.

Ministry of Education, "Performance Indicators for Secondary Schools 1998", MOE press release, Singapore, July 31, 1998.

---- *Higher Education FAQs*, August 13, 2000.

---- "A More Broad-based School Ranking System", MOE press release, March 17, 2004.

---- "TAF students are not at higher risk of anorexia", MOE letter published in *The Straits Times* Letters Forum, May 20, 2005.

---- "Foreign Scholars", Reply to Non-constituency MP, Mr Yee Jenn Jong, January 9, 2012.

---- *Building a National Education System for the 21st Century: The Singapore Experience,* MOE, Singapore, July 2010.

---- "Subject-based Banding", *Changes to Primary Education,* MOE, Singapore, January 2012.

---- *Gifted Education Programme: Gifted Education Programme Schools,* MOE, Singapore, 2014.

---- *Scholarship and Financial Assistance Schemes,* Secondary School Education booklet, MOE, Singapore, August 2012.

---- *Financial Assistance and Bursary Schemes,* Singapore, 2012.

---- *The Education Endowement & Savings Schemes,* Annual Report for Financial Year 2010/11, Singapore, 2012.

---- *Edusave Scheme: Funds, Grants and Awards, Edusave Scholarships for Primary Schools,* Singapore, 2012.

---- *List of Special Education Schools,* MOE, Singapore, 2013.

---- "International OECD Study Shows That Singapore Students Are Ready to Thrive in the 21st Century", MOE press release, December 3, 2013.

---- *Enhanced Programmes by Special Assistance Plan Schools to Enrich Students' Learning of Chinese Language and Values,* MOE, Singapore, 2014.

---- *The Education Endowement & Savings Schemes,* MOE, Singapore, 2014.

---- *Gifted Education Programme: Development and Growth,* MOE, Singapore, 2014.

---- *Integrated Programmes (IP),* MOE, Singapore, 2014.

---- *Mother Tongue Language Policy,* MOE, Singapore, 2014.

---- *Special Assistance Plan Scholarship,* MOE, Singapore, 2014.

---- *List of Special Education Schools.* MOE, Singapore, 2014.

---- Minister for Education's reply to Png Eng Huat, January 20, 2014, MOE Media Centre.

---- *Edusave Entrance Scholarships for Independent Schools,* MOE, Singapore, 2015.

---- *Frequently Asked Questions: Post Primary GEP Provisions,* MOE, Singapore, 2015.

---- *Parliamentary Replies,* Question No. 336 (February 13, 2006), MOE Media Centre.

---- *Parliamentary Replies,* Question 337, (February 13, 2006), MOE Media Centre.

---- *Parliamentary Replies,* Questions 409 and 410, (April 3, 2006), MOE Media Centre.

---- *Parliamentary Replies,* "Target Class Size in Primary and Secondary Schools", April 9, 2012.

Ministry of Education and Culture (Finland). *Education Policy in Finland,* 2013.

---- *Basic Education in Finland,* 2013.

---- "Finns are avid readers and library users", *Finnish Public Libraries Statistics Data Base,* Helsinki, April 24, 2012.

Ministry of Trade and Industry. *Economic Surveys of Singapore for years 2005-2013,* Ministry of Trade and Industry, Singapore, 2007-2013.

---- "Minister Lim Hng Kiang's written reply to Parliament Questions on EDB's Global Schoolhouse initiative", *Parliament Q&As,* October 17, 2012.

---- Minister Lim Hng Kiang's, *Parliament Q&As,* October 17, 2012.

Mittermaier, Bernard. *Libraries in Singapore,* Forschungszentrum Julich GmbH, Julich, Germany, 2007, p. 26.

MOE Engagement Secretariat. "Highlights from Education Dialogue Session, June 15, 2013", *Our Singapore Conversation.*

Moses, Michele and Michael Nanna. "The Testing Culture and the Persistence of High Stakes Testing Reforms", *E&C/Education and Culture,* 23 (1), 2007.

Montesanto, Michael. "Is Yale a Reliable Partner for the National University of Singapore?", *Inside Higher Ed,* April 3, 2012.

Mourshed, Mona; Chinezi Chijioki and Michael Barber. *How the world's most improved school systems keep getting better,* McKinsey & Company, November 2010.

Mutalib, Hussin. *Parties and Politics, A Study of Opposition Parties and the PAP in Singapore,* Marshall Cavandish Academic, Singapore, 2003.

N
___

Nanyang Technological University. *Facts and Figures, Graduate Student Enrolment,* NTU, 2013.

National Alliance for Public Charter Schools. "Estimated Number of Public Charter Schools & Students 2013-14", *Details from the Dashboard,* 2014.

National Library Board of Singapore. *Singapore's Education System: Bi-lingual Education,* NLB, Singapore, 2009.

National Union of Teachers. "NUT Briefing on the Government's Proposals", NUT, February, 2013.

National University of Singapore, Registrar's office. "Students and Graduate Statistics", NUS, Singapore *and* Nanyang Technological University, "Facts and Figures, Undergraduate Student Enrolment", NTU, Singapore, 2013.

National University of Singapore. *Summary of Graduate Student Enrolment,* NUS, 2013.

Nature. "Singapore's Salad days are over", December 9, 2010.

Neisser, Ulric et al. "Intelligence: Known and Unknowns" *American Psychologist,* February 1996, Vol. 51, pp. 77-101.

Ng Pak Tee. "Educational Reform in Singapore: from quantity to quality", published online, October 23, 2007, Springer Business+Science Media.

---- "Educational reform in Singapore: From quantity to quality", *Education Research for Policy and Practice,* February 2008, Vol 7, Issue 1, pp. 5-15, Springer Link.

Ngerng, Roy. "Only 6% of Singaporean University Undergraduates Receive Scholarships", *The Heart Truths,* December 13, 2013.

Nichols, Sharon and David Berliner. "Testing the Joy Out of Learning", ASCD, Volume 65, No. 6. March 2008, *www.ascd.org.*

Nisbett, Richard E. et al. "Intelligence, New Findings and Theoretical Developments", *American Psychologist,* Vol 67, No. 2, February-March 2012, pp. 130-159.

Northlight School. *Northlight School, A Living and Learning Community,* Singapore, 2014.

Nussbaum, Martha. "The Ugly Models", *The New Republic,* July 1, 2010

O

"Obesity Series part III: Singapore", *The World* [radio program], November 14, 2007.

OECD. *Education at A Glance,* OECD Publishing, Paris, 2013, Table D2.1.

MyPISA. *OECD Programme for International Student Assessment (PISA),* FAQ. OECD, PISA, 2012

---- "PISA 2012 Groups", ACER, Australia, 2012.

OECD. *Singapore: Rapid Improvement Followed by Strong Performance* in *Strong Performers and Successful Reformers in Education, Lessons from PISA for the United States,* OECD Publishing, 2010.

OECD. *Teaching and Learning International Survey 2013,* Country Survey, "Singapore", OECD, Paris, 2014.

OECD. "Singapore: Rapid Improvement Followed by Strong Performance", *Strong Performers and Successful Reformers in Education, Lessons from PISA for the United States,* OECD, Paris, 2010.

OECD Factbook 2013, Economic, Environmental and Social Statistics. "Educational Attainment", OECDiLibrary, 2013.

OECD. *Education at a Glance,* OECD Publishing, Paris, Table D2.1, 2013.

---- "Finland: Slow and Steady Reform for Consistently High Results", *Strong Performers and Successful Reformers in Education: Lessons from PISA for the United States,* OECD, Paris, 2010.

---- *Reading for Change,* OECD, Paris, 2002.

Official Yale University Messages. From President Richard Levin and Provost Salovy, March 31, 2011.

P

Palatino, Mong. "Why Singapore Artists Rejected the Government's Self-Censorship Scheme", *Global Voices,* October 6, 2014.

PAP Community Foundation. "Kindergarten Information", Singapore, 2012.

Parker, Lesley. "Little Wonders", *Australian Educator,* 59, Spring 2008.

Partenan, Anu. "What Americans Keep Ignoring About Finland's School Success", *The Atlantic Magazine,* December 29, 2011.

Patterson, Rose. "Singapore – the wealth of a nation", *Around the World, the evolution of teaching as a profession,* The New Zealand Initiative, Wellington, 2013.

"phats" blog response to "Advice for family considering Singapore?", December 12, 2012.

PIRLS International Study Center. *PIRLS 2011 International Results in Reading*, Boston, Massachusetts, 2012.

Png Eng Huat. "COS 2014 Debate: MOE – Tuition Grant", March 7, 2014.

PND Philanthropy News Digest. "Pittsburgh Public Schools May Lose \$40 Million Grants From Gates Foundation", January 10, 2014.

Programme for International Student Assessment (PISA). "Do students today read for pleasure?", *PISA in Focus*, September 2011, OECD.

Politifact Australia. "Does School autonomy beget student results?" *www.politifact.com.au*, August 14, 2013.

Pich, Michael. "Singapore's Ambition: Executive Education Hub?", *www.businessinsider.sg*, August 11, 2014.

Png Eng Huat. "COS 2014 Debate: MOE – Tuition Grant", March 7, 2014, Workers Party, Singapore.

Prakash, Jaya. "Singapore learns hard lesson", *Asia Times*, November 16, 2005.

Q

QS World University Rankings 2013. QS Quacquarelli Symonds Ltd, London.

R

Rahim, Lily Zubaidah. *The Singapore Dilemma, the Political and Educational Marginality of the Malay Community*, Oxford University Press, Kuala Lumpur, Malaysia, 1998.

Ravitch, Diane. "Schools We Can Envy", *The New York Times Review of Books*, March 8, 2012.

---- "Joel Klein Admits His Failure, Says It is a Good thing", *Diane Ravitch's blog*, August 7, 2013.

---- "School privatization is a hoax, 'reformers' aim to destroy public schools", September 15, 2013, *www.salon.com*

---- "Teacher Education in Finland", *Diane Ravitch's blog*, September 15, 2013.

---- "Public Education: Who Are the Corporate Reformers?" (an excerpt from Ravitch"s book *Reign of Error*), *billmoyers.com*, March 28, 2014.

---- "Public Education: Who Are the Corporate Reformers?" (an excerpt from Ravitch"s book *Reign of Error*), *billmoyers.com*, March 28, 2014.

Resmovits, Joy. "Gates Foundation MET Report: Teacher Observation Less reliable Than Test Scores", *Huff Post (Education)*, January 8, 2013.

---- "America's Education Reform Lobby Makes Its Presence Known At The Voting Booth", *Huff Post (Education)*, April 27, 2014.

Richards, Erin. "Finland puts bar high for teachers, kids' well-being", *Journal Sentinel*, November 26, 2011.

Rogers, Karen. *The Relationship of Grouping Practices to the Education of the Gifted and Talented Learner*, The National Research Center on the Gifted and Talented Learner, 1991.

Rosenthal, Robert and Lenore Jacobson. *Pygmalion in the Classroom,* Holt Rinehart & Winston, New York, 1968.

Rothwell, Jonathon. "The 10 Traits of Globally Fluent Metro Areas: Helsinki's Innovative Capacity", Brookings, July 26, 2013.

S

Sahlberg, Pasi. "Education policies for raising student learning: The Finnish approach", *Journal of Education Policy,* Vol.22, No. 2, March 2007.

---- "Paradoxes of educational improvement: the Finnish experience," *Scottish Educational Review,* 43 (1), 2011.

---- "How GERM is Infesting Schools Around the World", *The Washington Post,* June 29, 2012.

---- "Teachers as Leaders in Finland", *Educational Leadership,* Vol.71, No.2, October 2013, pp. 36-40.

Scalfini, Susan and Edmund Lim. "Rethinking Human Capital in Education: Singapore As A Model for Teacher Development", The Aspen Institute, Washington DC, 2008.

schooltutors.com, November 17, 2012.

Seah Chiang Nee. "Singapore a scholarship haven for foreign students?", March 27, 2012, *sg.news.yahoo.*

Seah Chiang Nee. "Too Many Graduates", *The Star online,* May 25, 2012.

Selvan, T. S. *Singapore: the Ultimate Island,* Freeway Books, Melbourne, 1990.

Seow, Francis. *The Media Enthralled, Singapore Revisited,* Lynne Rienner Publishers, Boulder, Colorado, 1998.

SGCollect.com Forums. "Are Singaporean teachers overworked?", May 16-17, 2010.

Sgforums, "Singapore Teachers Overworked", May 26, 2010, blog posting by a Singapore teacher.

sgforums.com. "Malays Receive Full Waiver off their School Fees", January 8-15, 2008.

Shadrake, Alan. *Once a Jolly Hangman: True Stories from Singapore's Death Row,* Pier 9, Murdoch Books Ltd, 2010.

Sifferlin, Alexandra. "CDC: Higher Income and Education Levels Linked to Better Health", *Time Magazine,* May 16, 2012.

Singapore Democratic Party. *Educating for Creativity and Equality: An Agenda for Transformation,* SDP, Singapore, 2014.

Singapore Department of Statistics Latest Data, "Education and Literacy", Government of Singapore, 2013.

Singapore Maths Fact Sheet. Mainspring Learning Centre, Singapore, 2013.

Singapore Math, Minaret Academy, Singapore, 2015.

Singapore Notes. "Thanks. But No Thanks", August 13, 2011.

Singapore Teachers' Union, Educare Co-operative Ltd, Singapore, 2009.

Sinkapore. "Why I hated schools in Singapore", *Temasek Emeritus* (Originally published on April 15, 2012 in *forums.sgclub.com*).

Sjoberg, Svein. "PISA and 'Real Life Challenges': Mission Impossible?" *PISA According to PISA,* Edited by Stefan Hopman, Gertrude Brinen and Martin Retzl, Lit Verlag, Vienna and Berlin, 2007.

Sleeper, Jim. "Will Yale's Alumni Rescue Liberal Education at Yale?", *Huff Post (College),* April 11, 2012.

---- "Yale Has Gone to Singapore, But can It Come Back?", *Huff Post,* May 24, 2012.

---- "As Yale Blunder Deepens, Singapore Bares its Teeth", *Huff Post (College),* June 5, 2012.

---- "Fareed Zakaria's Plagiarism: Even Worse Than It Looks", *Huff Post (Media),* August 10, 2012.

---- "What the Yale President's Resignation Means for Higher Education", *Huff Post (Education),* September 1, 2012.

---- "Yale, Singapore, and the Business of Liberal Arts", *The Washington Spectator,* October 2, 2012.

---- "At Last, Singapore Opposition Leaders Can Speak Truth to Yale", *Huff Post (College),* November 29, 2012.

---- "While We've Been Following the Campaigns, Singapore Has Been Romneyizing Yale", *Huff Post (Politics),* November 5, 2012.

---- "At Last, Singapore Opposition Leaders Can Speak Truth to Yale", *Huff Post (College),* November 29, 2012.

---- "Singaporeans Speak Freely at Yale – not Against It", *Huff Post (Politics),* December 6, 2012.

---- "Singapore Migrants' Riot, Websites Chill, but Yale-in- Singapore Keeps Warm", *Huff Post (Politics),* December 11, 2012.

---- "Globe-trotting universities serve diplomacy and markets, not democracy", *The Washington Spectator,* September 1, 2013.

---- "Hidden Truths About American Colleges Abroad", *Huff Post,* September 2, 2013.

---- "Letter to the Editor: Liberal education", *The Gazelle,* Issue 15, September 28, 2013.

---- "At Yale College, the Sounds of Silence", *Huff Post (College),* November 6, 2013.

---- "Who Really Runs American Universities? And Who Should", *Huff Post (College),* October 3, 2013.

Sleeper, Jim. "For Yale in Singapore, It's Deja-vu All Over Again", *Huff Post,* September 26, 2014.

Sleeper, Jim. "Innocents Abroad? Liberal Educators in Illiberal Societies", *Ethics & International Affairs,* Vol. 29, No 2, Summer 2015. p. 131.

Smithers, Alan and Pamela Robinson. "Teachers Leaving" Centre for Education and Employment Research, September 2001.

SoC Document Repository. *Advice for Struggling Students,* National University of Singapore, March 16, 2012.

Spring Singapore. "Industry Background and Statistics", Singapore Government, 2014.

Stevenson, Betsey and Justin Wolfers. "Subjective Well-Being and Income: Is There Any Evidence of Satiation?" Brookings, April 2013.

Stewart, Vivian. *How Singapore Developed A High Quality Teacher Workforce,* Asia Society, New York, April 2010.

Stewart, William. "Is PISA fundamentally flawed?", *TES Magazine,* July 26, 2013.

---- "How PISA Came to Rule the World" *TES Magazine,* December 6, 2013.

South East Asia Press Alliance. "Government bans stage play on death penalty, censors artwork", December 6, 2005.

State School Teachers' Union of WA. "The Great IPS Scam", Perth, Western Australia, 2014.

Sutharson John Isles. Blog comment on "Why is Singapore's school system so successful, and is it the model for the West?" by David Hogan in *The Conversation,* February 12, 2014.

T

Tai, Blythe. *Tracking in Schools,* education.com, November 5, 2013.

TALIS 2013 Results: An International Perspective on Teaching and Learning, OECD Publishing, Paris. Table 6.12, 2014.

TALIS 2013 Technical Report, OECD Paris, 2014, pp. 21 and 22.

Tamney, Joseph B. *The Struggle for Singapore's Soul,* Walter de Gruyter, Berlin, 1995.

Tan, Jason and S. Gopinathan. "Education Reform in Singapore: Towards Greater Creativity and Innovation?", *NIRA Review,* Summer 2000.

Tan Lucky, *Diary of a Singaporean Mind,* February 19, 2012.

"TeacherToo" blog posting. "MOE Turning a blind eye to a known problem and unhappiness on the ground", *Temasek Review,* October 29, 2012.

"Teacher" blog posting, January 27, 2012. *www.yawningbread.*

"Education system a high stakes board game", *www.yawningbread.com.*

Temasek Emeritus, "Singapore Teachers Hate MOE's EPMS" by "Ex-Teacher" (March 16, 2011).

---- "Ex-Local Teacher Talks about Problems in MOE" (October 29, 2012).

---- "MOE Turning a blind eye to a known problem and unhappiness on the ground", October 29, 2012.

---- "Ex-Local Teacher Talks about Problems in MOE", October 29, 2012.

---- *Scandies, Dutch, Germans & Poles Speak Better English than Us,* October 30, 2012.

---- "S'poreans think our teachers are overpaid", blog posting by *TheHardTalk,* October 6, 2013.

---- "Heng avoids answering 'defaulting FT students' question", February 24, 2014.

Temasek Times. "NTU PRC scholar: 50 per cent of my schoolmates break their bonds and return to China for good", March 13, 2012.

Tey Tsun Hang. *Legal Consensus: Supreme Executive, Supine Judiciary, Suppliant Profession of Singapore,* Hong Kong, Centre for Comparative and Public Law, 2011.

thatboyhuman.com "Singaporeans: Book-Smart, Street-'Stupid'", March 27, 2013.

The Hay Group. *Growing Our Potential,* Sydney, Australia.

The Quotations Page, www.quotationspage.com

The Economist. "English Where She Is Spoke", October 24, 2012.

The Thinking Fish Tank. "Scholarships for foreigners, debts for Singaporeans", February 26, 2012.

The World Bank Institute. *Knowledge Economy Index (KEI) 2012 Rankings,* World Bank Group, Washington DC, 2013.

Tienkin, Christopher H. "Rankings of International Achievement Test Performance and Economic Strength: Correlation of Conjecture?", *International Journal of Education Policy and Leadership,* April 25, 2008, Volume 3, No. 4.

TIMSS & PIRLS International Study Centre. *About TIMSS and PIRLS,* Lynch School of Education, Boston College and the International Association for the Evaluation of Educational Achievement, Boston, Massachusetts, 2014.

TIMSS 2007 Technical Report. Edited by Olson J.F., M.O. Martin and I.V.S. Mullis; TIMSS and PIRLS International Study Centre, Boston College. Boston, 2008.

TIMSS Advanced 2008 Technical Report. TIMSS and PIRLS International Study Center, Boston, USA.

Times Higher Education, December 4 2014 – January 15 2015.

Times Higher Education World University Rankings 2013-14, TSL Education, London.

Tin, Koh Lay. "Employability and Traits of Singaporean Workers", *Research and Practice in Human Resource Management,* Curtin University of Technology, Western Australia, 2006, 14 (1) pp. 1-28.

TNS Research. *Users' Perceptions of the benefits of ICT in public libraries in Finland, Final Report,* March 2013.

Toh Mun Heng. "Internationalization of Tertiary Education Services in Singapore", *Asian Development Bank Institute,* Tokyo, ADDI working paper, No. 388, October 2012.

Trends in International Mathematics and Science Study, 1995 to 2007 reports. Institute of Education Sciences, Washington DC.

Tung, Stephen. "How the Finnish school system outshines U.S. education", *Stanford News,* January 20, 2012.

U

UNESCO Institute for Statistics. "Global Education Digest 2009" UNESCO Institute of Statistics, Montreal, Canada, 2010.

UNESCO. "Teacher Attrition in Sub-Saharan Africa", *Education for All,* UNESCO, Fontenoy, France, February 2010.

UNICEF. *Measuring child poverty,* UNICEF Innocenti Research Centre, Florence, Italy, May 2012.

V

Vadaketh, Sudhir Thomas. "Why has Singapore failed to prepare its citizens adequately for the knowledge economy?", *Musing from Singapore,* online publication, May 17, 2013.

"Viv" blog posting, February 15, 2012, in response to "Education system a high stakes board game", January 25, 2012, on *www.yawningbread.com.*

W

Watson, Peter. *Ideas—from Fires to Freud,* Weidenfeld and Nicolson, London, 2005.

"Wen Shih" blog posting, May 28, 2010, in response to "Singapore Teachers Overworked" by Ion Danker, *SGforums.com,* May 16, 2010.

Whitlam Institute. *Senate Inquiry into the Effectiveness of National Assessment Program – Literacy and Numeracy (NAPLAN),* Whitlam Institute, University of Western Sydney, June 5, 2013.

Wikileaks. "Education System Not Helping", 9(C) US Embassy, Singapore, February 27, 2007.

Wikipedia. "Charles D. Ellis".

---- "Demographics of Singapore".

---- "National University of Singapore"

---- "Singapore Math".

Wikiquotes. "Nathan Hale".

Wong Poh Kam and Annette Singh. "OECD Review of Innovation in South-East Asia, Country Profile: Singapore", Entrepreneurship Centre, National University of Singapore, April 2011.

Wong, Ting-Hong. "State Formation, Hegemony, and Nanyang University in Singapore, 1953 to 1965", Paper presented at the Taiwan Association of Sociology of Education at Nan Hua University, Taiwan, May 27, 2000.

World Economic Forum. *Global Competitiveness Report 2013-14.* WEF, Geneva.

World Economic Forum, *The Global Competitiveness Reports 2009-10 and 2010-11,* WEF, Geneva.

World Economic Forum. *Global Competitiveness Report 2013- 2014,* WEF, Geneva, 2014.

World Bank. *World Development Indicators,* "Education efficiency", Table 2.12, Washington DC, 2013.

World Intellectual Property Organization. *World Intellectual Property Indicators,* Geneva, 2012, Table P2.

Wu, Jennifer. "Random Thoughts on Communication between MOE and Schools in Policy Implementation", *Aporia Atheneum,* October 30, 2012.

Wuttke, Joachim. *PISA & Co, A Critical Online Bibliography,* See "Fifty Years of International School Assessments", Vienna and Berlin, 2007.

Wuttke, Joachim. *Uncertainties and Bias in PISA*, Copyright Joachim Wuttke, 2007, *online*, 2007.

Wuttke, Joachim. *PISA & Co, A Critical Online Bibliography*, See "Student Motivation", Vienna and Berlin, 2007.

www.edupoll.org. "Top Secondary Schools in Singapore", Secondary Schools, Singapore, 2012.

www.finnbay, December 3, 2013.

www.kiasuparents.com.

www.mckinsey.com

www.roberthalf.com.sg. "Job Satisfaction and Company Loyalty Low among Singapore Finance Professionals", April 15, 2009.

Y

Yap Kwang Tan, Hong Kheng Chow and Christine Chuen Meng Goh. "Examinations in Singapore: Change and Continuity (1891-2007)", World Scientific Publishing, Singapore, 2008.

yawningbread. "What It Takes to attract a university", October 20, 2005.

yawningbread. "Education system a high stakes board game", January 25, 2012.

Yayasan Mendaki. "Tertiary Tuition Fee Subsidy" *www.mendaki.org.sg* August 2013.

Yeo, Sha En. "Resilience, Character Strengths and Flourishing: [sic] A Positive Education Workshop for Singapore Teachers", *Scholarly Commons,* University of Pennsylvania, August 1, 2011.

Yong Zhao. *Catching Up or Leading the Way*: *American Education in the Age of Globalization*, ASCD, Alexandria, Virginia, 2009.

---- "Doublethink. The Creativity-Testing Conflict", *Education Week* (online), July 17, 2012.

---- "Doublethink: The Creativity-Testing Conflict", *Education Week,* July 18, 2012.

---- "Numbers Can Lie: What TIMSS and PISA Truly Tell Us, if Anything", *www.zhaolearning.com*, December 11, 2012.

---- *Catching Up Or Leading the Way: American Education in the Age of Globalisation*, ASCD, Alexandria, Virginia, 2009.

---- "Reading the PISA Tea Leaves: Who Is Responsible for Finland's Decline and the Asian Magic", *zhaolearning.com*, December 2, 2013.

---- "The problem with Pisa", *The Global Educator,* May 10, 2014.

Yung, Adele and Yojana Sharma. "Opposition, US professors weigh into Yale-NUS freedom debate", *University World News Global Edition*, Issue 241, December 7, 2012.

Yusuf, Shahid and Kaoru Nabeshima. "Bio-Singapore" in *Postindustrial East Asian Cities, Innovation for Growth"*, World Bank's Development Economic Research Group, the World Bank and Stanford University Press, 2006.

Z

Zyngier, David. "Gillard 'truths' obscure the facts on schools funding", *The Conversation*, September 3, 2012.

Zyngier, David. "Privatisation of schools is not a 'real solution'", *The Drum*, August 1, 2013.

Zyngier, David. "Class size and academic results, with a focus on children from culturally, linguistically and economically disenfranchised communities", *Evidence Base,* issue 1, 2014.

Zyngier, David. "Latest research shows that size DOES make a difference: pay attention Minister", *Eduresearch Matters,* May 25, 2014.

Zakaria, Fareed. "ZAKARIA: A global education for a global age", *Yale Daily News,* April 3, 2012.

图书在版编目（CIP）数据

新加坡教育：神话与现实 /（澳）罗德尼·金著；鲍方越译. — 上海：上海教育出版社，2024.7. ISBN 978-7-5720-2622-5

Ⅰ. G533.9

中国国家版本馆CIP数据核字第2024AE5796号

上海市版权局著作权合同号 图字 09-2024-0476 号

责任编辑 李　玮

封面设计 陆　弦

新加坡教育：神话与现实

[澳] 罗德尼·金　著

鲍方越　译

出版发行　上海教育出版社有限公司
官　　网　www.seph.com.cn
地　　址　上海市闵行区号景路159弄C座
邮　　编　201101
印　　刷　上海颛辉印刷厂有限公司
开　　本　700×1000　1/16　印张 23.75
字　　数　327 千字
版　　次　2024年7月第1版
印　　次　2024年7月第1次印刷
书　　号　ISBN 978-7-5720-2622-5/G·2315
定　　价　86.00 元

如发现质量问题，读者可向本社调换　电话：021-64373213